미중 ICT경쟁과 남북 ICT협력

국제정치경제학의 시각

미중 ICT경쟁과 남북 ICT협력

국제정치경제학의 시각

2021년 9월 13일 초판 1쇄 인쇄
2021년 9월 27일 초판 1쇄 발행

엮은이 김상배
지은이 김상배 · 황지환 · 윤정현 · 정헌주 · 강하연 · 이왕휘 · 허재철 · 이승주 · 박경렬 · 김진아

펴낸이 윤철호 · 고하영
펴낸곳 (주)사회평론아카데미
편집 김천희
디자인 김진운
마케팅 최민규
등록번호 2013-000247(2013년 8월 23일)
전화 02-326-1545
팩스 02-326-1626
주소 03993 서울특별시 마포구 월드컵북로6길 56
ISBN 979-11-6707-024-1 93340

이 저서는 2020년도 서울대학교 국제문제연구소의 지원을 받아 수행된 연구임.

미중 ICT경쟁과 남북 ICT협력

국제정치경제학의 시각

김상배 엮음

사회평론아카데미

머리말

남북관계가 오랫동안 교착 상태에 빠져 있는데다가, 미국 신정부 출범 이후에도 한동안 개선되기를 기대하기는 어려워 보인다. 이럴 때일수록 좁은 의미의 남북관계를 근시안적으로만 보기보다는 글로벌 및 동아시아 차원의 구조적 변화를 고려한 폭넓은 시각에서 중장기적으로 문제를 보는 지혜가 필요하다. 다시 말해, 남북 간의 단기적 협력 아이템 찾기에 급급하기보다는 오히려 남북한이 처해 있는 구조적 상황이나 지정학적 조건 등을 다각적으로 검토하여 남북협력을 중장기적으로 준비하는 작업이 필요하다. 이러한 문제의식을 바탕으로 이번에 서울대학교 국제문제연구소가 내놓은 특별기획은 『미중 ICT경쟁과 남북 ICT협력: 국제정치경제학의 시각』이다. 이 책은 2018년에 펴낸 『4차 산업혁명과 남북관계: 글로벌 정보화에 비춘 새로운 지평』(사회평론아카데미)의 후속작이기도 하다.

이 책의 총론 성격으로 집필된 제1장 "미중 ICT경쟁과 남북 ICT 협력: 구조의 분석과 기회의 탐색"(김상배)은 장차 4차 산업혁명 분야에서 진행될 가능성이 있는 남북 ICT협력의 조건과 과제를 살펴보았다. 특히 글로벌 및 동아시아 차원에서 진행되는 ICT 분야의 구조변동에서부터 논의의 실마리를 풀고자 했다. 제1장은 크게 세 부분으로 구성되었다. 먼저, 남북 ICT협력에 영향을 미치는 구조 변수로서 미중 ICT경쟁의 양상을 분석했다. 반도체, 5G, 인공지능 분야의 기술경쟁뿐만 아니라 표준 및 매력경쟁의 시각에서 본 디지털 플랫폼 경쟁의 부상을 살펴보았다. 인터넷·인공지능, 클라우드·데이터, 전자상거래·핀테크, 디지털 미디어·콘텐츠 분야 플랫폼 경쟁의 사례를 다루었다. 또한, 남북 ICT협력의 기회를 탐색하는 전제로서 북한 ICT현황을 살펴보았다. ICT 인프라와 하드웨어 기기 층위에서부터, 소프트웨어와 인터넷 서비스 층위 및 디지털 미디어 및 콘텐츠 층위에 이르는 현황을 검토하였다. 다음으로, 남북 ICT협력에 영향을 미치는 지정학적 변수를 살펴보았다. 최근 정치외교적 갈등을 더욱 증폭하고 있는 변수로서 미중 패권경쟁의 전개와 함께 유엔 안보리와 미국의 대북제재, 다자간 수출통제 제도 등의 요인을 살펴보았다. 끝으로, 남북 ICT협력에 임하는 한국의 과제를 간략히 짚어보았다.

제1부는 인프라, AI/SW, 우주기술 분야에서 벌어지는 미중 ICT경쟁의 현황과 남북 ICT협력의 가능성을 다룬 세 편의 논문을 담았다.

제2장 "북한의 ICT 및 인프라 정책: '새 세기 산업혁명', CNC화, 인력"(황지환)은 글로벌 4차 산업혁명 과정에서 북한이 보여줄 것으로 예상되는 ICT 산업 및 관련 인프라 정책을 북한의 국가전략 차원에서 분석하였다. 북한은 그동안 4차 산업혁명 관련 특히 '새 세기 산업혁명', 'CNC화' 등의 개념을 제시해 왔다. '새 세기 산업혁명'은 "과학기술과 생산, 지식과 산업의 일체화를 새 세기의 요구에 맞게 높은 단계에서 실현해 과학기술의 힘으로 세계적인 경쟁력을 갖춘 경제 강국을 일떠세우는 우리식의 경제발전전략"으로 이해된다. CNC(Computerized Numerical Control)는 컴퓨터 수치 제어로 작동하는 공작기계를 의미하는 것이다. 최근 북한의 관심과 정책을 고려할

때 북한의 ICT 산업과 인프라는 지속적으로 발전해 나갈 것으로 예상된다. 물론 북한의 ICT 산업은 글로벌 기준에서 볼 때 진정한 의미의 4차 산업혁명의 범위 내에 있다고 하기 어렵다. 하지만, 북한의 최근 모습은 전 세계적인 4차 산업혁명의 흐름에서 뒤처지지 않으려는 노력의 일면을 보여주는 것이다. 북한은 정보산업을 첨단기술 산업으로 인식하고 경제발전에서 차지하는 비중을 높이려 계획하고 있으며, 통신기술의 발전과 인프라 확산에도 집중하고 있다. ICT 산업에 대한 북한의 관심은 장기적인 남북한 ICT협력 가능성과 통일 인프라 건설이라는 차원에서도 중요한 의미를 가진다. 물론 현실적으로 북한의 ICT 환경이 매우 어렵다는 점을 인식하는 것이 필요하다. 낮은 기술수준과 열악한 인프라는 북한이 4차 산업혁명의 흐름을 제대로 따라갈 수 있을지 의문을 갖게 한다. 더구나 북한 핵 문제로 인한 대북 경제제재로 통일 인프라 준비는 고사하고 남북한 ICT 산업의 초보적 협력도 어려운 실정이다. 북한의 ICT 분야에 대한 전망이 밝지는 않지만, 최근 시도하고 있는 ICT 산업 논의와 정책은 국가전략 내에서 비교적 의미가 있다.

제3장 "디지털 전환기의 미·중 ICT경쟁과 인공지능·소프트웨어 분야의 남북협력"(윤정현)은 인공지능과 소프트웨어, 서비스를 포함한 ICT 플랫폼을 중심으로 남북한의 교류·협력 가능성을 검토하고, 선순환적 효과를 기대할 수 있는 접근 방안을 탐색하였다. 미중 경쟁의 심화와 COVID-19 확산은 글로벌 생산·교역 질서의 급변과 정치적 긴장을 유발하고 있으며, 남북 모두에게 새로운 돌파구를 찾아야 할 필요성을 제기하고 있다. 특히 화두가 되고 있는 ICT 플랫폼 분야에서의 남북 교류와 협력은 미래 산업경쟁력의 확보를 위한 중장기적 사안이면서도 동시에 남북관계의 전환점 마련을 위해 필요한 시급한 사안이라 할 수 있다. 그러나 이를 위해서는 현재 남북이 가진 관련 부문의 기

술 역량과 현안을 진단하고, 국제정치적 긴장과 제재 국면에서 실제 협력 가능 분야를 찾아야 한다. 이러한 문제의식을 바탕으로 제3장은, 미중 ICT경쟁 양상과 남북한의 정책 추진 현황을 시작으로 양국의 기술 역량과 활용 수준, 상호 잠재력을 검토하였으며, 협력을 위한 연계분야를 살펴보았다. 관련 분야의 경제성 및 비즈니스 경쟁력 측면, 제도·문화적 환경, 그리고 국제제재 및 정치적 쟁점을 짚어본 결과, 특히, 인공지능을 포함한 소프트웨어 분야에서 가장 중요한 인력 육성을 위해 상호간의 지식교류가 우선적으로 시작해야 할 현실적인 부분임을 확인하였다. 인공지능과 소프트웨어, 데이터 서비스를 둘러싼 남북협력은 단순히 한 기술산업 부문에 대한 교류를 의미하지 않는다. 새로운 산업 패러다임 변화에 남북이 선제적으로 대응하고 공동의 번영을 위한 기회를 탐색한다는 보다 현실적이고 전략적인 의미도 내포한다고 볼 수 있다.

제4장 "우주 영역에서의 미중 경쟁과 남북협력 방안 모색"(정헌주)은 4차 산업혁명 시대 우주 기반 기술이 갖는 경제적, 군사적 중요성이 증대함에 따라 미국과 중국을 비롯한 세계 각국은 우주 영역에서의 우위를 차지하기 위하여 치열하게 경쟁하고 있다는 지적에서 시작한다. 특히, 미국과 중국은 우주 모빌리티 기술, 위성체 기술, 글로벌 위성항법시스템 등 핵심 우주기술 혁신을 위해 노력하며 우주의 군사화와 상업화를 주도하고 있다. 미국의 우주군 창설과 중국의 반위성(ASAT) 무기 실험 및 전략지원부대 창설이 우주의 군사화를 대표한다면, 민간 기업의 우주 모빌리티 시장 참여 확대와 저궤도 통신위성군을 활용한 우주인터넷 상용화 등은 우주의 상업화 현상을 잘 보여준다. 우주 영역에서의 미국과 중국의 관계는 우주 패권을 강화·유지하려는 미국과 이에 대한 중국의 도전, 그리고 다른 우주 강국들과의 협력과

경쟁 관계로 인해 매우 복잡하게 전개되고 있다. 한국 역시 4차 산업혁명 시기 우주기술의 잠재력을 인식하고 우주기술 발전과 혁신을 위해 국가적 노력과 더불어 민간부문과의 협력을 강화하고 있다.

우주 공간에서의 경쟁이 심화하는 맥락에서 인류 공동의 목표를 달성하기 위해 우주기술을 공유하고 우주를 평화적으로 활용하기를 바라는 것은 비현실적일 수 있다. 하지만, 기후변화, 재난·재해 예방과 대응 등 인류가 공동으로 처한 문제의 심각성이 커지고, 협력을 요구하는 목소리가 커짐에 따라 우주기술과 이를 활용한 다양한 서비스를 활용하기 위한 지구적 차원의 노력이 지속되고 있다. 이러한 점에서 우주기술을 활용한 남북협력 가능성을 탐색할 필요가 있다. 2021년 현재 다양한 영역에서 협력의 필요성에도 불구하고 남북협력은 난항을 겪고 있다. 우주 영역에서의 남북한 협력 역시 기대하기 어려운 상황이지만, 협력의 가능성에 대한 모색 자체를 외면할 필요는 없다. 특히, 과학 및 환경 분야 남북협력에 있어서 우주기술은 매우 유용하게 활용될 수 있으며, 주변국의 참여를 통한 국제적 협력의 가능성도 있다. 이렇듯 우주의 평화적 이용과 한반도 평화라는 공동의 가치를 추구하기 위하여 우주기술을 활용한 다양한 수준과 부문에서의 남북협력이라는 새로운 패러다임에 대한 고민이 필요한 시점이다.

제2부는 무선통신, 디지털 화폐, 디지털 미디어 분야에서 벌어지는 미중 ICT경쟁의 현황과 남북 ICT협력의 가능성을 다룬 세 편의 논문을 담았다.

제5장 "무선통신의 국제정치경제와 남북ICT협력"(강하연)은 북한의 무선통신 산업이 체제 유지 및 시장통제라는 이중 목표에 의해 진화하고 있음을 주목하고 이러한 분석을 토대로 남북 간 상호 원원하는 협력의 방향성을 고민하였다. 아울러 북한의 ICT산업의 발전사를 다

루고 무선통신서비스의 도입 과정을 살펴보았으며, 무선통신 단말기와 서비스, 그리고 모바일 결제시스템의 정치경제적 분석도 시도하였다. 이러한 분석을 토대로 남북 ICT협력에의 시사점을 도출하였다. 미중 기술패권 경쟁 양상에서 얻는 중요한 시사점은 기술발전은 정치경제학적 동력에 의해 진행된다는 사실이며, 특히 기술이 통치의 효과적 수단일 수 있다는 점이다. 21세기 디지털 기술로 인해 통치 수단으로서의 기술이 한 단계 더 업그레이드하였다. 개인의 행태정보 데이터를 기반으로 하는 다양한 서비스들이 무선통신 플랫폼과 클라우드, 빅데이터, 인공지능 기술과 결합하면서 국가의 사회통제 및 감시 능력의 고도화가 가능해진 것이다. 이는 중국식 통제국가를 지향하는 북한을 분석하는 데 중요한 시사점을 제공한다. 북한은 지배세력의 체제유지 및 북한경제의 통제를 목적으로 무선통신산업을 육성하고 있다. 북한이 체제유지를 목적으로 ICT기술을 지배하려고 할수록, 향후 디지털 분야에서의 남북협력은 우리가 생각하는 양상과 다른 방식으로 진행될 가능성이 크다. 북한의 디지털(무선통신) 생태계의 양상이 남한과 질적으로 다르며, 협력의 지점을 찾기 어렵거나 협력의 시너지를 찾기 쉽지 않다.

제6장 "디지털 통화: 모바일 결제의 확산과 해킹 문제의 악화"(이왕휘)는 디지털 통화의 사례를 통해서 향후 세계경제의 성장에 핵심적 역할을 할 디지털 경제의 주도권을 둘러싸고 심화되고 있는 미중 경쟁을 살펴보았다. 미국과 중국은 디지털 경제의 플랫폼을 구성하는 전자상거래 기업, 블록체인 기술, 암호자산, 디지털 통화에서 독자적인 발전을 추진하고 있다. 후발국인 중국이 선발국인 미국을 빠르게 추격하면서, 핀테크에서 양국의 차이는 상당히 줄어들었다. 디지털 경제의 발전에 필수적인 디지털 통화에서는 이미 중앙은행디지털통화(CBCD)

를 개발해 시험 중인 중국이 이제 막 검토를 시작한 미국을 추월할 것
으로 예상된다. 미중 사이의 디지털 경제 경쟁은 남북관계에 중요한 함
의를 가지고 있다. 무역전쟁 이후 양국 플랫폼 사이의 상호의존과 호
환성이 약화되는 탈동조화(decoupling)가 진행되고 있다. 탈동조화가
신냉전으로 이어질 경우, 많은 국가들이 양자택일해야 하는 상황에 처
할 것이다. 미국과 중국 사이에서 공생하는 전략을 추구하고 있는 한국
은 소프트웨어 차원에서는 미국, 하드웨어 차원에서는 중국에 대한 의
존도가 높다. 반면, 북한은 미국의 경제 및 금융 제재 때문에 미국보다
는 중국의 기술표준(화웨이와 ZTE의 통신망)과 금융네트워크에 의존
할 수밖에 없는 상황에 처해 있다. 더 심각한 문제는 북한은 제재를 피
하려는 방안으로 암호자산 해킹에 집중하고 있다는 점이다. 북한의 디
지털 통화 해킹은 더 강력하고 포괄적인 미국의 제재를 불러일으키는
악순환 구조의 형성으로 귀결될 수 있다. 미국이 제재를 해제하지 않는
이상 블록체인/암호화폐, 디지털 통화, 핀테크 분야에서 남북협력을
진전시킬 여지는 크지 않다.

제7장 "미중 디지털 미디어·콘텐츠 경쟁과 남북 ICT협력: 중국 사
례의 함의"(허재철)는 한반도의 남과 북이 어떻게 ICT 분야에서 협력
을 할 수 있고, 어떤 과제를 극복해야 하는지에 대해서 살펴보았다. 실
제로 현재 한국은 미중 경쟁이라는 국제정치 구조와 4차 산업혁명이
라는 시대적 흐름 속에서 남북관계를 개선해야 하는 과제를 안고 있
다. 이러한 문제의식을 바탕으로 제7장은 ICT를 통해 구현되는 디지
털 미디어와 콘텐츠에 주목하여 남북협력의 가능성과 과제에 대해 고
찰하였다. 이를 위해 제7장은 중국 본토와 홍콩, 마카오, 타이완 사이
의 디지털 미디어·콘텐츠 협력과 갈등에 대해 살펴보고, 이를 통해 남
북 ICT협력을 위한 시사점을 도출하고자 했다. 왜냐하면 중국 본토와

홍콩, 마카오, 타이완 사이의 관계는 미중 ICT경쟁이라는 요소와 더불어 한반도의 남북관계와 같이 분단과 통합이라는 사회적 이슈가 중첩되어 있는 장소이기 때문이다. 분석 결과, 분단(분열)된 국가에서 특히 이념적으로 다른 체제를 유지하고 있는 두 지역 사이에서 디지털 미디어와 콘텐츠에 대한 교류와 협력을 진행하는 것이 얼마나 어려운 일인지 확인할 수 있었다. 그럼에도 민족의 동질성 회복과 경제적 상호이익 도모, 그리고 궁극적으로 평화통일을 위해서 분단된 두 지역 사이의 디지털 미디어·콘텐츠를 둘러싼 교류와 협력이 가능함을 중국의 사례를 통해 확인할 수 있었다.

한편, 남북 ICT협력을 위한 다양한 과제도 도출됐다. 먼저, 디지털 미디어 및 콘텐츠 자체와 더불어 이것을 담아낼 수 있는 그릇, 즉 양측 사이의 정치적 관계가 뒷받침되어야 교류와 협력이 동력을 잃지 않고 추진될 수 있다는 것이다. 또한 미디어와 콘텐츠 자체의 이데올로기적 성격을 배제한다면 교류와 협력이 무난하게 추진될 수 있을 것이라는 기대에서 벗어나 보다 현실적이고 세심한 준비가 필요함이 제기됐다. 동시에 우리가 먼저 체제 우월성에 대한 자신감을 가지고 디지털 미디어 및 콘텐츠 분야에서 북한에 대해 보다 적극적으로 접근할 필요가 있다. 특히 미중 경쟁이 더욱 심화 및 확대될 경우, 디지털 미디어와 콘텐츠 영역도 이로부터 직간접적인 영향을 받을 수밖에 없다는 것이 중국의 사례를 통해 확인된 만큼, 미중 경쟁 속에서도 남북이 디지털 미디어 및 콘텐츠 교류를 진행할 수 있는 구조적 공백을 부단히 발굴하고, 장기적 관점에서 체계적이고 정교한 대응책을 마련해 가야 할 것이다.

제3부는 국제협력과 대북제재를 둘러싸고 벌어지는 미중 ICT경쟁의 현황과 남북 ICT협력의 가능성과 한계를 다룬 세 편의 논문을 담았다.

　　제8장 "지구적 가치사슬과 북한"(이승주)이 주목한 것은 지구적 가치사슬의 변동 과정에서 생성되는 기회요인이다. 2000년대 이후 전통 무역보다 GVC 무역의 규모가 더 커지기 시작하였고, 2010년 이후부터 GVC 무역의 규모가 전통 무역의 약 1.7배에 달하는 데서 알 수 있듯이, 세계 무역의 패턴이 GVC 무역으로 이동하고 있다. GVCs에 참여하는 기업들은 경쟁 효과, 학습 효과, 기술 확산 효과들을 얻을 수 있기 때문에, 국가 차원의 생산 역량의 확충, 기술 혁신 역량의 강화를 통해 경제 발전의 지속가능성을 제고할 수 있게 된다. GVCs 참여도가 높은 국가들이 상대적으로 높은 생산성과 소득 증가를 기록하고 있다. 이를 고려할 때, 남북협력을 GVCs와 연계하여 추진할 필요성이 증대되고 있다. 다만, 북한의 비핵화 문제의 해결이 난항에 처해 있는 상황에서 남북 ICT협력의 방향을 구체화하는 것은 지난한 작업이다. ICT협력은 좁은 의미의 경제협력을 넘어 사회적 문제를 해결하고 남북의 경제적 격차를 완화하는 데 상당한 효과를 기대할 수 있다는 점에서 포용적 발전이라는 차원에서 접근할 필요가 있다. 한편, 남북 ICT협력, 특히 GVCs 기반의 ICT협력은 소규모의 인도주의적 협력과는 명확히 차별화된다. GVCs 진입과 GVCs 내에서 업그레이드는 남북협력의 토대 위에서 추진할 필요가 있다. GVCs의 구조적 변화를 반영한 북한의 지속적인 역량 강화를 추진하는 한편, 북한과 GVCs의 연결고리로서 남북협력을 확대하는 전략이 필수적이다. 또한 남북협력의 특수성을 감안하여 과정을 관리하고, 이를 위한 제도적 장치의 수립과 운영을 병행하는 것이 GVCs 기반의 ICT협력의 지속가능성을 제고하는 데 있어서 매우 중요하다.

　　제9장 "과학기술 ICT협력과 북한"(박경렬)은 북한의 과학기술 정책의 변화를 살펴보고, 특히 정보통신기술 분야에서 전개될 수 있는

북한과의 협력 및 가능성에 대해 국제개발협력의 관점에서 논하였다. 이를 위해 북한의 정치사회적, 역사적 맥락을 바탕으로 발전전략으로서 북한의 과학기술 담론의 형성 과정을 분석하고 북한의 ICT 정책과 지속가능발전 전략에 대해 살펴보았다. 이를 통해 북한과의 ICT협력에 대한 과제와 가능성에 대해 논의했다. 특히 유엔 지속가능발전목표 (Sustainable Development Goals: SDGs)에 대한 북한의 준비 및 대응을 바탕으로 정보통신기술의 SDGs 적용의 이론적 분석틀을 통해 향후 전개될 수 있는 북한과의 ICT협력 과학기술협력에 대해 전망하였다. 특히 2021년은 코로나 상황으로 미루어졌던 북한의 SDGs에 대한 자발적국가보고(Voluntary National Review)가 진행될 예정이라 더욱 중요한 시점이다. 이를 통해 북한의 특수성과 불확실성을 고려한 양자 및 다자협력의 협력체계, 개발협력의 우선순위 등을 논의하는 것은 향후 협력의 논의를 발전시켜나가는 것에 매우 중요하다. 제9장에서 논의하는 핵심 주제가 본질적으로 동북아지역의 정치적 역학관계와 국제정치 변화에 배태되어 있는 특성이 있지만, 향후 전개될 수 있는 남북과학기술협력, 다자개발협력의 가능성에 대해 적용할 수 있는 다양한 층위에 대한 관점을 제시할 수 있으리라 기대한다.

제10장 "국제사회의 대북제재와 남북 ICT협력"(김진아)은 남북한 ICT협력에 영향을 미치는 대북제재의 변수에 주목하였다. 향후 남북 교역에서 전자, 전기, 통신 등 설비투자는 민감한 기술의 군사적 전용을 방지하는 전략물자 통제에 의해 난관이 예상된다. 국제 비확산체제의 통제품목과 기술은 회원국이 자국의 법령에 반영하여 시행하는 것이 원칙이다. 그러나 한국의 전략물자수출입은 국제 비확산레짐에 근거하고 있으며, 유엔 안보리의 대북제재에 따른 교역물품의 통제 또한 한국이 유엔 회원국으로서 준수해야 하는 의무를 지고 있다. 거기에 더

하여 미국은 자국법에 따라 우려 국가로 지정된 곳으로 자국의 기술·부품 등이 일정 비율 이상 포함될 경우 수출을 통제하는 정책을 취하고 있다. 최근 미국은 제3국 기업과 개인에 의한 확산우려 활동에 적극적으로 대처하고 있어, 한국의 대외교역은 미국의 수출통제 정책에 상당히 영향을 받을 수밖에 없는 구조에 놓여 있다. 향후 민감품목을 우려 국가에 수출하였거나 수출을 시도하려는 정보를 상호 통보하고 처벌을 요구하는 등 압력이 더 커질 것으로 예상되는데, 최근 미중 정보통신 분야 경쟁이 심화되면서 미국 상무부의 정보통신기술 공급망 보안과 관련한 조치들이 강화되는 추세에 있다. 따라서 남북 ICT협력을 추진할 경우 유엔, 다자, 양자라는 세 가지 차원에서 발생할 수 있는 갈등요소들을 살펴봐야 한다.

　이 책이 나오기까지 많은 분들의 도움을 얻었다. 무엇보다도 코로나19라는 전대미문의 위기가 밀어닥친 시기임에도, 더군다나 남북한 ICT협력이라는 쉽지 않은 주제의 탐구 작업에 참여해 주신 아홉 분의 필자 선생님들께 무한한 감사를 드린다. 되돌아보건대 두 개의 긴 터널 속에 갇혀서 실오라기 같은 빛을 찾아서 진행해온 연구의 여정이었던 것 같다. 그럼에도 언젠가는 이 터널이 끝나고 우리의 기다림도 끝날 것이라는 희망을 버리지 않았던 여정이었다. 이 책의 작업이 진행되는 지난 1년여의 기간 동안 단기적 결과 도출에 연연하지 않고 중장기적 안목 개발을 지향하자는 필진의 열정이 있었기에 가능했던 것 같다.

　이 책의 원고가 마무리되고 나서 연구 결과의 홍보를 위해서 2021년 4월 29일(목)에 서울대학교에서 "미중 ICT경쟁과 남북 ICT협력: 국제정치경제학의 시각"이라는 주제로 컨퍼런스를 개최하였다. 기꺼이 동참해 주신 정보통신정책연구원, 대외경제정책연구원, 중앙대학교 국익연구소, 정보세계정치학회 관계자 여러분께 감사의 말씀을 전한다. 사회자와 토론자로 참여해서 도움을 주신 분들의 성함(가나다순)을 적어보면 다음과 같다. 강진규(NK경제), 김준연(SW정책연), 백서인(STEPI), 서봉교(동덕여대), 연원호(KIEP), 이성현(세종연구소), 이정철(서울대), 조충제(KIEP), 차정미(국회미래연구원), 최장호(KIEP). 또한 이 책의 원고들을 집필하기 위한 세미나가 진행되는 동안 공부모임의 뒷바라지를 성심껏 도와준 서울대학교 국제문제연구소의 조교진과 하가영 주임의 도움에 감사한다. 이 책의 원고 교정 작업을 총괄해 준 박사과정 신승휴의 헌신도 고맙다. 끝으로 성심껏 이 책의 출판을 맡아주신 사회평론아카데미 관계자들께도 깊은 감사의 말씀을 전한다.

2021년 8월 13일
김상배

차례

제1장   미중 ICT경쟁과 남북 ICT협력:
구조의 분석과 기회의 탐색

김상배 서울대학교 정치외교학부

I. 머리말

이 글은 장차 4차 산업혁명 분야에서 진행될 가능성이 있는 남북 ICT 협력의 조건과 과제를 살펴보았다. 남북관계가 오랫동안 교착 상태에 빠져 있는데다가, 미국 신정부 출범 이후에도 한동안 개선되기를 기대하기는 어려워 보인다. 이런 상황에서 좁은 의미의 남북관계를 넘어서 글로벌 및 동아시아 차원을 고려한 폭넓은 시각에서 문제를 보는 지혜가 필요하다. 다시 말해, 남북 간의 단기적 협력 아이템 찾기에 급급하기보다는 오히려 남북한이 처해 있는 ICT 분야의 구조적 상황이나 지정학적 조건 등을 다각적으로 검토하여 남북 ICT협력을 중장기적으로 준비하는 작업이 필요하다.

글로벌 및 동아시아 차원에서 진행되는 ICT 분야의 구조변동을 살펴보기 위해서 이 글이 선택한 사례는 미중 ICT경쟁이다. 최근 4차 산업혁명 분야에서 벌어지는 미중 경쟁은 이 분야의 주도권뿐만 아니라 미래 글로벌 패권의 향배까지도 엿보게 할 정도로 주목을 끌고 있다. 게다가 미중 ICT경쟁의 전개는 장차 남북 ICT협력에 영향을 미치는 구조적 환경과 지정학적 조건을 형성하는 변수가 될 것이다. 미중 ICT경쟁의 와중에 생성되는 '구조적 공백(structural hole)'에 대한 분석을 수행하는 것이 중요한 이유이다. 이러한 문제의식을 바탕으로 이 글은 미국과 중국이 벌이고 있는 ICT 분야의 패권경쟁과 이로 인해 발생하는 구조변동, 그리고 그러한 틈새에서 모색할 남북 ICT협력의 가능성과 제약요인을 살펴보았다.

최근 4차 산업혁명 분야에서 벌어지는 경쟁은 예전보다 훨씬 더 복합적인 양상으로 전개되고 있어 그 동학을 이해하기 위해서는 좀 더 정교한 분석틀의 마련이 필요하다. 4차 산업혁명 시대의 기술경쟁은 단순히 값싸고 좋은 반도체, 성능 좋은 소프트웨어나 컴퓨터, 빠르게 접속되는 인터넷 등을 만들기 위해서 벌였던 예전의 경쟁과는 다른 면모를 보이고 있다. 여러 모로 최근의 기술경쟁은 자본과 기술의 평면적 경쟁을 넘어서 산업의 표준과 매력을 장악하기 위해 벌이는 입체적 경쟁이다. 게다가 이러한 복합경쟁을 뒷받침하는 인터넷 환경과 국내외 정치외교 환경의 내용도 중요한 변수로 작동하고 있다. 이 글은, 〈그림 1〉에서 보는 바와 같이, 다섯 가지 변수를 담은 이론적 분석틀을 원용하였다(김상배 2017).

이러한 이론적 분석틀에 입각해서 볼 때, 가장 눈에 띄는 ICT경쟁의 모습은, ICT 하드웨어와 소프트웨어, 인프라 등으로 구성된 물리적 층위에서 벌어지는 '기술경쟁'이다. 둘째, ICT경쟁은 컴퓨팅 운영체계나 인터넷 서비스 등으로 구성되는 논리적 층위에서 벌어지는 '표준경쟁'이다. 끝으로, ICT경쟁은 디지털 미디어와 콘텐츠 층위에서 좀 더 설득력 있는 콘텐츠와 서비스를 제공하기 위해서 벌어지는 '매력경쟁'이다. 이러한 세 가지 문턱은 논리적 설정이기도 하지만 지난 40여 년 동안 약 15년을 주기로 부상했던 (넓은 의미에서 본) ICT경쟁의 변천을 보여준다. 20세기 중후반 이래 (약간의 우여곡절은 있었지만) 대체로 미국은 이들 문턱을 모두 장악하고 첨단부문의 혁신을 주도했다.

현재 벌어지고 있는 ICT경쟁의 양상을 분석하기 위해서는, 이러한 세 가지 ICT경쟁의 양상에 겹쳐 있는 두 가지 변수를 추가로 살펴보아야 한다. 첫째, 네트워크와 미디어 융복합의 시대를 맞이하여 이른바 '규모의 변수'를 놓고 벌이는 경쟁이 유례없이 중요해졌다. 이러한 규모의 경쟁에서는 '더 좋은(better)' 게 이기는 것이 아니라, '더 큰(bigger)' 것이 승리한다. 이는 단지 숫자만 많다는 의미가 아니라 작은 단위들이 중첩적으로 관계를 맺으면서 중간 단위와 대단위로 사다리를 타고 올라가 임계점을 넘어서게 되면서, 작은 단위에서는 볼 수 없었던 새로운 패턴이 창발하는 이른바 양질전화(量質轉化)의 현상을 의미한다.

이 글은 특히 이러한 규모의 변수가 작동하는 최근 미중 ICT경쟁의 단면을 파악하기 위해서 '디지털 플랫폼 경쟁'의 부상에 주목하였다. 미중 양국 기업들이 벌이는 플랫폼 경쟁의 사례는 MS와 인텔, 애플 등에 대한 중국 기업들의 도전 등에서 발견된다. 인터넷 시대가 되면서 구글과 바이두로 대변되는 인터넷 검색 분야의 경쟁과 인공지능 및 클라우드·데이터 플랫폼 경쟁이 관심거리가 되었다. 최근에는 SNS 및 동영상 플랫폼, OTT 및 게임 플랫폼을 둘러싼 미중 기업들의 경쟁이 부상하고 있다. 각 국면마다 MS, 애플, 구글, 페이스북, 아마존, 틱톡, 텐센트, 알리바바 등과 같은 미중 기업들이 쟁점이었다. 향후 뜨거운 쟁점은 전자상거래 및 핀테크 분야에서 전개되는 플랫폼 경쟁이 될 것으로 예견된다.

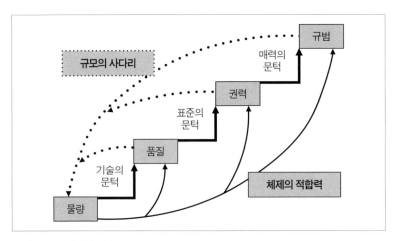

그림 1 ICT경쟁의 분석틀
출처: 김상배(2017, 103)에서 응용

이러한 규모의 변수와 더불어 미래 ICT 분야의 경쟁을 입체적으로 이해하기 위해서 놓치지 말아야 할 다른 하나는 '정치외교 변수'이다. ICT경쟁을 지원하거나 또는 제약하는 정책과 제도 변수는 중요한 역할을 한다. 기술-표준-매력의 문턱을 넘기 위해서 또는 규모의 사다리를 제대로 타고 올라가기 위해서는 새로운 환경변화에 적응하여 기존의 정책과 제도를 효과적으로 변화시킬 수 있는 국가의 능력, 즉 '체제의 적합력(fitness)'을 얼마나 보유하고 있느냐가 관건이다. 이와 더불어 라이벌 관계에 있는 상대 국가의 견제와 압박도 경쟁의 성패에 영향을 미치는 중요한 변수로 간주되고 있다. 최근 미중 ICT경쟁에서 수출입 제재나 공급망의 통제와 같은 변수들이 중요하게 작용하고 있다.

이러한 맥락에서 이 글이 강조하는 것은 ICT경쟁이 단순한 '기업 간 경쟁'의 모습만은 아니라는 점이다. 미중 ICT경쟁에는 검색엔진, 인공지능, 데이터 국지화, 전자상거래와 핀테크 등의 분야에 대한 정치외교적 제재가 변수로 작동했다. 미중 양국의 정부가 주요 행위자였을 뿐만 아니라 이들이 내세우는 제재의 논리 자체가 순수한 경제 논리가 아닌 정치와 안보의 논리에 기반을 두고 있었다. 이는 실제로 최근 외교안보 분야로 확장되어 사이버 동맹외교의 경쟁, 그리고 규범과 가치를 둘러싼 경쟁도 진행되고 있다.

이렇게 복합적으로 진행되고 있는 미중 ICT경쟁의 틈바구니에서 남북 ICT협력은 어떠한 비전과 전략을 가지고 전개되어야 할까? 무엇보다도 미중 경쟁이 단순한 두 나라의 경쟁이 아니라 남북 ICT협력에 영향을 미치는 '구조적 변수'라는 점을 이해할 필요가 있다. 게다가 4차 산업혁명 시대의 ICT경쟁이 단순한 '기술경쟁'의 차원을 넘어서 '표준경쟁'과 '매력경쟁'으로 진화하는 상황이어서 더욱 그러하다. 다시 말해, 미중이 벌이는 경쟁의 성격이 단순한 '자원확보 경쟁'이 아니라 네트워크 환경에서 '규모의 변수'를 활용하는 '플랫폼 경쟁'의 양상을 띠고 있다는 점에서 그러하다.

이 글은 크게 세 부분으로 구성되었다. 제2절은 남북 ICT협력에 영향을 미치는 구조 변수로서 미중 ICT경쟁의 양상을 분석했다. 반도체, 5G, 인공지능 분야의 기술경쟁뿐만 아니라 표준 및 매력경쟁의 시각에서 본 디지털 플랫폼 경쟁의 부상을 살펴보았다. 인터넷·인공지능, 클라우드·데이터, 전자상거래·핀테크, 디지털 미디어·콘텐츠 분야 플랫폼 경쟁의 사례를 다루었다. 제3절은 남북 ICT협력의 기회를 탐색하는 전제로서 북한 ICT현황을 살펴보았다. ICT 인프라와 하드웨어 기기 층위에서부터, 소프트웨어와 인터넷 서비스 층위 및 디지털 미디어 및 콘텐츠 층위에 이르는 현황을 검토하였다. 제4절은 남북 ICT협력에 영향을 미치는 지정학적 변수를 살펴보았다. 최근 정치외교적 갈등을 더욱 증폭하고 있는 미중 패권경쟁의 전개와 함께 유엔 안보리와 미국의 대북제재, 다자간 수출통제 제도 등의 요인을 살펴보았다. 끝으로, 맺음말에서는 남북 ICT협력에 임하는 한국의 과제를 간략히 짚어보았다.

II. 미중 ICT경쟁, 구조의 변동?

1. 미중 기술경쟁: 반도체, 5G, 인공지능

미국과 중국의 기술경쟁은 반도체, 스마트폰, 슈퍼컴퓨터 등과 같은 하드웨어(HW) 분야의 경쟁, 사물인터넷과 5G 이동통신 등과 같은 네트워크 기술 분야의 경쟁, 그리고 인공지능 등과 같은 소프트웨어 기술 분야의 경쟁으로 나누어 볼 수 있다. 중국의 기술력이 슈퍼컴퓨터, 5G 네트워크 장비 분야에서 급속히 성장하면서 미국의 기술패권을 위협하는 가운데, 여전히 미국이 반도체(특히 비메모리 반도체)를 비롯한 핵심 ICT 분야에서 우위를 차지하는 모습이며, 향후 인공지능에서는 양국이 치열한 경쟁을 벌일 것으로 전망된다.

반도체 분야를 보면, 미국은 글로벌 생산의 약 50%를 차지하고 있으며 비메모리 반도체 중심의 생산 네트워크를 구축해왔다. 최근 중국이 공격적인 투자와 미국 기업 인수합병 등으로 반도체 산업 내 팹리스, 파운드리, 메모리 부문에서 약진했으나, 최근 미국 트럼프 행정부의 각종 수출금지, 해외투자 제한 등으로 어려움에 봉착했다. 현재 중국이 미국에 맞설 카드가 제한적인 상황에서 당분간 중국의 추격은 소강상태로 접어들 것으로 예상된다. 그러나 글로벌 반도체 수요의 절반에 육박하는 중국 국내 시장수요와 중국 정부와 기업의 국산화 의지 및 투자 여력을 고려할 때, 미국의 공격으로 인한 여러 가지 어려움에도 불구하고 중국은 메모리, 파운드리, 기타 팹리스나 후방 반도체 장비 산업 등을 중심으로 반도체 부문에 대한 투자와 기술혁신을 지속할 것으로 보인다(배영자 2019).

5G 네트워크 장비 기술 분야에서는 중국 기업 화웨이의 약진이 눈에 띈다. 화웨이는 4G LTE 시절부터 저가경쟁을 통해 몸집을 키운 뒤 늘어난 물량을 바탕으로 기술력을 키우는 전략을 통해 이제는 세계 최고 수준을 자랑하게 되었다. 반면, 미국은 4G LTE 장비의 과다 경쟁과 출혈 속에서 통신장비 부문에서 경쟁력을 상실했다. 이러한 상황에서 중국 화웨이와 ZTE에 대해서 미국이 매우 민감하게 반응을 보이면서 이른바 '화웨이 사태'가 발생했다. 화웨이 사태는 2018년 12월 멍완저우 부회장 겸 최고재무책임자(CFO)를 체포하면서 정점에 이르렀다.

2019년 5월에는 트럼프 대통령이 행정명령으로 국가비상사태를 선포
하고 민간기업들에 화웨이와의 거래 중단을 요구했다. 화웨이 사태의
이면에 중국의 5G 기술굴기에 대한 미국의 견제의식이 강하게 깔려
있음을 쉽게 추측할 수 있다(김상배 2019).

　인공지능(AI)은 미래 기술경쟁의 향배를 예견한다는 점에서 최근
가장 큰 관건이다. 세계 AI시장은 미국 기업들이 주도하고 있다. 미국
은 AI 전반에 걸쳐 우위를 유지하는 가운데 자국 AI기술 발전을 위한
투자와 인력양성 등을 강조하고 있다. 향후 중국 AI부문은 막대한 데
이터와 기술발전에 힘입어 새로운 응용 분야에서 지속적으로 미국에
도전할 것으로 전망된다. 그러나 미국이 우위를 지닌 기초연구(양질의
전문가) 분야에서 중국이 단시간에 따라잡기도 쉽지 않다. 반도체와는
달리 AI부문에서 표면적으로 네거티브한 견제전략은 두드러지지 않지
만, 미국은 자국 AI기술 및 기업에 대한 중국의 투자를 억제하고 이 부
문에 대한 외국인투자심의위원회(CFIUS)의 권한을 강화하고 있다. 아
울러 AI를 활용한 중국 정부의 통제와 군사적 활용을 비판하면서 중국
AI기술 발전의 추이를 예의주시하고 있다.

2. 디지털 플랫폼 경쟁의 부상

최근 미국과 중국이 벌이는 기술패권 경쟁의 핵심이 '디지털 플랫폼
경쟁'으로 이동하고 있다. 미국 기업들이 컴퓨팅과 모바일 운영체계 플
랫폼을 장악하고 있지만, 여타 디지털 플랫폼 경쟁의 분야로 오면 상황
이 좀 다르게 전개되고 있다. 인터넷 서비스나 전자상거래, 핀테크 분
야의 플랫폼 경쟁이 새로운 표준경쟁으로 부상하는 가운데 GAFA(구
글, 아마존, 페이스북, 애플)로 대변되는 미국 기업들이 글로벌 시장을

주도하고 있지만, 중국 국내 시장에서는 BAT(바이두, 알리바바, 텐센트)로 대변되는 중국 인터넷 기업들이 수성하고 있다. 그런데 여태까지는 비대칭적인 구도에서 양국이 글로벌 시장과 중국 국내시장을 분점하는 양상을 보였지만, 최근 중국 플랫폼 기업들이 보이는 글로벌 행보가 심상치 않다.

미중 양국 기업들이 벌이는 플랫폼 경쟁의 초기 사례는 윈텔(Wintel) 컴퓨팅 플랫폼에 대한 중국 리눅스의 대항 시도, 구글과 애플의 스마트폰 OS 및 앱스토어 플랫폼에 대한 중국 기업들의 도전 등에서 발견된다. 2010년대에 들어서면서 미중 간의 플랫폼 경쟁에 대한 논의는 인터넷 검색으로 옮겨갔는데, 구글과 바이두로 대변되는 인터넷 검색 분야의 경쟁이 뜨거웠다. 2010년대 후반에는 5G의 도입이 창출하는 플랫폼 환경이 쟁점이었다. 비슷한 시기 디지털 경제의 데이터 플랫폼으로서 인공지능 및 클라우드·데이터 플랫폼 경쟁이 관심거리가 되었다. 2020년을 넘어서면서 SNS, 전자상거래, 핀테크, 동영상, OTT 및 게임 분야의 플랫폼 경쟁이 논란거리가 되기에 이르렀다.

이 과정에서 여태까지는 미국의 테크 기업들이 디지털 플랫폼을 장악해 왔다. 마이크로소프트(M), 구글(G), 애플(A), 페이스북(F), 트위터(T), 아마존(A) 등이 대표적 사례인데, 흔히 TGiF, GAFA, FANG, MAGA 등과 같은 약자로 불리기도 한다. 바이두(B), 알리바바(A), 텐센트(T), 화웨이(H) 등과 같은 중국 기업들도 크게 성장하여 BAT 또는 BATH로 지칭되기도 한다. 초기만 해도 이들은 구글과 바이두, 애플과 화웨이, 페이스북과 텐센트, 아마존과 알리바바와 같이 부문별로 대결 구도를 형성했으나, 최근에는 이들 기업의 사업 범위가 확장되고 전선이 교차하며 전방위 대결이 벌어지고 있다. 게다가 최근에는 미국의 넷플릭스(N)나 중국의 바이트댄스(B)와 같은 새로운 플랫폼 기업들이 진입하면서 대결의 구도는 점점 더 복잡하게 되었다(Galloway 2017; 다나카 미치아키 2019).

여기서 특히 주목할 것은 최근 중국 플랫폼 기업들의 약진이다. 또한 이들이 더 이상 중국 내수시장에 머무르지 않고 글로벌 시장으로 진출하고 있다. 사실 지금 거론되는 중국 플랫폼 기업들은 대부분 미국 기업들의 비즈니스 모델을 모방해 탄생했다. 전자상거래 업체인 알리바바는 아마존을, 검색엔진 업체인 바이두는 구글을, 동영상 스트리밍 업체인 유쿠는 유튜브를, SNS 업체인 텐센트는 페이스북의 모델을 거의 베끼다시피 했다. 후발 주자로서 기술력이 뒤처진 상황에서 선진 비즈니스 모델을 거대한 자국 시장에 적용하는 것만으로도 막대한 수익을 얻을 수 있었다. 그러나 중국의 스토리는 단순한 모방의 단계에만 그치지 않고 혁신과 역전의 단계로 나아갔다는 점에서 드라마틱하다(윤재웅 2020; 유한나 2021).

실제로 최근 몇몇 분야에서는 미국 기업들이 중국의 비즈니스 모델을 참고하는 일이 발생하고 있다. 예를 들어, 페이스북이 개방형 SNS 플랫폼 모델로부터 텐센트의 메신저형 플랫폼 모델로 전환을 고려하고 있다. 틱톡의 모기업인 바이트댄스는 한층 업그레이드된 기술력을 바탕으로 소비자들의 서비스 수요를 예측해 애초부터 새로운 비즈니스 모델을 개척한 것으로 평가된다. 핀테크 분야에서 중국의 모바일 결제 시스템인 알리페이와 위챗페이는 미국 기업들보다 선도적으로 이 분야를 개척했다. 디지털 위안화의 행보도 한 발짝 앞서가면서 미국 주도의 국제 통화질서의 아성에 도전장을 내밀었다. 메이퇀뎬핑과 같이 최근 중국에서 등장한 제2세대 플랫폼 기업들은 미국 기업들을 모방한 것이 아니라 독자적으로 모델을 개발하고 있다.

가장 포괄적인 의미에서 본 디지털 문화콘텐츠 산업 분야의 매력

경쟁이라는 측면에서 보아도 상황은 비슷한 전망을 낳는다. 할리우드의 기술력과 문화패권을 바탕으로 미국이 여전히 글로벌 차원의 보편성에 호소하는 콘텐츠의 생산과 전파에 주력하는 가운데, 중국이 '중국특색'의 콘텐츠를 지향하며 자국의 온라인 커뮤니티가 지닌 규모를 기반으로 중국적 가치를 고수하는 콘텐츠의 생산과 재생산에 주력하는 모습을 보이고 있다. 이러한 과정에서 4차 산업혁명 시대의 창의적인 산업과 서비스를 뒷받침하는 중국체제의 효과성이 시험받고 있다. 이러한 과정에서 궁극적인 관건은 중국의 수요가 지니는 규모의 변수와 중국 체제의 적합력이 어떠한 관계를 설정하느냐의 문제가 될 것이다.

3. 미중 표준 및 매력경쟁의 세 층위

1) 인공지능 및 클라우드·데이터 플랫폼 경쟁

미중 디지털 플랫폼 경쟁의 첫 번째 층위는 인공지능과 데이터 분야의 플랫폼 경쟁이다. 최근 인터넷 서비스에서는 AI알고리즘의 설계역량을 바탕으로 한 플랫폼의 구축이 관건이다. AI기업들은 핵심 기술역량과 데이터 자산을 바탕으로 자사가 주도하는 인공지능을 플랫폼화하여 기업과 개발자들을 끌어모아 자신에게 유리한 AI생태계를 만들려고 한다(이승훈 2016). GAFA로 알려진 미국의 거대 AI기업들이 이러한 새로운 양식의 경쟁을 선도해 가고 있는데, 일차적으로 AI 스타트업의 인수를 통해 경쟁에 참여하는 행보를 선보였다. 중국도 BAT를 중심으로 개별 기업의 자체적인 연구개발 외에도 국가적 목표를 위해 AI 관련 연구프로젝트를 분담하여 추진하고 있다.

　최근 AI가 특정 분야를 넘어 ICT 분야 전반과 융복합되는 추세를 감안한다면, 향후 미중 양국의 경쟁도 새로운 양상을 보일 것으로 예견된다. 구글, MS, 아마존 등의 면모만 보아도, 산업과 서비스의 영역 구분을 넘어서 이들을 가로지르는 플랫폼을 구축하고 있다. 따라서 이들의 전략은 개별 기술경쟁이나 특정 산업 영역에서 전개되는 경쟁에 국한된 것이 아니라 거의 모든 산업과 서비스를 아우르는 플랫폼 경쟁을 지향한다. 넓은 의미에서 이들의 경쟁은 단순한 기술패권 경쟁을 넘어서 종합적인 미래 국력경쟁으로, 그리고 이를 지원하는 정책과 제도 및 체제의 경쟁으로 확전될 것으로 전망된다. 실제로 인공지능 분야에서 이러한 정책-제도-체제경쟁은, 최근 중국의 안면인식 AI와 이를 규제하는 원칙에 대한 미중의 입장차로 드러났다.

인공지능을 활용하여 이미 축적된 데이터를 분석·활동하는 클라우드·데이터 플랫폼 경쟁도 관건이다. 클라우드는 데이터를 담기 위한 인프라인데, 중앙컴퓨터에 데이터를 저장해 언제 어디서나 인터넷에 접속하여 활용하는 ICT 기반 서비스이다. 글로벌 클라우드 시장은 아마존의 AWS, MS의 애저, 구글의 클라우드 플랫폼의 3강 체제인데, 중국 기업들이 급속히 성장하며 추격하고 있다. 알리바바, 텐센트와 같은 중국 클라우드 서비스 업체들은 미국에 비해 늦게 시작했을 뿐만 아니라 아직 글로벌 시장에서 10%의 비중에 그치지만, 글로벌 시장 대비 2배의 성장 속도를 보이며, 미국 기업들의 뒤를 추격하고 있다.

최근 미중의 클라우드 경쟁과 갈등은 정부 차원으로도 비화하여 데이터의 초국적 유통을 의제로 2019년 6월 오사카 G20 정상회의에서 제기된 바 있다. 미국이 자국의 빅데이터 기업들의 이익을 내세워 데이터의 초국적 유통을 옹호하고 있는 가운데, 중국은 데이터를 일국적 자산으로 이해하고 원칙적으로 데이터의 초국적 이동을 제한할 것을 주장했다(강하연 2020). 특히 중국은 데이터 주권의 개념을 내세워 자국 기업과 국민의 데이터를 보호하고 데이터 유통 활성화 및 그 활용역량을 증대시키려고 한다. 데이터 현지 보관, 해외반출 금지 등으로 대변되는 '데이터 국지화(Data Localization)' 정책을 확대하겠다는 것이다(Liu 2020). 이러한 논리에 기반을 두고 중국 정부는 자국 시장에 대해 미국 클라우드 기업들의 시장 진입을 제한해 왔다(최필수·이희옥·이현태 2020).

2) 전자상거래 및 핀테크 플랫폼 경쟁

디지털 플랫폼 경쟁의 두 번째 층위는 전자상거래 및 핀테크 플랫폼 경쟁이다. 이 중에서 전자상거래 분야의 선두 기업은 아마존이다. 온라인 서점에서 출발한 아마존은 의류와 식품, 가전을 거쳐 디지털 콘텐츠에서 클라우드 컴퓨팅, 금융 서비스, 오프라인 상점에 이르기까지 사업을 다양하게 확장했다. 이런 아마존도 중국 진출에는 실패했다. 이에 비해 알리바바는 중국 전자상거래 시장의 약 62%를 차지하고 있다. 알리바바는 전자상거래와 인공지능뿐만 아니라 핀테크, 클라우드, 온라인 헬스케어, 자율주행OS 등 다양한 분야로 시장 지배력을 확대하고 있다. 알리바바의 장기 비전은 중국의 사용자들이 알리바바 플랫폼에 의존하는 일종의 생태계를 구축하는 데 있다(김성옥 2020).

　최근 알리바바는 그 사업 영역을 확장하며 해외시장으로 진출하고 있다. 전자상거래의 글로벌 영향력 강화는 핀테크, 클라우드 계열사도 함께 현지 시장에 진출하면서 동남아 지역의 알리바바 생태계 구축으로 이어진다. 이렇게 되면, 향후 아마존 권역과 알리바바 권역의 충돌이라는 도식이 그려진다. 아마존은 북미와 유럽, 일본을 점령하고 있으며 아시아에서의 승리 여부에 미래를 걸고 있다. 이에 대항하는 알리바바는 중국에서의 압도적인 지위를 바탕으로 아시아를 석권한 데 이어 일본과 유럽을 공략하고 있다. 이 승패는 향후 아마존과 알리바바

뿐만 아니라 미국과 중국의 명운을 결정짓는 핵심이라고도 할 수 있다
(Ninia 2020).

전자상거래 플랫폼 경쟁은 알리페이와 같은 모바일 결제 플랫폼
과 연동된다. 알리페이는 모바일 국제결제 시스템을 신용카드 보급이
더딘 동남아로 확장했는데, 싱가포르, 태국, 말레이시아 등의 모바일
결제 플랫폼 기업에도 투자를 확대하면서 동남아 핀테크 시장을 선점
하고 있다(서봉교 2020). 이러한 알리페이를 겨냥한 미국 정부의 견제
도 거세다. 2018년 1월 미국 외국인투자심의위원회(CFIUS)는 앤트파
이낸셜이 미국 최대 송금서비스 업체 머니그램을 인수하는 것을 제지
했다. 2020년 들어서는 미국 정부가 앤트파이낸셜을 블랙리스트에 추
가하며 제재의 칼날을 뽑아 들 가능성도 제기되었다.

중국 모바일 결제 플랫폼의 확장에는 미국 주도의 국제 신용카드
기반 SWIFT 시스템에 대한 도전이 깔려 있다(서봉교 2019). 2019년 6
월 페이스북이 공개한 블록체인 기반의 암호화폐인 리브라는 디지털
화폐 플랫폼 경쟁에 불을 지폈다. 그러나 현재 디지털 화폐 분야에서
미국에 가장 위협적인 대상은 2020년 4월 중국이 시연을 보인 디지털
위안화 또는 DCEP(Digital Currency Electronic Payment)이다(이성현
2020). 미국 정부는 디지털 화폐에 대해 신중한 태도를 보였는데, 2020
년 들어 코로나19 재정지원금 지급 등에서 정부 주도로 '디지털 달러'
를 발행하는 쪽으로 태도를 바꾸었다. 이러한 변화에는 디지털 위안화
요인이 자극제가 되었다(다나카 미치아키 2019, 292).

3) 디지털 미디어·콘텐츠 플랫폼 경쟁
디지털 플랫폼 경쟁의 마지막 층위는 SNS, 동영상, OTT, 게임 분야에
서 벌어지는 디지털 미디어·콘텐츠 플랫폼 경쟁이다. SNS 플랫폼의

대명사인 페이스북은 사람들을 플랫폼에 모이도록 해서 데이터를 수집하고 최적화한 광고를 올려 수익을 올리는 모델로 성공을 거두었다. 그러나 중국은 2003년부터 자국 내에서 페이스북, 유튜브, 트위터 등 해외 주요 SNS의 사용을 금지했다. 그러한 중국 시장을 차지한 것이 텐센트였다. 텐센트의 최대 무기는 10억 명의 사용자를 확보한 SNS 메신저 위챗이다. 이 밖에도 텐센트는 폭넓은 비즈니스를 전개하고 있는데, 게임 등 디지털 콘텐츠 제공, 결제 등 금융 서비스, AI를 이용한 자율주행이나 의료 서비스의 참여, 클라우드 서비스, 전자상거래 등이 그것들이다.

2020년 9월 미국 정부는 텐센트와 미국 기업들의 거래를 금지했다. 그러나 텐센트 제재는 애플, 월마트, 포드차 등 미국 기업들에도 부메랑으로 돌아올 가능성이 있다. 또한 미국 정부는 2020년 8월 국가안보를 이유로 위챗과 함께 디지털 동영상 서비스인 틱톡도 금지했다. 동영상 플랫폼이 인터넷으로 진입하는 첫 관문으로 거듭나고 있는 상황에서 이는 큰 의미를 갖는 사건이었다. 중국 기업의 IT 마인드가 글로벌급으로 성장했다는 점에서 바이트댄스의 틱톡은 유튜브에 위협적 존재로 인식되었다. 바이트댄스(B)가 기존의 BAT에서 바이두를 밀어내고 새로운 BAT를 구성한다는 평가까지 나왔다(윤재웅 2020, 259).

아울러 주목해야 하는 것이 OTT(Over The Top) 플랫폼 경쟁이다. OTT는 인터넷으로 방송 프로그램과 영화, 교육 같은 각종 미디어 콘텐츠를 제공하는 서비스다(김익현 2019; 고명석 2020). OTT 플랫폼 기업으로는 넷플릭스가 선두주자이다. 이러한 넷플릭스의 뒤를 디즈니와 애플이 바짝 추격하고 있다. 2020년에는 워너미디어의 HBO맥스, 컴캐스트의 피콕 등도 경쟁에 합류했다. 중국 미디어 시장도 디지털 플랫폼 중심으로 빠르게 변하고 있다. TV 등 유선방송에서 동영상

스트리밍으로 본격적인 전환이 이루어지며 아이치이, 텐센트 비디오, 유쿠투도우 등 OTT 플랫폼의 영향력이 급격히 커지고 있다. 이와 더불어 BAT로 대변되는 중국 플랫폼 기업들은 영화산업 전반에도 활발히 진출하고 있다.

디지털 콘텐츠 소비에서 사용자들의 '시간'이 제일 중요한 요소라고 한다면, OTT의 가장 큰 경쟁자는 게임이다. 콘솔게임 분야는 MS·소니·닌텐도 등 미국과 일본 업체들이 장악하고 있고, 모바일 게임 분야의 신흥강자는 중국이다. 중국과 글로벌 게임시장을 선도하는 게임 플랫폼 기업은 텐센트이다. 최근 텐센트는 전 세계에 걸친 투자를 통해 게임산업 체인을 만들어가고 있다. 텐센트의 공격적 행보는 미국 정부의 제재를 유발하기도 했다. 2020년 미국 외국인투자심의위원회 (CFIUS)는 라이엇게임즈와 에픽게임즈에 서한을 보내 미국 사용자의 개인정보 처리 내규에 대한 자료를 제출할 것을 요구하기도 했다. 위챗 금지의 행정명령을 내린 것과 맞물리며 미국 정부가 텐센트 제재에 착수한 것이 아니냐는 해석이 나오기도 했다.

III. 북한 ICT현황, 기회의 탐색?

1. ICT 인프라와 하드웨어 기기 층위

1) 이동통신과 인터넷

ICT 인프라의 구축 문제는 남북 ICT협력의 최우선 대상 중 하나로 꼽힌다. 4차 산업혁명의 추진 과정에서 북한에 깔릴 유무선 네트워크의 수요와 북한 과학기술 인력과의 협업 가능성, 그리고 국내 사업자들의 신규수익 창출의 전기 마련이라는 차원에서 주목받고 있다. 이동통신의 경우 북한이 한국과의 격차는 물론 전 세계 평균 및 최빈국과 비교하여서도 매우 낮은 수준이다. 북한은 유선전화 보급 지체를 이동통신 보급을 통해서 해결하지도 않아서 통신의 보편적 접근 및 이용이라는 측면에서 세계 최하위 수준이라 할 수 있다(강하연 2018).

　　현재 북한의 이동통신 사업자는 고려링크, 강성네트, 별의 셋이다. 최근에는 이동통신 보급이 확대되면서 다양한 앱을 비롯한 서비스도 제공되고 있다(김유향 2018a). 이동통신망과 관련하여 2000년대 중반 이집트의 오라스콤이 북한에서 실질적으로 사업을 철수한 후 북한 고려텔레콤이 오라스콤의 사업을 인수하여 운영하고 있다. 이 시기에 북한 체신성이 대만회사와 합작으로 체콤이라는 독자적 이동통신 서비스를 개시하여 평양지역에 서비스를 제공하였다. 3G 이동통신에 머물러 있는 북한으로서는 5G 이동통신 상용화의 경험이 있는 한국 사업자의 기술과 노하우가 필요한 상황이다(하수영 2020).

　　당장 남북경협의 상징인 개성공단만 해도 폐쇄 직전까지 북한 사회의 특성상 유선전화 정도만 운영된 상태였다. 당시 개성공단 참여 업체들 사이에서 이동통신과 인터넷 개통에 대한 요구가 매우 높았으며, 글로벌 사업 비중이 큰 기업일수록 인프라 현대화를 절실히 요구했던 것으로 알려져 있다. 따라서 개성공단이 재가동될 경우 참가 기업들 사이에서도 클라우드와 서버, 각종 업무용 소프트웨어까지 국내와 동일한 수준의 비즈니스 환경을 요구하는 목소리가 클 것으로 예상된다(조석근 2018). 이러한 상황에서 한국의 대표적인 이동통신 사업자인 SK텔레콤은 북한의 경제성장이 본격화되면 이동통신 이용자를 확대해 나가는 '모바일 퍼스트' 전략을 추진할 것으로 알려졌다(도민선 2018).

　　현재 북한의 광케이블은 평양을 중심으로 각 도청 소재지에 지역

센터가 구축되어 있으며, 지역센터 근처의 중소도시들이 해당 센터에 방사형으로 연결된 구도인데 리 단위까지 광케이블이 연결되어 있다 (이민규 2019). 북한의 국제 인터넷 접속은 중국의 차이나 텔레콤과 러시아의 TTK의 백본망을 활용한다(김태은 2019). 그러나 북한 일반주민은 여전히 인터넷 사용은 불가능하며, 그 대신 1990년대 초반부터 보급된 인트라넷인 '광명'을 통해 북한 전역의 네트워크에 연결하고 정보를 입수하며, 전자메일 등을 통해 소통한다(김유향 2018a). 이러한 상황에서 국내 일각에서는 북한의 도시화를 전제로 하여 북한 내에 스마트 메가시티를 건설하는 구상이 제기되고 있다(주성하 2018).

2) CNC화, 태블릿 PC, 스마트폰

최근 북한은 ICT에 기반을 둔 신산업 창출에 주력하는 적극적인 모습을 보이고 있다. 김정은은 2013년 신년사에서 CNC 공작기계산업과 ICT개발 등을 강조했고, 2016년 5월에 열린 로동당 7차 당 대회에서 ICT, 나노기술, 생물공학을 비롯한 첨단기술 개발에 집중할 것을 지시했다. 이러한 연속선상에서 ICT 분야의 기술개발에 주력할 것을 주문하고 있다. 북한은 컴퓨팅 기술을 기계에 결합한 지능화 공작기계를 통해 제조 정밀도를 높이는 CNC화 정책과 ICT에 기반을 둔 첨단산업 육성을 통해 전개되고 있다. 이를 통해 북한은 ICT를 비롯한 첨단 과학기술들을 경제와 사회 각 분야에 도입하여 경제는 지식경제시대, 사회는 발전된 정보화 사회로 전환한다는 '온나라의 CNC화'를 목표로 내걸고 있다(임을출 2019, 21).

북한의 컴퓨터 하드웨어 및 ICT 제조업의 수준은 매우 열악한 것으로 알려져 있다. 북한은 2012년 세 종류의 태블릿 PC를 출시하였는데, 그 이후 한 가지가 추가로 출시되어 현재 네 가지 종류의 태블릿

PC가 시판되고 있다. 이들 기기는 안드로이드 운영체계를 기반으로 만들어졌으나 기기마다 운영체계 활용방식의 차이가 있으며, 외국어 입력의 문제와 시스템 불안전성 및 응용 프로그램과의 충돌 문제 등으로 인해서 아직은 '조립 수준'이라는 평가를 받고 있다. 한편 북한의 이동통신 단말기는 중국산 완제품 또는 부품 수입 후 조립하는 방식이었으나, 스마트폰 사용자가 늘어나면서 2014년부터 자체 생산을 시작하여 아리랑(2013), 평양터치(2014), 진달래 3(2017) 등을 개발했다. 2020년 2월에는 자체 개발한 스마트폰 '진달래 7'을 공개했다.

북한은 열악한 재정·경제 상황 탓에 세계적인 수준을 따라잡기 위한 하드웨어 분야에 투자할 여력이 충분하지 않다. 또 전략물자 반입 규제 등으로 북한은 선진기술과 장비를 들여오기도 곤란한 실정이다. 폐쇄된 사회 아래에서의 기술교류의 제한성도 존재한다. 정보통신 제조업 분야에서는 북한의 노동력을 활용한 대외 경협에 대한 논의가 벌어지고 있는데, 북한 경제특구를 활용한 남북 ICT교류협력 활성화나 중국을 활용한 남북 간접 ICT교류협력 등이 거론된다. 그런데 최근 중국의 성장으로 인해서 10여 년 전의 남북 ICT협력과는 완전히 다른 지평에서 접근해야 할 필요성이 제기된다.

북한이 경제를 개방하는 날은 바로 북한이 동북아 가치사슬에 합류하는 날이 될 것이다. 북한이 순조로이 한국-미국과 핵 협상을 마무리 짓고 동북아 가치사슬에 가담하면 역내 국가 모두에게 이익이 될 수 있다. 남북한 경제통합과 동북아 경제통합을 별도의 과정이 아니라 동북아 지역에서 서로 형성하고 있는 생산 네트워크를 매개로 서로 연결되면서 시너지효과를 발휘하는 과정이어야 한다. 지금 상황에서 동북아 가치사슬이 글로벌 가치사슬 체계 안에서 기존 패러다임을 유지할지, 또는 기존의 패러다임이 아닌 새로운 패러다임으로 전환하여 새로운 가치사슬 모델을 창출할지는 아직 분명하지 않다(홍재화 2019).

2. 소프트웨어와 인터넷 서비스 층위

1) 소프트웨어, 사물인터넷, 3D 프린터, 증강현실

소프트웨어 분야에서 북한의 기술력은 상대적으로 높은 것으로 알려져 있다. 지난 기간 동안 북한에서는 운영체계, 문서편집, 음성인식, 문헌 검색 프로그램 등의 개발과 전국 차원의 DB구축 등이 추진되었으며, 나름대로 성과도 있었던 것으로 평가된다. 운영체계의 경우, 북한은 자체 컴퓨터 운영체계 개발과 운영 프로그램 개발능력의 확대를 추구해 왔다. 2006년 자체 개발한 '붉은별'에서는 오픈소스 소프트웨어인 리눅스 프로그램을 그대로 사용하였지만, 이후 업그레이드 버전에서는 자체 개발을 통해 운영체계 개발능력을 강화했다(곽희양 2019).

소프트웨어 업계에서는 전문인력이 필요한 한국과 기술사업화가 필요한 북한의 교류협력에 대한 기대가 크다. 북한에는 조선콤퓨터센터(KCC), 평양정보센터(PIC), 김책공업종합대학, 중앙과학기술통보사 등에서 연간 1만 명씩 SW 개발인력을 양성하고 있다(도민선 2018). 기술표준 분야 남북 ICT협력 차원에서 정보통신 시스템의 표준화 및 공유 필요성도 거론된다. 그러나 남북 IT표준화를 논하던 10여 년에 비교해서 볼 때, 현 단계에서는 빠르게 변화하는 4차 산업혁명 분야의 특성상 ICT용어 통일(표준화) 등으로 대변되는 공식적인 표준화의 유용성은 다소 떨어지는 것이 사실이다(김유향 2018b).

북한은 2000년대 초반부터 조선콤퓨터센터(KCC)를 통해 인공지능 개발을 지속해 왔으며, 김정은 집권 이후 연구조직 확충 등 인공지능 관련 연구를 강화했다. 최근 북한은 과학기술 중시가 수자중시, 수자경제(즉 디지털 경제)이며 다시 그 수자경제의 핵심이 인공지능 발전이라고 밝히고 있다(강진규 2019a). 북한이 두각을 나타내는 분야는 자연어 처리시스템, 제어 분야, 문자 및 숫자 인식 분야 등이다. 특히 음성인식, 지문인식 등의 각종 인식기술은 세계적인 수준이라는 평가를 받고 있다. 북한의 인공지능 관련 주요 개발 성과로는 바둑 인공지능 '은별'과 조선어 음성인식, 즉 언어번역 프로그램인 '룡남산' 등이 있다.

이 밖에도 최근 북한은 사물인터넷(IoT) 개념이 적용된 스마트홈인 '지능살림집'을 선보이면서 그 컨트롤타워 역할을 하는 인공지능스피커인 '지능고성기'를 개발했다. 또한 2015년 5월에는 평양기계종합대학이 3D 프린터를 선보였으며, 2016년 3월에는 김일성종합대학이 레이저 3D 프린터를 개발했다. 한편 증강현실(AR) 기술에도 투자하여 이 기술을 이용한 교육용 소프트웨어를 개발하였다. 대표적인 사례가 2017년 11월 룽라도정보기술사가 증강현실 기반으로 스마트폰과 태블릿PC에서 사용할 수 있는 교육용 프로그램 '신비경'을 만든 것이다. 이후 북한은 증강현실 기술을 이용한 지능유희사판 모래판 게임기인 '모래놀이'를 개발하기도 했다. 북한은 건설·정보통신기술 등을 융복합하여 건설된 도시기반시설을 바탕으로 다양한 서비스를 제공하는 스마트시티 개발에도 관심을 보이고 있다(임을출 2019, 25).

북한의 인공지능 기술 수준은 한국에 비교할 수준에는 못 미치지만, 국제적 추세를 읽고, 나름대로 기술을 해석하여 자신만의 방식으로 개발해내고 있는 것으로 평가된다. 최근 북한은 인공지능 관련 국가전략 마련과 국가 간 협력을 부쩍 많이 언급하고 있다. 북한이 인공지능 발전 전략을 발표하거나 글로벌 인공지능 세미나, 학회 참여 그리고 다른 나라와 인공지능 협력 등을 추진할 가능성도 있다(강진규 2019b). 이러한 맥락에서 북한이 과학기술 중시 정책의 핵심인 디지털 경제 전

환을 위해 조만간 '(가칭)디지털경제발전전략'을 채택할 가능성이 있
다는 전망도 나오고 있다(길재식 2019).

2) 검색엔진, 전자상거래, 핀테크, 블록체인, 빅데이터
북한 내에서 가장 많이 이용하는 인터넷 검색엔진은 구글이다. 자유아
시아방송(RFA)에 따르면 2017년 3월부터 2018년 3월까지 1년간 북한
에서 구글 사용률은 92.4%로 압도적인 1위다. 2위는 중국 검색엔진인
바이두(2.2%), 3위는 미국 검색엔진 빙(1.7%), 4위는 러시아 검색엔진
인 얀덱스(1.6%)로 분석됐다. 구글과 같은 검색엔진을 사용하는 사람
들은 일반 북한 주민들이 아니라 김정은 일가나 그의 측근들, 북한의
대남·대외사업 관계자 등 매우 제한적이라는 것이 전문가의 지적이다
(박창민 2018).
　　북한의 전자상거래는 주로 모바일 플랫폼을 활용하는데, 북한 최
초의 인터넷 쇼핑몰 '옥류'가 2014년 출시되어 2015년부터 정식 운영
되었는데, 휴대폰으로 '옥류'에 접속하여 상품을 검색하고 주문했다.
2016년에는 '만물상', '내나라', '광흥', '앞날', '려명', '은파산' 등 신규
인터넷 쇼핑몰이 등장했다. 가장 인기 있는 인터넷 허브 쇼핑몰인 '만
물상'은 수십 가지 부류의 상품을 판매한다(여정현 2018). 북한에서 장
마당 경제와 전자상거래가 공존하고 있는 현실에 주목할 필요가 있다.
최근에는 중국의 전자상거래 플랫폼을 도입하여 해외 직구를 시도하
거나 단둥의 온라인 대리인이 중개하는 현상이 발생하고 있다(강하연
2018).
　　한편, 북한은 페이팔, 애플페이, 알리페이 등 첨단 시스템과 비교
하기는 어려우나, 초보적인 수준의 모바일 결제 시스템을 구축·운영하
고 있는 것으로 평가된다. 북한에서 유통되는 스마트폰의 기본 앱으로

탑재된 모바일 결제 플랫폼은 상품 결제, 각종 요금 지불, 개인 간 송금 등도 처리할 수 있다(강진규 2018a). 향후 북한의 모바일 결제는 기술이 발달한 중국과의 협력을 통해 시스템 추가 도입, 결제 분야 확대, 사용자 증가 등 발전이 지속될 전망이다. 현재의 모바일 전자지갑(앱) 방식 이외에도, QR코드 결제(예: 알리페이), 근거리 무선통신방식 결제(예: 차이나 모바일 페이) 등 다양한 시스템을 도입할 것으로 예상된다.

한편, 북한은 전문인력을 활용해 블록체인 기반의 암호화폐 개발을 시도하고 있는 것으로 알려졌다. 북한의 ICT 기업인 '조선엑스포'는 가격정보 수집·차트화를 통해 대표적 암호화폐인 비트코인 거래를 중개하는 솔루션을 개발·판매하고 있다. 북한이 관광객 모집용으로 운영하는 웹사이트 고려투어는 2019년 만우절 공지에서 자신들이 '고려코인'을 개발하고 ICO(암호화폐 공개)를 실시한다고 발표했다. 북한이 암호화폐 개발에 주력하는 핵심 이유는 익명성과 자금 추적의 곤란함, 용이한 환금성 등으로 미국의 제재를 피할 수 있다는 점 때문이다. 현재 북한은 국제금융 결제망인 SWIFT를 이용할 수 없어 해외 송금이 막힌 상태다. 블록체인은 이런 제재와 상관없이 당사자끼리 자율거래 및 규제를 가능하게 한다. 당사자 합의를 통해 재화나 상품, 용역 등이 인도적으로 흐를 수 있는 길을 튼다(남성욱 2019).

그러나 북한은 블록체인 분야에 큰 관심이 있지만, 체제 특성상 이를 사업화할 능력은 부족하다. 이러한 맥락에서 북한의 블록체인 분야에 중국이 투자할 의향을 보이면서 주목받고 있다. 블록체인 기술을 통해 북한과 중국이 협력하여 미국에 대응하는 모델을 개발하겠다는 얘기까지 나오고 있다. 다만 북한은 전력 부족, 고성능 컴퓨터 보급 미비, 인터넷 인프라 열악 등으로 암호화폐 관련 활동이 단기에 확대되기에는 매우 어려운 상황이다. 인터넷 접속을 일부 계층이 독점하는 북한 상황을 고려할 때 탈집중화의 가치가 중요한 블록체인의 발전을 단기간 급속하게 이루기 위해선 많은 과제가 산적해 있다(남성욱 2019).

한편, 북한에서는 '대자료 분석'이라고 부르며 빅데이터 분석을 다양한 분야에 활용하고 있다. 2005년 이후부터 구름계산(클라우드) 기반이 구축되고 세계의 여러 인터넷 회사들에서 대자료 분석을 통한 업무의 개선으로 대자료의 가치가 확증되면서 활발히 진행됐다. 북한은 현재 많은 기업이 경쟁력을 유지하기 위한 필수적인 방도 중 하나로 과거에 대한 분석, 현재의 동향분석과 함께 예측분석에 기초한 대자료 활용 전략을 내세우고 있다(강진규 2018b). 그러나 북한은 폐쇄적인 인터넷 운영이라는 문제 이외에도 데이터의 양, 사용자, 접근성, 복잡성 등 전반적인 데이터 인프라가 부족할 뿐만 아니라 기업가적 지식과 기술 부족, 숙련된 인력 및 자금 부족도 한계로 작용할 것으로 예견된다(사진환 2019).

3. 디지털 미디어·콘텐츠 층위

1) 소셜 미디어, 동영상 서비스

최근 북한의 공식·비공식 소셜 미디어 계정 활용이 급격히 늘어나고 있다. 북한은 2007년 처음으로 유튜브에 영상을 업로드한 이후 2010년 본격적으로 트위터 등에 계정을 개설하였으며, 최근에는 페이스북, 인스타그램, 유튜브 등을 다양하게 활용하며 북한 체제에 대한 선전은 물론, 북한 관광, 무역 등에 활용하고 있다. 이들 소셜 미디어의 사용자층은 주로 극소수의 북한 상류 엘리트층인데, 이들은 제한 없이 인터넷을 이용할 수 있다(김유향 2018a). 북한에서는 페이스북 이용자가 압도적으로 많으며, 구글, 바이두, 인스타그램, 알리바바, 아마존 순으로 이용하는 것으로 파악됐다. 북한 인구의 인터넷 사용량의 65%가 인터넷 스트리밍과 게임에 집중되어 있는데, 북한에서 가장 빈번하게 접속하는 비디오 스트리밍 서비스는 유쿠와 아이튠스이다(박세희 2017).

이러한 변화와 더불어 북한의 대외 선전방식도 최근 들어 많이 달라지고 있다. 최근에는 북한 언론 못지않게 인터넷이나 해외언론을 통해 평양의 모습이 자주 공개되고 있다. 북한은 조선중앙통신, 우리민족끼리, 로동신문, 내나라, 류경, 려명 등 자체 사이트 이외에도 페이스북, 트위터, 유튜브 등을 선전에 활용하고 있다. 특히 유튜브나 인스타그램 등 소셜 미디어에 매일 북한의 일상을 다룬 사진과 영상이 쏟아진다. 4-5년 전만 해도 북한 관련 자료를 찾으려면 신문이나 외신, 서적을 뒤져야 했다면, 요즘은 소셜 미디어에서 검색만 하면 필요한 정보를 쉽게 찾을 수 있게 되었다(문준모 2015). 예를 들어, '조선의 오늘'은 북한 관영 TV 채널인 '조선중앙방송'의 콘텐츠들을 매일 유튜브에 업로드해왔다. 최근에는 북한의 '조선의 오늘'을 활용한 인스타그램 활동도 늘어나는 것으로 알려졌다(김진기 2020).

최근에는 북한의 선전 활동이 중국 최대 동영상 공유 사이트인 유쿠를 적극적으로 활용하고 있다. 중국은 인접국인데다 소셜 미디어가 활성화돼 있고 한국인들이 많이 접할 수 있어 북한으로선 체제 선전에 가장 효율적인 창구이기 때문이다. 북한 선동 매체 '우리민족끼리'가 운영하는 '우리민족끼리TV'는 2013년 8월 중국 동영상 공유사이트 유쿠에 첫 동영상을 올린 이래 2017년 1월 현재 1만 4천여 개를 게재했다. '우리민족끼리'는 중국에 동영상을 올리기에 앞서 2010년부터 미국 소셜 미디어인 유튜브나 페이스북, 트위터에도 체제 홍보 영상물을 게재해왔다. '우리민족끼리TV'는 유쿠에 매일 12개 정도의 홍보 동영상을 올리고 있는데 북한 영화, 드라마, 뉴스, 축제 공연 등이 포함돼 있다. 북한 당국이 웨이보를 통해서도 체제 선전을 하고 있다는 정황도 포착됐다(심재훈 2017).

이들 소셜 미디어에는 자발적 업로드도 있다. 그런데 이러한 자료들은 대부분 북한을 여행한 외국인이 찍어 올린 것들이다. 유튜브에 '북한 관광'을 검색하면 나오는 영상만 14만 6,000개에 달한다. 북한의 평범한 일상만 파헤치는 1인 미디어 제작자도 있다(표태준 2018). 이와 관련하여 2019년 11월에는 트위터, 페이스북 같은 소셜 미디어에 사진과 동영상 등을 무단으로 게시하지 말라는 경고문을 북한 당국이 각국 대사관과 인도주의 단체에 발송했다. 이는 최근 외국 대사들이 소셜 미디어를 통해 북한의 내부 소식을 외부에 알리는 역할을 하는 것을 막으려는 의도로 해석됐다. 소셜 미디어를 북한 소식을 활발히 전하고 있는 대표적 외교관으로는 콜린 크룩스 북한주재 영국 대사와 요아킴 베리스트룀 북한주재 스웨덴 대사 등이 있다(이원준 2019).

2) 한류 콘텐츠, 애니메이션, 게임
북한에서 한류 콘텐츠는, 일부 계층에 제한되어 있긴 하지만, 전국적 현상으로 확산하고 있고, 또한 유입 주기가 짧아지는 등 그 흐름이 가속화하는 양상을 보이고 있다(박영정 2011). 한류 열풍을 막기 위해서 북한 당국은 물리적으로는 중국과의 국경을 막고, 한류를 포함하는 미디어 기기들을 통제하고 있다. 그러나 정치적 동기가 아닌 상업적 목적에 의해 유입이 이루어지기 때문에 북한 당국의 단속에도 불구하고 오히려 지속적 확산이 이루어지고 있다. 이러한 과정에서 한국 드라마나 영화, 음악 등에 등장하는 한국의 생활 모습은 북한 주민의 생활에도 영향을 미치고 있다(KBS 2019a).

한국의 입장에서 보면, 이미 확산되어 있는 중국의 소셜 미디어 플랫폼과 대결을 벌이는 구도보다는, 내용적 경쟁력을 지닌 한류 콘텐츠 분야에서 남북 ICT협력의 아이템을 찾는 전략이 현실적인 대안이 될 수 있다. 그리고 이러한 구도를 바탕으로 남북한과 중국이 협업하는 방식을 추구할 수 있을 것이다. 다시 말해, 중국 파트너와 남북한이 플랫폼-콘텐츠-서비스를 매개로 결합하는 모델이다. 이렇게 보면, 중국의 성장이라는 맥락에서 남북한 ICT협력의 방향은 중국의 동영상 플랫폼, 한국의 콘텐츠, 북한의 인력 등으로 엮어내는 모델에 있다.

이러한 구상에 참고할 사례로 많이 거론되는 것은 애니메이션이다. 북한은 인건비가 적게 들면서 높은 수준의 미술 인력을 내세워서 1980년대 초반부터 외국 애니메이션의 하청 제작에 참여했다. 주로 러시아와 프랑스, 이탈리아, 중국 등에서 일을 받았으며, 프랑스 영화나 미국 TV의 애니메이션 제작에도 참여했다. 북한은 한국과도 합작 프로젝트를 진행했는데, '뽀롱뽀롱 뽀로로'와 '왕후 심청'이 대표적 사례이다. 남북교류가 재개된다면 애니메이션은 가장 먼저 남북한이 손잡을 수 있는 분야다. 뛰어난 제작 기법으로 경쟁력을 인정받고 있는 북한과 만화 콘텐츠 강국으로 부상한 한국의 장점을 살릴 수 있다(김형원 2018; KBS 2019b).

한편 디지털 게임도 남북한 ICT협력의 중요한 아이템이다. 북한은 1990년대 컴퓨터, 소프트웨어 기술을 발전시키면서 게임 개발도 함께 추진했다. 대표적인 사례가 '은별' 바둑 프로그램이다. 북한의 게임 개발은 여기에서 그치지 않고 온라인, 스마트폰 등 다양한 분야 게임 개발로 이어졌다. 일부 계층에서만 즐기던 게임은 스마트폰의 확산으로 대중화되고 있다. 스마트폰의 블루투스 기능을 활용해서 친구들과 함께 오락을 즐기기도 하고, 북한의 내부 인트라넷에 접속해서 비용을 지불하면 수백여 가지의 게임을 할 수 있다. 이런 추세로 볼 때 북한에서 증강현실(AR) 기술을 이용한 게임도 나올 것으로 예상된다(강진규 2019c).

북한은 20년이 넘는 기간 동안 바둑, 장기 등 PC용 게임부터 온라인 롤플레잉 게임, 스마트폰 게임 등 다양한 게임 소프트웨어를 개발해왔다. 그 과정에서 인공지능, 동작인식, 3D 그래픽 처리기술, 무선통신 기술 등을 접목 발전시켰다. 특히 북한은 남한, 일본 등의 애니메이션 제작 경험으로 그래픽 처리 분야의 노하우를 보유하고 있다. 이런 기술이 게임 개발에 반영되고 있는 것으로 보인다. 북한이 그동안 일본, 중국에 하청 형태로 게임을 공급한 것으로 볼 때 개발 역량을 충분히 갖추고 있는 것으로 추정된다. 북한이 부족한 것은 자체적으로 게임을 통해 수익을 창출하는 비즈니스 경험과 게임 제작에 필요한 콘텐츠, 스토리 등이다(강진규 2019c).

IV. 남북 ICT협력의 지정학적 변수

1. 미중 사이버 동맹외교와 규범경쟁

1) 동맹·외교와 규범·가치의 플랫폼 경쟁

미중 경쟁의 지정학적 성격도 남북 ICT협력에 영향을 미치는 중요한 변수이다. 미중이 벌이는 디지털 플랫폼 경쟁은, 단순한 '기업 간 경쟁'이 아니라, 미중 양국이 나서는 '국가 간 경쟁'으로 전개되고 있다. 특히 국가 간 또는 진영 간에 일종의 '동맹과 외교의 플랫폼 경쟁'이 진행되고 있다(Mori 2019). 이러한 맥락에서 2020년 8월 미국이 중국으로부터 중요한 데이터와 네트워크를 수호하기 위해 발표한, 클린 네트워크(Clean Network) 구상을 이해할 수 있다. 클린 네트워크 프로그램은 이동 통신사와 모바일 앱, 클라우드 서버를 넘어서 해저 케이블에 이르기까지 중국의 모든 IT 제품을 사실상 전면 금지하는 내용을 담고 있다.

이에 대해 중국은 '글로벌 데이터 안보 이니셔티브'로 맞대응했다. 2020년 9월 중국은 다자주의, 안전과 발전, 공정과 정의를 3대 원칙으로 강조했다. 데이터 안보에 대한 위협에 맞서 각국이 참여하고 이익을 존중하는 글로벌 규칙을 만들어야 한다는 것이었다. 이 구상은 데이터 안보와 관련해서 다자주의를 견지하면서 각국의 이익을 존중하는 글로벌 데이터 보안 규칙이 각국의 참여로 이뤄져야 한다는 내용을 담았다. 아울러 일부 국가가 일방주의와 안전을 핑계로 선두기업을 공격하는 것은 노골적인 횡포이니 반대해야 한다며 미국을 겨냥했다.

이러한 과정에서 미국은 '클린(clean)'이라는 말에 담긴 것처럼 '배제의 논리'로 중국을 고립시키는 프레임을 짜려 하고, 중국은 데이터 안보나 데이터 주권이라는 개념 하에 새로운 국제규범을 통해 동조세력을 규합해 미국 일방주의의 덫에서 벗어나려 하고 있다. 이러한 과정을 좀 더 넓게 보면, 미국의 인도·태평양 전략과 중국의 일대일로 구상의 연장선에서 이해할 수 있다. 미중 양국이 벌이는 동맹과 외교의 플랫폼 경쟁에서 어느 측이 이길 것이냐의 여부는, 미중 양국이 제시한 어젠다에 얼마나 많은 국가가 동조하느냐에 달려 있다.

미국은 자유를 사랑하는 모든 국가와 기업이 클린 네트워크에 가입할 것을 촉구한다고 강조했다. 미 국무부는 2020년 8월 초 기준으로 클린 네트워크에 30여 개국이 동참했다고 밝혔다. 대만은 8월 31일 공식적으로 클린 네트워크 참여를 선언했다. 이에 비해 중국은 9억 명의 인터넷 시장 참여 기회를 강조하며 중견국 및 개발도상국을 포섭할 계획을 밝혔다. 그렇지만 중국은 유엔과 G20, 브릭스, 아세안 등 다자외교의 장에서 데이터 안보를 논의할 것이라고 언급하는 데 그쳤다. 중국 외교관들이 이니셔티브 발표에 앞서 다수의 외국 정부와 접촉했지만 얼마나 많은 지지를 얻었는지는 분명치 않다.

언뜻 보기에는, 미국이 유리하다고 생각할 수 있지만, 중국이 5G·사이버 인프라를 아시아·중남미·아프리카에 보급하며 100조 원 이상 쏟아부었기에 꼭 불리하다고 보긴 힘들다. 중국은 방대한 내수시장을 바탕으로 전자상거래, 핀테크, SNS, OTT 등 자국산 플랫폼을 만들고 여기서 실력을 쌓은 기업들을 동남아와 아프리카, 중동 등 미국의 영향력이 상대적으로 덜 미치는 지역으로 진출시켜 '디지털 죽의 장막'을 치려 하고 있다. 이렇게 되면 중국은 미국의 압박을 견딜 수 있는 내성을 갖출 뿐 아니라 미국의 포위 전략에서 벗어나 독자적인 세력권을 구축할 수 있게 된다. 이러한 가능성을 보여주는 것이 현대판 실크로드라고 할 수 있는 일대일로 구상의 디지털 버전인 '디지털 실크로드'이다 (차정미 2020).

이러한 디지털 실크로드를 따라서 중국은 외교적 행보를 벌여 미래 디지털 세계에 중국의 구미에 맞는 국제규범을 전파하려 한다. 다시 말해, 중국은 디지털 실크로드를 통해서는 전 세계에 '디지털 권위주의 모델'을 수출하여 정치적으로 비(非)자유주의에 입각한 세계질서를 구축하려 한다. 이렇게 보면, 미중이 벌이는 플랫폼 경쟁은 외교 분야의 '내편 모으기' 경쟁일 뿐만 아니라 좀 더 근본적인 의미에서 규범과 가치의 플랫폼을 놓고 벌이는 경쟁이다. 20세기 후반 구축된 미국 주도의 규범과 가치의 신자유주의적 세계질서와 이를 반영한 디지털 플랫폼이 작동했다(O'Mara 2019). 이제는 중국의 규범과 가치가 도전한다. 실제로 중국은 자신만의 규범과 가치가 적용된 디지털 플랫폼 구축에 박차를 가하고 있다(이근 2019).

　　반대편에 미국을 중심으로 또 다른 거대 플랫폼 블록이 있다. 트럼프 행정부의 클린 네트워크 구상도 그러한 경향을 담았지만, 향후 바이든 행정부에서는 그러한 가치 지향이 더 커질 것으로 보인다. 기술보다 가치를 강조하고 안보보다 규범을 강조할 것으로 예상된다. 인권과 민주주의를 명분으로 동맹 전선을 고도화하여 국제적 역할과 리더의 지위를 회복하고 다자주의를 강조한다. 개인정보를 보호하고 국가 기반시설 수호를 위해 다른 국가와 협력을 표명하며, '하이테크 권위주의'에 대한 대응의 차원에서 '사이버 민주주의 동맹'을 추진할 가능성이 크다. 이러한 미국의 공세에 대응하여 중국도 보편성과 신뢰성, 인권규범의 문턱을 넘어서야 한다. 보편 규범과 가치를 놓고 벌이는 매력경쟁이 본격적으로 벌어지게 되는 것이다.

2) 분할인터넷(Splinternet)의 세상?

이상에서 살펴본 동맹·외교와 규범·가치의 플랫폼 경쟁은 일종의 '플랫폼의 플랫폼(Platform of Platforms)' 경쟁이다. 어느 한 부문의 플랫폼을 놓고 벌이는 경쟁이라기보다는 여러 플랫폼을 아우른다는 의미다. 다른 말로 '종합 플랫폼' 또는 '메타 플랫폼'의 경쟁이라고도 부를 수 있다. 사실 국제정치학에서 말하는 '글로벌 패권경쟁'이라는 개념도 바로 이러한 '플랫폼의 플랫폼' 경쟁과 크게 다르지 않다. 다양한 분야를 아우르는 복합적인 권력질서를 구축하는 것이기 때문이다. 이러한 '플랫폼의 플랫폼' 경쟁의 결과는 어느 일방의 승리로 귀결될 수 있다. 국제정치학에서 말하는 '세력전이'가 바로 그것이다. 그러나 '플랫폼의 플랫폼' 경쟁은 두 개의 플랫폼이 호환되지 않는 상태로 분할되는 결과를 낳을 수도 있다.

최근 미국과 중국이 벌이고 있는 '플랫폼의 플랫폼' 경쟁은 전자보다는 후자의 전망을 더 강하게 갖게 한다. 다시 말해, 최근의 추세는, 미국과 중국이 디지털 패권경쟁을 벌이면서 전 세계를 연결하던 인터넷도 둘로 쪼개질 수 있다는 우려가 제기되고 있다. 중국의 성장과 미중 무역전쟁, 공급망 디커플링, 탈지구화, 민족주의, 코로나19 등으로 대변되는 세계의 변화 속에서 '둘로 쪼개진 인터넷'은 쉽게 예견되는 사안이다. 미국을 추종하는 국가들은 미국 주도의 반쪽 인터넷을 이용하고, 중국에 가까운 국가들은 중국 주도의 나머지 반쪽 인터넷을 이용할 것이라고 보는 시각에 일단 힘이 실린다.

사실 중국은 오래전부터 자신만의 인터넷 세상을 구축하려는 시도를 해왔다. 중국 내에서는 유튜브, 구글 검색, 페이스북, 인스타그램, 넷플릭스 같은 서비스는 물론 해외의 유명 언론매체도 차단되고 있다. 중국은 만리방화벽에 빗댈 정도로 강력한 인터넷 통제 시스템을 통해 자국 체제를 반대하는 정보가 유입되지 못하도록 막고, 국내의 중국민들이 외국의 인터넷 플랫폼에도 접속할 수 없도록 차단했다. 그 결과 중국인들은 구글과 페이스북, 트위터 대신 바이두나 위챗, 웨이보 등을 사용하게 됐다. 중국은 이러한 만리방화벽 안에서 자국 기술회사들도 정치적으로 민감한 콘텐츠를 검열받도록 통제하고 있다.

심지어 서방 진영 국가들 사이에서도 인터넷을 어떻게 관리하느냐를 두고 의견이 갈리면서 미국 버전의 인터넷과 유럽 버전의 인터넷으로 갈릴 가능성도 거론되고 있다. 전자의 경우 국가안보와 범죄예방에 초점을 맞추고 있다면, 후자의 경우 프라이버시와 개인의 보호를 강조하는 새로운 규칙을 만들고 있다. 이렇게 국가와 지역별로 서로 다른 기준과 접근성을 가진 인터넷이 탄생하게 되면 국제적인 정보의 교환은 물론, 국제금융과 무역에도 영향을 줄 수밖에 없다. 과거 누구나 접근 가능한 '정보의 바다'로 비유되던 하나의 글로벌 인터넷이 서로 분리되고 파편화된 호수나 연못처럼 변할지도 모른다.

이러한 사태의 진전은 '쪼개진다(Splinter)'와 '인터넷(Internet)'의 합성어인 '분할인터넷(Splinternet)'이라는 용어로 담겼다. 2018년 에릭 슈밋 전 구글 회장은 이러한 분할인터넷의 등장 가능성을 언급한 바 있는데, 그는 인터넷 세계가 미국 주도의 인터넷과 중국 주도의 인터넷으로 쪼개질지도 모른다고 예견했다. 이러한 분할의 비전은 반도체 공급망의 분할과 재편, 데이터 국지화, 전자상거래와 핀테크 시스템의 분할, 콘텐츠 검열과 감시 제도의 차이 등으로 입증되는 듯하다. 여태까지의 인터넷이 국경이나 종교, 이념 등과 관계없이 '모두'를 위한 자유롭고 개방된 형태의 WWW(World Wide Web)이었다면, 앞으로 출현할 분할인터넷은 지리적으로 영역을 구분하여 지역별로 구축된 RWW(Region Wide Web)가 될 가능성이 있다.

2. 유엔 제재와 다자간 수출통제 분야

1) 유엔 안보리와 미국의 대북제재: ICT 분야

남북 ICT협력이 안고 있는 또 다른 지정학적 변수는, 국제사회의 대북제재로 인한 첨단기자재 확보, 무역을 통한 수요 확대상의 제약이다 (심지섭 2019). 특히 최근 비핵화 국면에서 유엔 안보리의 결의를 토대로 여러 국가 차원에서 이루어지는 다자간 대북제재가 쟁점이다. 유엔 안보리는, 특정 사태가 평화에 대한 위협, 파괴, 침략행위에 해당하는 것으로 판단되면, 헌장 제7장에 근거하여 제재결의를 할 수 있고 193개의 유엔 회원국들은 유엔 헌장 제25조와 제48조에 따라 안보리 결정을 수락하고 이를 이행할 의무를 진다. 대북제재에 관한 내용이 포함된

안보리 결의는 그 자체로 다자간 대북제재로서의 성격을 지닌다.

　이러한 유엔 대북제재는 남북 ICT협력의 기초가 되는 인프라 분야의 협력에서부터 걸림돌로 작용한다. SKT와 KT 양사는 북한의 경제 발전을 위해서는 ICT를 기존 산업과 융합해 고도화해야 한다는 데 공감하고 있다. 그간 개성공단에서는 제한적으로 유선전화만 서비스했는데, 앞으로는 기업 활동에 필요한 무선네트워크와 전사관리시스템(ERP) 등이 필수일 것으로 보고 있다. 이를 위해서는 무선 중심의 차세대 통신망 구축이 필수적인데, 이를 위해서는 유엔 대북제재가 먼저 해제돼야 한다(도민선 2018).

　ICT 인프라 구축과 관련해서 최근 미국과 갈등을 겪고 있는 화웨이가 북한의 이동통신망 구축을 은밀히 도운 정황이 드러나서 논란이 되었다. 화웨이는 2008년부터 적어도 8년 동안 북한 내부의 상업 이동통신망 구축에 관여하거나 장비의 유지·보수를 도왔다고 한다. 중국 업체인 화웨이가, 북한의 고려링크가 3G망을 구축할 때, 네트워크 통합, 소프트웨어, 장비 및 관리 서비스 등을 제공했다는 것이다. 화웨이는 2016년 상반기 평양에서 철수했는데, 이 시기는 미국과 유엔의 대북제재가 강화되던 때이다. 중국의 또 다른 통신장비업체인 ZTE도 북한 통신망 구축을 지원했다는 의혹을 받고 있다. 오라스콤이 2015년까지 북한의 통신망 운영 독점권을 얻었지만, 북한 정부는 ZTE 장비를 사용하는 경쟁사 '강송'을 2013년 설립했으며, '강송'은 북한의 주요 통신 사업자로 기존 고려링크를 빠르게 대체했다(오원석 2019).

　북한의 SW인력의 교류와 관해서도, 북한 노동자의 신규 해외 송출을 금지한 유엔 안보리 결의 제2375호가 문제이다. 해당 결의에 따르면 결의 당시 고용되어 있던 해외파견 북한 노동자의 고용계약 및 취업계약엔 영향을 미치지 않으나 본 허가가 만료되는 시점 이후로 이를 연장할 수 없도록 하고 신규 허가를 하지 못하도록 하고 있다. 이에 따르면 북한 노동자를 한국 영토 내에서 신규로 고용하는 것은 유엔 안보리 결의 위반에 해당할 소지가 있다. 다만 개성공단과 같이 북한 영내의 경제특구를 구축, 해당 지역에서 인력을 고용하는 것은 해외파견 북한 근로자가 아니므로 안보리 결의에 위반되지 않을 것으로 보인다. 그러나 이러한 경우에도 제2371호의 북한과의 신규 합작투자 사업 금지 조항에 따른 어려움이 있다(심지섭 2019).

　SW 분야는 인프라 의존도가 낮을 뿐만 아니라 북한에 상당한 수준의 SW인재와 기술이 있다는 점을 고려하면 장차 남북협력 사업으로 추진될 가능성이 크고, 양측의 산업발전에도 큰 도움이 될 것으로 보인다. 다만 현재 대북제재는 유엔 안보리 결의를 바탕으로 미국의 주도 아래 여러 국가가 공조하여 진행하고 있고 한국 역시 미국과의 공조 아래 대북제재를 독자적으로 완화하기 어려운 상황이어서 남북협력을 추진하기 위해선 큰 노력이 필요해 보인다. 그러나 포스트 북핵의 국면을 염두에 둘 때, 향후 이루어질 남북협력을 대비하여 미리 준비할 필요가 있다. 그 준비를 위한 과정으로 사전에 SW 분야 남북협력에서 발생할 수 있는 다양한 법적 장애를 파악하여 국내에서 해결이 가능한 부분은 입법 및 행정지원을 바탕으로 장애요인을 최소화할 필요가 있다(심지섭 2019).

　한편 핀테크 분야의 간편결제와 관련하여 중국의 알리바바도 대북제재 위반의 논란을 겪은 바 있다. 2019년 4월 알리바바가 북한의 호텔 카지노에서 자사 간편결제인 알리페이를 쓸 수 있도록 지원했다는 논란이 일었다. 알리바바는 북한과는 어떤 상업적인 업무 제휴도 맺고 있지 않다며 진화에 나섰다. 논란은 중국 베이징에 있는 북한 전문 여행업체 '고려투어'가 중국인 관광객 유치 홍보 글에 평양에 있는 양각도국제호텔의 카지노에서 알리페이도 사용할 수 있다는 내용을 실으면서 불거졌다. 이 글은 하루 만에 수정되어, 고려투어는 알리페이를 언급한 문구를 'QR코드를 통한 결제가 가능하다'로 바꾼 바 있다. 그 전에도 알리페이는 유사한 논란을 겪었는데, 2018년 12월 미국 북한 전문 매체 〈NK뉴스〉는 북한 양각도국제호텔 카지노에서 알리페이와 중국 국영 신용카드사 유니언페이의 결제가 가능하다고 보도를 내놓기도 했다(오로라 2019).

2020년 1월 들어 인터넷 동영상 공유사이트인 유튜브는 최근 북한의 대외 선전매체인 '조선의 오늘' 계정을 폐쇄했다. 유튜브는 구체적인 사유를 밝히지 않았으나 미국 정부의 대북제재에 동참하는 취지로 해석되었다(지다겸 2020). 그뿐만 아니라 대남 선전매체인 '우리민족끼리TV'의 유튜브 계정도 폐쇄되었다. 유튜브가 북한의 대외 선전매체 계정들을 폐쇄한 것은 이번이 처음이 아니다. 유튜브는 2017년 9월에도 '우리민족끼리TV' 계정을 폐쇄했으나 '우리민족끼리TV'가 새로운 계정으로 제재를 우회하자 2018년 1월 또다시 해당 계정을 강제 폐쇄했으며, 2019년 1월 14일까지도 동영상을 올렸던 '우리민족끼리TV'는 15일 이후부터 접속이 불가하게 되었다(김진기 2020).

이러한 상황에서 북한은 블록체인 기술을 활용하여 대북제재를 우회할 방안들을 모색하는 것으로 알려졌다. 특히 북한은 블록체인 기술의 중요성을 인지하고 인력 양성과 기술 습득에 주력해 왔다. 미국 매체 바이스(VICE)는 2019년 9월 북한이 국제사회 제재와 미국 주도 세계 금융 시스템 우회를 위해 자체 암호화폐를 개발하고 있다고 보도했다. 일부 외국 기업들은 북한 정부와 교육, 의료, 금융 분야에서 블록체인 시스템을 개발하기 위해 협약을 체결했다. 다만 어떤 기업이 협력하는지는 공개되지 않았다. 북한은 최근 세계 금융기관과 암호화폐 거

래소를 상대로 사이버 공격을 감행해 대량파괴무기(WMD) 개발 자금
을 조달한다는 의혹을 받았다. 북한 해커들은 지난 몇 년 동안 사이버
공격을 감행해 상당한 액수의 암호화폐를 탈취한 것으로 알려져 있다
(김연지 2019).

2) 다자간 수출통제 제도: 바세나르 협정

유엔 안보리 결의에 기반을 둔 대북제재 이외에도, 북한과 같은 대량살
상무기를 취급하는 국가를 제재하기 위하여 수출통제 제도가 운영되고
있다. 이 중에서 바세나르 협정과 같은 수출통제 방식은 주요 국가들이
협의체를 구성하여 수출통제의 대상이 되는 품목과 기술의 범위를 정
하고 해당 품목과 기술이 체제 가입국에서 비가입국으로 이전되는 것
을 통제한다. 바세나르 협정에선 수출통제의 대상이 되는 물품과 기술
을 어느 정도 특정하고 있는데 직접적인 무기는 물론 무기를 제조하기
위한 기술 및 원재료뿐만 아니라 기술적 활용에 따라 무기에 사용될
수 있는 이중용도(dual-use) 물품에 대해서도 통제를 가하고 있다.

　이러한 바세나르 협정은 남북한 ICT협력을 가로막는 걸림돌이 될
수 있다. 군사 용도로 전환 가능한 이중용도 기술이나 물품을 적국에
수출하지 않게 하는 바세나르 협정에 따라 ICT 장비나 기술이 북한에
반입되기 어렵기 때문이다. 실제로, 바세나르체제 때문에 과거 남북교
류가 활발하던 시절 평양과 남포에 CDMA 방식의 2G 이동통신망을
구축하려고 했지만, 미국의 반대로 무산된 사례도 있다(도민선 2018).

　바세나르 협정은, 통제 대상 국가를 공산권 국가로 지정한 코콤
(COCOM)과 달리 '국제평화와 지역안전을 저해할 우려가 있는 모든
국가'로 규정한다. 테러국이나 분쟁국에 수출입을 할 경우 각국 간 사
전 협의가 필요하다. 즉, 회원국 중 한 국가가 특정 국가에 대해 전략물

자 금수조치를 취할 경우, 다른 회원국들도 여기에 동조해야 하며 이를 무시하고 수출입하는 국가에 대해서는 다른 회원국들이 해당 품목에 대해서 금수하는 등 강력한 조치를 취할 수 있다. 특히 바세나르체제를 기초로 한 수출통제 제도의 경우 최종용도(end-use)와 최종사용자(end-user)에 대하여 엄격한 통제를 하고 있는데 이에 따라 재수출에 대해서도 엄격한 통제를 가하고 있다(유진상, 2018).

　　바세나르 협정에서 말하는 이중용도 품목에는 다양한 SW가 포함되어 있으나 국내 일반 SW기업들과 관련성이 가장 높은 항목은 정보보안 관련 SW이다. 정보의 저장, 전송 과정에서 암호화 기술을 사용하는 SW의 경우 상당수가 해당될 수 있는데 이 경우 SW 제품이나 기술을 이전할 경우 수출허가를 사전에 받아야 한다. 한편 북한과 같이 수출통제체제에 가입되어 있지 않은 나라로 전략물자를 수출할 허가를 받기 위해서는 최종사용자가 해당 물품을 금지된 용도로 사용하지 않고, 허가받지 않은 국가로 재이전하지 않겠다는 서약서를 제출해야 하고, 최종사용자의 영업증명서 등의 서류도 제출하여야 한다(심지섭 2019).

　　한국은 1998년 9월 김책공대에 컴퓨터 100대를 보낸 것을 포함해 4개 단체가 총 450대의 컴퓨터를 인도적 차원에서 지원했다. 그러나 북한에 들어간 컴퓨터가 교육용 등 원래의 지원용도 이외의 목적으로 전용된다는 지적에 따라, 한국 정부는 2000년 1월 486급 이상 컴퓨터의 대북반출을 금지한 바 있다. 이때 한국 정부 당국자는 이런 결정은 바세나르체제와 미국, 일본 등 공조 국가와의 공동보조 등을 고려한 것이라고 설명하고, 미국, 일본 등은 386급 이상 컴퓨터의 대북반출을 금지하고 있다고 강조했다. 이와 관련 시민단체들은 486급 컴퓨터가 전략물자라는 것은 시대착오적 발상이라며 반발했던 바 있다.

　　이러한 미국의 전략물자 통제는 노무현 정부 때부터 남북한 ICT

교류 확대에 있어 최대 장애물로 지목되고 있다. 미국이 2005년 7월부터 자국산 부품이나 기술이 10% 이상 들어간 물품을 북한을 포함한 적성국 6개국에 수출할 경우 자국 정부의 사전 허가를 받도록 하는 전략물자통제 및 수출통제규정(EAR)을 엄격히 적용하고 있기 때문이다. 특히 최종 사용자를 기준으로 이중용도로 전용이 가능할 경우 수출을 일괄 규제할 수 있도록 한 '캐치올(catch-all) 제도'는 큰 장애요인으로 지적되고 있다. 실제로 윈도가 설치된 PC를 개성공단에 반입할 때도 미국 정부의 허가가 있어야 한다(강태헌 2005).

2018년 12월 바세나르 협정 사무국은 오스트리아 빈에서 열린 총회를 통해 북한을 포함한 위험 국가에 무기나 전략물자의 반입을 막기 위한 국제협약 총회에 참가한 미국과 한국 등 회원국은 무기류의 수출통제를 강화하자고 결의했다. 이 회의에서 승인된 '이중용도 물품과 정보, 군수품 명단'에는 새로운 항목의 수출 금지 품목이 추가되거나 수정됐다. 바세나르체제의 40개 회원국은 적성국이나 테러지원국에 재래식 무기와 이중용도 품목을 수출하지 않도록 규제대상 물품을 10개 항목으로 나눠서 통제하고 있다. 바세나르체제 총회를 통해 발표된 규제 명단은 비록 회원국 사이의 자발적인 규제이지만, 유엔 안전보장이사회의 대북제재 결의를 보완하는 역할을 한다는 점에서 의미가 크다(김진국 2019).

V. 맺음말

4차 산업혁명의 전개는 남북 ICT협력을 기대케 한다. 남북한 모두 디지털 경제 발전을 강조하고 있으며 미래지향적인 발전을 도모하고 있는 상황에서 ICT는 유망한 분야가 아닐 수 없다. 특히 김정은 시대의 북한은 사회주의 강성국가 및 지식경제강국 건설을 위한 과학기술 중시의 맥락에서 정보화의 추진 및 '새 세기 산업혁명'을 강조하고 있다. 구체적으로는 CNC화를 단계적으로 추진하여 국가경제 전반을 정비하고 자동화 수준을 개선하겠다고 내세우고 있으며, "디지털 기술, 네트워크 기술과 정보기술 등의 결합에 기초한 인공지능, 사물인터넷 등 첨단기술 개발, 초고속 광대역통신망 기반의 구축, 정보기술 인재를 양성해야 한다"라고 강조하고 있다(나주석 2019). 이러한 과정에서 중국처럼 정부가 강력한 집행력을 갖고 법규 제정과 탈규제에 나설 것으로 보인다(길재식 2019).

한국의 사정을 보면, 겉으로는 4차 산업혁명을 내세우지만, 실상은 혁신기술의 도입이 어려워졌다는 평가가 많다. 기존 산업과 시장의 저항이 워낙 커서 신기술 도입이 지연되거나 불발되는 경우가 많아졌다. 이에 비해 북한은 기존에 투자된 것이 없으니까 새로운 투자에 대한 저항이 없고, 따라서 신기술 도입·육성에 유리하다는 인식이다. 그래서 북한은 신기술 산업의 새로운 거점 및 시장이 될 수 있는 잠재력이 크다는 것이다. 스마트시티, 스마트농업 등과 같이 4차 산업혁명과 관련된 분야도 마찬가지이다(양문수 2019). 사실 남북한 사이의 ICT협력은 한국이 자본과 기술을, 북한이 우수한 소프트웨어 인력을 제공하는 형태로 추진된다면 상당한 시너지 효과를 낼 것으로 기대된다(임주환 2018). 이러한 기대는 여타 4차 산업혁명 분야 전반에 적용 가능할 것이다.

미래 남북관계의 시험대가 될 4차 산업혁명 분야는 대략 세 가지 층위로 나누어진다. 첫째, 컴퓨터 네트워크, 하드웨어 기기와 설비 등으로 구성되는 물리적 층위, 둘째, 소프트웨어나 기술표준, 인터넷 서비스 등으로 구성되는 논리적 층위, 끝으로, 디지털 미디어 및 콘텐츠, 커뮤니케이션 등으로 구성되는 콘텐츠 층위로 나누어 볼 수 있다. 이들 층위는 각기 고유한 속성을 지니고 있어 이를 고려하여 각 층위에 적합한 거버넌스의 유형을 추론해 볼 수 있다. 물론 각 층위에 적합한 거버넌스는 인과적으로 결정되는 것은 아니지만 각 층위의 고유한 성격에 부합하는 남북 ICT협력의 방식을 생각해 볼 수는 있을 것이다. 게다가 각 층위별로 남북한 지닌 우위도 다르게 나타난다. 일반적으로 북한의 역량을 기대할 수 있는 분야로는 소프트웨어 개발인력이나 애니메이션이나 게임SW 등이 거론된다(이민규 2019).

　4차 산업혁명 분야에서 전개될 남북협력의 방식도 단계별 또는 유형별로 나누어 이해할 필요가 있다(이승주 2018). 첫째, 인도적 지원이다. 보건의료, 질병, 자연재해, 아동, 여성 등과 같은 분야에서 남북한 양자 차원뿐만 아니라 다자 또는 초국적 차원에서 수행된다. 현재 국제사회의 대북제재가 가해지는 상황에서도 진행될 수 있다. 둘째, 정부 간 또는 국제기구 차원의 원조이다. 정보통신 분야의 기초 인프라 구축이나 디지털 격차 해소 차원에서 진행되는 개발협력 원조이다. 기술교육, 연구개발 용역, 북한 ICT기업 창업지원 등으로 단계적으로 확대할 수 있다. 셋째, 민간 기업 차원의 투자이다. 북한의 시장경제 도입이 활성화되면서 민간 기업 차원에서 이익 창출을 목적으로 수행된다. 개성, 금강산, 나진-선봉 등과 같은 특정 지역을 중심으로 시작하여 점차로 그 범위와 정도를 확대하는 형태로 나아간다. 끝으로, 이상의 세 가지 형태의 남북협력이 고도화되어 사실상 또는 제도적으로 국가 간 또는 더 나아가 동북아 지역 차원의 경제통합이 달성되는 유형을 생각해 볼 수 있을 것이다.

　향후 남북협력의 부정적 영향을 최소화하기 위해 협력의 범위와 수준을 순차적으로 넓혀서 이해당사자들을 확대하려는 노력이 필요하다. 그러나 이상의 남북협력 유형은 개별적으로 진행되거나 혹은 기능주의적 차원에서 순차적으로 진전되는 것은 아니고, 오히려 구체적인 협력안건의 성격에 따라서 중첩적으로 모색되어야 할 것이다. 예를 들어, 최근 기존 남북협력의 양상과는 달리 향후 남북협력은 원조와 투자를 적절히 결합하는, 이른바 '원조-투자 넥서스'의 모델을 모색할 필요가 있다. 또한 인도적 지원에서 지역 차원의 경제통합에 이르기까지 가능한 모든 단계에서 협력을 다자화하고 이를 제도화하는 노력이 필요하다. 예를 들어, 북한에서 대형 자원개발, 인프라 정비, 그리고 플랜트 건설을 추진할 때, 한국 기업이 단독으로 추진하는 것보다 미국, 중국, 일본 기업들과 컨소시엄을 구성하여 추진할 수 있을 것이다.

이러한 과정에서 미국과 중국, 일본 ICT기업들이 경쟁 구도가 펼쳐질 수 있다. 특히 중국은 이미 ICT 분야에서 북한과 단계적 협력을 하고 있는데, 대북제재가 풀리자마자 적극적으로 진출할 것이 예상된다. 미국과 일본 ICT기업들의 관심도 크다. 어쩌면 미국 아마존이 북한에 동북아 물류 센터를 지을 수도 있다. 또 구글이 개마고원의 추운 날씨를 활용한 데이터센터를 구축하고, 마이크로소프트가 평양에 지점을 열고 북한용 윈도 운영체제와 오피스SW 영업에 나설 수 있다. 이에 맞춰 소프트뱅크 같은 일본 기업들의 북한 진출도 가시화될 것이다. 소프트뱅크가 투자하고 구글이 합작사를 만들 수 있다. 이렇게 된다면 중국 기업들도 가만히 있지는 않을 것이다. 알리바바, 텐센트 등 중국 기업들이 북한과 협력에 나설 수 있다. 북한이 구글, 아마존, 마이크로소프트, 소프트뱅크, 알리바바, 텐센트 등과 협력을 한다면 한국 ICT 기업들과 협력에 적극적으로 나설 가능성이 크다(강진규 2019d).

많은 사람이 향후 삼성전자, LG전자, SK텔레콤, KT, 네이버 등과 대기업들이 북한에 진출할 것이라고 본다. 물론 한국이 북한과 인접해 있고 서로 언어가 통한다는 점은 협력에 장점이 될 수 있다. 또 다른 근거는 남북이 한민족이라는 동질감도 작용할 것이다. 북한이 한국 말고 어디와 협력을 할 수 있겠느냐는 그릇된 고정관념도 있다. 여기에는 북한이 미국, 일본 등을 적대시하고 있다는 점도 작용한다(강진규 2019d). 그런데 이러한 발상은 어쩌면 매우 순진한 것일 수도 있다. 북한의 미래를 남북관계라는 좁은 틀이 아니라 동북아 국가들과의 다자 네트워크 속에서 봐야 한다. 북한 발전의 로드맵과 최근 글로벌 가치 사슬(GVC)의 경제적·정치적 특성에 눈을 돌려야 하는 이유이다. 북한 경제의 세계경제 편입 시 글로벌 가치사슬의 조건과 그 안에서 차지할 각국의 역할 및 북한의 위상에 대한 검토가 필요하다.

이러한 다자적 프레임워크의 추진은 작업의 효율적 추진과 리스크 분산의 효과가 있을 뿐만 아니라, 남북관계가 다소 경색되는 외교 안보 상황의 변화가 오더라도 그동안의 남북협력이 원점으로 회귀하지 않도록 방지하는 불가역성을 확보하는 효과가 있다. 다시 말해, 지난 시절 남북관계의 역사에서 나타났던 협력과 갈등의 악순환 구조를 탈피하는 효과를 기대해 볼 수 있을 것이다. 이러한 복합적인 프레임워크의 모색 과정에서 각 층위별 이슈들이 지니는 공간적 관여의 차원을 이해하는 것도 중요하다. 다시 말해, 이슈에 따라서 국내정치의 보수나 진보세력의 이익이나 이념과 관련된 것은 없는지, 이슈의 성격이 남북관계에서만 타협이 되면 풀어갈 수 있는 변수인지 아니면 주변 국가들의 이익이 관련된 이슈인지, 또는 동북아 지역 차원의 이슈인지 아니면 글로벌 차원에서 고민할 이슈인지 등이 고려되어야 할 것이다.

참고문헌

강진규. 2018a. "북한 모바일 결제 플랫폼 울림 살펴보니."『NK경제』. 11월 9일.
_____. 2018b. "북한 '대자료(빅데이터) 분석 시대 도래했다'."『NKICT』. 2월 11일.
_____. 2019a. "조선인공지능인민공화국?...북한은 이미 AI 열풍."『NK경제』. 12월 23일.
_____. 2019b. "북한 '수자(디지털)경제 발전 인공지능 발전으로 이뤄진다'."『NK경제』. 11월
      29일.
_____. 2019c. "북한 게임, '은별바둑'에서 '소년장수'까지."『NK경제』. 10월 2일.
_____. 2019d. "소프트뱅크, 아마존이 북한에 투자한다면?"『NK경제』. 2월 11일.
강태헌. 2005. "전략물자와 남북 IT교류 협력."『전자신문』. 10월 11일.
강하연. 2018. "4차 산업혁명 시대의 남북관계: 북한의 정보통신(ICT) 인프라, 전자상거래
      현황 및 과제." 김상배 편.『4차 산업혁명과 남북관계: 글로벌 정보화에 비춘 새로운
      지평』. 사회평론아카데미, pp.167-200.
_____. 2020. "글로벌 빅데이터 거버넌스의 정치경제." 이승주 편.『미중 경쟁과 글로벌
      디지털 거버넌스』. 사회평론아카데미, pp.159-188.
고명석. 2020.『OTT 플랫폼 대전쟁: 코로나 팬데믹 이후 디지털 플랫폼의 미래』. 세빗.
곽희양. 2019. "북한이 개발한 OS '붉은별3.0', 애플 맥 OS와 비슷."『경향신문』. 7월 23일.
길재식. 2019. "북한, 디지털 경제에 눈 떴다."『전자신문』. 12월 31일.
김상배. 2017. "정보·문화 산업과 미중 신흥권력 경쟁: 할리우드의 변환과 중국영화의 도전."
      『한국정치학회보』51(1): 99-127.
_____. 2019. "화웨이 사태와 미중 기술패권 경쟁: 선도부문과 사이버 안보의 복합지정학."
      『국제·지역연구』28(3): 125-156.
김성옥. 2020. "중국 인터넷 플랫폼 기업의 현황 및 성장전략."『한중Zine INChinaBrief』380,
      2월 24일. 인천연구원.
김연지. 2019. "북한, 암호화폐 개발 의혹."『IT Chosun』. 9월 19일.
김유향. 2018a. "북한의 통신·인터넷 현황과 전망."『KISO저널』32. 9월 28일
_____. 2018b. "북한 IT현황과 남북 IT협력의 과제." 김상배 편.『4차 산업혁명과 남북관계:
      글로벌 정보화에 비춘 새로운 지평』. 사회평론아카데미, pp.127-166.
김익현. 2019. "포스트 넷플릭스, 전쟁의 서막: 글로벌 OTT 시장 현황과 전망."『방송문화』
      419: 107-120.
김진국. 2019 "바세나르체제, 대북 무기수출통제 강화 결의."『자유아시아방송』. 1월 28일
김진기. 2020. "구글 유튜브, '北 대외 선전매체' 계정 폐쇄로 접속불가 조치...對北제재 동참인
      듯."『펜앤드마이크』. 1월 16일.
김태은. 2019. "북한의 정보통신 현황 및 협력방향." Research Brief, No.45.
      경제·인문사회연구회 한반도평화번영연구단.
김형원. 2018. "수준 높은 '북한 애니메이션'…상업성은 글쎄."『IT Chosun』. 5월 11일.
나주석. 2019. "디지털 경제 전환 시도하는 북한."『아시아경제』. 12월 15일.

남성욱. 2019. "암호화폐, 국제 제재를 뚫을 북한의 보검? 김정은이 핵과 블록체인으로
　　무장한다면…."『중앙시사매거진』. 12월 17일.
다나카 미치아키. 2019.『미중 플랫폼 경쟁: GAFA vs. BATH』. 세종.
도민선. 2018. "남북경협, 통신·SW '눈독'."『아이뉴스24』. 8월 1일.
문준모, 2015. "'인스타그램' 하는 北…달라진 선전방식."『SBS 뉴스』. 11월 10일.
박세회. 2017. "북한 사람들도 지메일을 쓰고 페북을 한다는 연구 결과가 나왔다."
　　『허핑턴포스트코리아』. 7월 27일.
박영정. 2011. "북한에 부는 '한류 열풍'의 진단과 전망."『JPI 정책포럼』, 제주평화연구원, 10월.
박창민. 2018. "북한 인터넷 검색 '구글' 93% 압도적…2위는 중국 '바이두' 2%."『데일리한국』.
　　4월 3일.
배영자. 2019. "미중 기술패권경쟁: 반도체·5G·인공지능 부문을 중심으로." EAI 스페셜
　　이슈브리핑 시리즈, 동아시아연구원.
사진환. 2019. "북한의 디지털경제 관련 동향과 전망."『Weekly KDB Report』.
　　KDB미래전략연구소 한반도신경제센터. 12월 9일.
서봉교. 2019. "미중 국제금융 헤게모니 경쟁과 중국의 디지털 국제금융 도전."
　　『미래성장연구』 5(2): 35-55.
_____. 2020. "미국의 국제 신용카드 독점…중국산 모바일 페이가 흔든다."『중앙일보』, 6월
　　10일.
심재훈. 2017. "'폐쇄 국가' 북한, 중국 SNS 통해 체제 홍보 나서."『연합뉴스』. 1월 12일.
심지섭. 2019. "국제사회 대북제재 현황과 SW 분야의 남북경협."『월간SW중심사회』 3월호.
　　소프트웨어정책연구소.
양문수. 2019. "남북한 ICT협력의 숨은 그림."『매일경제』. 10월 9일.
여정현. 2018. "북한의 IT기술과 전자상거래."『이코리아』. 9월 27일.
오로라. 2019. "中 알리바바, 또 대북제재 위반 의혹."『조선일보』. 4월 8일.
오원석. 2019. "'WP '화웨이, 北에 몰래 통신망 지원했다' 내부 문건 폭로."『중앙일보』. 7월
　　22일
유진상. 2018 "北 자원 규모 최대 7000조 달해…바세나르체제와 대북제재는 걸림돌."『IT
　　Chosun』 8월 27일.
유한나. 2021.『차이나 디지털 플랫폼 전쟁』 북스타.
윤재웅. 2020.『차이나 플랫폼이 온다: 디지털 패권전쟁의 서막』 미래의 창.
이근. 2019. "동아시아 강타한 미·중 '가치 블록'."『시사인』, 8월 12일.
이민규. 2019. "남북 ICT협력 어떻게 준비할까."『정보통신신문』. 2월 13일.
이성현. 2020. "중국의 디지털 화폐 추진 현황과 함의."『세종정책브리프』. 12월 14일.
이승주. 2018. "4차 산업혁명 시대와 남북 경제협력." 김상배 편.『4차 산업혁명과 남북관계:
　　글로벌 정보화에 비춘 새로운 지평』. 사회평론아카데미, pp.57-87.
이승훈. 2016. "인공지능 플랫폼 경쟁이 시작되고 있다."『LG Business Insight』. 5월 11일.
이원준. 2019. "北, 평양주재 외국대사에 'SNS에 사진 게재 마라' 경고."『뉴스1』. 11월 15일
임을출. 2019. "북한의 4차 산업혁명: 대응전략, 추진방식과 성과."『동아연구』 38(2): 1-35.
임주환. 2018 "남북한 ICT협력 성과 기대한다."『디지털타임스』. 5월 15일.

조석근. 2018. "북한도 4차 산업혁명 '열공 중'." 『아이뉴스24』. 7월 30일.

주성하. 2018. "북한 재건에 통찰력과 상상력을 더하라." 『동아일보』. 5월 16일.

지다겸. 2020. "유튜브 "북한 선전매체 계정 폐쇄...제재·무역법 준수 결과." 『VOA 뉴스』. 1월 16일.

차정미. 2020. "중국의 '디지털 실크로드': '중화 디지털 블록'과 '디지털 위계'의 부상." 이승주 편. 『미중 경쟁과 글로벌 디지털 서버넌스』. 사회평론아카데미, pp.87-132.

최필수·이희옥·이현태. 2020. "데이터 플랫폼에서의 중국의 경쟁력과 미중 갈등." 『중국과 중국학』 39: 55 – 87.

표태준. 2018. "유튜브로 흘러나오는 북한의 일상." 『조선일보』. 5월 7일.

하수영. 2020. "인터넷 보급률·접속률·소셜미디어 이용률 전 세계 최하위." 『뉴스핌』. 2월 5일

홍재화. 2019. "흔들리는 한중일 밸류체인." 『조세일보』. 10월 2일.

KBS. 2019a. "북한의 한류." 『KBS World Radio』. 7월 4일.

_____. 2019b. "북한의 애니메이션." 『KBS World Radio』. 11월 21일

Galloway, Scott. 2017. *The Four: The Hidden DNA of Amazon, Apple, Facebook, and Google*. New York Times: Portfolio/Penguin.

Liu, Jinhe, 2020, "China's Data Localization." *Chinese Journal of Communication* 13(1): 84-103.

Mori, Satoru. 2019. "US Technological Competition with China: The Military, Industrial and Digital Network Dimensions." *Asia-Pacific Review* 26(1): 77-120.

Ninia, John. 2020. "The impact of e-Commerce: China verses the United States." Cornell University SC Johnson College of Business. https://business.cornell.edu/hub/2020/02/18/impact-e-commerce-china-united-states/ (검색일: 2021년 2월 8일).

O'Mara, Margaret. 2019. *The Code: Silicon Valley and the Remaking of America*. New York, Penguin Press.

제1부   인프라, AI/SW, 우주기술 분야

제2장   북한의 ICT 및 인프라 정책:
'새 세기 산업혁명', CNC화, 인력

황지환 서울시립대학교 국제관계학과

I. 머리말

이 글은 향후 4차 산업혁명 과정에서 북한이 보여줄 것으로 예상되는 ICT(Information & Communications Technology)와 관련 인프라 정책을 북한의 국가전략 차원에서 분석한다. 북한의 핵무기 개발로 인한 국제사회의 경제제재로 ICT 분야에 대한 향후 전망이 밝지는 않지만, 북한이 시도하고 있는 ICT산업 논의와 정책은 국가전략 내에서 비교적 의미가 있으며 검토해 볼 필요가 있다. 북한의 국가전략에서 ICT 및 관련 인프라 개발은 지속적으로 진행되어 왔는데, 최근 사이버전 전략을 진전시키면서 ICT산업이 중요한 부분을 차지하게 된 측면도 있다.

북한은 그동안 4차 산업혁명과 관련 특히 '새 세기 산업혁명', 'CNC화' 등의 개념을 제시해 왔다. 김정일 시대부터 사용하기 시작한 '새 세기 산업혁명'을 북한은 "과학기술과 생산, 지식과 산업의 일체화를 새 세기의 요구에 맞게 높은 단계에서 실현해 과학기술의 힘으로 세계적인 경쟁력을 갖춘 경제 강국을 일떠세우는 우리식의 경제발전전략"이라고 설명하고 있다(강진규 2019a). 북한이 오랫동안 강조해 온 CNC(Computerized Numerical Control: 컴퓨터 수치 제어)는 컴퓨터를 통해 수치를 제어해 작동하는 공작기계를 의미하는 것으로, 최근에는 '온나라 CNC화'를 강조하며 지능화 공작기계를 통한 제조 정밀도 제고를 꾀하고 있다.

다른 한편, 북한의 새로운 ICT정책은 기존에 사이버전 전략 발전을 위해 구축해온 인력 및 조직과 함께 발전하고 있을 것으로 추측된다. 과거 북한은 지휘자동화국, 전자전 연구소, 전자정찰국, 컴퓨터기술연구소 등 사이버전 관련 다양한 ICT 관련 조직을 구축해 왔다(황지환 2017). ICT 관련 조직으로 북한은 최근 국가정보화국과 그 산하에 중앙정보화연구소, 중앙정보화품질연구소 등을 발족시키기도 했다. 사이버전 관련 조직과 기술이 군사 및 안보와 관련되었다면 ICT 관련 조직과 인프라는 경제발전과 과학기술 발전 등 산업적인 측면과 연결될 것이다.

전 세계가 4차 산업혁명의 흐름 속에 있는 상황에서 북한이라고 예외는 아니다(조석근 2018). 북한 역시 '4차 산업혁명'의 용어를 그대로 사용하기도 한다. 김일성 종합대학은 "제4차 산업혁명이 불러올 미래사회, 즉 초연결화되고 초지능화된 지능정보사회에서 암기력으로는 더 이상 인재로서의 경쟁력을 유지할 수 없다"고 주장하기도 했다(강진규 2021). 최근 북한의 관심과 정책을 고려할 때 북한의 ICT산업과 인프라는 지속적으로 발전해 나갈 것으로 예상된다. 물론 북한의 ICT 산업은 글로벌 기준에서 볼 때 진정한 의미의 4차 산업혁명의 범위 내에 있다고 하기는 어렵다. '새 세기 산업혁명'이라는 용어 자체가 4차 산업혁명의 개념과는 차이가 있기도 하다. 하지만, 북한이 '새 세기 산업혁명'과 'CNC화'를 강조하고 있는 모습은 북한 역시 전 세계적인 4차 산업혁명의 흐름에서 뒤처지지 않으려는 노력의 일면을 보여주는 것이다. 실제 북한은 정보산업을 나노산업 및 생물산업과 함께 첨단기술 산업으로 인식하고 경제발전에서 차지하는 비중을 높이려는 계획을 세우고 있으며(김정은 2016), 통신 기술의 발전과 인프라 확산에도 집중하고 있다(로동신문 2021.1.7). ICT산업에 대한 북한의 관심은 장기적인 남북한 ICT협력 가능성과 한반도 통일 과정에서 관련 인프라 건설이라는 차원에서도 중요한 의미를 가진다.

물론 이러한 논의는 현실적으로 북한이 그러한 작업을 실행하기에 매우 어려운 상황과 환경에 놓여 있다는 점을 인식한 상태에서 이루어져야 한다. 낮은 기술수준과 열악한 인프라는 북한이 4차 산업혁명의 흐름을 제대로 따라갈 수 있을지에 대해 회의적인 전망을 갖게 하는 것이 사실이다. 더구나 북한 핵 문제는 한반도 통일 인프라 준비는 고사하고 남북한 ICT협력의 초보적인 노력도 어렵게 만들고 있다. 이 글은 이러한 현실적 한계를 고려하면서 '새 세기 산업혁명'과 'CNC화' 등의 내용과 방향성을 평가해 본다. 이를 통해 북한이 ICT 관련 정책과 인프라를 통해 어떤 국가전략과 정책을 보여주고 있는지 북한 내 논의를 통해 살펴본다.

II. 북한의 ICT 인프라 국가전략 기조

1. 북한의 ICT 국가전략 기조

북한은 글로벌 4차 산업혁명의 도래와 함께 ICT산업 및 이와 관련된 인프라를 발전시키고자 하는 국가전략을 지속적으로 진행해 왔다. 북한은 1980년대 후반부터 컴퓨터와 소프트웨어 산업을 육성하고, 자동화를 추진해 왔다. 특히 기존 산업의 자동화에 초점을 두던 정책에서 컴퓨터를 중심으로 하는 독자적 산업으로 초점을 전환하여, 생산공정 자동화, 로봇화, 컴퓨터화를 추진하면서 고성능 컴퓨터 개발 및 응용 범위를 확대해 왔다고 알려져 있다(김상배 2020). 이에 따라 김정은 집권 직후인 2012년 12월 국가과학원 창립 60주년을 맞아 산하 연구개발 체제를 첨단기술과 핵심기술 위주로 재편했다고 한다(이춘근·김종선 2015). 특히 제4차 과학기술발전 5개년 계획(2013~2017)에서는 첨단기술 육성 분야를 강조했다.

　북한은 최근 ICT산업과 인프라에 관심을 고조시키면서 4차 산업혁명에 대한 준비도 국가전략에 포함시켜 온 것으로 알려져 있다. 특히 김정은은 2013년 신년사에서 '새 세기 산업혁명'의 발전을 통해 과학 기술을 발전시키고 경제강국을 건설할 것을 촉구하며 4차 산업혁명에 대한 적극적인 인식을 보여주었다. 김정은은 "새 세기 산업혁명은 본질에 있어서 과학기술혁명이며 첨단돌파에 경제강국 건설의 지름길이 있습니다"라고 언급하며 과학기술 발전의 중요성을 강조하였고 "설비와 생산공정의 CNC화, 무인화를 적극 실현하여야" 한다고 주장했다 (김정은 2013). 또한, 김정은은 2016년 조선로동당 제7차 당 대회에서 행한 당중앙위원회 사업총화보고에서도 '새 세기 산업혁명'을 통해 설비와 생산공정의 현대화를 추진하고 경제의 전반적 기술수준이 향상된 점을 격려했다(김정은 2016). 이 자리에서 특히 김정은은 "통합생산체계와 무인조종체계의 확립"을 강조하며, "정보산업, 나노산업, 생물산업과 같은 첨단기술 산업을" 대대적으로 개발하여 경제발전에의 비중을 높일 것을 주문했다(김정은 2016).

　　2020년 이후의 국가전략으로 '정면돌파전'을 강조한 조선로동당 중앙위원회 제7기 제5차 전원회의 결정서에서도 "과학기술을 중시하며 사회주의제도의 영상인 교육, 보건사업을 개선할 것이다"라고 언급하며 과학기술 발전을 두 번째 결정 안건으로 제시하고 있다. 또한, 김정은 위원장은 "과학연구 사업에 대한 정책적 지도를 잘해야 한다고 하시면서 국가과학기술위원회와 국가과학원을 비롯한 과학연구 및 교육기관들과 성, 중앙기관들에서는 과학기술부문의 10대 전망목표에 예견된 연구과제들을 무조건 제 기일 내에 완성하기 위한 사업을 짜고들어 우리나라를 첨단과학기술 개발국, 선진문명 개발국으로 전변시키는데 기여하여야 한다"고 강조했다(조선중앙통신 2020.1.1).

　　2021년 1월 개최된 제8차 조선로동당 당 대회 보고에서도 "나라의 과학기술 발전을 촉진시키기 위한 중요한 과업들이 구체적으로 제시되였다"고 언급하고 있다(로동신문 2021.1.7). 김정은은 8차 당 대회 보고에서 "자립경제의 쌍기둥인 금속공업과 화학공업부문에서 주체화, 자립화실현을 위한 돌파구가 열리였으며 전력, 석탄, 기계, 철도운수부문을 추켜세우고 정보통신분야를 발전시키기 위한 기술 준비와 토대축성에서도 일련의 성과가 이룩되였다"고 강조했다(로동신문 2021.1.9). 특히 보고에서는 "체신부문이 시대의 요구에 적극적으로 부응하여 끊임없는 비약과 혁신을 이룩할 데 대한 과업을 제시하였"는데, "체신부문에서는 통신하부구조의 기술갱신을 다그치고 이동통신기술을 발전시켜 다음세대 통신에로 빨리 이행하여야 한다"고 주장했다. 구체적으로 "유선방송과 텔레비죤 방송체계를 정비하고 그 기술수준을 보다 높은 단계에 올려 세우며 도시로부터 두메산골에 이르기까지 그 어디에서나 인민들이 더 훌륭한 문화정서 생활을 향유할 수 있도록 충분한 조건을 제공하여야 한다"며 ICT 기술발전을 강조했다(로동신문 2021.1.7). 과학기술 발전은 5개년 경제계획 기간에서도 중요한 국가전략으로 언급되고 있는데, 김정은은 8차 당 대회 보고에서 이와 관련하여 다음과 같이 자세히 언급했다.

"경애하는 김정은 동지께서는 보고에서 과학기술발전을 촉진시켜 자력부강, 자력번영의 활로를 확신성 있게 열어 나갈 데 대한 과업들을 제기하시였다. 보고는 과학기술발전을 사회주의건설에서 나서는 중핵적인 과제, 최선의 방략으로 규정하고 과학기술 중시로선을 관철하기 위한 과정에 발로된 편향들이 전면적으로 분석되였으며 새로운 5개년계획기간에 달성하여야 할 각 부문의 과학기술발전목표들과 실행방도들을 언급하였다. 새로운 국가경제발전 5개년계획수행에서 나서는 긴절한 과학기술적 문제들을 적극적으로 풀어나가며 핵심적이며 선진적인 첨단기술개발을 촉진하여야 한다. 과학기술발전을 위한 당적, 국가적, 행정적지도와 관리체계를 바로세우고 과학연구 성과를 서로 공유하며 전민과학기술인재화를 실현하기 위한 사업을 줄기차게 밀고나가야 한다(로동신문 2021.1.9).

김정은은 8차 당 대회 결론에서도 과학기술 부문이 새로운 5개년 경제발전 계획에서 역량 집중을 통해 인민생활 향상에 핵심적인 역할을 해 나가야 함을 강조했다.

"과학기술의 실제적인 발전으로 경제건설과 인민생활향상을 확고히 담보하여야 합니다. 과학기술은 사회주의건설을 견인하는 기관차이며 국가경제의 주되는 발전동력입니다. 과학기술부문에서는 국가경제발전의 새로운 5개년계획을 달성하기 위한 중점과제, 연구과제들을 과녁으로 정하고 여기에 력량을 집중하여야 하겠습니다. 새로운 5개년계획기간 나라의 과학기술수준을 한 단계 올려 세워야 하며 과학자, 기술자들과 생산자들 사이의 창조적 협조를 강화하여 경제건설과 인민생활향상에서 제기되는 과학기술적 문제들부터 모가 나게 풀어나가야 합니다"(김정은 2021.1.13).

이러한 모습은 김정은 체제하의 북한이 4차 산업혁명에 큰 관심을 가지고 있으며, 관련 ICT기술 개발에 집중할 것을 독려해 왔음을 잘 보여준다. 특히 북한은 컴퓨팅 기술을 기계에 결합한 지능화 공작기계를 통해 제조 정밀도를 높이는 CNC화 정책과 ICT에 기반을 둔 첨단산업 육성을 강조해 왔다. 이를 통해 북한은 ICT를 비롯한 첨단 과학기술들을 경제와 사회 각 분야에 도입하여 경제는 지식경제시대, 사회는 발전된 정보화 사회로 전환시킨다는 '온나라의 CNC화'를 목표로 내걸고 있다(임을출 2019, 21).

2. 북한 ICT 국가전략의 한계

하지만, 4차 산업혁명 및 ICT산업 인프라가 북한의 국가전략에 핵심적인 위치를 차지하기에는 아직 제약사항이 많은 것으로 평가된다. 북한이 ICT산업과 인프라를 본격적으로 발전시키는 국가전략을 진행하기에는 아직 부족한 부분이 많으며 관련 인식도 제한적이다. 또한, 최근에는 4차 산업혁명이나 ICT 관련하여 북한이 어떻게 대응하고 설계할 것인지에 대한 구체적인 언급은 이루어지지 않고 있어 과학기술 중에서도 ICT산업을 국가전략적인 차원에서 인식함이 제한적임을 보여준다.

2018년의 신년사에서 김정은은 "과학자, 기술자들은 사회주의강국건설에서 나서는 과학기술적 문제들을 해결하고 첨단분야의 연구과제들을 완성하여 경제발전과 인민생활향상을 추동하였습니다"라고 언급하였으나 구체적으로 ICT 문제 등 4차 산업혁명 관련 문제를 논의하고 있지는 않다(김정은 2018). 2021년 1월의 8차 당 대회에서도 이러한 비판은 여전히 유지되었다. 김정은은 보고에서 "당중앙위원회는 국가경제발전 5개년전략이 과학적인 타산과 근거에 기초하여 똑똑히 세워지지 못하였으며 과학기술이 실지 나라의 경제 사업을 견인하는 역할을 하지 못하였으며 불합리한 경제사업체계와 질서를 정비보강하기 위한 사업이 제대로 추진되지 않은 실태를 분석하였다"며 국가산업에서 과학기술 운용의 문제를 신랄하게 비판하였다(로동신문 2021.1.9).

다른 한편, 북한의 ICT정책은 공고하지 못하여 국내적 정치상황

변화에 따라서 좌초되거나 중단되기도 했다. 가령, 2004년 4월 용천역에서 발생한 폭발사고 이후 북한 내에서 휴대폰 사용이 금지된 적이 있었다. 중국을 방문하고 돌아오던 김정일을 태운 열차가 용천역을 통과하고 몇 시간 뒤 폭발이 일어났는데, 당시 휴대폰이 폭발에 사용되었다는 의혹이 북한 내에서 제기되었다고 한다. 당시 폭발에 휴대폰이 실제로 사용되었는지는 분명하지 않았지만 용천역 폭발 사건 직후 테러 방지를 위해 북한 내에서 휴대폰 사용 중단 조치가 내려졌으며, 이로 인해 상당한 경제적 피해가 발생했다고 한다(태영호 2018, 218-219). 몇 년 뒤 북한 내에서 휴대폰 사용이 재개되었는데, 흥미로운 사실은 이동통신망을 잘 구축하면 오히려 테러를 사전에 방지할 수 있을 뿐만 아니라 사회 통제에 효과적일 수 있다는 조언을 국제전기통신연맹 사무총장으로부터 들은 리수용의 건의로 재개된 것이라고 한다(태영호 2018, 220).

이는 북한의 ICT정책이 진전되든 중단되든 정권 안보 및 국내정치적 요인과 밀접히 관련되어 있다는 점을 잘 보여주는 대목이다. 다른 나라에서 ICT정책은 경제적, 산업적 측면에서 주로 고려되고 있지만 북한의 경우에는 이와 더불어 국내정치적 변수가 중요한 역할을 하고 있는 모습이다. 이런 관점에서 보면 북한이 '새 세기 산업혁명'이나 'CNC화'의 슬로건을 통해 4차 산업혁명의 논의를 시도하고 있다는 점은 인정되지만, 사실 북한의 현실이 그걸 실행하기에 우호적인 환경은 아니라는 점도 분명하다. 세계적으로 4차 산업혁명의 속도가 빠르고 한국은 이 혁명을 선도하고 있는 국가이지만, 북한이 그러한 흐름을 제대로 수용하기는 힘든 실정이다. 산업혁명의 단계 측면에서 보아도 북한은 현실적으로 2차에서 3차 산업혁명으로 넘어가는 수준의 정도라 본격적인 4차 산업혁명의 흐름 속에 있다고 평가하기도 어렵다. 사실

북한이 강조하는 '새 세기 산업혁명'이나 'CNC화'는 글로벌 기준에서
보면 ICT산업이라고 칭하기도 민망한 수준인데, 이는 기계공장의 정
밀 기술발전 정도를 의미하는 것으로 보아야 한다.

　　이러한 상황에서 북한이 ICT산업을 국가전략의 기조로 발전시키
는 데는 분명 어려움이 클 것이다. 더구나 4차 산업혁명의 속성상 글로
벌 기술 생태계 참여가 중요한 상황인데도 북한에게는 자의반 타의반
이러한 여건이 형성되지 못하고 있다. 특히 북한의 핵무기 프로그램으
로 인한 대북 경제제재로 북한과 국제사회의 관련 기술 협력은 완전히
막혀 있는 상황이어서 향후 전망도 밝지 않다. 현 상황이 지속된다면
북한은 장기적으로 다른 분야에서와 마찬가지로 ICT산업에서도 '주
체'의 길을 선택할 수밖에 없을 것이며, 그 경우 국제사회와의 기술 격
차가 더더욱 확대될 수밖에 없다. 북한의 현 상황을 고려하면 향후 남
북한 ICT협력 노력에도 상당한 어려움이 예상된다.

III. 북한의 ICT정책: '새 세기 산업혁명'과 'CNC화'

1. '새 세기 산업혁명'

1) '새 세기 산업혁명'의 개념과 논의 과정

북한은 글로벌 4차 산업혁명의 확산에 대응하여 '새 세기 산업혁명',
'CNC화' 등의 개념을 제시해 왔다. '새 세기 산업혁명'이라는 용어는
김정일 시대부터 사용되기 시작한 것으로 알려져 있는데, 이는 일반
적으로 4차 산업혁명이라는 용어가 사용되기 이전이라고 한다(강진규
2019a). 북한은 '새 세기 산업혁명'을 "과학기술과 생산, 지식과 산업의

일체화를 새 세기의 요구에 맞게 높은 단계에서 실현해 과학기술의 힘으로 세계적인 경쟁력을 갖춘 경제 강국을 일떠 세우는 우리식의 경제발전전략"이라고 설명하고 있다. 또한 "새 세기 산업혁명은 본질에 있어서 과학기술혁명이며, 그것을 광범한 인민대중을 망라하는 강력한 과학기술 인재대군에 의거해 첨단을 돌파해 나가는 과학기술전으로 특징지어 진다"고 설명하고 있다(강진규 2019a).

김정은 위원장은 '새 세기 산업혁명'에 대해 여러 차례 언급하며 관련 노력을 더욱 가속화시켰다. 김정은은 2013년 신년사에서 "새 세기 산업혁명의 불길을 세차게 지펴 올려 과학기술의 힘으로 경제강국 건설의 전환적 국면을 열어놓아야 하겠습니다. 새 세기 산업혁명은 본질에 있어서 과학기술혁명이며 첨단돌파에 경제강국 건설의 지름길이 있습니다. 우주를 정복한 위성과학자들처럼 최첨단 돌파전을 힘 있게 벌려 나라의 전반적 과학기술을 하루빨리 세계적 수준에 올려 세워야 합니다"라고 말했다(김정은 2013).

김정은은 2016년 조선로동당 제7차 당 대회에서 진행한 당중앙위원회 사업총화보고에서도 "새 세기 산업혁명의 불길 속에 공장, 기업소들에서 설비와 생산공정의 현대화가 적극 추진되고 인민경제의 전반적 기술장비 수준이 높아졌습니다. 나라의 경제발전을 담보하는 현대적인 기계제작 기지들과 전자, 자동화요소와 기구생산기지들이 꾸려져 우리의 공업이 첨단설비들을 자체로 만들어내는 높은 수준에 이르렀습니다"라고 언급했다(김정은 2016). 이 보고에서 김정은은 '새 세기 산업혁명'에 대해 꽤 구체적으로 설명하고 강조했다.

"우리는 새 세기 산업혁명을 힘 있게 다그쳐 인민경제전반을 현대적 기술로 개건하고 모든 부문을 첨단수준에 올려 세워야 합니다. 통합

생산체계와 무인조종체계를 확립하고 록색 생산방식을 비롯한 앞선
생산방법을 받아들이며 중요한 경제기술지표들을 세계 선진수준에
올려 세우고 부단히 개선해나가야 합니다. 인민경제 모든 부문에서
과학기술과 생산의 일체화를 실현하여야 합니다. 지식경제의 하부구
조를 강력하게 구축하고 모든 부문에서 현대과학기술을 적극 받아들
이며 과학과 기술, 지식이 생산을 주도하는 경영관리체계를 확립하고
공장, 기업소들의 생산과 기술관리 공정을 개발창조형으로 전변시켜
야 합니다. 첨단기술 산업은 지식경제의 기둥입니다. 정보산업, 나노
산업, 생물산업과 같은 첨단기술 산업을 대대적으로 창설하여 나라의
경제발전에서 첨단기술 산업이 차지하는 비중과 중추적 역할을 높여
나가야 합니다"(김정은 2016).

2) '새 세기 산업혁명'의 최근 논의

2016년의 7차 당 대회 때와는 달리 2021년 8차 당 대회 사업총화보고
의 보도내용에는 '새 세기 산업혁명'의 언급이 보이지 않는다. 이는 7
차 때와는 달리 8차 당 대회 사업총화보고의 전체 내용이 공개되지 않
았기 때문일 수도 있으나, 관련 보도에서 중심적으로 다루어지지 않았
다는 점은 7차 당 대회 때와는 강조점이 다를 수 있다는 점을 추측케
한다. 앞서 언급한 대로 8차 당 대회에서는 전반적인 과학기술 발전을
다그치는 내용이 김정은의 사업총화보고와 결론 연설에 나타나고 있
을 뿐이다.

하지만, 최근에도 '새 세기 산업혁명'에 관한 논의는 북한 내부에
서 꾸준히 진행된 것으로 보인다. 2019년 2월 김일성종합대학 홈페이
지에는 '새 세기 산업혁명의 불길을 지펴 올리기 위한 현명한 령도'라
는 글이 게재되었다고 한다. 이 글에서 "우리 인민이 경제강국 건설을

힘 있게 다그치고 있는 비결은 초강도의 현지 지도 강행군 길을 이어 가시면서 새로운 대고조로 새 세기 산업혁명의 불길을 지펴 올린 김 정일 동지의 불멸의 업적에 있다"고 언급했다(강진규 2019a). 또한 2019년 4월 29일자 김일성 종합대학 홈페이지에도 "지식경제 시대의 요구에 맞게 경제강국 건설을 힘 있게 다그쳐 나가기 위한 위력한 방도는 새 세기 산업혁명을 힘 있게 벌리는데 있다"고 설명했다고 알려져 있다.

'새 세기 산업혁명'은 경제발전과 더불어 인재육성 정책과 큰 관계를 가지고 있는 것으로 알려져 있다. 김정은은 "새 세기 산업혁명, 과학기술혁명을 일으켜 경제 모든 부문들에서 설비와 생산공정의 자동화, 지능화, 무인화를 적극 다그치자고 해도 그렇고 고속화, 정밀화, 지능화된 현대적인 공작기계를 능숙하게 다루고 통합생산체계, 무인생산체계를 원만히 관리운영하자고 해도 생산자 대중이 기술형의 인간, 지식형의 인간이 돼야 한다"고 언급했다고 한다.

결국 '새 세기 산업혁명'은 개념상 4차 산업혁명의 일반적인 의미와는 다르지만 과학기술, ICT를 이용함으로써 북한 산업 전반의 혁신을 추구하려고 하는 북한식 경제발전 전략임과 동시에 과학기술발전 전략이며, 과학인재육성 전략이라고 이해된다.

2. 'CNC화'

1) 'CNC화'의 개념과 논의 과정

CNC(Computerized Numerical Control: 컴퓨터 수치 제어)는 컴퓨터를 통해 수치를 제어해 작동하는 공작기계를 의미한다. 북한은 최근 '온 나라 CNC화'를 강조하며 지능화 공작기계를 통한 제조 정밀도 제고를 꾀하고 있다(박태희 2017). 북한은 CNC를 통해 기계공업을 자동화하고 생산성을 제고하면서 국방산업도 병행 육성하는 목표를 가지고 있는데, 이러한 모습은 사회주의 체제 전환국들에서도 보편적으로 나타나는 과학기술 정책이다(이춘근·김종선 2015). 따라서 CNC화는 컴퓨팅 기술을 기계에 결합한 지능화 공작기계를 통해 제조 정밀도를 높이는 것으로 북한이 주장하는 '새 세기 산업혁명'의 일부분이라고 이해된다.

　북한은 CNC 기술 개발을 1980년대 말부터 추진하여 1992년에 CNC 공작기계 개발그룹을 구성하였고, 1994년에 2~4축 표준형 CNC 공작기계를 개발한 것으로 알려져 있다(이춘근·김종선 2015). 일부에서는 'CNC화'가 1995년 김정일의 지시로 군수품 생산라인에서 먼저 시작된 것이라고 설명하기도 한다. 이후 2000년까지 1만 대 CNC 보급운동을 펼쳐서 군 분야에서 성과를 냈으며 이후 'CNC화' 정책의 성공이 북한의 핵과 미사일 개발의 바탕이 되었다는 주장이 있다(박태희 2017). 김정일 시대에 군을 중심으로 활용되던 'CNC화'가 민간에 확산된 것은 2009년 김정은이 후계자로 지명된 이후라고 알려져 있다. 2009년 8월 11일 로동신문의 정론 '첨단을 점령하라'에는 "선군시대 기술혁명의 전성기를 알리는 CNC 바람은 조선이 첨단의 령마루에 올라선다는 장쾌한 선언"이라고 강조했다(박태희 2017). 이후 'CNC화'라는 명칭으로 민수용 공장에 적용되었으며, 2013년에는 평양에 첫 무인공장인 '326 전선공장'이 개관되었고 이후 무인경영시스템을 갖춘 공장이 다수 건설되었다고 한다.

　김정은 위원장은 'CNC화'에 대해서도 여러 차례 언급해 왔다. 김정은은 2013년 신년사에서 '새 세기 산업혁명'을 과학기술 혁명이라 정의하며 'CNC화'와 적극적으로 연계시켰다. 그는 "인민경제 모든 부

문에서 과학기술발전에 선차적인 힘을 넣고 과학기술과 생산을 밀착
시켜 우리의 자원과 기술로 생산을 늘이며 나아가서 설비와 생산공
정의 CNC화, 무인화를 적극 실현하여야 합니다"라고 언급하며 CNC
화를 강조했다 (김정은 2013). 김정은은 2016년 조선로동당 제7차 당
대회 중앙위원회의 사업총화보고에서 CNC화를 구체적으로 언급하
지는 않았지만, "정보산업, 나노산업, 생물산업과 같은 첨단기술 산업
을 대대적으로 창설하여 나라의 경제발전에서 첨단기술 산업이 차지
하는 비중과 중추적 역할을 높여나가야 합니다"라고 언급했다(김정은
2016). 정보산업을 나노산업 생물산업과 함께 첨단기술 산업으로 인식
하고 발전을 독려하는 모습이다.

　이와 관련하여 CNC 관련 언급이 조선중앙통신이나 로동신문
에서도 자주 나타났다. 조선중앙통신은 2016년 5월 6일자 기사에서
CNC 기계 개발생산을 하여 70일 전투계획을 성공적으로 이끌고 공
업생산을 증대했음을 알렸다. 당시 북한은 "전력의 무부하 손실을 훨
씬 줄일 수 있는 무정형철심을 리용한 변압기 개발에 성공한데 이어
우리 식의 새로운 채취기계 설비들과 전동기들, 에네르기 절약형 변압
기, CNC 기계들을 련이어 개발 생산하였다"고 자랑했다(조선중앙통신
2016.5.6). 2020년 6월 14일의 로동신문에서도 "기계공업부문에서 현
대화와 질제고를 중심고리로 틀어쥐자"라는 제하의 글에서 CNC화에
대한 구체적인 현황을 제시하고 있다. 이 기사는 "기계공업은 경제발
전과 기술적 진보의 기초이다. 기계공업이 발전하여야 인민경제 모든
부문이 빠른 속도로 발전하고 인민생활도 향상될 수 있다"고 강조하면
서 김정은 위원장이 언급한 "앞으로 기계제작 공업의 위력을 최대한
발휘하여 공장, 기업소들의 현대화에 필요한 설비들을 자체로 만들어
보장하며 나라의 기계제작 공업을 새 세기의 요구에 맞게 계속 발전시

켜 나가야 합니다"라는 내용을 소개했다. 이를 기초로 현재 북한 내에서 CNC화를 실현하고 있는 '금성뜨락또르공장,' '대안중기계련합기업소,' '락원기계종합기업소,' '희천정밀기계공장,' '대동강전기공장' 등의 사례를 소개했다. 로동신문은 이들 단위들에서 자체 실정에 맞게 생산 설비들의 CNC화를 실현하여 설비와 부속품들의 직을 한 단계 끌어올리기 위한 사업이 진척되고 있다고 소개했다(로동신문 2020.6.14).

2) 'CNC화'와 정치선전

반면, 'CNC화'가 실체는 없이 김정은의 권력 세습을 위한 정치선전용일 뿐이었다는 비판도 존재한다. 2016년 북한을 탈출한 태영호 전 주영 북한 공사는 그의 저서에서 'CNC화'에 대해 매우 비판적으로 언급하고 있다. 그는 김정은의 후계 세습작업을 위해 만들어졌던 찬양가 〈발걸음〉이 'CNC' 기술로 제작되어 정치선전을 위한 방편으로 활용되었다고 비판했다.

> "〈발걸음〉은 CNC 기술로 제작돼 파일 형태로 보급됐다. CNC는 김정은 후계구도와 맞물려 등장한 차라리 구호에 가까운, 선진국에서는 전혀 새로울 게 없는 기술이다. 북한에서는 '공업의 CNC화'라고 선전한다. CNC란 컴퓨터 마이크로프로세서를 내장한 수치제어 공작기계를 말하는데 김정은의 등장과 함께 온갖 문구에 'CNC화'라는 말을 갖다 붙였다. 조그마한 식료 공장을 건설하고도 생산 공정을 CNC화해 생산력을 극대화했다고 말하는 식이다"(태영호 2018, 277).

이는 'CNC화'가 전혀 새로울 것이 없는 기술인데 김정은의 등장과 함께 정치선전 차원에서 확대 재생산되었다는 주장이다. 관련성이 없는 부문에도 'CNC화' 용어 사용이 남용되었다고 한다. 흥미롭게도 북한의 최근 주요 정치행사의 보고에서 'CNC화' 용어가 언급되지 않고 있는 것은 사실이다. 2016년의 7차 당 대회 때와는 달리 2021년 1월의 8차 당 대회 사업총화보고 보도 내용에는 'CNC화'에 대한 언급이 보이지 않는다. 과학기술 발전을 중요한 결정 안건으로 제시한 2019년 12월의 조선로동당 중앙위원회 제7기 제5차 전원회의 결정서에서도 'CNC화'는 언급되지 않았다(조선중앙통신 2020.1.1). 만약 'CNC화' 강조가 김정은의 세습과 권력강화를 위한 것이었다는 주장이 옳다면, 김정은의 등장 이후 10여 년이 지나 체제공공화가 이루어진 2020년 이후에는 'CNC화' 강조 필요성이 감소했을 수도 있다. 하지만, 그러한 모습이 ICT산업에 대한 북한의 관심 감소를 의미하는 것은 아니다. 북한의 주요 정치행사에서는 언급되지 않았더라도 그 외 북한 미디어에서는 최근까지 'CNC화' 관련 내용이 꾸준히 등장하고 있기 때문이다. 위에서 언급한 대로 생산설비들의 CNC화를 통한 공장의 현대화는 지속적으로 강조되고 있다(로동신문 2020.6.14).

IV. 북한의 ICT 인프라 정책: 조직과 인력

1. ICT 조직 구축

북한의 ICT 조직과 인력은 기존의 컴퓨터 관련 산업 및 전략 구축 과정에서 시작되어 발전했을 것으로 추측된다. 과거 북한은 지휘자동화국, 전자전 연구소, 전자정찰국, 컴퓨터기술연구소 등 사이버 관련 다양한 ICT 관련 조직을 구축해 왔다(황지환 2017). 북한은 1986년 평양정보센터(PIC)를 설립하여 소프트웨어 프로그램 개발을 담당하게 한 것으로 알려져 있다. 또한 사이버 관련 기술과 산업 발전을 위해 1990년 조선콤퓨터센터(KCC)를 설립하여 북한 최고의 소프트웨어 개발기관으로 발전시키며 국가 ICT산업 연구개발의 중심 연구소로 활용해왔다. 북한은 ICT 관련 능력 함양을 위해 영재학교를 통해 선발된 우수학생들을 프로그래밍과 컴퓨터 하드웨어를 교육시키는 금성중학교 컴퓨터 영재반에 우선적으로 진학시켰으며, 졸업 후에는 평양의 지휘자동화대학에 진학시켜 네트워크 시스템 기술을 집중 교육하는 것으로 알려져 있다.

사이버 관련 조직과 기술이 군사 및 안보와 관련되었다면, ICT 관련 조직과 인프라는 경제발전과 과학기술 발전 등 산업적인 측면과 크게 연계되어 있을 것이다. 특히 북한의 국가과학원은 김정은 집권 직후인 2012년 12월 창립 60주년을 맞아 대대적인 체제개편을 단행한 것으로 알려져 있다. 북한이 국가과학원에서 생명공학 및 에너지 분야와 함께 ICT 첨단기술 분야를 중점적으로 개편했다고 한다(이춘근·김종선 2015). 2015년에는 소프트웨어 개발기관인 조선콤퓨터센터를 개편하는 혁신적인 조치를 취했다고 하는데, 북한식 컴퓨터운영체계(OS)인 '붉은별'을 개발하는 조직만 "붉은별 연구소"로 독립시키고 나머지는 모두 해체했다고 한다. 이후에는 국방위원회 산하 91국에서 이전의 조선콤퓨터센터 산하기관과 평양정보센터, 평양 광명정보기술봉사소, 노은기술합작회사, 첨단기술봉사소 등의 ICT 전반을 지도 및 관리한다고 전해진다(이춘근·김종선 2015).

2016년에는 김정은 위원장의 지시로 국가정보화국이 새롭게 설립되어 ICT산업 발전에 주요한 조직으로 활동하고 있는 것으로 알려져 있다. '전국정보화성과전람회'를 주최했다고 조선중앙통신에 보도되면서 국가정보화국의 존재가 알려졌는데, 2019년 6월에는 당시 김재룡 내각총리가 경제시찰에서 방문했다는 기사가 보도되기도 했다. 국가정보화국은 북한의 IT정책을 담당하면서 매년 '전국정보화성과전람회'를 개최한다고 하는데, "나라의 정보화와 하부구조를 구축하기 위한 사업에 큰 힘을 넣어 적지 않게 성과를 거두었다"고 소개하기도 했다(김동현 2019). 2016년의 '전국정보화성과전람회'에서는 "핵심기술의 하나인 정보기술 분야를 급속히 발전시키고 나라의 정보화 수준을 세계적인 높이에로 끌어올리기 위한 연구사업에서 이룩된 수많은 성과자료들이 소개되었다"고 한다. 이 행사에서 김일성종합대학 첨단과학연구원 정보기술연구소, 체신성 정보통신연구소, 평양체육기자재공장, 아침콤퓨터합영회사, 평안북도수출입품검사검역소 등 수십 개 단위들이 정보화 모범단위로 선정되기도 했다(강진규 2017).

　다른 한편, 2019년 11월 6일 로동신문은 중앙정보화연구소가 '내나라' 홈페이지 통합검색체계와 동영상 감치체계를 새롭게 개발했다고 보도했다(김한나 2019). 통합검색체계는 빅데이터 기술을 활용한 것이며, 동영상 감시체계는 인공지능 기술을 이용하여 인물을 식별하고 교통상황 및 산불을 감시하는 것이라고 소개되었다. 또한 평양정보기술국 첨단기술연구소는 ICT산업의 주체화를 실면하면서 '울림' 망교환기와 '울림' 씸카드를 개발하여 이동통신 산업발전을 선도하고 있다고 보도되기도 했다. 중앙정보화품질연구소는 도로교통표식에 대한 정확한 인식을 주는 데 도움이 되는 '도로교통표식소개프로그램 1.0'을 개발했다고 보도되었는데, 이 프로그램을 휴대폰이나 태블릿PC를 통해 이용하기를 권장했다(강진규 2019b).

　이러한 기반시설을 바탕으로 최근 김일성대학 학보 등에서는 초보적이나마 4차 산업혁명에 걸맞는 인공지능, 블록체인, 빅데이터 등의 논문이 발표되면서 관련 산업을 발전시키고 있다(리정철·현성곤 2016; 안철남·조종현 2017) 또한, 김정은은 김정일 시기부터 추진해 오던 '과학기술발전 5개년계획,' 'CNC화', '인트라넷 구축' 등을 확대 하면서 과학기술전당을 신설하고 사이버 관련 교육과 진료, 전지결제 등을 추진하여 정보화 수준을 개선하고 있다고 한다(이춘근·김종선 2015). 국가과학원 산하 연구소는 첨단과학 및 핵심기술 개발을 위한 노력을 경주하고 있는데, 조선콤퓨터센터 개편은 수익사업을 위주로 하여 응용분야 발전 전략을 추진하려는 시도로 평가된다.

2. ICT인력 양성

북한은 그동안 조선콤퓨터센터(KCC), 평양정보센터(PIC), 김책공업종 합대학, 중앙과학기술통보사 등의 ICT조직을 통해 연간 1만 명씩 소 프트웨어 개발인력을 양성해 왔다고 한다. 이러한 ICT기관에서 양성 된 이른바 '수재급' 인력은 17만 명에 달한다는 추정도 있다(도민선 2018). 최근 졸업생을 배출한 평양과학기술대학도 학생들의 수준이 높 다고 알려져 있지만, 실제로 이들이 개발한 제품이나 기술수준에 대한 정확한 평가는 어려운 상태이다(김상배 2020).

북한은 김정은 집권 이후 ICT인력 양성에 크게 힘쓰고 있는 모습 이다. 김정은은 "과학과 기술의 시대인 오늘 인재육성을 위한 교육사 업은 나라의 흥망과 민족의 장래를 좌우하는 중요한 사업"이라고 언급 하며 '새 세기 교육혁명'을 강조해 왔다(로동신문, 2020.5.31). 김정은은 2014년 8월 조선로동당 중앙위원회에서 행한 담화에서 "새 세기 교육 혁명을 일으켜 우리 나라를 교육의 나라, 인재강국으로 빛내이자!"라 는 구호를 제시했다. '새 세기 교육혁명'은 특히 과학기술 인재역량 강화를 통해 최첨단의 과학기술 강국 건설을 목표로 하고 있다. 김정은은 '전민 과학기술인재화'를 통해 전체 인민을 현대과학기술로 튼튼히 무장시키려는 의도를 보였다.

잘 알려진 것처럼 평양에 은하과학자거리와 위성과학자주택지구, 미래과학자거리 등을 조성하여 과학자들에게 특혜를 부여했으며, 김일성종합대학과 김책공업종합대학들에 교원살림집 등의 특혜조치를 제공했다(이춘근·김종선 2015). 이에 따라 북한 내 연구개발 체제가 개편되고 연구소들의 수익사업 창출이 가속화되어 월급보다 훨씬 더 많은 수익을 올리는 ICT 관련 연구원들이 생겨나고 있다고 한다. 핵실험으로 인한 대북제재로 ICT 관련 인력의 해외 진출이 감소되었지만 2016년까지 인력의 해외 진출이 상당히 활발하게 이루어졌었다. ICT 인력들이 외화획득을 위해 중국의 심양, 연길, 대련 등에 파견되었는데, 이들 숫자가 2015년 당시 1,000명을 넘어섰다는 보고도 있다(이춘근·김종선 2015). 북한은 ICT인력과 기술의 해외진출에 여전히 큰 관심을 가지고 있을 것이며 상황 변화에 따라 재개될 가능성이 크다.

V. 북한 ICT산업 및 남북협력의 가능성과 한계

1. 북한 ICT산업의 가능성과 한계

북한 ICT산업의 현황과 전개 과정을 고려해 볼 때 북한은 관련 산업과 인프라를 지속적으로 발전시켜 나갈 것으로 예상된다. 하지만, 여러 성과에도 불구하고 북한의 ICT산업과 인프라는 현실적으로 분명한 한계를 가지고 있다. 북한이 시도하고 있는 현재 ICT 관련 논의와 정책을 살펴볼 필요는 있지만, 북한의 관련 산업과 인프라 발전 전망은 결코 낙관적이지 않다. 우선 북한의 정권안보 중심의 국가전략과 대내외 현실을 고려했을 때 단기간 내에 관련 산업이 혁신적으로 발전하기는 어려울 것이다. 2004년 용천역 폭발사고 이후 정치적 결정에 의해 휴대폰 사용이 중단된 사례에서 잘 나타나듯 북한의 ICT정책 기반은 독립적이거나 공고하지 못하다. 4차 산업혁명 발전을 국가전략으로 가속화하려는 한국과 달리 북한은 대내외 안보 상황과 국내정치 상황 변화에 따라 ICT산업정책이 좌초되거나 지체될 가능성이 매우 높다. 더구나 핵 및 장거리 탄도 미사일 실험으로 북한이 유엔 및 각국의 독자제재를 받고 있는 상황은 북한의 ICT산업 발전에 커다란 제약요인으로 작용할 것이다. 정권안보를 최우선으로 강조하는 국가전략이 지속된다면 북한 내 ICT산업의 전망은 결코 밝지 않다.

다른 한편, 외부 기술과 자원이 유입되지 못하는 상황에서 북한의 관련 기술 개발과 인프라 건설은 한계에 부딪힐 수밖에 없다. ICT산업의 속성상 글로벌 생태계 참여가 중요한데 북한은 현재 국내적으로만 이를 진행하고 있어서 구조적 제약요인이 매우 큰 상황이다. 산업의 국제 교류가 거의 없는 상황에서는 기술개발도 어렵지만 북한이 추구하는 상품화와 수익사업 창출에도 큰 제한이 있을 수밖에 없다. 다른 부분에서와 마찬가지로 ICT산업에서도 '주체'를 강조해야 하는 상황이 발생할 가능성이 높다. 물론 현재 북한의 ICT 기술개발과 인프라 건설 목적이 한국의 그것과 동일하다고 할 수는 없다. 북한이 용천역 사건 이후 휴대폰을 금지했다가 다시 허용한 것처럼 국가통제의 관점에서 ICT 기술을 도입해서 활용하려고 할 수 있다. 이 경우 북한 정권의 통제정책의 일환으로 제한적으로 발전할 가능성이 크다. 하지만, 그러한 전략 자체가 ICT산업의 획기적인 발전을 기대하기 어렵게 만든다.

2. 남북 ICT협력의 가능성과 한계

북한의 ICT산업 발전은 한반도 통일의 산업 인프라 구축이라는 관점에서도 중요한 의미를 가진다. 통일을 준비하는 과정에서 북한 내에 인프라 건설이 중요한데, 북한의 ICT산업 발전은 관련 기반 조성에 큰 기여를 할 것으로 기대된다. ICT산업에 대한 남북한의 관심과 글로벌 트렌드를 고려할 때 북한 내에 미리 관련 산업의 인프라 건설이 이루어지게 된다면 향후 여건이 성숙되었을 때 남북한 ICT협력이 크게 진전될 수 있을 것이다. 이는 한반도 통일 과정에서 남북한 산업 격차를 감소시키는 데 도움이 될 수 있다. 이러한 관점에서 한반도 주변 상황 변화에 따라 ICT산업 관련 남북한 교류와 인프라 건설 협력의 가능성을 모색할 필요가 있다. 4차 산업혁명의 발전과 함께 한반도에 ICT 인프라를 구축하는 문제는 향후 남북한 경제협력의 중요한 프로젝트가 될수도 있기 때문이다.

물론 향후 남북한 ICT산업 협력 전망이 결코 밝지는 않다. 북핵 문제로 인한 경제제재로 남북한 첨단기술 교류가 전면 금지되어 있는 상황에서 단기간 내에 관련 산업의 협력 어젠다를 만들어내는 것은 거의 불가능하다. 향후 북한 비핵화 협상 및 경제제재 상황에 따라 이 분야의 협력 가능성 역시 크게 영향을 받을 것임이 분명하기 때문이다. 북한이 핵무기 프로그램을 포기하지 않고 비핵화 협상이 공전될 경우 통일기반 조성은 고사하고 남북한 ICT협력에 대한 기초적인 논의조차 진전되지 못할 것이다.

다른 한편, 북한의 국내적 요인으로 인해 ICT산업이 북한 내부에서 '주체'의 방식으로 머물 경우 남북한 기술 격차가 협력을 제약하는 요인이 될 수 있다. 북한이 ICT산업에 관심을 가지더라도 국내적으로

이 산업을 제한적으로 발전시킨다면 4차 산업혁명의 글로벌 체인에 들어가지 못해 기술 발전에 한계가 있을 수밖에 없다. 이 경우 ICT산업에서도 남북 교류가 한국의 일방적인 대북 지원 형태로 이루어질 수밖에 없다. 과거의 남북경협 경험에서 잘 알 수 있듯 수익성을 고려하는 한국 국내기업이 ICT산업의 대북 투자 및 기술 이전에 동기부여를 가지지 못해 소극적일 가능성이 높다. 북한 내부 산업에 대한 영향도 제한적일 수밖에 없을 뿐만 아니라 남북협력과 통일기반조성에도 어려움이 생기는 것이다. 북한의 ICT 기술은 일부 성과에도 불구하고 글로벌 수준에서 보면 매우 낮은 수준이기 때문이다. 향후 남북한 ICT협력을 준비하는 과정에서 이러한 요소들을 신중하게 점검해야 할 것이다.

참고문헌

강진규. 2017. "북한 지난해 김정은 지시로 국가정보화국 창설." 『NK경제』. 3월 12일.
_____. 2019a. "북한이 말하는 새 세기 산업혁명 정의는?" 『NK경제』. 5월 3일.
_____. 2019b. "북한 중앙정보화품질연구소, '도로교통표식소개 프로그램 1.0' 개발."
　　　『NK경제』. 8월 29일.
_____. 2019c. "조선인공지능인민공화국?...북한은 이미 AI 열풍." 『NK경제』. 12월 23일.
_____. 2021. "북한, '암기식 교육으로 4차 산업혁명 대응 못한다'." 『NK경제』. 3월 3일.
강하연. 2018. "4차 산업혁명 시대의 남북관계: 북한의 정보통신(ICT) 인프라, 전자상거래
　　　현황 및 과제." 김상배 편. 『4차 산업혁명과 남북관계: 글로벌 정보화에 비춘 새로운
　　　지평』. 사회평론아카데미. pp.167-200.
곽인옥·김홍광·문형남. 2017. 『4차 산업혁명과 북한: 핵과 미사일의 기반인 CNC를 전 산업에
　　　확산하는 첨단 CNC화 정책』, 도서출판 수인.
김동현. 2019. "김정은 지시로 탄생한 북국가정보화국, 정보기술 발전 주도." 『연합뉴스』. 6월
　　　4일.
김상배. 2020. "미중 ICT경쟁과 남북 ICT협력: 구조의 분석과 기회의 탐색." 세미나 원고.
김상배 편. 2018. 『4차 산업혁명과 남북관계: 글로벌 정보화에 비춘 새로운 지평』.
　　　사회평론아카데미.
김유향. 2018a. "북한 IT현황과 남북 IT협력의 과제." 김상배 편. 『4차 산업혁명과 남북관계:
　　　글로벌 정보화에 비춘 새로운 지평』. 사회평론아카데미. pp.127-166.
_____. 2018b. "북한의 통신·인터넷 현황과 전망." 『KISO저널』 32.
김정은. 2013. "신년사." 『로동신문』. 1월 1일.
_____. 2016. "조선로동당 제7차 대회에서 한 당중앙위원회 사업총화보고." 『로동신문』. 1월
　　　1일.
_____. 2018. "신년사." 『로동신문』. 1월 1일.
_____. 2021. "조선로동당 제8차대회에서 한 결론." 『로동신문』. 1월 13일.
김태은. 2019. "북한의 정보통신 현황 및 협력방향." Research Brief No.45.
　　　경제·인문사회연구회 한반도평화번영연구단.
김한나. 2019. "북 중앙정보화연구소, '내나라' 홈페이지 통합검색체계-동영상 감시체계 새로
　　　개발." 『SPN 서울평양뉴스』. 11월 7일.
도민선. 2018. "남북경협, 통신·SW '눈독'." 『아이뉴스24』. 8월 1일.
로동신문. 2020.5.31. "새 세기 교육혁명의 불길 속에서 태어난 시대어들."
_____. 2020.6.14. "기계공업부문에서 현대화와 질제고를 중심고리로 틀어쥐자."
_____. 2021.1.7. "경애하는 김정은동지께서 조선로동당 중앙위원회 제7기 사업총화보고를
　　　계속하시였다 조선로동당 제8차대회 2일회의 진행."
_____. 2021.1.9. "우리 식 사회주의건설을 새 승리에로 인도하는 위대한 투쟁강령
　　　조선로동당 제8차대회에서 하신 경애하는 김정은동지의 보고에 대하여."

리정철·현성곤. 2016. "음소음성인식에서 심층신뢰망을 리용한 한가지 음향모형화방법." 『김일성종합대학학보: 자연과학』 62(8).

박태희. 2017. "북한의 4차 산업혁명 '온나라 CNC화'." 『중앙일보』. 3월 22일.

안철남·조종현. 2017. "인공신경망을 리용한 알류미늄박판의 레이저 착공모의." 『김일성종합대학학보: 자연과학』 63(10).

양무수. 2019. "남북한 ICT협력의 숨은 그림." 『매일경제』. 10월 9일.

여정현. 2018. "북한의 IT기술과 전자상거래." 『이코리아』. 9월 27일.

이민규. 2019. "남북 ICT협력 어떻게 준비할까." 『정보통신신문』. 2월 13일.

이춘근·김종선. 2015. "북한 김정은 시대의 과학기술정책 변화와 시사점." STEPI Insight 173: 1-29.

임을출. 2019. "북한의 4차 산업혁명: 대응전략, 추진방식과 성과." 『동아연구』 38(2): 1-35.

조석근. 2018. "북한도 4차 산업혁명 '열공 중'." 『아이뉴스24』. 7월 30일.

조선중앙통신. 2016. "로동당의 전투적호소따라 자력자강의 만리마기상을 만방에 떨친 위대한 승리." 5월 6일.

_____. 2020. "우리의 전진을 저애하는 모든 난관을 정면돌파전으로 뚫고나가자: 조선로동당 중앙위원회 제7기 제5차 전원회의에 관한 보도." 1월 1일.

주성하. 2018. "북한 재건에 통찰력과 상상력을 더하라." 『동아일보』. 5월 16일.

태영호. 2018. 『태영호 증언: 3층 서기실의 암호』. 기파랑.

하수영. 2020. "인터넷 보급률·접속률·소셜미디어 이용률 전 세계 최하위." 『뉴스핌』. 2월 5일.

황지환. 2017. "북한의 사이버 안보 전략과 한반도: 비대칭적, 비전통적 갈등의 확산." 『동서연구』 29(1).

Jun, Jenny, Scott Lafoy, Ethan Sohn. 2015. "North Korea's Cyber Operations: Strategy and Responses." A Report of the CSIS Korea Chair, Washington, DC.: CSIS.

제3장   디지털 전환기의 미·중 ICT경쟁과
인공지능·소프트웨어 분야의
남북협력*

윤정현 과학기술정책연구원

* 이 글은 서울대학교 국제문제연구소에서 지원한 "미중 ICT경쟁과 남북 ICT협력" 프로
젝트를 위해 집필되었으며, 진행 과정에서 『사회과학연구』 34(1) (2021)에 게재되었음
을 밝힌다.

I. 서론

오늘날 '디지털 전환(digital transformation)'은 기존의 물적·인적 교류 중심에서 지식, 정보, 그리고 기술의 이동이 중심이 되는 혁신적인 '지구화 4.0 시대'의 부상을 촉발시키고 있다(WEF 2018). 이러한 거대한 흐름에 주목하여 2019년 다보스 포럼에서는 지구적 차원의 전방위적 변화의 흐름에 부합하는 대안적 글로벌 협력체계 수립이 필요하다는 점을 강조한 바 있다(Schwab 2019). 그러나 이처럼 긴밀해지고 있는 상호의존의 심화와는 반대로, 4차 산업혁명을 견인하는 핵심기술의 주도권 확보를 둘러싼 국가 간 갈등 또한 심화되고 있다. 특히, 인공지능(AI)을 비롯한 지능정보 소프트웨어(SW) 분야가 산업 전 부문에 영향을 미치는 '범용기술(general purpose technology)'로 부상하면서, 이들의 표준을 장악하기 위한 플랫폼 경쟁의 양상으로 변모하고 있기 때문이다. 미·중 경쟁에서 보듯이, 각국은 혁신을 통한 글로벌 경쟁의 우위를 선점하기 위해 국가적 역량을 결집하고 있다. 여기에 최근까지 지속되고 있는 COVID-19의 영향은 단순한 비용절감을 넘어 수급구조의 안정을 최우선하는 방향으로 글로벌 가치사슬(GVC)의 재편까지 낳고 있다(이현훈 2020, 29).

이처럼 글로벌 생산·교역 질서의 급변과 정치적 긴장의 심화는 대외의존도가 높은 우리에게 매우 민감하게 다가올 수밖에 없는 사안이다. 더욱이 COVID-19로 악화된 경제 위기 속에서 미·중 경쟁의 여파를 최소화하고 국가경쟁력 확보의 장기적 방향까지 모색해야 하는 어려운 상황에 놓여 있기 때문이다(Roubini 2020). 최근 정부는 '한국판 뉴딜계획', '지능정보사회 실현을 위한 AI 개발 계획' 등 4차 산업혁명 시대를 선도하기 위한 다각적인 혁신안을 마련하고 있으나, 글로벌 차원의 치열한 경쟁과 인력 확보 문제 등으로 여전히 갈 길이 먼 상황이다(관계부처합동 2020, 1-2).

장기적인 국제제재로 산업기반이 피폐해진 북한 역시 디지털 전환 시대의 새로운 발전 토대를 갖춰야하는 어려운 환경에 놓여 있다. 최근 과학기술에 기반한 인민경제를 강조한 사실에서 보듯이, 신기술 분야의 지식 축적과 관련 산업역량의 확보가 핵심동력이어야 한다는 사실을 명확히 인식하고 있다.[1] 그러나 코로나19의 여파로 거의 유일한 인적·물적 교류 통로였던 중국과의 국경이 폐쇄되면서 이른바 '단번도약과 혁신체제'의 실현을 위한 외부의 조력 가능성은 더욱 어두워진 실정이다(최은주 2019, 21).

이러한 상황은 남북 모두에게 미래지향적 시각에서 새로운 돌파구를 찾아야 할 필요성을 제기하고 있다. 특히, 코로나19 이후 첨예해진 미·중 관계 속에서 글로벌 협력체계 변화의 불확실성을 기회로 활용할 수 있는 방안을 탐색해야 한다. 특히 화두가 되고 있는 ICT 분야에서의 남북교류와 협력은 미래 산업경쟁력 확보를 위해 중장기적으로 접근해야 할 사안이면서도 동시에 정체에 놓인 남북 관계의 전환점을 위해 필요한 실재적 사안이기도 하다(윤정현 2019, 12). 그 중 인공지능과 소프트웨어는 빅데이터, 네트워크와 함께 4차 산업혁명의 파급효과를 결정짓는 근간이라 할 수 있다.[2] 다양한 부문의 생산·서비스 혁

---

1   실제로 북한은 김정은 체제 이후 처음 개최된 2016년 제7차 당 대회에서 '정보화'를 경제의 기본과업으로 설정하였으며, 지식경제 발전과 국산화를 통한 자립경제 건설을 사회주의경제건설의 핵심 목표로 천명한 바 있다. 국가안보전략연구원(2019, 307-308).

2   인공지능은 소프트웨어 프로그램의 하나라 볼 수 있다. 그러나 최근에는 설계 단계에서부터 심층 학습과 추론에 특화된 AI 기능을 CPU에 담아 아키텍처를 새롭게 짠 "인공지능 칩"이 등장하고 있다. 이른바 '뉴로모픽 컴퓨팅(Neuromorphic Computing)'으로도 불리는 인간의 뇌를 모방한 인공지능 칩이 대표적이다. 따라서 오늘날의 인공지능은 소프트웨어와 하드웨어적 속성을 결합한 기능적 구현체로서 의미를 갖는다고 볼 수 있다.

신을 유발하고, 경제산업구조뿐만 아니라 사회문화 전반의 패러다임을 바꾸고 있기 때문이다. 특히, 코로나19 이후 가속화된 디지털 전환 속에서 이들이 가진 잠재력은 전통 산업 기반의 사회를 지능화 기반의 자동화된 사회시스템으로 전환시키는 핵심 동인으로 작용하고 있다 (김석관 외 2017, 18).

그러나 이를 위해서는 남북이 보유한 인공지능과 소프트웨어의 기술역량과 시급한 현안에 대한 진단, 나아가 상호 협력 가능 분야의 접점을 찾아야 하는 문제로 귀결된다. 특히, 한반도를 둘러싼 국제정치적 긴장과 제재 국면에서, 지속가능하고, 점진적이나 진일보한 발전을 이룰 수 있는 사안을 발굴해야 하는 난제와도 맞닿아 있다. 따라서 본 연구는 인공지능과 소프트웨어를 중심으로 지식교류와 기술협력 차원에서의 남북 교류·협력 가능 범위를 살펴보고, 선순환적 효과를 기대할 수 있는 방안들을 탐색하고자 한다. 이를 위해 II절에서는 글로벌 차원에서 벌어지고 있는 미·중 ICT 패권경쟁 양상과 국제사회의 대북제재 등 외부적 요인을 검토하고 이러한 배경이 남북협력 환경에 시사하는 바를 짚어본다. III절에서는 디지털 전환기의 AI·SW 분야를 중심으로 남북한의 관련 기술을 육성하기 위한 정책 현황 및 쟁점을 살펴본다. IV절에서는 기술 수준과 활용 현황, 기술역량 측면에서 북한의 관련 기술의 잠재력을 검토하고, 협력을 위한 남북 간 상호 연계 가능 분야를 탐색한다. 이어 V절에서는 남북협력 환경 측면에서 본 AI·SW 분야의 쟁점들을 경제성 및 비즈니스 경쟁력 측면, 제도·문화적 환경을 중심으로 가능성과 한계를 진단한다. 마지막 VI절 결론에서는 위의 논의를 토대로 해당 분야의 지속가능한 협력을 발전시켜 나갈 수 있는 요소들을 종합적으로 평가해본다. 즉, 미·중 ICT경쟁의 변환기에서 남북 모두의 사활적인 관심 사안인 AI·SW 분야가 직면한 도전적 여건을 고려할 때, 우선적으로 시작해야 할 기반 구축의 초점과 전략적 접근 방향을 제안하기로 한다.

II. 미·중 ICT경쟁과 대외적 제약 환경

1. AI와 SW를 둘러싼 미·중 경쟁 구도

최근 AI와 반도체, 5G 인프라, 빅데이터, 블록체인, 양자과학 등을 둘러싼 미·중 갈등은 단순히 선도기술 분야의 경쟁을 넘어 미래의 혁신 역량과 기술주권 강화를 위한 안보전략적 경쟁의 양상으로 변모하고 있다. 특히, 디지털 전환기의 국면에서 이들 기술을 구현하는 플랫폼 경쟁으로, 나아가 글로벌 표준 설정을 둘러싼 패권경쟁으로 확대되고 있다.[3] 이들 분야에서 중국이 이미 미국을 추월하는 신호가 감지되고 있고, 차세대 연계기술인 클라우드와 3D컴퓨팅, 자율주행 부문에서도 미국의 선도적 지위에 적신호가 켜진 상황이기 때문이다. 인공지능의 최상단 기술은 아직 미국이 앞서지만 여기에 필요한 데이터 활용 및 서비스 구현에서는 더 많은 데이터를 확보할 수 있는 중국이 유리한 상황이다. 특히, 5G 인프라 수출에서 앞서나갔던 중국은 차세대 하이테크 기술 우위를 지키기 위해 최근 미국은 반도체 산업을 중심으로 전격적으로 견제하고 있다. 중국도 이에 맞서 '쌍순환 전략' 등을 내세우며

---

3   김상배(2017)는 디지털 전환기의 첨단 ICT산업의 경쟁 양상을 이해하기 위해 '기술혁신'과 '표준설정', '매력발산'으로 구성된 3가지 기술전략의 분석 층위를 제시한다. 이러한 분석틀을 적용하면, 인공지능과 소프트웨어 분야의 미·중 경쟁은 특히 표준설정의 층위에서 벌어지는 경쟁 양상을 체계적으로 조망해야 할 필요성을 제기한다. 김상배(2017, 103).

축적된 자본을 통한 글로벌 기업 인수합병에 나서고 있는 형국이다.

미국은 일찍이 2017년 12월에 발표한 '국가안보전략(National Security Strategy, NSS)'에서 중국과 러시아 등이 인공지능을 활용하여 미국 민간 부문의 정보 수집과 데이터를 치밀하게 분석하고 있으며, 이를 방치할 경우 국가안보에 큰 위해가 될 수 있다고 경고한 바 있다(White House 2017, 34). 뿐만 아니라 주요 소프트웨어 프로그램, 앱을 통해 주요 핵심정보와 다량의 데이터가 유출될 가능성을 우려하며 특히 중국 기업들의 사업 참여 배제 필요성을 제기하였다. 동 전략은 안보적 관점에서 기술적 우위 확보를 위해 중국이나 러시아와 같은 경쟁국들이 미국의 핵심적인 지적재산에 접근하지 못하도록 하고, 기술개발 초기 단계에서 보안을 강화하는 한편, 동맹국 또한 이 같은 노력에 동참해야 할 필요성을 명시하였다고 볼 수 있다. 즉, 미국은 국가안보와 경제적 번영을 위해 최고도-최우선 기술 분야의 전략적 취약성을 줄이고 글로벌 차원에서도 주도권을 가져야함을 분명히 한 것이다.

더욱이 바이든 행정부 출범 후에도 미국과 중국의 기술패권을 둘러싼 갈등구도는 심화되고 있다. 과거 미국 일방주의를 노골적으로 드러내며 동맹과의 갈등 또한 초래했던 트럼프 행정부와 접근방법의 차이는 있겠으나, '경쟁국을 압도할 수 있는 과학기술력'을 강조한 바이든 대통령의 취임 후 첫 기자회견(2021. 3. 25) 발언에서 보듯이 미국의 중국에 대한 견제는 한층 더 강해지고 있기 때문이다. 연방정부 차원에서 인공지능(AI), 양자컴퓨팅, 청정에너지, 전기차, 바이오의료, 5G, 반도체 분야에 4년간 3,000억 달러 지원할 것을 천명한 바 있다.[4]

---

4   The White House, "Remarks by President Biden in Press Conference" (March 25, 2021). https://www.whitehouse.gov/briefing-room/speeches-remarks/ 2021/ 03/25/remarks-by-president-biden-in-press-conference/ (검색일: 2021. 4. 28.)

표 1 국가안보 측면에서 시행된 미국의 AI·SW 관련 대(對)중국 제재 리스트(2019-2020)

발효일	기술 분야	주요 기업	기업 수	제재 사유
2020. 8.17.	반도체, 5G, 클라우드 컴퓨팅	화웨이 해외 계열사	38곳	제3국 우회 방식의 미국안보 위협
2020. 12.18.	반도체, 드론	SMIC 및 계열사, DJI, AGCU Scientech, 콴츠그룹, 베이징공대, 난징과기대, 난징항공우주대, 베이징우편통신대, ROFS마이크로시스템 등	60곳	중국군 연계 및 군사지원, 유전자 수집, 첨단기술 감시 등
2020. 7.22.	전기전자, 고속철/ 차량, 소프트웨어 및 하드웨어	Hefei Bitland Information Technology, KTK Group, Nanchang O-Film Tech, Tanyuan Technology 등	11곳	신장 위구르 관련 인권침해 및 데이터 불법 수집
2020. 6.5.	인공지능, 하드웨어 및 응용소프트웨어, 비디오네트워크	중국 공안부 법의학 연구소, CloudWalk, FiberHome, NetPosa, SenseNets, Intellifusion, IS'Vision 등	9곳	신장 위구르 자치구에 대한 감시 및 인권침해 가담
2020. 6.5.	과학혁신 관련 연구소 및 공과대학, AI, 로봇, 인터넷 보안, 데이터	Qihoo 360, Cloudminds, Skyeye Laser Technology, 하얼빈 공과대학, 베이징 전산과학연구소, 쿤하이(Kunhai) 혁신연구소 등	24곳	군사용 물품 조달 지원
2019. 10.9.	인공지능	신장위구르 자치구 인민정부 공안국 및 하위 기관, 신장경찰대학, Hikvision, IFLYTEK, Megvii, Sense Time 등	28곳	위구르 인권침해 및 탄압 연루
2019. 6.24.	컴퓨팅	Sugon/ Wuxi/ Jiangnan 컴퓨팅기술연구소 등	5곳	고성능 컴퓨터의 군사적 사용

출처: 백서인 외(2020, 8)를 토대로 재정리.

이를 위해 미국은 한정된 자원에 따른 우선순위를 식별하고, 각 기술 성숙도에 따른 파급력을 정기적으로 평가하는 한편, 최우선 기술 분야에 있어 동맹국·파트너와의 연계를 강화하는 것이 필요하다고 보았다. 나아가 이들 또한 기술적 동맹으로서 역할을 충실히 이행할 것을 강조하고 있다. 실제로 바이든 행정부는 출범과 함께 ICT 전 분야에서 중국뿐만 아니라 중국과 긴밀한 관계를 유지하는 국가들을 압박하고 있는 실정이다.

표 2 미 바이든 행정부의 대외전략 기조 및 산업·기술정책 방향 전망

구분	기조 및 정책 분야	주요 내용
대외 정책	글로벌 외교	• 미국의 글로벌 리더십 회복("America is back") • 동맹국 및 우호국에 미국과 중국 양자 중 선택 압박
	대중국 외교	• 동맹국과 협력하여 불공정 행위에 대응 및 인권·환경 등 포괄적 압박 • 추가관세 부과 정책에 반대하며 이에대한 재평가(re-evaluate)
산업 기술 정책	기조	• Made in All America 차원에서의 미국 우선 • '더 나은 재건(Build Back Better)'으로 대표되는 경제재건 공약으로 • 정부조달과 연구개발에 대규모 투자 및 첨단제조업 분야 투자 적극 확대와 미국 중심의 공급망 재편
	Big Tech	• 빅테크 반독점 규제 및 온라인 플랫폼 책임성 강화, 통신망 고도화 및 망중립성 규제 재개, 각 경제 종사자 고용 안정성 보장 • GAFA(Google, Apple, Facebook, Amazon 등 거대 IT 기업들)의 시장 지배력 견제
	기술동맹	• 첨단 산업기술의 보호 및 동맹국들과의 기술동맹 강화 • 인공지능·양자통신·빅데이터 등 첨단 산업기술 분야에서 중국과의 철저한 탈동조화 유지
	전략물자	• 인공지능, 양자컴퓨팅, 청정에너지, 전기차, 바이오의료, 5G, 반도체 분야 등에 4년간 3,000억 달러 지원 • 상원에서 반도체 산업에 250달러 보조금 지급안 통과 • 반도체 등 전략물자의 미국 내 생산 유도

출처: 한국과학기술기획평가원(2021, ii); 이효영(2020)을 토대로 재정리.

이 같은 견제에 놓인 중국은 그간 이룩해온 첨단기술 분야의 괄목할 만한 성장을 토대로 다시금 공세적인 정부 투자를 확대하고 있다. 특히, 인공지능과 통신인프라, 응용 소프트웨어 분야에서의 부상은 미국을 직접적으로 위협하고 있는 양상이다. 물론, 글로벌 인재 확보·연구역량·기업 투자 측면에서는 여전히 미국이 우위에 있긴 하나(2018년 기준), AI 활용 스타트업, 특허 출원, 데이터 생산·활용 측면에서는 양적으로 이미 중국이 미국을 추월한 상황이다. 또한, 공신력 있는 저널 및 컨퍼런스에 발표되는 논문에서 중국의 비중이 높아지는 추세로, 연구 분야에서의 양국 간 격차는 빠른 속도로 좁혀지고 있다. 특히, AI

표 3 미·중 AI 인재 연구 역량 및 활용·데이터 역량 비교

AI 인재·연구 역량 비교			AI 활용 및 데이터 역량 비교		
지표(연도)	미국	중국	지표(연도)	미국	중국
AI 연구자수('17)	28,536	18,232	AI 활용 기업 비중(%, '18)	22	32
Top AI 연구자수('17)[1]	5,158	977	브로드밴드 사용(백만, '18)	110	394
AI 논문 수('17)	10,287	15,199	모바일 결제 사용자 수(백만, '18)	55	525
FWCI[2] 지수('16)	1.8	0.9	IOT 데이터(TB, 백만, '18)	69	152
기업[3] R&D 투자(십억, '18)	$77.4	$11.8	생산 데이터(TB, 백만, '18)	966	684

1」21개의 학술 컨퍼런스 중 1개 이상에 발표한 박사 학위자
2」Field-Weighted Citation Impact
3」상위 2,500개 소프트웨어 및 컴퓨터 서비스 회사

출처: Center for Data Innovation(2019).

추격자였던 중국은 이에 대응하여 'BATH(바이두·알리바바·텐센트·화웨이)'를 필두로 전자상거래·SNS·검색 등 전 분야를 망라한 독립적인 생태계를 구축하려는 움직임을 보이고 있다(정원엽 2020). 이는 향후 미·중 간의 갈등이 특정 기술을 넘어 플랫폼 전반으로 확대될 것임을 암시한 부분이라 할 수 있다.

이러한 미·중 간의 긴장은 소프트웨어 산업 전반의 글로벌 위상 비교에서도 유사하게 나타나고 있다. 글로벌 소프트웨어 경쟁력을 구성하는 주요 지수(비즈니스 환경, 인적자원, 혁신, 성과, 활용 역량 등)를 개발하고 OECD 26개국과 인도, 중국을 비교 분석한 결과 2019년을 기준으로 중국의 경쟁력은 미국에 이어 2위로 나타나기도 하였다(안미소 2019, 6-8). 〈그림 1〉과 같이, 기술의 집약도와 시장 지배력을 보여주는 소프트웨어 '기술역량'과 '성과활용' 측면에서 중국은 미국보다 앞섰으며, 이러한 우위 영역을 기반으로 향후 SW의 글로벌 표준을 두고 미국과 경쟁을 지속해나갈 수 있는 동력을 확보해나가고 있다.

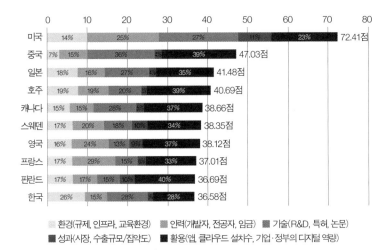

그림 1 글로벌 SW 경쟁력 지수 평가 부문 및 순위(2019)
출처: 안미소(2019, 9).

2. 남북 ICT협력의 주요 국제제재 요인들

현재 다자적 차원에서 남북 ICT협력을 제약하고 있는 대표적인 국제
협약은 유엔과 바세나르체제(Wassenaar arrangement)가 규정한 수출
통제라 할 수 있다. UN의 제재는 북한의 경제·핵무력 병진노선에 따
른 핵실험 등에 따라 단계별로 강화되었으며, 현 시점에서 AI, SW 분
야의 대폭적인 투자와 협력은 이뤄지기 어려운 상황이다. 무엇보다도,
2016년 4차, 5차 핵실험을 단행한 이후 UN 안보리가 채택한 결의안은
북한 경제에 실질적인 타격을 미칠 만한 제재를 가한 바 있다. 이 같은
국제사회의 제재로 북한은 어쩔 수 없이 자립경제 노선으로 회귀할 수
밖에 없게 되었으며 중국에 대한 의존도 역시 심화되었다. 그 결과, 산

업 간 불균형 및 외부로부터의 기술유입이 어려워졌으며, 투자재원의 부족은 평양을 제외한 지방의 산업발전에 필요한 투자를 어렵게 만들고 있다(윤정현 2020, 19).

현실적으로 북한과의 대규모 교류협력은 사실 그동안 누적되어 왔던 대북제재의 해제를 전제하고 있으며 이는 북한이 보유한 핵을 포함한 대량살상무기 운용 역량의 전면적 포기라는 난제와 연동되어 있다. 탄도미사일 발사와 핵실험 등과 관련하여 UN 안전보장이사회는 '06~'17년간 총 10차례의 대북제재를 결의한 바 있다(윤정현·이경숙 2020, 141-142). 현재 북한과 관련한 대부분의 금융거래, 물품·물자 교역이 금지되어 있으며, 인프라와 산업발전을 도모할 수 있는 기술협력도 원칙적으로는 중단된 상태이다. 더욱이 UN 안보리의 사전 승인을 받은 경우라도 미 정부가 독자적으로 행사할 수 있는 자국의 수출관리규정(Export Administration Regulations, EAR)을 들어 반대할 경우, 북한으로의 물자 반입이 불허될 수 있는 실정이다.[5]

소프트웨어 분야는 일반적으로는 전략물자로 사용되지 않으나 사용자의 의도에 따라 전략물자로 활용될 수 있는 '이중용도품목'에 적용된다. 북한과 같은 수출통제체제 미가입국으로 전략물자를 수출할 경우에는 현실적으로 대단히 복잡한 절차가 필요하다.[6] 북한의 SW인력의 교류에 관해서는 북한 노동자의 신규 해외 송출을 금지한 UN 안보리 결의 제2375호에 해당된다. 이에 따르면 북한 노동자를 한국 영

---

5   실제로 미국의 수출관리규정은 미국 이외 국가의 기업에도 법적 효력이 미치는 역외 적용성을 명시하고 있어, 각종 기계설비를 북한에 반입하여 생산 활동을 벌일 수 없도록 규제 중이다. EAR Database http://www.access.gpo.gov/bis/ear/ear_data.html (검색일: 2020. 6. 28.)

6   수출허가를 받기 위해 최종 사용자가 해당 물품을 금지된 용도로 사용하지 않고, 허가받지 않은 자나 국가로 재이전하지 않겠다는 서약서와 최종 사용자의 영업증명서 등의 서류도 제출하여야 한다.

표 4 김정은 체제 이후 UN 안보리의 주요 대북제재 결의 내용

결의안	구분	주요 제재 내용	제재 배경
2087호 ('13.1.22.)	교역	• 군사적 전용 우려가 있는 모든 품목의 거래 통제(Catch-all) 촉구	탄도미사일 발사 ('12.12.12.)
	금융	• 제재대상 추가 지정 및 북한 금융기관의 활동 감시 강화 촉구	
2094호 ('16.3.7.)	교역	• 대북제재에 반하는 북한행·발 품목의 공급·판매·이전 금지 촉구	3차 핵실험 ('13.2.12.)
	금융	• 제재대상 추가 지정 및 북한 금융기관의 활동 감시 강화 촉구	
2270호 ('16.3.2.) * UN역사상 가장 강력한 비군사적 조치	교역	• 탄도미사일 발사 및 핵확산활동에 기여할 수 있는 분야(물리학, 컴퓨터공학, 지리운항학, 핵공학, 항공우주공학, 항공공학)의 고등교육·훈련 금지 • 석탄·철·철광 수출금지(민생 목적 예외)	4차 핵실험 ('16.1.6.) 탄도미사일 발사 ('16.2.7.)
	금융	• 제재대상 개인·단체의 사무소 폐쇄, 불법행위 연루 북한 정부인사 및 제3국인 추방 의무화 • 북한정부 및 노동당 소속단체의 자산 동결·이전 금지 (외교공관 및 인도적 활동 예외) • 대량살상무기 활동에 기여 가능한 대북무역에 대한 모든 공적·사적 금융지원 금지	
2321호 ('16.11.30.) * 이미 강력한 2270호 보완, 고강도 실효적 제재	교역	• 북한과의 과학기술협력 중단(의료협력 및 핵·무기와 무관함 인정 시 예외) • 북한인 수하물(여행용 수하물 포함)과 철도·도로 화물검색 의무화 • 석탄수출 상한제 도입('15년 대비 38% 수준, 민생 목적으로만 가능)	5차 핵실험 ('16.9.9.)
	금융	• 북한 공관 및 공관원의 은행 계좌 제한, 북한 공관의 부동산 임대를 통한 수익창출 금지 • 회원국 금융기관의 북한내 활동 금지, 기존 사무소·계좌 폐쇄 • 대북 무역 관련 공적·사적 금융지원 전면 금지	
2371호 ('17.8.5.)	교역	• 북한의 석탄, 철, 철광석 수출 전면 금지 (* '민생 목적 예외' 삭제) • 북한의 섬유수출 금지, 북한 해외노동자에 신규 노동허가 금지	탄도미사일 발사 ('17.7.4.)
	금융	• 북한과의 합작사업 신규 및 확대 금지	
2375호 ('17.9.11.)	교역	• 대북 정유제품 공급량 연간 상한선 부과(연간 200만 배럴), 대북 원유 공급량 현 수준 동결, 액화천연가스 공급 전면 금지 • 북한 해외노동자 고용 제한 조치 도입	6차 핵실험 ('17.9.3.)
	금융	• 회원국 금융기관의 북한 내 기존 사무소·계좌 90일 내 폐쇄(인도지원, 외교관계, 유엔활동 예외)	

| 2397호
('17.12.22.) | 교역 | • 대북 정유제품 공급량 연간 상한선 대폭 축소(연간
50만 배럴), 대북 원유 공급량 제한(연간 400만 배럴)
• 북한 해외노동자 전원 24개월 내 북한으로 송환 의무화
• 북한 수출입금지 및 대북 수출금지품목 확대 | 탄도미사일 발사
('17.11.29.) |

출처: 유엔 안보리 대북제재 결의 관련 외교부 보도자료(16-107호, 16-126호, 16-859호, 16-859호, 17-442호,
17-537호, 17-882호); 임수호(2018, 2); 윤정현·이경숙(2020, 140-141)을 토대로 재구성.

토 내에서 신규로 고용하는 것은 결의안 위반에 해당할 소지가 있다. 다만 개성공단과 같이 북한 영내의 경제특구를 구축, 해당 지역에서 인력을 고용하는 것은 해외파견 북한 근로자가 아니므로 안보리 결의에 위반되지 않을 것으로 보인다. 그러나 이러한 경우에도 제2371호의 북한과의 신규 합작투자 사업금지 조항에 따른 어려움이 있다(심지섭 2019). 다만, SW개발에 있어서는 '원격지개발방식'을 활용할 경우, 북한 근로자가 해외로 파견되지 않고도 자국 전문인력의 기술 및 노동력 제공이 가능할 수도 있다. 그러나 이 경우, 참여인력에 대한 검증이나 산업보안 등에 대한 문제가 남아 있고, 사업추진 방식에 따라 남북협력 사업으로 만들어진 SW제품을 남북한이 아닌 다른 국가로 수출할 경우 해당 국가의 대북제재 법령에 따라 수입제한 대상이 되는지의 검토 필요성이 제기된다(이준삼 2011).

　국제 비확산체제 중 가장 광범위한 물자를 통제하고 있는 바세나르체제는 재래식 무기와 이중용도품목 및 기술의 불법사용을 방지하기 위해 사실상 하드웨어·소프트웨어 및 기술 이전의 투명성을 제고하고 책임성을 강화하는 조치들을 취해왔다(김진아 2021, 1). 북한은 이미 '국제평화와 지역안전을 저해할 우려가 있는 지역'에 속하는 11개국(북한, 아프가니스탄, 콩고공화국, 에리트리아, 코트디부아르, 이라크, 레바논, 라이베리아, 시에라리온, 소말리아, 수단)에 속해 있어, 사실상 전략물자 수출이 막혀 있다. 뿐만 아니라 연구개발(R&D) 단계에서도 소프트웨

표 5 소프트웨어 분야의 바세나르 통제 대상

구분	제재 배경
전자	• 통제되는 장비의 '사용'을 위해 전용으로 설계된 소프트웨어
컴퓨터	• 통제되는 장비 또는 소프트웨어의 개발, 생산 또는 사용을 위해 전용 설계되거나 개조된 소프트웨어 • 침입 소프트웨어의 생성, 명령, 제어, 전송을 위해 전용 설계, 또는 개조된 소프트웨어
정보통신	• 규제되는 장비나 기능, 특성의 개발, 생산, 생산 또는 사용을 위해 전용 설계된 장비 • 원격통신 전송장비 또는 교환기의 개발을 위해 전용 설계되거나 개조된 소프트웨어 • 법 집행에 의한 감시나 분석을 위해 전용 설계되거나 개조된 소프트웨어
정보보안	• 통제되는 소프트웨어의 개발, 생산, 사용을 위해 전용 설계 또는 개조된 소프트웨어 • 암호활성화 토큰의 특성을 갖는 소프트웨어

출처: 김진아(2021, 6-8)를 토대로 재구성.

어 및 기술의 무형 이전과 관련된 정보를 관리할 때, 과학기술 인력 교류와 관련한 정보까지 통제 대상에 포함된다. 따라서 남북 간 교류협력 추진 시, 물자와 기술 교류 등에 관 정보공개는 필수 사항이며, 남북 간 ICT협력에서 발생하는 운영상 변화 내용 또한 공유대상이 된다(김진아 2021, 3-4). 즉, 바세나르체제가 통제하는 제재 대상국과의 교류 범위는 정치적 합의에 따라 가변적·확장적 적용이 가능함을 알 수 있다.

　종합하면, 미·중 간의 첨단기술 경쟁, 특히 AI와 SW 활용을 둘러싼 첨예한 주도권 다툼과 국제 제재 환경은 세 가지 측면에서 한국에 시사하는 바가 크다고 할 수 있다. 첫째, 탈중국화 압박에 따른 글로벌 ICT 생산·교역 생태계 재편이 가속화됨으로써 대안적 생산기지로의 '니어쇼어링(near-shoring)'이나 '백쇼어링(back-shoring)'[7]의 검토 필

7　리쇼어링(reshoring)과 같은 맥락의 개념이지만, 해외 업무 위탁의 회귀를 넘어, "외국으로 이전했던 첨단 산업생산기반(생태계)의 본국 회귀"를 내포한다고 볼 수 있다. 즉, 단순히 '비용 이점'만을 고려한 이전이 아닌, 기술 및 지식에 대한 접근성을 포함한 '개발 역량' 확보가 백쇼어링의 핵심 인센티브라고 볼 수 있다. Johansson and Olhage(2018, 37-46).

요성을 제기한다. 둘째, 이미 UN과 바세나르체제가 전략물자의 관점에서 통제하고 있지만, 이들 기술에 대한 안보적 고려가 더욱 강화됨에 따라 첨단 과학기술 분야와 관계된 교류와 제재는 더욱 엄격해질 가능성이 높다. 셋째, 이 같은 제약환경을 고려할 때, 향후의 대북협력 방식은 현실적인 차원에서 교착국면의 타개 이후를 염두에 두고 장기적인 목표로 추진해나갈 필요가 있다. 즉, 향후의 도약을 위해 교류 이전의 준비단계로서 남북협력의 가능성과 잠재력에 대한 진단 과정이 필요할 것이다.

III. 남북의 AI·SW 분야 육성 전략과 쟁점

1. 디지털 전환기의 한국의 인공지능·SW 분야 육성 전략과 실태

ICT 플랫폼을 구축·활용함으로써 기존 전통적인 운영 방식과 서비스 등을 혁신하는 '디지털 전환(Digital Transformation)'은 인공지능과 사물인터넷(IoT), 클라우드 컴퓨팅 등 하드웨어 플랫폼에 소프트웨어가 결합되어 혁신을 구현한다.[8] 디지털 전환은 전산화된 디지털 영역과 물리적 요소들을 통합하여 비즈니스 모델을 변화시키는 한편, '초지능·초연결'을 토대로 산업을 재편하기 때문에 4차 산업혁명의 파급력을 확산시키는 원동력이라 할 수 있다. 인공지능과 이를 접목한 소프트웨

---

8   '디지털전환(Digital Transformation)'은 사물인터넷(IoT), 클라우드 컴퓨팅, 인공지능, 빅데이터 솔루션 등 ICT 플랫폼을 구축·활용함으로써 기존 전통적인 운영 방식과 서비스 등을 혁신하는 것을 의미한다. 정보통신기술협회, https://terms.naver.com/entry.nhn?docId=3596818&cid=42346&categoryId=42346

어 기술 분야는 디지털 혁신 시스템을 구현하는 핵심이라 할 수 있다. 인공지능은 범용기술로서 최근 산업 전 분야로의 적용 가능성을 확대시키고 있으며 기존 산업의 수익구조를 극적으로 변경시키는 효과를 낳는 중이다(McKinsey 2017).

현재 우리 정부는 코로나19 사태로 인한 극심한 경기침체 극복 및 구조적 대전환 대응이라는 이중 과제에 직면해 있는 상황으로 범부처 차원에서 미국의 뉴딜정책에 버금가는 '한국판 뉴딜'을 추진 중이다. 특히, 디지털 뉴딜은 한국의 강점인 ICT 기반으로 디지털 초격차를 확대함으로써 경제전반의 디지털 혁신과 역동성을 촉진·확산시키는 것을 골자로 하고 있다. 이를 통해 ICT 생태계의 강화뿐만 아니라 모빌리티·에너지·환경기술 등 산업 전 분야의 디지털 혁신을 이룸으로써 글로벌 시장을 주도하는 것을 궁극적 목표로 하고 있다. 소프트웨어 분야의 육성은 이 같은 경제 패러다임 변화에 대비하여 ICT 기반 산업재편을 위한 전략의 가장 핵심이라 할 수 있다. 특히, 인공지능은 4차 산업혁명의 핵심인 3대 혁신 요소(Data·Network·AI, DNA) 중 하나이다. 과학기술정보통신부는 2018년 5월, 「인공지능(AI) R&D 전략」을 통해 기술, 인재, 기반(인프라) 측면의 R&D 전략을 수립한 바 있다.[9]

특히, 정부는 세계적 수준의 인공지능 기술 확보를 위해 관련 분야의 인재양성이 가장 급선무임을 확인하였으며, 이를 위해 인공지능 대학원 신설, 국제 공동연구 지원, 융복합 인재 양성 등의 전략을 마련한 바 있다. 또한, 이에 앞서 개방 협력형 연구기반 조성과 활용 기반을 강화하기 위해 인공지능을 활용한 강대국을 목표로 관계부처합동으로

---

9   세계적 수준의 인공지능 기술력 및 R&D생태계 확보를 위해 향후 5년간('18~'22) 2.2조 원을 투자하는 내용을 골자로 하고 있다. 과학기술정보통신부(2018, 1-2).

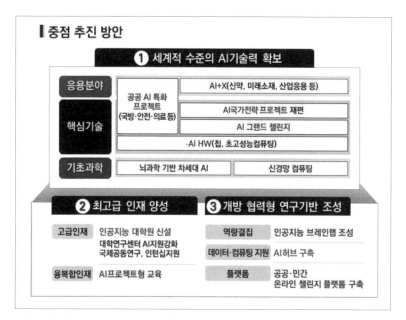

그림 2 정부의 '지능정보강국(I-Korea)' 실현을 위한 인공지능 R&D 전략 추진 방안
출처: 과학기술정보통신부(2018, 19).

「인공지능 국가전략」(2019)을 발표하고, 전 산업 분야의 인공지능 활용 강화, 인공지능 경쟁력 확보를 위한 규제개혁 및 관련 스타트업 육성, 인공지능과의 사람 간의 조화·공존을 위한 AI 윤리가이드, 일자리 관련 안전망 등의 의제를 제시한 바 있다(오승환 외 2020, 39-40).

그러나 인공지능을 포함한 국내의 소프트웨어 분야의 인력난은 심각한 상황으로 2019년 기준, 국내 12대 주력산업에서 차지하는 부족인원(6,205명)과 부족인원 비중(21.8%)이 가장 높은 것이 현실이다(2019년 기준)(산업통상자원부·한국산업기술진흥원 2020, 6). 특히, 타 산업 분야에 비해 소프트웨어 분야의 상대적으로 높은 인력 부족 현상은 일시적인 것이 아니며, 2015년부터 해마다 최대 부족인원 수를 경신하고 있는 실정이다. 특히, 글로벌 SW 경쟁력 지수 평가 부문 및 순

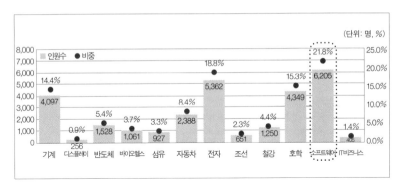

그림 3 12대 주력산업의 산업기술인력 부족인원 비중(2019)
출처: 산업통상자원부·한국산업기술진흥원(2020, 6).

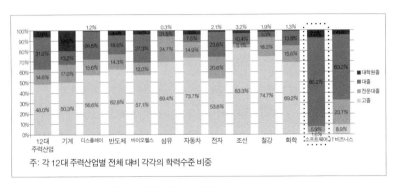

그림 4 12대 주력산업의 학력별 부족인원 분포 현황(2019)
출처: 산업통상자원부·한국산업기술진흥원(2020, 18).

위에서 나타난 바와 같이 10위에 머물고 있는 한국은 규제·인프라·교육 환경 및 기술력을 제외한 부문들은 상대적으로 취약한 편이며, 무엇보다도 가장 점수가 낮은 인력과 시장요소들의 해외 의존도가 높다는 점에서 문제의 심각성이 있다.

특히 국내 소프트웨어 산업은 다른 주력산업에 비해 대졸 및 대학원 졸업인력의 비중이 압도적으로 높으며, 대학 졸업 이상의 고급인력 부족률이 가장 높게 나타나는 분야이다(산업통상자원부·한국산업기술진흥원 2020, 18). 따라서, 현재 국내의 소프트웨어 산업은 베트남, 인도 등 상대적으로 저렴한 인건비와 숙련도를 갖춘 국가로 아웃소싱하는 기업들이 늘어나고 있는 추세이다.

2. 북한의 21세기 사회주의 경제강국 목표와 인공지능·SW의 중요성

북한 역시 김정은 집권 이후 시장화 정책 및 경제관리 체계 개혁, 실용주의적 산업정책, 국산화 정책 및 성장전략의 전환을 모색하고 있다. 또한, 과학기술 강국을 국가운영의 핵심 가치로 두고 산업 각 부문들이 이를 기반으로 조속한 성과를 낼 수 있도록 독려 중이다(임을출 2019, 14-15). 김정은 위원장은 2018년 4월 당 중앙위원회 제7기 3차 전원회의에서 과학과 교육이 국가건설의 토대이자 국력의 중요한 지표가 되어야 함을 강조한 바 있다(Jakhar 2018). 이러한 과학기술 중시정책은 북한의 산업 전 분야에 걸쳐 강조되고 있으며 점진적이긴 하나, 공정 효율화와 현대화에 일정 성과를 거두기도 하였다(윤정현 2019, 16). 북한은 대내외적으로 4차 산업혁명이라는 용어를 공식적으로 사용하고 있지는 않다. 대신, 4차 산업혁명과 유사한 개념으로 간주되는 '새 세기 산업혁명' 'CNC(Computerized Numerical Control·컴퓨터 수치 제어)화' 정책 등을 추진하면서 기술 융합의 세계적인 변화에 자체적으로 대응하고 있다. 김정은 체제 하에 추진된 다양한 신기술들은 바로 CNC에 토대를 두고 있으며, 이 점이 가장 큰 특징이라 볼 수 있다(이세훈 2019). 새 세기 산업혁명 전략은 2016년 5월 개최된 제7차 당 대회에서 제시된 과학기술 강국 목표 달성을 위한 경제건설 전략으로 계승 발전되었다. 특히, 김정은 정권은 전반적 경제발전에서 주도적 역

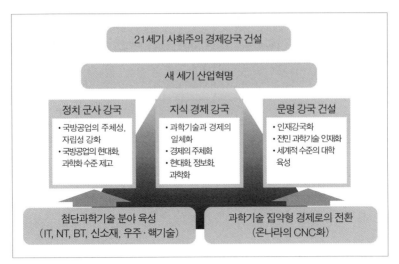

그림 5 북한의 과학기술/CNC 기반 21세기 사회주의 경제강국 추진 전략
출처: 표창균(2020); 윤정현(2020)을 토대로 재구성.

할을 하는 '기둥산업'으로 정보산업의 육성에 집중하고 있다(임을출, 2019, 14). '온나라의 CNC화'는 북한 경제의 지식경제화, 군사강국화, 문화강국화를 위해 첨단과학기술과 함께 '21세기 사회주의 경제강국' 실현을 위한 기반이라 할 수 있다. 인공지능과 사물인터넷, 클라우드컴퓨팅, 빅데이터, 모바일, 블록체인 등 첨단산업 육성은 이를 토대로 추진된다.

이 중, 소프트웨어 산업은 북한의 IT 기술력을 뒷받침해주고 있는 중요 부문이다. 북한은 1992년부터 풍부한 IT인력을 자랑하는 인도의 소프트웨어산업을 벤치마킹하며 인재를 양성해왔다. 세계 소프트웨어 경연대회에서 매회 최상위권의 실력을 보여주고 있는 북한의 소프트웨어 기술역량은 여기에 기인한다고 볼 수 있다(문형남 2019, 29). 2000년 이후 소프트웨어 중심의 IT체계를 육성·강화 정책을 통해, 김일성종합대학, 김책공업종합대학, 평양컴퓨터기술대학, 고등중학교에

표 6 북한의 ICT 산업 분야별 분포

구분	소프트웨어	교육훈련	하드웨어	유지보수	컴퓨터 주변기기	네트워킹 기타
비중	**69%**	10%	7%	6%	4%	4%

구분	북한(평양지역) 시장별 분포(단위 %)		
	내수시장	수출시장	비고
소프트웨어상품 및 패키지	45	8	
프로젝트(주문개발)	28	51	애니메이션, 게임
전문서비스	7	30	프로그램
훈련	5	2	
지원, 유지	6	4	
IT관련 서비스, 기타	9	5	

출처: 이석기 외(2017, 207, 210).

서 소프트웨어 기술개발 교육을 집중해왔다. 인공지능 분야를 대표적으로, 북한의 소프트웨어 산업은 자체 OS, 정보보안, 통합관리시스템, 블록체인, AR/VR, 모바일 앱, 전자결제 및 상거래서비스 분야에 망라해 있다(표창균 2020, 49-58).

　소프트웨어 산업 분야는 자본이 부족한 북한이 인적 자원을 최대한 활용해 성과를 낼 수 있고, 키울 수 있는 부문이며 특히, 관련 인력은 일정한 수준의 장비와 인터넷 환경, 그리고 교육 인력이 있으면 손쉽게 성과를 창출할 수 있다는 장점이 있다. 이에 따라 북한의 소프트웨어 개발 조직들은 중국 등지에서 외화 획득을 목적으로 개발팀을 파견하고 있는 것으로 알려져 있다. 이러한 개발팀은 특정 사이트를 통한 계약을 통해 모듈별로 개발하여 납품하거나 직접 프로젝트에 참여하고 있는 것으로 추정된다(이종주 2019). 2018년 기준으로 평양에만 IT 관련 회사가 20개 정도 존재하고 있으며, 중국과의 합작회사도 5개 정도가 설립되었다. 북한 내부에는 15,000명의 소프트웨어 인력이, 해외에서도 5,000명의 인력이 활동 중인 것으로 알려졌다.[10]

이 중 북한은 인공지능 연구개발에 높은 관심을 보이고 있으며 북한 내 IT 기업과 유관기관들은 인공지능 개발을 최우선 과제로 추진하고 있다. 특히 북한의 인공지능 기술에 대한 연구는 약 20여 년을 거슬러 올라간다(강진규 2019c). 2019년 11월 열린 정보화성과전람회에서 소개된 주요한 분야도 인공지능이었다. 오랜 연구경험을 토대로 최근 북한은 인공지능을 게임, 보안, 생체인증, 제조, 로봇 등 다방면에 적용하고 있다. 나아가 '과학기술중시 → 수자(데이터)경제 → 인공지능 발전'이라는 논리적 추진체계도 발표하였다.[11] 김일성종합대학 첨단기술대학원 정보기술연구소에서는 (인공지능, 증강현실, 자율조종, 정보보안)의 4대 기술 분야의 전략목표를 제시했으며, 평양정보기술국(PIC) 또한 인공지능을 기술개발의 최우선 목표로 삼고 있다(최현규 2020).

---

10 송출인력은 대부분 20대의 이공계 IT전공 인력으로 정부 당국은 현재 북한이 1500명 이상을 중국, 러시아, 아프리카 등 10여 개국에 파견해 연간 4000만 달러(약 450억 원) 이상을 벌어들이고 있는 것으로 파악됐다고 밝혔다. 김도형·박훈상(2016).

11 북한 로동신문은 인공지능 기술개발과 활용이 수자경제 전략과 연결고리가 있다고 설명했다. 강진규(2019b).

IV. 기술역량 측면에서 본 북한의 인공지능·SW 분야의 협력 가능성

1. 북한의 인공지능 분야 기술 수준과 활용 현황

인공지능 기술은 북한이 최근 가장 많은 관심을 보이고 있는 기술 분야로 음성인식, 문자인식, 공정효율화, 게임 등 다양한 방면에 적용하고 있다. 북한의 인공지능 분야 연구는 지난 2000년대 초반, 김정일 시대부터 IT 연구개발 전담기관인 조선컴퓨터센터(KCC)를 통해 연구를 지속해 왔고, 김정은 집권 이후 연구조직 확충을 통해 기반을 보다 강화하였다. 김정은 시대의 북한은 이전보다 더 빠르고 광범위하게 IT 분야에서 기술 개발의 성과를 보여주고 있는 것이 특징이다. 이미 1997년 바둑 인공지능 은별을 통해 세계 바둑대회에서 우승을 해온 경험을 토대로 현재 북한은 다양한 실생활 분야에 인공지능 기술을 적용하고 있다.

일찍이 2013년 정보산업지도국 "인공지능연구소"가 설립된 이래 각 전문기관 및 연구소들의 기술개발을 독려해 왔으며, AI 기반 번역 프로그램 '룡남산'뿐만 아니라 얼굴식별 시스템 또한 개발되어 왔다. 2016년에는 인공지능의 핵심기술인 딥러닝을 적용한 프로그램 또한 증가하였다. 나아가, 북한의 인공지능 관련 기계학습, 신경망에 대한 규격을 국제규격인 ISO/IEC 2382-28에 맞추었으며, 국가규격인 KPS에도 적용·일치시킨 바 있다(최현규 2020).

김일성종합대학 첨단과학연구원 지능기술연구소에서 개발한 '조선어(북한말)음성인식프로그램'과 '조선어문서인식프로그램'은 북한 내에서 '가장 우수한 인공지능 기술 제품'으로 공인된 바 있다. 연구소는 이를 수백 개 홈페이지 상의 정보를 신속하고 정확하게 검색할 수 있는 '국가망에 의한 통합검색체계'로서의 기능을 홍보하기도 하였다 (KBS 2018). 북한 내 인공지능 주도기관은 김일성종합대학 지능정보연구소와 평양콤퓨터기술대학으로 알려져 있지만, 2015년 AI 연구조직을 개편해 기관별로 담당 분야 기술을 연구하고 있다.

『김일성종합대학학보』(2017)에 게재된 "조선어련속음성인식을 위한 대규모 재귀신경망 언어모형 구축의 한 가지 방법" 논문에 따르면, 북한 연구자들은 조선어음성인식 프로그램인 룡남산에 대규모 순환신경망 언어모델을 적용했다고 밝혔다. 이 프로그램은 영어로 된 과학기술문서들을 한글로 번역하는 AI 프로그램으로 수학, 물리, 화학, 생물학, 정보기술, 지구환경, 의학 등 30여 개의 전문 분야 번역을 지원한다(임을출 2019, 23-24). 또한, 2020년 1월 북한 과학백과사전출판사의 『정보과학』지에는 '인공지능 심층신뢰망 기술을 활용하여 입놀림 화상의 특징 파라메터 생성방법'에 대한 연구가 게재되었다. 즉, 입의 움직임을 토대로 녹음기 없이도 말하는 내용을 기록, 파악하는 기술로서, 향후 안면 인식을 통한 출입통제 기술, 특정 공간의 이상 징후를 확인하는 기술 등 영상분석 연구에 활용될 것으로 보인다(강진규 2020b).

김책공업종합대학 정보기술연구소에서는 사용 경험이 축적될수록 사용자에게 최적화된 음성인식 프로그램을 개발한 것으로 알려졌다. 북한 선전매체 『서광』에 따르면, 본문인식, 지령인식, 숫자인식 기능을 가진 음성인식프로그램 '대동강 1.0'이 실시간 인식 속도가 5자/s(초)이며 정확도는 98%에 달한다. 대동강 프로그램은 마이크를 통해 입력된 사람의 음성을 인식해 본문으로 변환해주며 각종 프로그램들에 대한 작동 명령을 할 수 있다(강진규 2019a).

표 7 북한의 AI 알고리즘 인식 분야별 주요 연구조직

정보산업지도국	조선컴퓨터센터		김일성종합대학	김책공업종합대학
인공지능연구소	청봉정보센터	어은정보센터	정보과학부	정보기술연구소
알고리즘 기반 게임 수화 인식, 학습 프로그램	공장 자동화 설비 (과거 화상인식, 음향 및 추론분야 SW 개발)	인공신경망 활용 지문 인식, 안면 인식 관련 기술 개발	중첩신경망(CNN) 기술을 적용한 필기인식 기술 개선 문자 분류기 개발	사용자 기반 본문, 지령, 숫자인식 음성인식 프로그램

출처: 임을출(2019, 24); 강진규(2019b); 권영전(2020)을 토대로 작성.

또한, 김일성종합대학 정보과학부에서는 연구집단이 한글의 형태학적 특징을 이용하고 중첩신경망(CNN) 기술[12]을 적용해 필기체 인식 기술을 개선한 문자 분류기를 개발한 바 있다. 김일성대는 이 기술을 적용한 문자 분류기가 96.8%의 인식 정확도를 보여 기존 분류기와 견줘 오류율을 19.5% 줄였다고 주장했으며, 특히, "언어적 특성을 고려한 신경망의 특수한 구조를 필기 문자 인식에 도입하기 위한 시도는 거의 없다"고 홍보하기도 하였다(권영전 2020).

2018년 1월, 북한 선전매체 『아리랑메아리』는 평양국제비행장에 인공지능 기술에 기초해 만든 자동얼굴인식체계가 도입됐다고 보도한 바 있다. 비행장 입구에 설치된 실시간 감시 촬영기가 사람들의 얼굴을 빠르고 정확하게 인식할 수 있는 특수한 프로그램이 개발돼 운영되고 있으며, 김일성종합대학 첨단과학연구원이 개발한 자동얼굴인식체계는 사람의 성별과 연령을 알아내고 얼굴 생김의 특징을 포착하는 데 소요되는 시간이 1초밖에 안 걸린다는 점을 강조했다. 『아리랑메아리』는 평양국제비행장뿐 아니라 새로운 자동얼굴인식체계가 북한의 국가

12　CNN(Convolutional Neural Network)은 사람의 시신경 구조를 모방한 최적화된 이미지 인식 알고리즘으로, 최근 주목받는 AI 방식인 딥러닝에 사용되고 있다. https://blog.naver.com/baemsu/222254549835

표 8 2017-2018년 북한의 생체인식 관련 학술논문

학술지	발행정보	제목
컴퓨터와 프로그램 기술	2017. 5호	실시간 분석에 의한 홍채화상진단에서의 전처리 방법에 대한 연구
정보과학과 기술	2017. 2호	다중얼굴등록에 기초한 얼굴인식체계의 성능개선을 위한 한 가지 방법
컴퓨터와 프로그램 기술	2018. 6호	음성인식에서 LSTM 재귀형신경망에 기초한 발성검사에 대한 연구
김일성종합대학학보 정보과학편	2018. 4호	음성인식에서 부분공간가우스혼합모형에 기초한 교수활동평가의 한 가지 방법

출처: 서소영(2018, 13).

기관들과 병원, 상점, 기타 공공장소들에 도입되고 있음을 강조하기도 하였다(서소영 2018, 13).

　민생 수준의 향상은 김정은 체제에서 신년사마다 강조되는 가장 중요한 부문이다. 2019년 신년사에서는 "인민생활을 획기적으로 높이는 것은 우리 당과 국가의 제일가는 중대사"이며, "경공업부문에서는 현대화, 국산화, 질 제고의 기치를 계속 높이 들고 인민들이 좋아하는 여러가지 소비품들을 생산보장하여야 할 것"이라 강조되기도 하였다(중앙일보 2018). 최근 북한에서는 가정에서의 편의성 증진을 위한 AI 기반 지능살림집(스마트홈)은 대표적인 민생 분야의 수요와 밀접한 소비품 목록이라 할 수 있다. 지능살림집의 컨트롤타워 역할을 하는 것이 바로 AI 스피커인 '지능고성기'이며, 로동신문은 이를 "사람의 음성 지령을 인식하여 선풍기와 공기조화기(에어컨), 텔레비전, 전등 등에 대한 자동 조종을 실현할 수 있는 북한만의 방식으로 개발된 장치"로 소개하기도 하였다(통일부 블로그 2020). 그 밖에 북한 국가과학원 수학연구소가 중심이 되어 지능화/정보화 추진단을 통해 개발한 평양종합병원 지능의료봉사체계 프로그램 등은 생활 편의와 보건 등 민생 분야

표 9 소프트웨어를 위해 신설된 북한의 대학

구분	대학명(단과대)	소재지	설립 연도
1	김책공업종합대학 (정보기술대학)	평양	1996
2	김일성종합대학 (컴퓨터과학대학)	평양	1996
3	평양컴퓨터기술대학	평양	1995
4	함흥컴퓨터기술대학	함흥	1995
5	조선컴퓨터센터 (정보과학기술대학)	평양	1997
6	평양정보센터 김책공업대학 분교	평양	1997
7	김책공업종합대학 회천분교	회천	2000
8	김책공업종합대학 강동분교	강동	1998
9	평양과학기술대학	평양	2009

출처: 김홍광 외(2017).

에서 AI 기술을 접목한 사례라 할 수 있다.

　인공지능의 중요성과 광범위한 활용 가능성에 따라 최근 북한에서는 AI 전문인력 양성을 위한 교육환경 개선에 착수했다. 우선, 과학기술, IT 등을 활용하고 이해하는 방식으로 초등학교, 중학교, 고급중학교 교육과정을 개편하고 있다. 대표적으로 동평양제1중학교에서는 여러 유형의 로봇을 만드는 과정을 통해 학생들에게 인공지능에 대한 상식을 알려주고 프로그램 작성법을 인식시키는 데 도움을 주는 '본보기 수업 프로그램'을 마련하였으며, 김일성종합대학과 김책공대는 북한 모든 대학에서 사용할 인공지능 교재를 제작·배포하기도 하였다.[13] 대학·대학원의 고급 인력 양성을 위해, 평양콤퓨터기술대학 '인공지능기술학부'에서는 종전의 인공지능 기술로 해결하지 못했던 불확정 정

13　'본보기 수업'은 다른 학교, 교사들이 참고해서 활용할 수 있도록 만든 예시 수업으로 추정되며, VR, AR 기술을 활용하고 로봇과 인공지능을 이해하는 수업을 개발해 이를 북한 학교에서 따라할 수 있도록 했다는 것이다. 강진규(2020a).

보들도 컴퓨터로 처리하게 하는 기술, 컴퓨터가 방대한 자료들을 신속히 분석처리하고 그에 따른 결심 채택을 돕는 기술과 관련된 연구사업을 진행하고 있다. 아울러 정보보안공학부와 공동으로 통신 소프트웨어를 자체로 개발할 수 있는 정보기술 인재 육성 또한 추진되고 있는 상황이다.[14]

2. 북한의 기타 SW산업의 기술 수준과 활용 현황

북한의 소프트웨어 분야 기술 수준에 대해서는 긍정적인 평가가 지배적이다. 한국과 비교해 북한의 전반적인 기술 수준은 낙후되어 있으나, 소프트웨어 분야만큼은 비교적 근접하고 있는 것으로 평가되고 있다. 일례로, 산업은행은 북한의 기술이 조선, 자동차, 석유화학 등의 분야에서는 남한의 1960~70년대 수준에 머무르고 있다고 판단하는 등 대부분 산업의 기술 수준을 남한의 1990년대 이전 수준으로 평가하고 있으나, 유일하게 소프트웨어 분야에 대해서는 남한의 2000년대 중반 수준에 이른 것으로 평가하고 있다(산업은행 2015, 14).

북한의 소프트웨어 분야 잠재력에 대해 긍정적으로 보는 이유는 크게 두 가지로 나누어 볼 수 있다. 첫째, 자체 운영체제와 프로그램 개발 능력을 보유하여 다양한 앱을 제공할 만큼 기술 수준이 비교적 양호한 것으로 평가되고 있다는 점이다(김종선·이춘근 2017). 독자적인 운영체제를 개발하고, 자체 언어 정보처리, 다매체 기술, 통신 기술 등에 사용되는 기초 기술개발에 주력하고 있는 것이 이를 말해준다. 특히, 주목할 부분은 '우리식 소프트웨어' 개발에 최대한 부응할 수 있는

---

14 2019년 11월 2일 개막된 북한 '전국정보화성과전람회'에서는 인공지능 기술과 교육 분야의 결합이 활발히 진행되고 있는 현상을 강조하기도 하였다. 최현규(2020).

오픈소스 기반 리눅스 소프트웨어나 시스템의 개발에 집중하고 있다. 북한은 리눅스 관련 연구 성과가 높아짐에 따라 리눅스 환경에서 운용되는 소프트웨어를 다양하게 개발하고 있으며, 게임이나 기타 소프트웨어 등도 다량 개발 중이다(이석기 외 2017, 208). 현재 북한 국가과학원은 붉은별 4.0을 토대로 과학행정업무통합망을 구성하고, 행정업무체계와 종업원관리체계, 문건심의체계, 출·퇴근관리체계, 지능형청사 감시체계, 영상회의체계를 구축하고 있다(표창균 2020, 52).

둘째, 국가적 관심 속에 소프트웨어 분야 인력 양성이 활발히 이루어지고 있다는 점이다. 김정은 정권은 IT산업을 중심으로 한 '단번도약'을 추진하고 있으며, 특히 대자본이 필요하지 않은 소프트웨어 분야에서 인재를 육성하는 데에 적극적이다. 북한은 소학교 3학년부터 컴퓨터 과목을 교육하고 있으며, 고등중학교 단계부터 소프트웨어 수재교육 프로그램을 마련하여 운영하고 있다. 또한 김일성종합대학, 김책공업종합대학, 평양컴퓨터기술대학 등을 중심으로 체계적인 교육을 실시하여 숙련된 소프트웨어 분야 인재를 양성중이다(김석진·홍제환 2019, 159-161). 이러한 노력에 힘입어 국제소프트웨어 경진대회에 참가한 북한의 학생들은 오랜 기간 우수한 성과를 거두어왔다. 단적인 예로, 인도 IT 기업 Directi가 운영하는 국제 인터넷 프로그래밍 경연대회 'Code Chef'에서 2013년, 2020년에 우승하는 등 수년간 최상위권 성적을 기록하고 있다(최성 2019).

북한 IT 분야의 화두는 단연 인공지능이지만, 김일성종합대학 첨단기술개발원 정보기술연구소에 따르면, 인공지능을 포함한 4대 전략목표에는 증강현실기술(AR), 자율조종기술, 정보보안기술이 포함되어 있다. 증강현실의 경우, 김일성 종합대학에서 '지능유희사판 모래놀이'(2017)를 개발하였으며, 스마트폰·태블릿 PC용 AR, 교육용 프로그램 신비경 또한 개발(릉라도정보기술사, 2017) 및 전국 유치원에 보급된 바 있다. 또한, VR을 통한 인체 해부 학습, 낙하산 훈련 등의 체험교육과 교원들의 교수법 교육 등 다양한 교육 콘텐츠를 개발하고 활용을 다각화하고 있다(표창균 2020, 56). 2019년 11월 1~6일 개최된 '전국정보화성과전람회'에서는 '가상현실(VR) 체험관'이 설치되었으며, 참관객들이 직접 VR 기술을 체험할 수 있도록 하였다. 특히, 인체 해부 학습을 VR로 할 수 있는 솔루션을 개발했고 이를 현장에서 시연하기도 하였다. 또한, 모션캡처 3차원 동작포착기도 선보였는데, 이들은 영화, 애니메이션, 게임, 체육 등 분야에 사용될 수 있는 것으로 평가된다. 3차원 동작포착기(3D 동작인식 솔루션) 역시 현장에서 시연되었다. 클라우드 컴퓨팅과 빅데이터 관련 기술 또한 활발히 활용되고 있다. 평양정보기술국은 구름연산(클라우드 컴퓨팅), 대자료(빅데이터) 분석에 관한 기술과 활용 가능 범위를 소개하였으며, 은행, 결제중계봉사기관, 전자상업봉사기관, 일반사용자 등이 표시됐다. 또한, 딥러닝 기술을 활용해 얼굴인식, 차번호인식, 불법침입자검출 등이 가능한 보안영상감시체계도 선보인 바 있다.

　이러한 여러 정황적 근거로 볼 때, 북한의 소프트웨어 분야 기술력이 남북경협을 통해 '활용 가능한' 수준일 가능성은 높다. 하지만 경협 활성화를 위해서는 보다 면밀한 검토 또한 필요해 보인다. 아직 기업이 확신할 수 있을 만큼 북한 소프트웨어 분야 인력의 역량이 충분히 검증되었다고 보기도 어려운 상황이기 때문이다.[15] 즉, 북한에서 개발된 소프트웨어에 대한 접근이 제한된 상황에서 단편적 정보에 의존할 경우, 기술 수준을 과대평가할 위험이 있다는 점을 염두에 두고 신중하게

15　이와 관련해서 2008년 북한에서 개발한 소프트웨어 182종의 기술 수준에 대해서 이루어진 평가 결과에 주목해 볼 필요가 있다. 북한과학기술네트워크(2008).

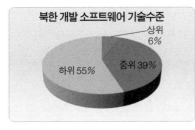

그림 6 북한 소프트웨어 개발 기술 수준과 활용도
출처: 북한과학기술네트워크(2008).

접근할 필요가 있다.

2008년 북한과학기술네트워크에서 수행한 북한 소프트웨어 기술 수준 조사에 따르면, 상위 6%(20종)·중위 39%(70종)·하위 55%(102종)으로 나타났다. 즉, 대다수가 중·하점의 평가를 받고 있어 그동안 북한의 IT산업 육성정책에도 불구하고 크게 성공을 거두지 못했음을 알 수 있다.

소프트웨어 서비스 부문에서 저부가가치 부문의 비중이 높다는 점, 소프트웨어 패키지 부문에서의 경쟁력이 취약하다는 점은 북한 소프트웨어 산업이 가진 가장 큰 약점이라 할 수 있다. 활용도 측면에서는 상위 14.8%(27종)·중위 45.6%(83종)·하위 39.6%(72종)으로 나타났다. 낮은 기술 수준에 비해 활용도 측면에서 상위에 속하는 프로그램이 많은 이유는 고려의학과 얼굴인식 등 일부 분야에서 경쟁력이 있는 소프트웨어를 보유하고 있기 때문이다. 그러나 기술 수준의 분포와 마찬가지로 활용도 역시 국내외 프로그램과 비교해 대부분 중하위에 머물고 있어 실제 시장에 진입하여 수익을 창출하기 위해서는 앞으로 해결해야 할 과제들이 많은 것으로 보인다(북한과학기술네트워크 2008).

V. 협력 환경 측면에서 본 인공지능·SW 분야의 쟁점과 제약 요인

1. 경제성 및 비즈니스 경쟁력 측면

앞서 살펴본 2019년 OECD 26개 회원국과 인도, 중국을 대상으로 실시된 소프트웨어 분야 경쟁력에 대한 평가 결과를 보면 한국은 종합 10위를 기록하였다. 세부 내용을 살펴보면, 환경(2위)과 혁신(5위) 측면에서 높은 평가를 받았지만, 인력(19위), 성과(25위), 활용(21위) 측면에서는 중하위권으로 평가되었다. 한편, 북한은 IT 분야, 그 중에서도 소프트웨어 부문 인력 양성에 상당한 공을 들여왔고, 임금 수준은 낮지만 기술이 우수한 인력을 보유하고 있다.

활용 가능한 노동력의 규모 면에서 볼 때, 국내 연구에서는 대체로 현재 북한의 IT 분야 인력 규모를 대략 10~20만 명 정도로 추산하고 있으며, 소프트웨어 개발자는 2만 명에 이르는 것으로 보도된 바 있다. 다만 국내 소프트웨어 분야 산업기술인력 부족 규모가 약 6,000명 수준이고, 최근 북한에서도 이 분야의 인력을 집중적으로 육성하고 있다는 점에서, 언급된 추정치를 하회한다고 해도 남북경협 사업을 추진하는 데에 단기적으로는 인력공급 가능 규모 측면에서 문제는 크지 않을 것으로 분석된다. 이러한 남북한 상황을 고려할 때, 국내 소프트웨어 분야 기업이 업무의 일부를 북한 기업에 맡기는 아웃소싱이나, 북한 진출 등의 형태로 북한 인력을 활용하여 남북협력 사업을 추진하는 방안에 기대가 모아지고 있는 것은 자연스러운 현상이다. 하지만 소프트웨어 부문에서의 남북경협이 효과적으로 이루어지도록 하기 위해서는 기술이 우수한 인력 외에도 협력 추진에 필요한 여러 요소를 북한이

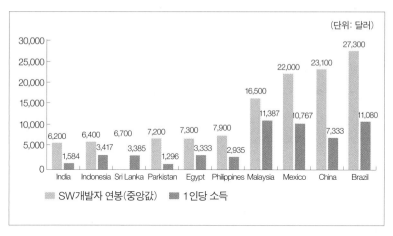

그림 7 주요 개도국의 SW개발자 임금수준 비교

자료: SWExperts. 〈http://swexperts.com/news/software-engineer-salaries-by-country〉(Accessed September 24. 2019)

주: 이 자료는 블룸버그(Bloomberg)의 조사 결과이며, 2015년 기준임.

적절히 구비하고 있는지 확인할 필요가 있다(김석진·홍제환 2019, 138-139).

　SW 분야에서 남북경제협력 시 필수요소인 북한의 SW 역량과 인건비 수준에 대한 최신 정보가 여전히 부족한 것이 현실이다. 이에 대한 정확한 정보가 없어 국내의 중소기업 입장에서 접근이 어렵다는 견해도 있다. 사실 SW 분야는 사업비가 대부분 인건비에 해당하고, SW 인력의 개발 역량이 사업의 성공 여부를 담보하는 특성으로 인해 중소기업을 경영하는 입장에서는 위험을 감수할 수 없기 때문이다(석대건 2018). 북한의 일반직 생산근로자의 임금수준이 최근 급격히 상승하고 있으나, 아시아 주요 개도국과 비교했을 때는 여전히 저렴한 편이다. 하지만, 소프트웨어 개발자의 임금수준에 대해서는 아직 체계적인 정보를 얻기 어려운 실정이다.

　다만, 중국 단동에서 2001년부터 10년 동안 고용되었던 '하나프로그람센터'의 북한 개발자의 임금은 12,000~21,600달러로 당시 남한의 약 1/3~2/3 수준이었다는 정보가 있다.[16]

한편, 북한에 대해서는 노동 비용뿐만 아니라 인프라 비용, 세금 및 규제 관련 비용 등도 추정하기 곤란하다. 인프라 비용은 사무실 임대료, 상업용 전기요금, 국제전기통신 및 자유로운 인터넷 접근성에 대한 비용이 포함된다. 북한에 대해서는 이러한 사항들에 관하여 국제비교가 가능한 정보를 획득하기 어려운 실정이다. 따라서 단편적인 임금 수준만으로는 저비용 측면에서의 비교우위를 넘어 종합적인 경제성과 비즈니스 환경의 우수성을 결정하기는 어려울 수 있음을 보여준다(김석진·홍제환 2019, 158-159).

브랜드 이미지가 매우 중요하게 작용하는 소프트웨어 시장에서 마케팅, 유통, 유지보수 재원을 감당하기 어려운 북한 기업들은 주로 주문자형 해외 프로젝트에 참여하고 있다. 여기서 주로 하게 되는 업무는 코딩 및 테스팅 과정이며, 이는 창의성이나 소비자 니즈 등에 대한 이해가 크게 필요한 영역이 아니다. 따라서 현재의 해외 프로젝트 활동은 북한기업들의 고부가가치 역량 축적과는 거리가 멀다(이석기 외 2017, 221).

2. 제도적·문화적 환경

소프트웨어 분야의 아웃소싱 경험 측면에서 볼 때, 북한은 현재 주도권을 쥐고있는 경쟁국인 인도, 베트남, 필리핀 등과 비교해서 뛰어나

---

16 당시 '하나프로그램센터 총경리'로 근무했던 이상산 핸디소프트 부회장은 2018. 7. 6. 국회 '남북 ICT 교류협력 방안 세미나'에서 "북한 SW인력의 실력은 매우 우수하며 원천기술에 집중되어 있어 남한과의 시너지를 낼 수 있다"고 밝힌 바 있다. 김현아(2018).

표 10 소프트웨어 분야에서 진행되었던 남북 간 주요 협력 사업

연도	한국 기업	북한 기관	사업 내용
2000	삼성전자	조선컴퓨터센터	-소프트웨어 공동개발센터 설치·운영(북경)
2001	하나로통신	삼천리 총회사	-애니메이션: '게으른고양이 딩가'(2001년), '뽀롱뽀롱 뽀로로'(2004년) 개발
2001	하나비즈닷컴	평양정보센터	-단동 하나프로그램센터: 북한 IT인력에 대한 교육과 국내 기업의 북한 진출 알선, SW 분야 공동사업 추진
2003	시스젠	아세아태평양 평화위원회	-소프트웨어 위탁 개발
2004	북남교역	삼천리 총회사	-'독도를 지켜라', '프로비치발리볼', '고려장기' 등 모바일 게임 공동 개발
2004	한국통신	조선컴퓨터센터	-'전화음성 데이터 수집' 및 관련 프로그램개발 사업 추진
2004	VK	삼천리기술회사	-중국 현지 계열회사가 운영하는 상해연구소에 북한의 개발인력을 파견 받아 휴대폰 분야 소프트웨어 개발
2004	엘엔아이소프트	평양정보센터	-번역 소프트웨어 공동개발

출처: 김철완 외(2007, 234-235)

다고 보기 어렵다. 물론, 북한은 남한·중국 기업과 북한 또는 중국에서 인력 파견이나 아웃소싱 형태로 협력 사업을 해온 바 있다. 특히, 2000년대 초반에는 애니메이션 제작, 소프트웨어 공동 개발 등의 협력 사업이 비교적 활발히 추진되었으나, 2010년 5.24 조치 이후 모두 중단된 상태다.

　북한은 소프트웨어 개발자들을 중국으로 파견하여 현지에서 소프트웨어 개발 사업에 참여시키는 등의 형태로 중국과의 협력 사업도 꾸준히 전개하고 있는 것으로 알려졌으나, 이마저도 대북제재와 코로나19의 영향으로 대폭 축소된 상황이다. 앞서 살펴본 '기술력 활용 가능성' '저비용' 측면에서 북한은 소프트웨어 분야 협력 사업 추진에 필요한 경쟁력을 어느 정도 갖추고 있다고 볼 수 있다. 하지만 '비즈니스 환

경' 측면에서는 여전히 취약한 부분이 많다. 국가적 환경(경제적·정치적), 인프라 환경, 문화적 적응성, 지식재산권 보호 제시 요소가 여전히 불확실하기 때문이다.[17]

국가적 환경부터 보면, 북한에 대해 기업가들이 갖고 있는 정치적 리스크에 대한 우려가 단기간 내에 해소되기는 쉽지 않을 것이며, 이는 소프트웨어 분야 협력사업 추진에도 큰 장애물이 될 가능성이 있다. 이와 관련해서는 향후 북한의 비핵화 여부가 변수로 작용할 수 있을 텐데, 비핵화 협상이 타결된다고 해도 정세가 다시 바뀔 가능성을 완전히 배제할 수는 없기 때문에 기업 입장에서는 리스크를 의식하지 않을 수 없을 것이다. 다만 소프트웨어 분야의 경우, 제조업에 비해 초기 설비 투자비용이 적게 드는 만큼, 제조업 분야 기업에 비해 소프트웨어 관련 기업이 갖는 정치적 리스크에 대한 부담은 상대적으로 덜한 것으로 평가된다. AT Kearney는 국가적 환경과 관련해 규제 수준과 고용의 유연성도 평가 항목으로 제시하고 있는데, 북한은 이와 관련해서도 높은 평가를 받기 어려운 상황이다. 북한 노동자 고용 및 노무관리 방식은 이러한 측면에서 북한이 지닌 취약성을 가장 여실히 보여준다.

소프트웨어 분야의 경우, 개발자의 역량이 기업 경쟁력에서 차지하는 비중이 절대적이라는 점에서 이 문제는 소프트웨어 분야 기업에는 특히 중요하다. 그런데 과거 개성공단 운영 사례로 보면, 국내 기업이 주도적으로 인력을 선발하기는 어려울 가능성이 높다. 개성공단 운영 당시 북한 당국은 자신의 통제 하에서 인력을 선발·공급하려 했으

---

17   글로벌 경영 컨설팅 기업인 AT커니(A.T. Kearney)는 매년 저비용, 기술력 활용 가능성, 비즈니스 환경 등을 기준으로 각국의 '국제서비스입지지수(Global Services Location Index, GSLI)'를 평가한다. 이는 특히 소프트웨어 아웃소싱 지역을 평가하는 기준으로 인용되고 있을 만큼 공신력을 얻고 있다. ATKearney(2017, 16).

며, 기업은 북한이 제공한 인력이 기대에 미치지 못할 경우 대응할 수 있는 적절한 수단을 확보하지 못한 바 있다. 더욱이 개성공단 운영 시 남북 인력 간의 직접적인 접촉은 제한되어 있었으며, 북한 관리자가 인력을 관리하고 작업을 지시하는 등의 업무를 담당한 바 있는데, 소프트웨어 개발 업무에 이러한 노무관리방식이 적용된다면 생산 과정에서 상당한 어려움을 겪으면서 많은 비효율이 발생할 가능성이 높다. 따라서 북한 당국이 노동자 고용 및 노무관리와 관련해 이러한 기존 방식을 고집한다면, 이는 소프트웨어 분야 기업들의 북한 진출에 상당한 장애 요소로 작용할 가능성이 있기 때문이다(김석진·홍제환 2019, 165).

지식재산권의 경우, 남북은 1992년과 2000년 지식재산권 상호보호 원칙에 합의한 바 있으며, 남북 모두 특허협력조약(PCT) 및 마드리드조약에 가입해 있어, 국제출원을 통한 상호출원이 가능하다. 최근에는 북한 내부적으로도 유통 및 저작권 보호를 위해 '컴퓨터소프트웨어보호법', '소프트웨어산업법' 등을 수정·보완하고 있으며 소프트웨어 저작권 관리시스템을 개발하고 있다. 하지만 북한이 한국 출원인의 출원을 인정치 않고 있어 한국 국적의 개인 또는 기업이 북한에서 특허나 상표를 등록하는 것은 사실상 불가능한 상황이다(김혜정 2019, 2). 또한, 북한의 산업재산권 관련법인 발명법의 경우, 60여 개의 조문으로 간단히 규정되어 있어 하위 규정에 대한 법적 명확성과 예견 가능성을 충분히 확보하기 어려워 협력 사업을 진행하는 과정에서 여러 가지 문제가 파생될 위험이 존재한다(김혜정 2019, 12).

다만, 북한의 비즈니스 환경 가운데 가장 긍정적으로 평가할 수 있는 부분은 문화적 적응성이다. 비록 남북이 분단 이후 70여 년간 서로 다른 체제 속에서 살아온 탓에 이질적인 부분이 많아지긴 했지만, 오랜 역사와 문화를 공유하고 있는 만큼, 남북한 사이에서 느껴지는 문화적

이질감은 다른 국가와의 협력 시에 비해서 크지 않을 것이다. 하지만 북한이 사회주의 체제를 고수해 온 결과, 북한 근로자들의 자본주의적인 인식이 부족하다는 점은 문화적 적응성 측면에서 개선이 필요한 부분이라고 할 수 있다. 또한 오랜 기간 국제사회에서 고립되어 왔던 결과, 협력 사업을 추진하는 과정에서 국제적인 기준에 부합하지 않은 방식으로 행동하는 경우가 종종 발생한다는 점도 문화적 적응성 측면에서 미흡한 부분이다. 북한 기업 측에서 사업과 직접적 관련성이 없는 물품이나 기자재를 지원해 줄 것을 요청하고 이를 수용하지 않으면 사업 추진에 비협조적인 태도를 보이는 경우를 그 예로 들 수 있는데, 이러한 북한 특유의 거래 관행으로 인해 국내 기업들은 협력 사업 추진 과정에서 많은 어려움을 겪은 바 있다(김석진·홍제환 2019, 166).

마지막으로 소프트웨어 분야의 협력을 위해 검토해야 할 또 다른 부분은 파트너의 보안 수준이다. 북한이 상당한 수준의 '사이버 공격' 능력을 갖추고 있다는 점은 잘 알려져 있지만, '사이버 보안' 측면에서 북한의 능력을 어떻게 평가할 수 있는가에 대해서는 충분한 논의가 이루어지지는 않은 실정이다. 다만, 국제전기통신연합(International Telecommunication Union, ITU)이 조사한 국제사이버보안지수(Global Cybersecurity Index, GCI)[18]에 따르면, 2017년에 북한은 0.532점(1점 만점)으로 195개국 가운데 57위였다(북한이 자료를 제출하지 않은 2018년 이후는 제외).

당시의 평가 결과를 기준으로 다른 아시아 개도국들을 살펴보면, 북한의 사이버 보안 수준은 말레이시아(0.893점, 3위), 에스토니아

---

18 GCI 조사의 항목은 제도적, 기술적, 조직적 측면, 역량 강화, 협력 등 5개 분야로 나뉘어 있으며, 이를 종합하여 각국의 사이버 보안 수준을 평가한다. https://www.itu.int/en/ITU-D/Cybersecurity /Pages/global-cybersecurity-index.aspx

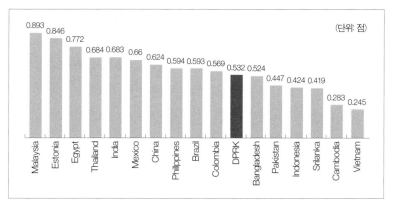

그림 8 주요 개도국의 국제 사이버 보안 지수 비교(2017)
출처: ITU(2018, 59-65).

(0.846점, 5위), 태국(0.684점, 24위), 인도(0.683점, 25위), 중국(0.624점, 34위), 필리핀(0.594점, 40위) 등보다는 낮지만, 방글라데시(0.524점, 59위), 파키스탄(0.447점, 73위), 스리랑카(0.419점, 78위), 베트남(0.245점, 112위) 등보다는 높은 수준이다. 북한의 소득과 경제발전 단계를 고려할 때, '중위 그룹'으로 분류된 사이버 보안 수준은 향후 협력논의 및 아웃소싱 여건을 제약하는 데 있어서 큰 장애요인이라 볼 수 없을 것이다(ITU 2018, 59-65).

VI. 결론

앞서 살펴본 바와 같이 북한은 인공지능 및 소프트웨어 개발 분야에서 양질의 노동력과 지식 수준을 보유하고 있다. 대규모 공장 및 인프라 자본이 투입되는 다른 제조 산업 분야보다 지식·인적 자본에 의존하는 만큼, 이론적으로는 상대적 저비용으로 출발할 수 있는 분야인 것이다. 특히, 김정은 위원장 집권 뒤에 북한은 이전보다 더 빠르고 광범위하게 인공지능, 가상현실 기술을 접목한 생산 및 소비재 기반 육성에 적극적으로 나서고 있다. 나아가 북한은 사회 전 부문의 정보화를 통해 수자경제를 달성하고 효율성을 높이는 방안에 보다 집중하고 있다.

앞서 검토한 2019년 OECD 26개 회원국과 인도, 중국을 대상으로 실시된 소프트웨어 분야 경쟁력에 대한 평가결과가 보여주듯이, 한국은 환경(2위)과 혁신(5위) 측면에서 높은 평가를 받았지만, 인력(19위), 성과(25위), 활용(21위) 측면에서는 중하위권에 머물러 있는 상황이다. 한편, 북한은 IT 분야, 그 중에서도 소프트웨어 부문 인력 양성에 상당한 공을 들여왔고, 낮은 임금 수준에 비해 지식 수준과 숙련도가 양호한 인력을 보유하고 있다고 볼 수 있다. 그러나 이 점이 소프트웨어 분야에서의 남북협력 성공 등식과 곧바로 연결될 수는 없을 것이다. 추진에 필요한 사회적·제도적·문화적 요소를 북한이 적절히 구비하고 있는지 확인하는 것은 물론, 세부 요소기술별 성숙도의 비교우위와 각 시급성을 가진 제품화 분야에 따라 협력의 우선순위를 엄밀히 진단해나갈 필요가 있다.

즉, 현시점에서 시작할 수 있는 분야를 냉정히 판단하고, 향후의 정치적 타결과 국면 전환 시 도약의 발판을 마련하기 위한 협력 기반의 조성에 초점을 맞춰야 한다. 특히, AI와 SW 분야는 협력의 가능성 탐색을 위한 기술 수준과 인적역량, 제도적 환경 등에 대한 조사가 필수적인 만큼, 향후 실질적인 교류를 원활히 하기 위한 준비단계로서 남북 상호간의 잠재력을 면밀히 탐색할 필요가 있다.

이를 위해 우선 관련 인력의 전문성 향상을 위한 교육 지원 프로젝트에 초점을 맞춰야 한다. 살펴본 바와 같이 적용 인공지능과 소프트웨어 분야 내에서도 북한의 비교우위의 대다수가 중하위 부문에 머물러 있다는 점은 제한된 대북 지원의 형태로 아웃소싱은 가능하더라도 고부가가치 사업모델로서 상호 혁신을 위한 수준까지는 나아가기 어렵다는 사실을 의미한다. 궁극적으로는 '첨단기술선도형' 협력 기반을 갖출 수 있도록 북한의 인적역량을 향상시키는 것이 중요하다. 제3국, 혹은 국제공동연구 차원의 교류를 통해 양측의 지식기반을 축적하는 한편, 남북 인적역량의 격차 완화 또한 해소하도록 해야 한다. 최근 북한 학자들이 '클라우드 컴퓨팅 기술의 처리 속도를 높이는 방안'에 관한 연구결과를 처음으로 한국 IT학회의 영문 저널에 게재한 바 있으며, 이 과정에서 상호간의 연구기반에 대한 이해와 소통이 가능함을 보여준 바 있다.

　제재 완화 시를 대비해 준비해야 할 분야는 북한의 민생문제 개선을 위한 인공지능과 SW의 활용성 부문일 것이다. 이 부분은 정부의 대규모 협력사업뿐만 아니라 민간 주도의 다양한 소비재 품목의 사업이 가능한 분야이다. 특히, 지식경제시대의 요구에 맞게 새로운 관점과 높이에서 국가경제를 단기간에 최신과학기술의 토대 위에 올려놓는 것이며, 북한 역시 경제강국건설에서 결정적 전진을 위한 근본문제라고 규정하고 있다. 농림업 부문의 경우, 생산, 저장 및 가공, 자재·유통 및 관리 분야에 최근 인공지능 기술을 접목한 다양한 솔루션들이 도입되고 있다. 이들은 용도에 따라 융합함으로써 최적의 솔루션을 제공할 수 있도록 활용되고 있으며, 전문가시스템(Expert system), 인공신경망(Artificial Neutral Network), 퍼지제어(Fuzzy Logic Control), 유전 알고리즘(Genetic Algorithm), 카오스 이론(Chaos Theory), 심화학습(Deep Learning) 등이 대표적이다. 또한, 현재 북한의 민생 경제에서 가장 관심을 모으고 있는 이슈가 자동화 기술이 적용된 생산재 효율성 향상 부분인 만큼, 인공지능과 가상현실, 3D 선도형 기술을 바탕으로 생산관리와 은행, 교육 등의 전반적인 업무 자동화에 적용할 수 있는 공동프로젝트를 고안할 필요가 있다.

대북협력의 제약요소가 일정부분 개선되면 정부가 주도하는 녹색 선도 기술협력, 현지의 스마트 기반 녹색산업지구 건설 등, 북한의 환경에 부합하는 녹색산업 혁신 생태계를 함께 조성해나갈 수 있을 것이다. 즉, 그린 뉴딜과 연계한 유기적인 협력을 통해 기후기술 개발을 둘러싼 새로운 기회를 얻을 수 있을 것이며, 이러한 실천은 향후 남북 공동의 기후변화 대응사업을 촉진하는 또 다른 원동력이 될 수 있을 것이다. 이를 위해 단기적으로는 우선 북한의 자연환경 현황에 대한 이해를 높일 필요가 있다. 남북 공동으로 한반도 생물 및 토양 환경 등의 체계적 조사를 뒷받침하는 데이터베이스화하는 사업이 이루어질 필요가 있다. 이 과정에서 AR·VR 기술을 활용한 향후 한반도 생태환경 유지 및 개선을 위한 양측의 전문가들이 모여 한반도 생태 모니터링 시스템을 구축해 보는 것도 중요한 의미를 갖는다.

결국, 인공지능을 비롯한 SW 분야의 남북협력은 어느 한 기술 부문의 교류를 넘어 다양한 미래 산업 재편에 남북이 선제적으로 대응하고, 공동번영을 위한 기회를 탐색한다는 점에서 현실적이면서도 전략적인 시사점을 갖고 있음을 기억해야 할 것이다.

참고문헌

과학기술정보통신부. 2018. "I-Korea 4.0 실현을 위한 인공지능(AI) R&D 전략."
관계부처합동. 2020. "「한국판 뉴딜」종합계획." 제7차 비상경제회의(2020. 7. 14).
국가안보전략연구원. 2019. 『2019 글로벌 新안보 리뷰』. 서울: 국가안보전략연구원.
김상배. 2017. 『4차 산업혁명과 한국의 미래전략』. 서울: 사회평론아카데미.
김석관 외. 2017. 『4차 산업혁명의 기술 동인과 산업 파급 전망』. 세종: 과학기술정책연구원.
김석진·홍제환. 2019. 『남북경협 발전 잠재력과 정책과제』. 서울: 통일연구원.
김종선·이춘근. 2017. "경제 재건을 위한 북한의 과학기술 정보화 정책과 협력 방안."『동향과
    이슈』 32.
김진아. 2021. "국제사회의 대북제재와 남북 ICT협력." 미중 ICT경쟁과 남북협력 포럼(2021.
    3. 19).
김흥광·문형남·곽인옥, 2017. 『4차 산업혁명과 북한』, 서울: 도서출판 수연.
김혜정. 2019. "북한 산업재산권 법제도 현황 및 제언."『심층분석 보고서』 제2019-14호.
문형남. 2019. "북한의 ICT 기술 수준과 남북협력 산업단지 구축 방안."『정보과학회지』 37(5).
백서인·윤여진·조용래. 2020. "미·중 기술 패권 경쟁과 대외 환경변화에 대비하는 국가
    전략."『STEPI Insight』 Vol. 264.
북한과학기술네트워크. 2008. "북한 소프트웨어 분석(1): 북한 소프트웨어 산업, '단변도약'은
    힘들어." NK TECH 뉴스레터 154호. http://www.nktech.net/inform/nkt_briefing
    /nkt_briefing_v2.jsp
북한 ICT연구회. 2020. 『북한 ICT 동향 조사: 북한 매체를 중심으로』. KISTI.
산업은행. 2015. 『북한의 산업』. KDB 미래전략연구소.
산업통상자원부·한국산업기술진흥원. 2020. "2019년「산업기술인력 수급실태조사」 결과."
서소영. 2018. 『북한 ICT 정책동향 및 시사점』 30(8).
심지섭. 2019. https://spri.kr/posts/view/22601?code=industry_trend (검색일: 2020. 11. 28).
안미소. 2019. "글로벌 SW 경쟁력 지수: 우리나라의 SW 현 위치." 2019 SPRi Spring
    Conference(2019. 4. 12).
오승환 외. 2020. 『인공지능 기술활용 강국을 향한 과학기술정책 제고 전략』. 세종:
    과학기술정책연구원.
윤정현. 2019. "디지털 전환기의 산업재편과 ICT 기반 남북협력 방안."『국가안보와 전략』 3.
윤정현·이경숙. 2020. "신흥안보 위험과 남북협력 방안 모색."『국제정치논총』 60(2).
이석기 외. 2017. 『북한의 서비스산업』. 세종: 산업연구원.
이세훈. 2019. "북한식 4차 산업혁명: 북한의 대표기술."『문화저널 21』.
이종주. 2019. "북한의 SW인력과 교육 현황."『월간 SW 중심사회』 3월호. https://spri.kr/
    posts/view/22602?code=industry_trend
이준삼. 2011. "남북합작 애니메이션 '뽀로로' 미국 대북제재 리스트 오른다." (2011. 6. 22.).
    https://www.yna.co.kr/view/AKR20110622041800014

이현훈. 2020. 『코로나 이후의 새로운 세계』. 서울: 해남.

이효영. 2020. "[바이든 시대, 한국의 전략은 ⑤] 바이든 통상 정책, 트럼프와 닮은꼴." 『여시재 Insight』(2020. 12. 14). https://www.yeosijae.org/research/1061

임수호. 2018. "제재완화단계별 남북경협 추진 방향." 한반도평화포럼 발제문(2018. 5. 24).

임을출. 2019. "북한의 4차 산업혁명: 대응전략, 추진방식과 성과." 『동아연구』 38(2).

정근주, 2013. "북한 IT산업 발전 잠재력과 남북협력 과제." 이석기 외, 『북한의 산업 발전 잠재력과 남북협력 과제: 경제특구, 경공업 및 IT산업을 중심으로』. 서울: 산업연구원.

최성. 2019. "북한 ICT 개발현황과 남북표준 교류협력 방안." 『2019 남북 ICT 표준협상』.

최은주. 2019. "김정은 시대 북한의 경제발전 전략: 단번도약과 혁신체제 구현." 『세종정책연구』 7.

최현규. 2020. "북한의 인공지능 뛰어나다?" 《과학기술정보통신TV》(2020. 11. 26). https://www.youtube.com /watch?v=JBbWo-rkzJg

통일부 블로그. 2020. "북한도 4차 산업혁명 시대?! 북한의 인공지능(AI)을 알아보자."(2019. 11. 5). https://blog.naver.com/gounikorea/221698715749

표창균. 2020. "북한 정보통신산업 최신트렌드 분석." 디지털경제와 남북ICT협력 연구포럼(2020. 6. 17).

한국과학기술기획평가원. 2021. "2021년 과학기술계 신년 정책 토론회: 미국 바이든 정부의 과학기술정책과 대한민국의 대응 방향." 『조사자료 2021-001』(KISTEP, 2021).

홍현기, 2005. "남북 정보통신교류협력 현황. 『정보통신정책』, 제4권 제1호.

ATKearney. 2017. "2017 A.T. Kearney Global Services Location Index." (A.T.Kearney Korea LLC, 2017).

Center for Data Innovation(2019).

ITU. 2018. "Global Cybersecurity Index(GCI) 2017." (Geneva: ITU, 2018).

Jakhar, Pratik. 2018. "North Korea's high-tech pursuits: Propaganda or progress?" *BBC NEWS* (2018. 4. 30). https://www.bbc.com/news/world-asia-46563454

Johansson, Malin, and Jan Olhage. 2018. "Comparing offshoring and backshoring: The role of manufacturing site location factors and their impact on post-relocation performance." *International Journal of Production Economics* 25.

McKinsey. 2017. "The Case for Digital Reinvention." (Feb, 2017).

Roubini, Nouriel. 2020. "A Greater Depression?" *Project Syndicate* (Mar 24, 2020).

Schwab, Klaus. 2019. "Globalization 4.0: A New Architecture for the Fourth Industrial Revolution." *Foreign Affairs* (January 16, 2019).

White House. 2017. *National Security Strategy* (2017. 12).

WEF. 2018. "If this is Globalization 4.0, What where the other three?" (Dec 22, 2018).

KBS. 2018. "北, AI 개발 잇따라 보도…정보통신 기술 중요성 연일 강조." (2018. 11. 21). http://news.kbs.co.kr/news /view.do?ncd=4078640&ref=A

강진규. 2019a. "북한 김책공대, 학습기능 갖춘 음성인식 SW 개발." 《NK 경제》(2019. 10. 30).

http://www.nkeconomy.com/news/articleView.html?idxno=2146

_____. 2019b. "북한, '수자(디지털) 경제 발전 인공지능 발전으로 이뤄진다."
『NK 경제』(2019. 11. 29). http://www.nkeconomy.com/news/articleView.
html?idxno=2303

_____. 2019c. "조선인공지능인민공화국? 북한은 이미 AI 열풍." 『NK 경제』(2019. 12. 23).
http://www.nkeconomy.com/news/articleView.html?idxno=2415

_____. 2020a. "북한, 중학생 대상 인공지능 교육 준비." 『NK 경제』(2020. 4. 24). http://
www.nkeconomy.com/news/articleView.html?idxno=2978

_____. 2020b. "북한, 인공지능으로 영상 속 대화 내용 파악하나?." 『NK경제』(2020. 11. 6).
https://www.nkeconomy.com/news/articleView.html?idxno=3648

권영전. "김일성대, "딥러닝 필기인식 개발"…북한 AI 성과 선전 '맹렬'." 『연합뉴스』(2020. 10.
27).

김도형·박훈상. "北, IT인력 1500명 해외 보내 年4000만달러 벌어." 『동아일보』(2016. 8. 25).

김현아. "북한 SW개발자와 10년간 일했던 '하나프로그람센터'를 아시나요." 『이데일리』(2018.
7. 6). https://www.edaily.co.kr/news/read?newsId=03273446619271896
&mediaCodeNo=257&OutLnkChk=Y

석대건. "북한 IT 인력, 中 넘어 南온다면...." 『Digital Today』(2018. 11. 30). https://www.
digitaltoday.co.kr/news/articleView.html?idxno=205009

정원엽. "미국의 질 vs 중국의 양…미·중 기술 전쟁터는 인공지능." 『중앙일보』(2020. 11. 19).
https://news.joins.com/article/23924460

중앙일보. 2018. "(전문) 北 김정은 '2019년 신년사." (2018. 1. 1.)

https://terms.naver.com/entry.nhn?docId=3596818&cid=42346&categoryId=423463
(검색일: 2021. 2. 24.)

https://www.yeosijae.org/research/1061 (검색일: 2021. 1. 28.)

https://blog.naver.com/baemsu/222254549835 (검색일: 2020. 12. 28.)

https://www.itu.int/en/ITU-D/Cybersecurity/Pages/global-cybersecurity-index.aspx
(검색일: 2020. 1. 2.)

http://www.access.gpo.gov/bis/ear/ear_data.html (검색일: 2020. 6. 28.)

제4장 우주 영역에서의 미중 경쟁과 남북협력 방안 모색

정헌주 연세대학교 행정학과

I. 머리말

4차 산업혁명 시대 우주 기반 기술이 갖는 경제적, 군사적 중요성이 증대함에 따라 미국과 중국을 비롯한 세계 각국은 우주 영역에서의 우위를 차지하기 위하여 치열하게 경쟁하고 있다. 특히, 미국과 중국은 우주 모빌리티 기술, 위성체 기술, 글로벌항법위성시스템(global navigation satellite system, GNSS) 등 핵심 우주기술 발전과 혁신을 위해 노력하며 우주의 군사화(militarization)와 상업화(commercialization)를 주도하고 있다(신성호 2020). 미국의 우주군(Space Force) 창설과 중국의 반위성 무기 실험 및 전략지원부대 창설이 우주의 군사화를 대표한다면, 민간 기업의 우주 모빌리티 시장 참여 확대와 저궤도 통신위성군을 활용한 우주인터넷 상용화 등은 우주의 상업화 현상을 잘 보여준다. 우주 영역에서의 미국과 중국의 관계는 우주 패권을 강화·유지하려는 미국과 이에 대한 중국의 도전, 그리고 다른 우주 강국들과의 협력과 경쟁 관계로 인해 매우 복잡하게 전개되고 있다.

다른 한편으로는 우주 기반 기술과 서비스를 활용하여 인류 공동의 가치를 추구하는 다양한 노력이 진행되고 있다. 국제사회는 빈곤을 타파하여 모두가 인간다운 삶을 누리고, 경제적 번영을 누리며, 지속가능한 생태계를 회복하고, 평화롭고 서로가 협력하는 세계를 만들기 위해 2030년까지 달성할 구체적 목표로 UN 지속가능발전목표(Sustainable Development Goals, SDGs)를 제시하였다. 하지만, 몇몇 부문에서의 중요한 진전에도 불구하고 SDGs를 달성하기에는 엄청난 도전들이 여전히 산재해 있다(UN 2020a). 이러한 맥락에서 경제적·사회적 발전을 저해하는 문제를 해결하는 데 혁신적 기술과 지식, 특히 우주기술을 활용하는 시도가 여러 부문에서 진행되고 있다(UN

COPUOS 2017; UN 2018; Paganini et al. 2018). 지구관측위성을 활용한 환경오염 식별과 모니터링, 통신위성을 활용한 원격진료와 원격교육, 미세중력·무중력 환경에서의 신약개발 등이 대표적이다. 이렇게 우주를 활용한 다양한 문제해결 방식은 코로나19 팬데믹 상황에서처럼 대면 활동이 어려운 환경에서 더욱 효과적일 수 있다. 이러한 점에서 우주기술의 활용은 지속가능한 발전을 위한 글로벌 협력에 있어서 새로운 가능성을 제시한다.

남북한 역시 우주를 보다 적극적으로 활용하기 위해 노력하고 있다. 하지만, 대부분의 우주기술이 민군 겸용 기술이라는 점을 고려하였을 때, 우주 공간을 활용한 남북협력의 전망은 밝지 않다. 또한 2021년 현재 한반도 정세를 고려한다면, 한국이 다양한 우주기술을 활용하여 남북한 사이의 긴장을 완화하고 공동의 가치를 창출하는 것은 먼 미래에나 가능하거나 불가능한 이야기처럼 들린다. 그럼에도 불구하고, 우주 영역에서 남북협력의 가능성을 모색하는 노력마저 외면할 필요는 없다. 오히려 낮은 수준에서의 남북협력을 통해 상호 신뢰를 구축하고 좀 더 높은 수준의 남북협력으로의 발전 가능성을 모색하고 준비하는 중장기적 전략이 필요하다.

이러한 배경에서 본 연구는 우주 영역에서의 경쟁과 협력의 전망을 살펴본다. 구체적으로 다음과 같은 질문에 대한 답을 찾고자 한다. 우주 공간에서의 미중 경쟁의 현황은 어떠하며, 그 함의는 무엇인가? 우주 공간을 활용하여 인류 공동의 목표를 달성하기 위한 국제규범과 노력이 남북협력에 주는 시사점은 무엇인가? 이를 위해 본 연구는 우주기술 중에서 대표적인 우주 모빌리티, 위성체, 글로벌항법위성시스템 기술에 초점을 맞추어 미중 경쟁과 이러한 기술이 지구적 차원에서 사회·경제적 발전에 어떻게 기여하는지를 살펴보고, 남북한 협력방안을 탐색한다.

　본 연구의 구성은 다음과 같다. 먼저 제II절은 우주 기반 기술의 혁신과 미중 경쟁의 현황을 살펴본다. 제III절에서는 우주기술을 활용하여 인류 공동의 문제를 해결하기 위한 국제사회의 노력과 규범을 살펴본다. 특히, 우주기술이 구체적으로 어떻게 SDGs 달성에 기여할 수 있는지를 살펴본다. 제IV절에서는 한국과 북한의 우주기술 현황과 한국의 우주기술을 활용한 남북한 협력방안과 가능성을 탐색한다. 마지막 절에서는 앞서의 논의를 정리하고 한국의 정책적 과제를 제시한다.

II. 우주기술 혁신과 미중 경쟁*

인간의 손길을 허락하지 않았던 우주는 1957년 10월 소련에 의한 스푸트니크 1호의 성공적 발사와 이에 대한 미국의 대응으로 인해 상상의 공간에서 현실의 공간으로, 경외의 대상에서 국제정치의 대상으로 빠르게 변화하였다. 냉전 시기 국가적 위신, 과학적 탐구, 군사적 우위 등 복합적인 국익을 추구하였던 미국과 소련은 지상에서의 강대국 정치와 유사하게 우주 공간에서도 치열하게 경쟁하였고, 그 과정에서 다양한 기술적 발전을 이룩하였다. 실제로 오늘날 사용되는 많은 우주 기반 기술은 이미 냉전 시기 군사적 목적으로 개발되거나 추진되었던 기술에 뿌리를 두고 있다. 동시에 미국과 소련은 우주 공간을 탈군사화하고 평화적 이용을 강조하는 등 적어도 외면적으로나마 협력을 추구하였다(Launius 2009).

---

* 　이 글의 제II절은 정헌주(2021)를 기반으로 수정·보완하여 작성되었다.

소련 붕괴와 냉전의 종식, 기술적 발전으로 인해 우주의 군사적 유용성은 더욱 명확하게 인식되었다. 강력한 경쟁 상대가 주춤하는 사이 우주 공간에서 지배력을 확보한 미국은 이를 바탕으로 "첫 번째 우주전(space war)"으로 불리는 1991년 걸프전에서 다양한 우주 자산(space-based assets)을 활용하여 승리를 거두었다(Sheehan 2007, 98). 걸프전에서 군사적 중요성과 잠재력이 입증된 감시정찰, 항법시스템, 통신, 기상관측 등 우주 기반 기술은 이후 다양한 전쟁 및 군사적 분쟁에서 필수적인 요소로 자리 잡았다.

군사적 우위와 국가적 위신이 냉전 시기 우주 경쟁의 중요한 목적이었다면, 우주의 상업적 활용은 1990년대 이후 급격히 증가하였다. 물론 냉전 시기에도 통신 분야에서는 민간 기업의 상업적 활동이 허용되고 시장을 형성하였지만, 민간 부문의 우주 진출이 본격화되면서 우주 관련 서비스 시장이 급격히 확대된 시기는 1990년대 이후이다. 이시기에는 전통적인 우주 강국인 미국과 러시아 이외의 다양한 국가들이 우주 영역에서 자신의 존재를 입증하면서 우주 공간은 냉전 시기보다 훨씬 다양한 행위자들이 경합하는 공간이 되었다. 특히 우주 공간의 잠재력을 활용해 산업적·상업적 이익을 추구하려는 다양한 행위자들이 등장함에 따라 최근 우주산업은 급성장하고 있다. 위성서비스, 지상장비 및 시설, 위성체 제작, 발사체, 우주탐사, 우주관광, 과학연구, 정부 우주예산 등으로 구성된 우주산업은 2019년 현재 약 3,660억 달러 규모로 알려져 있으며, 이 중 74%를 차지하는 위성산업의 경우, 2,710억 달러로서 2010년 대비 약 1.6배 증가하였다(과학기술정보통신부 2020, 125-126). 나아가 모건스탠리는 2020년 현재 약 3,500억 달러 규모인 전 세계 우주산업 총매출이 2040년에는 1조 달러를 넘을 것으로 예상하였다(Morgan Stanley 2020). 이렇듯 우주 관련 기술의 혁신과 확산 및 서비스 시장의 확대로 인해 우주를 둘러싼 경쟁은 갈수록 치열해지고 있다.

1. 우주기술을 둘러싼 미중 경쟁

최근 우주기술은 다양한 상업적, 산업적, 과학적 가치를 추구하는 민간 기업들, 대학, 연구소, 개인 등이 새로운 기술적 혁신을 우주 관련 기술에 적용하고, 정부, 국방 관련 정부기관들, 전통적인 군산복합체와 협력하면서 민군 겸용 기술의 새로운 혁신이 발생하고 있다. 특히 4차 산업혁명으로 대표되는 와해성(disruptive) 기술의 등장 및 기존 기술, 서비스, 플랫폼 등과의 융합적 발전과 비용 절감은 우주 관련 기술의 변화에도 큰 영향을 미치고 있다. 다양한 우주기술 중에서도 우주 모빌리티(mobility) 기술, 통신과 원격탐사 위성 기술, 글로벌항법위성시스템은 이러한 우주기술과 4차 산업혁명으로 대변되는 혁신적 변화의 역동적 관계를 가장 잘 보여주고 있다. 이러한 세 가지 핵심 우주기술에서 우위를 유지하거나 열위를 극복하기 위한 미국과 중국의 경쟁을 구체적으로 살펴볼 필요가 있다.

1) 우주 모빌리티 기술

우주 관련 기술 중에서 가장 오래되었지만, 최근 가장 빠르게 발전하고 있는 기술은 로켓 기술을 포함한 우주 모빌리티 기술이다. 우주 모빌리티 기술은 지구와 우주를 잇고, 우주 공간에 떠 있는 다양한 물체들— 우주정거장 등—을 잇고, 관리하는 다양한 기술을 의미한다. 여기에는 발사체 제작 관련 기술뿐만 아니라 발사 서비스, 지상 장비 및 지상 관제시스템 등이 포함된다. 이 가운데 가장 중요한 우주 발사체 기술은 다양한 기술적 발전에도 불구하고, 최근까지도 결정적인 기술적 돌파구(breakthrough)를 마련하지는 못하였다. 하지만, 최근 비용 절감과 우주쓰레기(debris) 감소 등의 효과가 있는 재사용 발사체 기술의 실용화로 인해 혁신적 전환을 경험하고 있다(고상호·김철웅 2019).

미국은 민간부문과의 협력을 통해 우주 모빌리티 기술 경쟁에서 최선두를 달리고 있다. 오랫동안 우주 발사체 기술은 막대한 발사 비용과 대륙간탄도미사일과의 기술적 유사성 등 민군 겸용 기술의 성격으로 인해 정부기관 혹은 정부의 지원을 받는 소수의 민간 기업만이 관여할 수 있었다. 하지만, 2010년 미국 오바마 행정부는 막대한 비용이 소요되는 우주개발 프로그램을 개혁하기 위해 지구와 달 사이 거리의 우주 프로그램은 시장에 맡기고, 그 이상의 심우주 탐사는 국가항공우주국(National Aeronautics and Space Administration, NASA)이 담당하는 우주정책의 일대 전환을 결정하였다. 즉, 국제우주정거장(International Space Station, ISS)과 지상 사이의 우주인 및 화물 운송은 민간 기업에 맡긴다는 것이었다. 2010년 초반 미국의 우주정책 혁신은 우주 모빌리티 기술 혁신의 토대를 마련하였다(Lambright 2015).

이러한 정책 혁신의 결과로 SpaceX와 보잉 등 미국의 민간 기업들은 NASA의 경험과 지식을 이전 받고, 다양한 실험을 통해서 재사용 발사체 기술을 확보하였으며, 비용 절감 노력을 통해 발사 비용을 급격하게 낮출 수 있었다. 미국의 경우, 발사체 기술의 발전에도 불구하고 1970년부터 2000년까지 1kg의 탑재물을 우주로 발사하기 위해서는 평균 18,500달러가 소요되었고, 우주왕복선 운영 시 동 비용은 54,500달러에 달하였다(Jones 2018). 하지만, SpaceX는 Falcon9 로켓을 활용하여 1kg의 탑재물을 우주로 발사하는 비용을 약 2,720

달러로 낮추었는데, 이는 유사 임무 수행 시 우주왕복선을 이용한 비용에 비해 약 1/20에 불과하다(Cobb 2019). Falcon9 로켓은 2010년 첫 발사 이후, 2020년 5월에는 역사상 최초로 민간 유인 우주선 발사에 성공하고, 동년 7월에는 이들을 무사히 지구로 귀환시키는 등 우주 모빌리티 기술의 새로운 장을 열고 있다. SpaceX뿐만 아니라 Amazon의 자회사인 Blue Origin의 New Shepherd, Sierra Nevada Corporation의 Dream Chaser 등 다양한 행위자의 등장과 치열한 경쟁으로 인해 미국 주도의 우주 모빌리티 기술 혁신의 속도가 빨라질 것으로 예상된다.

이러한 혁신적 변화에는 미국과 소수의 우주 강국뿐만 아니라 고도성장을 이루고 있는 개발도상국 역시 적극적으로 참여하고 있다. 대표적으로 중국은 이러한 미국의 우주 모빌리티 기술 혁신을 따라잡기 위해 국가적 노력을 경주함과 동시에 민간부문의 참여를 독려하고 있다. 중국의 우주 모빌리티 기술 발전을 보여주는 중요한 사건은 2019년 1월 중국의 무인 달 탐사선 창어(嫦娥) 4호의 달 뒷면 착륙과 2021년 5월 화성 탐사선 톈원(天問) 1호의 화성 표면 착륙이다. 2018년 12월 8일 쓰촨성 시창위성발사센터에서 창정(長征) 3호 로켓에 실려 발사된 창어 4호는 인류 최초로 달 뒷면에 달 탐사선을 착륙시켰으며, 2020년에는 달 표면을 탐사하고 샘플을 채취한 탐사선과 착륙선을 지구로 귀환시키는 프로그램을 성공적으로 진행하였다(최준호 2019; 곽노필 2020). 2021년 5월에는 미국, 러시아에 이어 세 번째로 화성에 탐사로버를 성공적으로 착륙시킴으로써 우주 모빌리티 기술에서 미국을 빠르게 추격하고 있음을 과시하였다(연합뉴스 2021).

더욱 중요한 점은 국가 주도로 우주 프로그램을 운영하던 중국이 민간부문의 참여를 허가하고 이를 독려하기 시작하였다는 점이다

(Davenport 2019). 중국 정부는 자국의 민간 기업이 혁신적인 아이디어와 다양한 재원을 동원하고, 이를 통해 우주산업에서 미국의 민간 기업과 경쟁할 수 있게끔 하기 위해 2014년 처음으로 자국의 민간 기업이 로켓을 발사할 수 있도록 허가하였다. 그 결과, 다수의 민간 기업이 우주 발사체 시장에 뛰어들었고, 2019년 7월 중국의 첫 민간 상업용 소형로켓 발사가 성공하는 등 민간 로켓 발사가 이어지고 있다(조승한 2019). 발사체 관련 중국의 빠른 성장세는 국가별로 성공적인 발사 사례를 통해서도 알 수 있다. 미국 전략국제문제연구소(Center for Strategic and International Studies, CSIS)의 우주안보프로젝트에 따르면, 2018년과 2019년 미국은 각각 34회, 21회의 성공적 발사를 기록한 반면, 중국은 각각 38회와 32회로 세계에서 가장 많은 발사체를 성공시킨 바 있다(CSIS 2020).

이렇듯 "민영화"가 가속화되고 있는 우주 모빌리티 기술과 산업은 다양한 위성체 제작 및 발사, 우주 화물 운송, 우주여행, 우주탐사, 달 자원 개발 등에서 기존 질서를 와해시키고 새로운 시장을 창출하는 등 우주산업 전반에 걸쳐 큰 파장을 일으키고 있다. 또한, 다양한 우주 관련 스타트업 기업들은 3D 프린팅을 활용한 우주 로켓 및 다양한 우주용 부품 제작 등 부품산업, 우주복, 발사체 도료 등 소재산업 등 제조업에서의 혁신과 연계함으로써 우주 모빌리티 기술의 혁신 속도를 빠르게 하고 있다(박종원 2020).

2) 통신 및 지구관측위성 기술

대표적 우주기술인 위성체 관련 기술은 우주 모빌리티 기술 발전과 함께 빠르게 변화하고 있다. 특히 통신위성과 지구관측(Earth observation, EO)·원격탐사위성 기술은 4차 산업혁명과 매우 밀접한 관계를 지닌다. 즉, 4차 산업혁명의 핵심 특징이라고 할 수 있는 초연결(hyper-connectivity)을 위해서는 우주 기반 기술이 필수적이며, 자율주행, 사물인터넷(Internet of Things, IoT)/만물인터넷(Internet of Everything, IoE), 빅데이터, 인공지능(artificial intelligence, AI) 등은 우주기술과 연계되었을 때 잠재력을 발휘할 수 있다. 또한, 지구관측위성 역시 빅데이터, AI, 머신러닝/딥러닝 기술의 발전과 더불어 다양한 방식으로 국가안보와 산업, 재해예방 및 대응 등에 기여하고 있다.

2020년 말 현재 보유하고 있는 위성의 숫자로 보았을 때 미국은 지배적인 위치를 차지하고 있다. Union of Concerned Scientists (2021)에 의하면, 2020년 12월 말 현재, 운용 중인 위성은 총 3,372개가 있는데, 이 중 절반이 넘는 1,897개가 미국 위성(56.3%)이며, 나머지는 중국(412개, 12.2%), 러시아(176개, 5.2%), 기타 국가(887개, 26.3%)의 위성이다. 미국 위성 중 대부분인 1,520개(80.1%)는 상업용 위성이며, 나머지 377개는 정부·군사용이다.

다양한 위성 중에서도 상업적, 군사적 중요성으로 인해 통신위성과 관련된 기술경쟁은 매우 치열하게 전개되고 있다. 위성을 활용한 통신은 최초의 인공위성인 스푸트니크 1호에서부터 시작되었고, 상업적 통신위성이 1960년대 중반부터 사용되었다는 점에서 통신위성의 역사는 우주기술의 역사와 궤를 같이한다. 그럼에도 불구하고, 최근 통신위성이 다시 주목을 받는 이유는 다수의 저궤도(low Earth orbit, LEO) 통신위성군(satellite constellation)을 활용하여 지구 어디서든 접근할 수 있는 초고속 이동통신이 기술적·경제적으로 가능해졌기 때문이다. 저궤도 통신위성군의 효용성은 오래전부터 인식되었지만, 우주 모빌리티 기술 발전으로 인한 위성체 발사 비용의 감소와 4차 산업혁명 시대 초연결의 필요성 증대 등으로 인해 본격적인 활용이 앞당겨

지고 있다. 고도 160km~2,000km 상공에서 운영되는 저궤도 통신위성으로 동일한 범위에 서비스를 제공하기 위해서는 기존의 정지궤도 (geostationary) 통신위성에 비해 훨씬 더 많은 수의 위성이 필요하다는 단점이 있다.[1] 반면, 4차 산업혁명 관련 기술에서 필수적인 통신속도는 저궤도 위성을 활용할 때 월등히 뛰어나다. 현재 정지궤도 통신위성(고도 36,000km)의 지연율(latency)은 약 600~800ms(millisecond, 1/1000초), 중궤도 통신위성(고도 2,000~36,000km)의 경우는 125~250ms인 반면, 저궤도 통신위성의 지연율은 약 30~50ms이다. 이는 해저 광케이블의 지연율(약 70ms)보다 뛰어나고 4세대 LTE 지연율(약 20ms)에 근접하는 수치이다(최아름 2020). 저궤도 통신위성군은 지상에서 가까운 만큼 전파 왕복 시간이 짧고, 90~120분 사이에 지구를 한 바퀴 돌 정도로 빠르게 움직이며(1초에 약 8km 이동) 위성끼리 전파를 주고받아 글로벌 서비스가 가능하다는 장점도 있다.

이러한 저궤도 위성을 활용한 이동통신은 그 속도와 커버리지로 인해 4차 산업혁명 기술 발전에 토대를 제공할 수 있다. 인구밀도가 너무 낮거나 지상통신망 구축이 지형적으로 어려운 지역에는 이러한 저궤도 위성을 이용한 인터넷 서비스 제공이 오히려 경제적으로 효율적이다. 더구나 해상이나 극지방과 같이 통신망 구축이 어려운 환경에 상관없이 서비스를 제공할 수 있다는 장점이 있다. 따라서, 해상, 공중, 극지 등 모든 곳에서 초고속 인터넷 접속이 가능하게 됨에 따라 진정한 의미의 지구적 차원에서 IoT 또는 IoE의 물적 기반이 마련되는 것이다. 특히 밀리세컨드 단위의 차이에 따라 거래의 결과가 달라지는 금

---

1   정지궤도 위성 1개가 지구의 약 33%를 커버하는 반면, 저궤도 위성의 경우 그 커버리지가 약 2%밖에 되지 않아, 전 지구를 대상으로 하는 서비스를 제공하기 위해서는 적어도 500여 기 이상의 저궤도 위성이 필요하다.

융거래에 있어서 저지연율은 저궤도 위성을 활용한 통신의 중요성을 보여준다. 이러한 저궤도 통신위성군은 이러한 특성으로 인해 전장상황인식, 지휘통제 등 군사적 활용도가 매우 높을 뿐만 아니라 국가 기간산업으로서의 중요성도 있다. 미국의 SpaceX가 추진하는 Starlink Project와 Amazon의 Project Kuiper 등은 이러한 통신서비스 시장을 주도하는 대표적 프로젝트이다.

중국은 위성체와 관련한 기술 혁신을 도모하고 자국의 수적 열세를 따라잡기 위해 분투하고 있다. 중국이 보여준 가장 중요한 기술적 발전 중 하나는 2016년 8월 세계 최초의 양자통신 인공위성을 성공적으로 발사한 것이다. "묵자(墨子, Micius)"호로 명명된 양자통신 위성은 양자역학에 기반을 두고 정보를 암호화해 위성으로 전달함으로써 보안수준을 혁신적으로 높인 것으로, 금융 분야뿐만 아니라 국방·안보 분야 등 정보보호가 필수적인 분야에서 활용도가 매우 크다. 한 연구자에 따르면, 양자통신시스템은 20세기에 소련의 스푸트니크가 우주 경쟁에 미쳤던 영향에 비견될 수 있을 정도이다(Šiljak 2020).

또한, 중국은 4차 산업혁명의 중요한 인프라를 이루는 통신위성 시스템을 갖추기 위해 노력하고 있다. 중국은 2016년 8월 자체 제작한 이동통신 위성인 텐통-1호를 발사하는 데 성공하였으며, 이를 통해 자국뿐만 아니라 중동, 아프리카 등에서도 이동통신 네트워크를 구축할 수 있을 것으로 보도되었다(YTN 2016). 2020년 5월에는 사물인터넷용 통신위성 2기의 발사에 성공하였는데, 이들 위성은 지구관측, 극지·해양환경 관측, 스마트컨테이너 모니터링 및 해상운송 통신 등에 활용되어 우주 기반 사물인터넷 통신망을 위한 토대를 마련할 것으로 보도되었다(이재준 2020).

지구관측위성 역시 AI, 머신러닝/딥러닝 기술의 발전과 더불어 다양한 방식으로 새로운 부가가치를 창출하고 있다. 지구관측위성은 감시정찰 등 군사적 목적을 위해서 오랫동안 활용되었으며 최근 그 중요성은 더욱 커지고 있다. 또한, 기후변화로 인한 다양한 재해·재난, 환경 파괴, 오염물질 추적, 미세먼지·공기질 측정, 수자원 관리 등 환경 문제에 관하여 지구관측위성은 조기경보시스템을 강화하고 환경재앙이 발생하였을 때 시의적절하고 효율적·효과적인 대응을 가능케 한다(Kansakar and Hossain 2016).

통신위성과 지구관측위성 관련 기술의 발전은 4차 산업혁명의 혁신적 기술들과 상호작용하고 융합되면서 새로운 서비스를 제공하고 시장을 창출·확대하고 있다. 특히, 이러한 위성 관련 기술들은 민간 기업에 의해서 주도되고 있지만, 다른 우주기술과 마찬가지로 대부분의 위성 관련 기술이 민군 겸용 기술들로서 미국과 중국을 비롯한 각국은 다양한 위성체를 보유하고 활용하기 위해서 노력하고 있다.

3) 글로벌항법위성시스템

4차 산업혁명 시대 핵심 인프라 중 하나는 GNSS에 기반한 정확한 위치·항법·시각(positioning, navigation, timing, PNT) 서비스이다. 실시간으로 정확·정밀한 위치/지리공간(geospatial) 정보를 획득하고 활용하는 것은 정밀유도무기(precision-guided munitions, PGMs)와 무인화되어 가는 무기체계 운영 등 군사적으로 매우 중요할 뿐만 아니라 위치기반 서비스와 관련된 다양한 영역들—교통, 통신, 물류, 금융, 농업, 어업, 관광, 토지개발, 재난대응 등—에서 필수적인 요소가 되고 있다. 예를 들면, 자율주행차, 드론, 증강·가상·혼합현실 등의 기술적 잠재력을 온전히 구현하기 위해서는 PNT 서비스가 필수적이다. 이렇듯 초정밀 PNT 서비스를 활용한 4차 산업혁명의 다양한 기술적·산업적·

표1 GNSS/RNSS 현황

구분	명칭	국가	위성 수 (설계/운용)	완성 시기
G N S S	GPS	미국	24/31	1995년
	GLONASS (Global Navigation Satellite System)	러시아	24/23	1995년
	Galieo	EU	30/22	2025년(예정)
	Beidou	중국	35/44	2020년
R N S S	NAVIC (Navigation Indian Constellation)	인도	7/7	2018년 (서비스 미개시)
	QZSS (Quasi-Zenith Satellite System)	일본	7/4	2023년(예정)

자료: 한국항공우주연구원 홈페이지(www.kari.re.kr)

상업적 발전에 있어서 GNSS의 중요성은 주지의 사실이다.

PNT 서비스를 제공하는 대표적인 GNSS로는 1960년대부터 연구가 시작되고 1970년대에 운용되기 시작한 미국의 위성위치확인시스템(Global Positioning System, GPS)이 있다. 미국 국방부에 의해서 개발된 GPS는 위치측정, 항법, 상황인식, 무기 유도 등의 군사용 기술로 개발되었으나, 1980년대부터 민간부문에 개방되어 다양한 분야에서 활용되고 있다. 소련 역시 1980년대 초부터 GLONASS를 운영하였으며, 유럽연합과 일본, 인도 등 역시 자국의 독자적인 GNSS 또는 지역적 차원에서의 항법위성시스템(regional navigation satellite system, RNSS)을 구축하고 있다.

독자적인 GNSS/RNSS 운영의 배경에는 민간용 GPS의 낮은 정확도와 GPS와 관련된 취약성(vulnerability)에 대한 우려가 있다. 군사용 GPS에서 활용하는 코드는 공개 코드에 비하여 길이가 10배 정도가 되는 것으로 알려져 있으며, 정확도와 보안성 측면에서 민간용 GPS 신호에 비해 월등하다. 따라서, 민간용 GPS만 사용할 수 있는 다수의 국가는 독자적인 GNSS를 개발하거나, GPS를 보완하는 RNSS 혹은 보정(augmentation)시스템을 운용함으로써 정확도를 높이기 위해 노력하고 있다. 또한, GPS에 대한 의존도가 높아짐에 따라, 의도적이든 의도치 않건 GPS가 제공하는 PNT 서비스를 이용하지 못하게 될 상황을 대비할 필요성이 높아졌다. 한 보고서에 따르면, 1980년대 중반 이후 2017년까지 민간부문의 GPS 서비스 활용을 통해 약 1.4조 달러의 경제적 이익이 발생하였지만, 만약 GPS 서비스가 30일간 중지(outage)된다면 매일 10억 달러의 손실이 발생할 것으로 예측되었다(O'Connor et al. 2019). 2016년 1월 미 공군은 GPS 위성들 중 하나의 작동을 잠시 멈추는 과정에서 실수로 부정확한 시간(약 13 microseconds, 백만분의 13초)을 다른 GPS 위성 15기에 탑재시켰는데, 이는 시간 동기화에 문제를 일으켜서 GPS의 타이밍 서비스에 의존하는 전 세계 기기를 약 12시간 동안 혼란에 빠뜨렸던 사례가 있다(Glass 2016). 이러한 의도치 않은 사고뿐만 아니라 의도적으로 GNSS 신호를 방해하는 재밍(jamming)이나 가짜 신호를 보내는 스푸핑(spoofing), 받은 신호를 시차를 두고 재전송해서 혼선을 빚게 하는 미코닝(meaconing) 등은 GNSS 서비스에 대한 의존의 취약성을 보여주고 있다(Dunn 2020).

군사적, 상업적으로 필수적인 GNSS를 가장 빠르고 광범위하게 활용하였던 미국을 따라잡기 위해 중국은 국가적 노력을 전개하였다. 특히, 1991년 걸프전에서 우주 기반 기술의 군사적 유용성을 확인한 중국은 2000년부터 독자적인 GNSS 구축을 위해 베이더우(北斗) 프로젝트를 3단계에 걸쳐서 진행하였으며, 2020년 7월 31일 중국의 시진핑 주석은 베이더우-3 시스템구축 완료 및 개통을 공식 선언하였다(이용성 2020). 2020년 8월 현재 총 55개의 정지궤도위성으로 이뤄진 중국의 베이더우는 미국의 GPS에 대한 가장 강력한 경쟁자이다. 베이더우 시스템은 높은 정확도(특히, 아시아태평양 지역)와 더불어 1,200개의 한자와 이미지를 전송할 수 있다는 장점이 있다. 또한, 미국의 GPS가 위성에서 일방적으로 정보를 수신자에게 전달하는 반면, 이론적으로 중국의 베이더우 시스템은 수신자가 발신하는 위치정보를 위성이 수신할 수 있는 것으로 알려졌다(Nikkei Asia 2019).

중국의 베이더우는 미국의 GPS와 같이 군사용과 민간용으로 나뉘는데, 양자 모두에서 미국 GPS의 지배적 위치에 도전하고 있다. 군사용 GNSS의 경우, 미국 GPS의 오차가 30cm가량인 반면, 베이더우의 경우 10cm 정도인 것으로 알려져 있다(Woo and Gao 2020). 상업적 측면에서도 베이더우는 중국 국내 시장의 규모에 힘입어 빠르게 성장할 것으로 예상된다. 이미 2019년 기준 중국 내 스마트폰의 70% 이상이 베이더우 서비스를 이용할 수 있는 것으로 알려졌다(Woo and Gao 2020). 게다가 중국은 2018년 자국의 "일대일로" 사업에 동참하는 국가들에게 베이더우 서비스를 제공하는데, 일부 지역의 경우 GPS 서비스보다 정확한 PNT를 제공할 수 있다는 점에서 우위를 자랑하고 있다(Time 2020). 이렇듯 중국은 독자적 GNSS 구축을 통해 자국의 상업적 이익을 증진시킴과 동시에 군사적, 정치외교적 이익 또한 추구하고 있다.

미국과 중국의 경제적, 정치적 긴장 관계가 지속되고 대만을 둘러싼 군사적 긴장까지도 예상되는 시점에서 중국의 베이더우 GNSS 구축은 군사적으로 열위에 놓여 있는 중국에게 중요한 전력 승수(force multiplier) 역할을 할 것이다. 현대전과 미래전에서 필수적인 정밀타격능력을 뒷받침하는 GNSS를 독자적으로 보유한 중국은 이를 바탕으로 자국의 무기체계를 현대화하고 이를 활용한 전략, 전술을 개발할 것이며, 이에 대한 미국의 대응—베이더우 방해 기술 개발 등—은 새로운 영역에서의 긴장과 갈등을 유발할 수 있다.

우주 영역에서의 경쟁과 혁신은 4차 산업혁명의 혁신적 기술들과 상호작용하고 융합되면서 새로운 서비스를 제공하고 시장을 창출·확대하고 있다. 특히, 최근 민간부문의 참여로 인해 우주 모빌리티 기술, 위성체 및 GNSS 관련 기술들은 빠르게 발전하고 있다. 동시에 우주 선진국들과 소수의 개발도상국들은 이러한 위성 관련 기술의 군사적 함의와 경제적 파급력을 고려하여 기술 경쟁에서 뒤처지지 않기 위해서 국가적 노력을 경주하고 있다.

2. 미중 우주 경쟁과 군사적 함의

우주 경쟁은 그 자체로서 긴장과 갈등을 필연적으로 초래하지 않는다. 즉, 우주 공간에서 평화적·협력적·공생적 경쟁의 가능성 역시 존재한다. 하지만, 2021년 현재 빠르고 복잡하게 전개되는 우주의 군사화로 인해 우주 공간을 둘러싼 미국과 중국의 경쟁은 많은 갈등적 요소를 내포하고 있다. 이러한 우주의 군사화는 우주 공간에서의 능력, 즉 우주 전력 혹은 우주력(space power)이 갖는 특징에서 기인한다. 우주 기반 기술을 활용할 경우, 통신 및 감시정찰 위성을 통해 더욱 정확하고 적시성 높은 지휘·통제·통신·컴퓨터·정보·감시·정찰(command, control, communications, computers, intelligence, surveillance, reconnanissance, C4ISR)을 가능하게 해주는데, 이는 신속하고 정확한 정보 수집과 상황인식(situational awareness), 의사결정, 작전 수행, 효과 평가 등을 통해 군사 작전의 효과성과 신뢰성을 높여줄 수 있다. 또한, 군사용 GNSS를 활용한 정밀유도무기와 군사용 통신위성을 활용한

C4ISR을 융합하여 복합정밀타격체계를 가능하게 함으로써 군사 작전의 정확성, 신뢰성, 효과성, 효율성을 증대할 수 있다. 그리고 특정 공간에 구애받지 않고 지구적 작전을 수행할 수 있는 광역성과 주·야간, 악천후, 지형조건에 상관없이 작전을 수행할 수 있는 능력 역시 우주 기반 기술로 인해서 획득될 수 있다(공군본부 2015; U.S. Space Force 2020). 이러한 우주 기반 기술을 활용함으로써 지상, 해상, 공중 전력 등 전반적인 전력을 획기적으로 배가시킬 수 있다는 점에서 우주력, 우주 자산은 매우 중요하다.

이러한 우주 기반 기술의 중요성으로 인해 자국의 우주 전력, 자산을 잠재적 적국·집단·개인 혹은 우발적 사고, 우주쓰레기 및 척박한 우주 환경으로부터 어떻게 보호할 것인가는 국방·안보·산업 차원에서 매우 중요한 과제로 떠오르고 있다. 따라서, 현대전 및 미래전에서의 우주 전력의 중요성으로 인해 핵심 우주 자산은 분쟁 발생 시 최우선적으로 보호해야 하고 상대국의 자산은 가장 먼저 무력화되어야 할 대상이 될 가능성이 높다.[2] 따라서, 군사적 목적을 위해 우주 기반 능력, 우주 자산을 보다 적극적으로 활용하려는 움직임은 미국과 중국뿐만 아니라 러시아, 일본, 인도 등 우주 능력을 보유한 대부분의 국가에서 관측된다. 중요한 점은 이들 국가 모두 동아시아 역내 세력으로 한반도와 동아시아 안보 환경에 지대한 영향을 미친다는 것이다.

이러한 우주의 군사화를 가장 선도적으로 추구하는 국가는 미국이다. 미국은 우주 공간에서의 지배력을 확보하고 유지하기 위하여 2019년 12월 우주군을 창설하였으며, 2021년 6월 독립 군종으로 운용할 계획이다. 기존 육·해·공군, 해병대, 해양경비대 등 기존의 5대 군종과 동

---

2   이러한 우주 자산에는 인공위성뿐만이 아니라 이를 통제, 관리하는 지상통제시스템 및 이를 연계하는 사이버 공간까지도 포함한다.

등한 위상을 갖는 우주군은 1947년 미 공군 창설 이후 처음으로 창설되는 새로운 군종이라는 점에서 우주 공간의 군사화를 가장 명확하게 보여주고 있다(Browne 2019). 이렇듯 미국은 냉전 초기부터 우주 공간의 군사적 사용을 항상 염두에 두고 있었지만, 우주 공간에서의 지배적 위치를 차지하고 있었던 과거에 비해, 최근 중국의 우주 역량이 강화되면서 본격적으로 우주 기반 전력 강화에 노력함과 동시에 평화적·상업적 이용에서의 이슈 주도권 역시 확보하기 위해 노력하고 있다.

미국과 러시아에 비해 우주 기반 역량이 부족한 중국은 후발주자의 약점을 극복하기 위하여 국가적 노력을 쏟고 있다. 우주 공간에서의 중국의 능력은 경제성장에 힘입어 2000년대 이후 빠르게 발전하였는데, 미국·러시아에 이은 유인 우주선 발사(2003년), 달 탐사 위성 발사 성공(2007년), 우주에서 무인 우주선 도킹(2011년), 세계 최초 달 뒷면 착륙(2019년) 등이 이러한 노력의 성과를 대표한다. 중국의 경우, 미국의 우주군 창설과 같이 공개적이고 구체적인 우주 관련 독립 군종 창설 노력이나 독자적인 우주 전략 등에 대해서는 알려진 바가 없다. 하지만, 2015년 12월 중국군 개편 시 우주 관련된 장비의 개발과 시험 등의 임무와 군사위성 운용 및 정보 관련 업무 수행을 위한 목적으로 전략지원부대를 창설한 것으로 알려졌다(박병광 2020, 1). 군사적 활용도가 높은 중국의 우주기술은 베이더우 시스템, 약 50여 개의 군사용 ISR 위성, 4개의 군사용 통신위성 등으로 이를 통해 향상된 C4ISR과 초정밀타격이 가능해졌고(Goswami 2020), 반접근/지역거부(A2/AD: anti-access/area denial) 능력 향상에 기여하고 있다.

중국의 입장에서 우주 공간에서 가장 중요한 군사적 목표 중 하나는 미국의 우세한 우주 전력을 상쇄하는 것이다. 이를 위하여 중국은 다양한 항우주(counterspace) 무기체계를 개발 완료하였거나 개발 중이다. 항우주 무기체계로는 운동-물리적(kinetic physical), 비운동-물리적(non-kinetic physical), 전자적(electronic), 사이버(cyber) 무기체계가 있다. 운동-물리적 무기로는 지상관제소 타격, 지상발사(direct-ascent) 반위성(anti-satellite, ASAT) 무기, 궤도 ASAT 무기 등이 있고, 비운동-물리적 무기로는 고고도핵폭파(EMP), 고출력레이저, 고출력 극초단파 무기 등이 있다. 또한, 재밍과 스푸핑 등의 전자적 무기체계와 데이터인터셉트, 데이터오염, 통제권 장악 등의 사이버 무기체계가 포함된다(Harrison et al., 2020).

이 중에서 가장 잘 알려진 중국의 항우주 무기체계는 지상발사 ASAT이다. 중국은 2005년과 2006년 두 번의 실패에 이어 2007년 자국의 저궤도 기상위성을 ASAT으로 파괴하는 데 최초로 성공하였다. 또한, 2013년에는 지상발사 ASAT으로 고도 36,000km 상공, 즉 정지궤도에 있는 위성을 무력화하는 실험을 수행한 것으로 알려졌다(김경민 2019). 중국은 이러한 ASAT 능력 이외에도 전자전 능력을 강화하고 있으며, 2020년에는 저궤도 감시위성의 센서를 방해할 수 있는 지상기반 레이저무기를 운용할 것으로 보인다(U.S. DIA 2019).

이와 같이 미국과 중국은 우주 기반 기술과 우주력에서 우위를 차지하기 위하여 치열하게 경쟁하고 있다. 공식적으로는 양국 모두 우주 공간의 평화적 이용과 협력에 찬성하고, 우주 군비경쟁에 대해 반대하고 있다. 하지만, 그 군사적, 경제적 함의로 인해 우주를 둘러싼 미중 관계는 갈등적 상황이 지속할 것으로 예측된다. 특히, 우주 모빌리티 및 위성체 기술, GNSS 등 대부분의 우주 관련 기술은 민간부문과 군사 부문에서 함께 활용할 수 있다는 점에서 국가 간 오인과 오판의 가능성이 높아지고, 군비경쟁으로 이어져 불안정성이 높아질 수 있다. 특히 우주기술이 군사적으로 활용될 때 그 기술이 공격용인지 방어용인지를 구분하기 매우 어렵거나 구분이 불가능하다는 특징이 있다(Johnson-Freese and Burbach 2019, 137). 이러한 공격용 무기체계와 방어용 무기체계 구분의 어려움은 궤도상에서의 안보딜레마(orbital security dilemma)를 더욱 악화시킨다(Townsend 2020). 즉, 우주 영역에서의 군사적 움직임에 대해 미국과 중국이 서로의 의도를 공격적으로 해석하면서 우주 경쟁이 격화되고 안보딜레마가 악화될 가능성이 크다는 점이다(Lubojemski 2019; Zhang 2011; 정헌주 2021). 물론 우주의 평화적·상업적 이용이라는 이슈 주도권을 확보하기 위하여 협력적 제스처를 취할 가능성 역시 배제할 수는 없다. 그럼에도 불구하고, 현대 및 미래전에서의 우주의 중요성을 양국 모두 인식한 상황에서 미국은 우주에서의 지배력을, 중국은 이러한 미국의 우위를 거부하기 위한 노력을 지속적으로 전개할 것이다.

III. 우주기술을 활용한 글로벌 협력과 규범

우주 공간을 둘러싼 우주 강국들, 특히 미국과 중국 사이의 경쟁과 갈등에도 불구하고, 인류 공동의 문제를 해결하기 위해 다양한 잠재력을 지닌 우주를 어떻게 활용할지에 대한 국제적 논의 또한 활발하게 전개되었다. 특히 2000년대 우주 기반 기술이 빠르게 발전하고 이에 대한 접근성이 높아지면서, 특정 지방, 국가, 지역뿐만 아니라 지구적 차원에서의 경제적·사회적 발전을 촉진하고 SDGs를 달성하기 위한 우주기술 활용이라는 국제적 규범이 형성되고 있다(UN COPUOS 2019; UN 2018; OECD 2019, 45).

　다양한 우주기술 중에서 지구관측 정보, 위성통신과 GNSS 등 핵심 우주기술은 지속가능한 발전을 위해 활용될 수 있다. 첫째, 지구관측위성이 제공하는 방대한 자료를 활용하여 삶의 질을 떨어뜨리고 발전을 저해하는 문제점을 파악하고, 공통된 인식을 제고하며, 보다 효과적인 해법을 제시하기 위한 기반을 마련할 수 있다. 둘째, 우주자산이 제공하는 서비스를 활용하여 교육과 의료, 농업·어업·임업, 자원 관리 등 다양한 부문에서 삶의 질을 제고하고 경제적 가치를 창출할 수 있다. 셋째, 개발협력사업과 SDGs의 이행 과정을 모니터링하고 목표 여부를 확인하는 데 우주기술은 기존의 방식에 비해 매우 효율적·효과적이다. 이를 구체적으로 살펴보면 다음과 같다.

첫째, 지구관측위성을 활용하여 발전을 가로막는 다양한 도전들과 문제들을 파악하고, 이에 대한 대응책을 마련하는 데 우주 기반 기술은 매우 유용하다(Paganini et al. 2018; Kansakar and Hossain 2016). 특히 시간의 경과에 따른 지속적인 추적 관찰이 필수적이고 월경(越境)적 성격을 갖는 기후변화, 환경문제에 우주기술 활용은 매우 중요하다. 예를 들면, 온실가스, 대기 변화, 기상 이변, 해수면 상승, 사막화 현상 등 지구상에서 발생하는 다양한 기후변화를 실시간으로 또한 지속적으로 파악하기 위해서 지구관측위성은 필수적이다. 기후변화와 그 영향력에 대응하는 행동을 목표로 하는 SDGs 13번째 목표인 '기후변화 대응(Climate Action)' 달성을 위해 우주기술은 기후변화 모니터링, 정확한 기상예보를 가능하게 하여 극심한 기상이변으로 인한 피해를 예방하고, 피해 발생 시 적절한 대응책을 고안하고 탐색·구난 작업을 수행하는 데 도움을 제공할 수 있다.[3]

더욱 중요한 점은 우주기술을 활용한 지구관측을 통해 지구가 당

---

3   UN 우주업무사무국 https://www.unoosa.org/ (검색일: 2021.1.20.)

면한 문제에 대한 인류 공통의 인식이 제고되고, 지구관측 자료에 대한 접근성이 향상되면서 과학적 근거에 기반을 둔 정책 형성의 가능성이 커진다는 것이다. 즉, 발전을 가로막는 다양한 도전들 중 가장 중요한 것은 문제점들을 정확하게 그리고 이를 인류 공통의 문제로 인식하는 것이다. 개별국가 또는 개인은 자국 혹은 자신이 처한 문제를 과대평가하고 다른 국가, 지역, 공동체, 특히 지리적으로 멀리 떨어진 곳이 겪는 어려움은 과소평가하는 경향이 있다. 게다가 환경문제와 같은 국경을 넘어서는 문제들과 도전들에 대해서는 책임을 전가하는 경향 역시 존재한다. 우주 기반 지구관측 자료는 지구가 하나의 공동체라는 점, 인류가 겪는 다양한 문제들이 서로 긴밀하게 연결되어 있다는 점을 그 어떠한 자료보다 명확하게 보여준다(Kansakar and Hossain 2016, 48). 즉, 지구관측 자료는 그 자체로도 매우 유용하지만, 인류로 하여금 공통의 인식을 형성하는 것을 가능하게 해준다는 점에서 중요하다. 이는 과학적 근거에 기반을 둔 정책형성과 효과적 집행에도 도움을 준다.

둘째, 우주 기반 기술과 서비스를 활용하여 다양한 사회적·경제적 가치를 창출할 수 있다(Ferretti et al. 2016; UN 2018; Di Pippo 2019). 대표적으로는 통신위성을 활용한 의료와 교육, 농업·어업·임업·광업 생산성 향상, 자원 관리, 재난·재해 예방과 대응 등이 포함된다. 먼저 개발도상국 주민들은 열악한 사회경제적 기반시설로 인해 기본적인 의료와 교육서비스에 접근하기 어려운 경우가 많다. 특히 험난하거나 외진 지역, 인구밀도가 낮고, 분쟁과 재난이 발생한 지역의 경우, 우주기술, 특히 통신위성을 활용하여 이러한 어려움을 극복할 수 있다(OECD 2019, 51-52). 이러한 지역은 기반시설이 부족할 뿐만 아니라 외부 의료진이 해당 지역에서 직접 활동하기 어려운 상황이 발생하기 쉬운데, 이 경우 통신위성을 활용한 원격의료(tele-medicine)나 의료 원격교육이 활용될 수 있다(Mars 2014). 물론 원격의료는 환자와 의사 라포(rapport) 미형성, 의료서비스 질 하락, 의료사고 시 책임 분쟁, 기술적 안정성, 개인 의료정보 보호 등 다양한 문제점이 발생할 수 있다(이경호 2015). 하지만, 의료서비스에 대한 접근 자체가 어려운 상황에서 원격의료는 기본권적 차원에서 삶의 질 제고에 기여할 수 있다. 이러한 우주 기반 기술을 활용한다면 공여국의 의료진이 수원국에 방문하지 않고 로봇팔을 이용하여 원격수술을 실시하는 것과 같은 기술적 수준이 높은 원격의료에서부터 의료정보 제공, 진단, 자문, 처방과 치료, 건강교육 등과 같은 예방적 의료를 보다 효과적으로 수행할 수 있다. 또한, 통신위성을 활용한 원격교육은 광범위한 지역에 교육 프로그램을 안정적으로 전송하고, 웹기반 교육, 실시간 쌍방향교육 등을 가능하게 한다. 특히 통신위성을 활용한 교육은 지속되는 무력갈등으로 인해서 교육에 대한 접근이 오랫동안 불가능할 때 매우 유용하다(OECD 2019, 52). 특히 코로나19 팬데믹 상황과 앞으로 예상되는 감염병 발생을 고려하였을 때 우주기술을 활용한 원격의료와 원격교육의 활용도는 더욱 커질 것으로 예상된다(최연석 2020; Masson-Zwaan 2020).

　나아가 지구관측 자료와 GNSS 등 우주기술을 융합적으로 사용함으로써 다양한 부가가치를 창출할 수 있다(UN 2018; UN ECOSOC 2020). 예를 들면, 토양, 강수량, 가뭄, 적설량 등을 관측해 적절한 파종시기 결정, 관계시설 확충 등을 통해 농업생산성을 제고하고, 자연자원과 토지활용관리를 효율적으로 수행할 수 있다(OECD 2019, 52). 구체적으로 GNSS와 지구관측 자료를 함께 활용한다면 농업생산을 10% 이상 증가시키고, 연료, 비료, 농약 등 투입비용을 20%까지 줄일 수 있는 것으로 보고되었다(UN 2018, 48). 또한, 우주 기반 기술과 서비스는 해양자원, 산림자원을 파악하고 보호하는 등 생태계 보호에 기여할 뿐만 아니라 혁신적인 방식으로 사회 전반적인 생산성 향상, 일자리 창출, 불평등 감소 등을 통해 지속가능한 발전에 중요한 역할을 수행할 수 있다. 최근 빠르게 성장하는 우주산업은 이러한 가능성을 더욱 앞당기고 있다(Scatteia et al. 2020).

재난·재해 예방, 대응, 재건 등 인도주의적 위기를 극복하기 위한 다양한 노력에도 우주기술은 기여할 수 있다. UN은 재난을 예방하고, 준비태세를 갖추고, 조기경보를 제공하며, 재난 발생 시 즉각적으로 대응하며, 재건하는 모든 과정에서 필요한 우주 기반 기술—정보와 통신, 항법시스템—을 공유하기 위하여 2016년 UNOOSA 산하에 '재난관리 및 위기대응을 위한 우주 기반 정보 플랫폼(United Nations Platforms for Space-based Information for Disaster Management and Emergency Response, UN-SPIDER)'을 구축하였다.[4] 이러한 플랫폼은 재난·재해에 대한 취약성을 낮추고 회복탄력성을 제고하는 역할을 수행하고 있다.

마지막으로, 우주 기반 기술과 서비스는 발전 목표 달성을 위한 이행 노력을 모니터링하고 평가하는 데 매우 유용하다. 특히, SDGs는 17개 목표(goals), 169개 세부목표(targets) 및 231개의 지표(indicators)로 구성되어 있는데, 개발도상국뿐만 아니라 선진국에게 있어서도 이러한 모든 지표를 측정, 모니터링, 보고하기 위한 행정적·재정적 부담은 크다(Paganini et al. 2018, 6). 하지만, 2014년 UN 보고서 "A World that Counts: Mobilising the Data Revolution for Sustainable Development"에서도 제시되었듯 모든 이해당사자가 일관되고 비교 가능한 방식으로 발전 과정과 진전 정도를 효과적으로 추적하고 모니

4　UN-SPIDER https://www.un-spider.org/ (검색일: 2021.1.10.)

터링하는 것은 지속가능한 발전을 위해 매우 중요하다(UN 2014). 이러한 점에서 우주기술은 SDGs 이행 모니터링과 평가에 효과적으로 기여할 수 있다.

정리하자면, 인류 공동의 문제를 해결하고 지속가능한 발전을 위한 공동의 인식 기반 마련, 목표 달성과 이를 위한 이행 및 모니터링에 우주 기반 기술과 서비스를 효과적·효율적으로 활용할 필요가 있다는 국제적 논의와 규범 형성이 진행되고 있다. 물론, 우주 기반 기술과 서비스만으로 지속가능한 발전은 불가능하며, 기존의 개발협력사업을 완전하게 대체할 수는 없다. 또한, 새로운 기술의 도입이 개발도상국의 지속가능한 발전을 가져오리라는 기술결정론적인 입장을 경계함과 동시에 개발도상국의 정치·경제·사회·문화적 맥락을 고려하지 않고 우주기술을 활용함으로써 기술적 종속을 심화시킬 수 있다는 점에 대한 성찰적 고려가 필요하다. 따라서, 기존의 개발협력 사업에 우주 기반 기술과 서비스를 결합하기 위해서는 매우 세심한 주의와 성찰이 필요하다. 최근 코로나19 팬데믹 상황, 우주기술의 발전, 우주산업의 성장, 그리고 국제사회의 논의를 고려하였을 때, 국제개발협력과 SDGs 달성을 위한 우주기술의 활용은 보다 확대될 것으로 전망된다. 따라서 기존의 국제개발협력 방식과 우주기술을 어떻게 융합적으로 활용하고, 우주 공간에서의 갈등 심화 등 예측 가능한 문제점과 부작용에 대한 선제적 고려가 필요하다.

IV. 남북한의 우주기술과 협력방안 모색

우주 기반 기술이 국가안보 및 경제발전에 미치는 영향과 우주 영역에서의 미중 군사·기술 경쟁을 고려하였을 때, 한반도 역시 우주로부터 자유로울 수 없다. 한국과 북한도 우주 기반 기술의 군사적, 경제적 중요성을 인식하고 있으며, 기술적 발전과 군사적, 경제적 활용을 위해 노력하고 있다. 이 절에서는 남북한의 우주 기반 기술 현황을 살펴보고, 우주 영역에서의 남북한 협력 방안을 모색한다.

1. 남북한의 우주기술 현황

미국이나 중국, 러시아, 일본 및 유럽 국가들에 비해서 한국과 북한의 우주 기반 기술은 뒤떨어져 있다. 한국의 경우, 위성체 관련 기술은 상대적으로 발달하였지만, 우주 모빌리티 기술과 GNSS 기술은 걸음마 단계로 볼 수 있다. 반면, 북한은 위성체나 GNSS 기술보다는 우주 모빌리티 기술이 한국에 비해 조금 앞서 있는 것으로 알려져 있다.

먼저 한국의 우주기술 중에서 가장 발달한 기술은 위성체 관련 기술이다. 한국은 1992년 최초의 인공위성인 우리별-1호(2004년 교신 종료)를 성공적으로 발사한 이후 2020년 현재 총 16개의 인공위성을 지구 궤도에 띄우고 있다.[5] 한국항공우주연구원(Korea Aerospace Research Institute, KARI)(6개), KT(3개), 기상청(2개), 국방과학연구소(Agency for Defense Development, ADD)/KT(1개), KAIST(1개), 서울대(2개), 조선대(1개) 등이다. 목적별로는 지구관측이 5개, 지구관측/통신 1개, 지구관측/기술개발 1개, 통신 4개, 우주과학 1개, 기술발전 4개이다. 궤도별로는 정지궤도 위성이 7개, 저궤도 위성이 9개이다. 이 중 KAIST, 서울대, 조선대, KARI(1개)는 100kg 미만의 소형위성이

---

5   Union of Concerned Scientists. "UCS Satellite Database." https://www.ucsusa.org/resources/satellite-database (검색일: 2021.3.12.)

다. 군사용 초소형위성의 경우, ADD가 32개 초소형위성으로 북한을 감시하는 시스템을 2023년까지 개발하기로 하였다(연합뉴스 2020b).

　GNSS의 경우, 한국은 독자적인 GNSS를 구축하는 것보다는 미국의 GPS를 보완하는 RNSS 및 보정시스템(augmentation system) 구축을 통해 PNT 고도화에 노력하고 있다. 먼저 2020년 현재 추진 중인 기술은 "한국형 위성항법보정시스템(Korea Augmentation Satellite System, KASS)"이다. 위성기반보정시스템(satellite-based augmentation system)인 KASS는 GPS 등 GNSS에서 발생하는 17~37m 정도의 오차를 3m 이내로 보정해 주는 시스템으로 KARI가 개발 중이다.[6] KASS를 활용하면, GPS의 위치오차발생 확률이 500만 분의 1 정도로 감소하여 더 정확한 위치기반 서비스가 가능해진다.

　보다 야심찬 계획은 "한국형 위성항법시스템(Korean Positioning System, KPS)"이다. 「제3차 우주개발진흥기본계획」에 따라 KARI가 추진하는 KPS는 정지궤도 위성 3기와 경사궤도 위성 4기로 구성되며, 현재 계획상으로는 2022년에 사업 착수, 2027년 첫 위성 발사, 2034년 마지막 위성 발사 및 시스템 구축 완료를 목표로 하고 있다.[7] KPS는 GNSS가 아니라 서울 반경 1,000km를 권역으로 하는 RNSS이며, 미국 GPS를 보완하고 보다 정확한 위치정보를 통해 위치기반 서비스의 품질을 획기적으로 향상시킬 것으로 예상된다. 또한, GPS 신호가 없을 경우에도 제한적이나마 독자적인 위치정보 확인이 가능하다는 장점이 있다.

6　한국항공우주연구원. "위성항법." https://www.kari.re.kr/kor/sub03_06.do (검색일: 2021.1.10.)

7　한국항공우주연구원. "위성항법." https://www.kari.re.kr/kor/sub03_06.do (검색일: 2021.1.10.)

마지막으로, 한국의 위성체 기술이 세계 10위권 정도인 반면, 우주 모빌리티 기술은 상대적으로 뒤떨어져 있다. 2013년 발사되었던 나로호의 경우, 러시아산 1단 엔진을 사용하였고, 2018년 정지궤도 복합위성 천리안 2B호의 경우 프랑스제 아리안5 로켓이 사용되었다. 한국은 2021년 발사를 목표로 한국형 발사체인 누리호를 개발 중인데, 1.5톤급 위성을 저궤도에 보낼 수 있는 정도의 능력이다(연합뉴스 2020a).[8] 한국의 제한적인 우주 모빌리티 기술은 2020년 7월 한미 미사일지침 개정에 따라 기술 발전에 탄력을 받을 것으로 예상된다. 한국의 탄도미사일 개발 규제를 위해 제정된 한미 미사일 지침 개정으로 인해 고체연료 기반 발사체를 자유롭게 개발할 수 있게 되었다(손한별 2020; 이종화 2020). 군사용 위성의 경우, 대부분 저궤도 위성이며 많은 경우 고체연료 로켓에 실려 발사된다는 점에서 한국의 ISR 능력 향상이 예상된다.

북한 역시 다른 국가들과 마찬가지로 우주 기반 기술의 중요성을 인식하고 우주기술 발전을 위해 노력하고 있다. 북한의 우주기술은 그 군사적 함의로 인해 우주 발사체 기술에 집중되어 있다. 특히 2012년 김정은 집권과 함께 "우주개발 5개년 계획"을 수립하여 중장기계획 하에 우주개발을 진행하고 있는 것으로 보도되었다. 또한, 2013년 4월 "우주개발법"을 선포하고, 우주개발 계획의 작성과 실행, 우주개발 사업의 감독과 통제를 지휘하는 중앙기관으로 국가우주개발국을 설립함으로써 본격적인 우주개발사업을 시작한 것으로 알려졌다(통일부 북한정보포털 2020).

최근 북한의 장거리 미사일 능력 향상을 고려하였을 때, 우주발사체 기술은 꾸준히 발전하는 것으로 추정할 수 있다. 북한은 2017년 11

---

8   한국항공우주연구원. "한국형발사체(누리호)." https://www.kari.re.kr/kor/sub03_03_01.do (검색일: 2021.1.10.)

월 화성-15형 대륙간탄도미사일 실험에서 최고 고도 4,475km에 달하였고, 950km를 날아갔다고 밝혔다(KBS 2017). 2020년 10월 10일 북한 로동당 창건 75주년을 기념하는 열병식에서 공개된 신형 대륙간탄도미사일은 화성-15형보다 직경과 길이가 모두 확대되어 사거리와 탄도 탑재능력이 크게 향상된 것으로 분석되었다(조선일보 2020). 대륙간탄도미사일 기술과 우주발사체 기술의 유사성을 고려한다면, 북한은 위성 발사에 화성-15형 기술 등 대륙간탄도미사일 기술을 활용할 것이고, 정지궤도 위성까지 쏠 수 있을 것으로 예상되고 있다(VOA Korea 2017). 또한, CSIS의 "Space Threat Assessment Report 2020"에 따르면, 북한의 ASAT 능력에 대한 정확한 정보는 없지만, 핵무기 탑재 탄도미사일 기술을 고려한다면 고고도 핵폭발을 통한 EMP공격의 가능성과 GPS 재밍, 사이버 공격 등을 통한 상대국의 우주 능력에 대한 공격 등이 가능하다. 또한, 운동-물리적 항우주 무기체계의 경우, 낮은 정확도에도 불구하고 고도 600~750km까지 도달하는 노동1호 미사일 등에 탄두를 탑재하여 목표 위성 근처에서 폭발시켜 잔해를 이용해 위성의 활동을 방해할 가능성 역시 제기되고 있다(Harrison et al. 2020, 38). 이러한 북한의 ASAT 능력 개발 의도와 실제 능력에 대해서는 많은 국내외 전문가들이 동의하고 있다(함지하 2019; 문화일보 2019).

하지만, 지속가능한 발전에 기여할 수 있는 위성체 관련 기술은 매우 부족하다. 북한은 4번의 실패(1998년 8월, 2006년 7월, 2009년 4월, 2012년 4월) 끝에 2012년 12월 최초의 위성을 지구궤도에 보냈고, 2016년 2월에는 두 번째 위성 발사에 성공한 것으로 알려졌다. 한 보도에 따르면, 북한은 "우주개발 5개년 계획"에 따라 2020년까지 지구관측위성 및 정지궤도 위성을 더 발사할 계획이라고 알려졌다(뉴스1 2020). 하지만, 실제로 위성의 작동 여부는 확실히 밝혀져 있지 않고 있으며, 기술 수준 역시 매우 낮은 것으로 평가되고 있다.

2. 우주기술을 활용한 남북협력 가능성과 방안 모색

2021년 현재 한반도 정세를 고려하였을 때, 한국의 다양한 우주 기반 기술과 서비스를 활용하여 남북한 사이의 긴장을 완화하고 공동의 가치를 창출하는 것은 먼 미래에나 가능하거나 불가능한 이야기처럼 들린다. 특히, 대부분의 우주기술이 민군 겸용 기술이라는 점을 고려하였을 때, 우주 공간에서의 남북한 관계는 경쟁의 가능성이 크다. 또한, 경쟁 과정에서 발생할 수 있는 오인과 오판을 감소시킬 거버넌스가 부재한 상황을 고려한다면, 이러한 경쟁적 상황이 갈등적 상황으로 진행되는 것을 막기 어려울 것이다. 이러한 점에서 우주 영역에서의 남북한 협력의 가능성은 크지 않다.

하지만, 우주 영역에서의 남북협력의 한계로 인해 미래의 협력 가능성을 모색하는 노력마저 외면할 필요는 없다. 낮은 수준에서의 협력이 상호신뢰구축을 통해 좀 더 높은 수준에서의 협력을 위한 디딤돌 역할을 할 가능성 또한 배제할 수 없다. 이러한 점에서 본 연구는 과학적, 인도주의적, 경제적, 군사적 부문 등 다양한 부문에서 우주기술을 활용한 남북협력의 가능성을 제시한다. 북한의 낮은 위성체 기술을 고려하였을 때, 한국의 우주기술을 활용한 남북협력의 가능성은 충분하다. 이러한 남북협력은 가장 비정치적 부문에서의 협력으로부터 시작하여 경제적, 정치적 부문으로 확산되는 방안이 현실적일 것이다.

첫째, 과학적 부문에서 남북협력의 가능성이다. 하위 정치(low politics) 영역이라고 할 수 있는 과학기술 부문에서의 협력은 비정치적이고 남북한 사이의 이해관계 충돌 가능성이 낮아 가장 먼저 모색되고 추진될 수 있을 것이다. 예를 들면, 백두산 화산활동 분석과 위기 감지를 위한 남북한 협력이다. 현지 조사가 어려운 상황에서 인공위성을 활용한다면 백두산 마그마 활동의 전조현상을 확인할 수 있다(이덕수 외 2013; 오창환 외 2014; 홍상훈 외 2018). 2020년 1월 한국지질자원연구원은 '백두산 화산연구단'을 설치하여 백두산 화산활동을 감시하는 연구에 착수하였는데, 이를 위한 기술 중 하나가 '인공위성 열적외선 영상 분석'이다. 이와 더불어 화산 변형 활동 감시 등을 위해 GNSS 관측소를 활용한다면 더욱 정확한 분석과 예측이 가능하다(서울경제 2020). 인공위성을 활용한 한국 연구진의 백두산 화산활동 분석과 북한 연구진의 지상 관측을 결합한다면 백두산 화산 활동에 대한 보다 정확한 연구를 수행할 수 있을 것이다.

또한, 지구관측 데이터 분석을 통해 남북한이 공유할 수 있는 다양한 가치를 창출할 수 있다. 예를 들면, 기후변화의 부정적 영향력이 커지면서 한반도에는 잦은 홍수와 가뭄, 폭염과 혹한 등 극단적인 기후와 이에 따른 경제적·사회적 손실이 커지고 있다. 이러한 극단적 기후를 사전에 예측하고 예방하기 위해서 한국의 정확한 기상관측 정보를 공유할 수 있다. 또 다른 예로는 한국뿐만 아니라 북한에도 미세먼지가 큰 사회적·경제적 비용을 야기한다는 점에서 남북한 공동조사를 통한 미세먼지 원인 분석과 대응책 마련에도 우주기술이 활용될 수 있다. 이렇게 지구관측위성으로부터의 정보를 남북한이 공유하고 공동 분석과 대응을 함으로써 부정적 영향을 감소시키고 다양한 협력을 촉진시킬 수 있다.

이는 직간접적으로 SDGs의 3번 목표(건강과 웰빙), 7번 목표(모두를 위한 깨끗한 에너지), 13번 목표(기후변화 대응), 15번 목표(육상 생태계 보호)와 연계된다. 앞서 살펴본 백두산 화산 폭발이나 극단적 기후재난에 대비하고 이에 대한 대응책을 마련함으로써 예상 피해를 방지하고 최소화함으로써 기본적인 건강과 복지를 증진시킬 수 있다. 또한, 재난 발생 시에는 수색구조작업에도 한국의 지구관측위성이 활용될 수 있다. 나아가 백두산 지역이나 비무장지역의 생물다양성에 대한 과학적 조사와 모니터링도 가능하다.

둘째, 우주기술을 활용해서 교육, 보건의료 등 북한 주민의 삶의 질과 직접적으로 관련된 부문에서의 다양한 개발협력사업을 수행할 수 있다. 예를 들면, 한국의 통신위성을 활용하여 경제·사회인프라가 취약한 지역에 대한 원격교육을 제공하는 데 도움을 줄 수 있다. 사회경제적으로 낙후된 지역에 대한 원격교육은 단기적으로는 양질의 교육을 제공하고, 차별 없는 교육을 통해 성 평등과 불평등 감소, 지속가능한 생산과 소비, 그리고 나아가 양질의 일자리와 경제성장에 기여할 수 있다. 또한, 보건의료분야―원격진료, 감염병 추적, 질병관리 계획이 필요한 위험지역 예측과 정의 등―에서도 우주기술은 활용될 수 있다.

이러한 활동은 SDGs의 1번 목표(빈곤퇴치), 2번 목표(기아종식), 3번 목표(건강과 웰빙), 4번 목표(양질의 교육), 5번 목표(성 평등), 6번 목표(깨끗한 물과 위생), 10번 목표(불평등 감소) 등과 직간접적으로 연계된다. 이렇듯 인간의 기본권 보장과 인도주의적 위기 방지를 위해 우주기술은 남북협력의 도구로 사용될 수 있다.

셋째, 공동의 경제적 이익을 위해서 우주 관련 기술이 적극적으로 활용될 수 있다. 즉, 농업, 임업, 수산업, 광업 등 다양한 산업에 대하여 우주기술은 부가가치를 창출할 수 있다. 예를 들면, 북한은 풍부한 광물자원이 있지만, 이를 위한 개발은 높은 비용으로 인해 중국에게 장기간 개발권을 부여하는 방식으로 개발을 진행하고 있다. 하지만, 지구관측위성의 원격탐사, 특히 초분광(hyperspectral) 센서 탑재체를 통해 특정 광물이 반사하는 파장을 분석해 광물의 위치를 파악할 수 있다(동아사이언스 2018). 따라서 개발 리스크와 비용을 줄임으로써 개발이익을 증진하고 공유할 수 있다. 농업의 경우, 지구관측위성을 통해서 작물 모니터링, 토지이용 현황 파악 및 효율적 활용 등으로 농업생산성 향상, 식량안보 증진에 기여할 수 있다. 예를 들면, 지구관측 데이터와 GNSS를 통합한 정밀 농업(precision agriculture)을 통해 생산량을 획기적으로 증가시킬 수 있다(UN 2018).

최근 우주기술은 스마트 산림·임업에도 활용되고 있다. 한국 국립산림과학원은 남북산림협력의 기초자료가 될 수 있는 북한 산림자원 현황을 파악하기 위하여 위성영상을 모니터링하였고, 주요 수종을 분류하는 알고리즘을 개발하였다. 추후 머신러닝, 딥러닝 등 AI 기법을 활용해 자동 분류를 사용해 효율적인 산림자원 분석과 산림자원의 변화 추이를 분석함으로써 경제적 활용도를 높일 수 있을 것으로 기대되고 있다(산림청 2019). 마지막으로, 동해 불법 조업 주범인 중국의 선단을 위성과 AI를 통해서 추적할 수 있으며(Park et al. 2020), 남북한은 적극적 협력을 통해 어업 부문에서 공동의 경제적 이익을 창출할 수 있다. 그 외 다양한 비군사적 부문에서의 협력 역시 우주의 상업적 활용이라는 차원에서 추진될 수 있다. 이러한 활동은 SDGs의 1번 목표(빈곤퇴치), 2번 목표(기아종식), 8번 목표(양질의 일자리와 경제성장), 9번 목표(산업, 혁신, 사회기반시설), 10번 목표(불평등 감소), 12번 목표(지속가능한 생산과 소비), 15번(육상 생태계 보호), 14번 목표(해양 생태계 보존) 등과 연계된다.

마지막으로, 군사적 영역에서의 협력의 가능성 역시 존재한다. 2021년 북한의 비핵화를 섣불리 예측하기는 매우 어렵다. 하지만, 만약 북한의 비핵화를 위한 협상이 성공하여 비핵화가 진행된다면, 그러한 과정을 객관적으로 검증할 필요가 있다. 이 경우, 검증 및 지속적인 모니터링 과정에 향상된 지구관측위성을 활용한다면 남북한 신뢰구축에 이바지할 수 있을 것이다(Snowden 2019). 물론 원격탐지와 위성 이미지가 완벽한 비핵화 검증과 모니터링을 제공해주지는 못하지만, 기술적 발전이 이뤄지고 다른 검증방식과 병행된다면 그 중요성은 더욱 높아질 것이다. 이는 SDGs의 16번 목표(정의, 평화, 효과적인 제도)와 연결되어 있다.

정리하자면, 한국의 우주기술을 활용하여 남북협력을 도모하는 것은 쉽지 않다. 그럼에도 불구하고, 낮은 수준에서의 협력으로부터 시작하여 높은 단계의 협력으로 발전시키는 방안을 구상할 필요가 있다. 특히, 코로나19 팬데믹 이후 대면 협력사업이 어려운 상황에서 우주기술을 활용한 협력사업의 가능성과 필요성은 그 어느 때보다도 높다. 이러한 점에서 우주기술은 보다 효율적인 자원 관리와 활용을 통해서 북한의 SDGs 달성과 모니터링뿐만 아니라 남북협력 증진과 신뢰기반 구축에도 기여할 것이다.

V. 맺음말

우주공간을 얼마나, 어떻게 효과적으로 활용하여 자국의 정치외교적, 군사안보적, 경제적 이익을 제고할 것인가가 지상에서의 경쟁에 미치는 영향이 커짐에 따라 세계 각국은 우주 경쟁에 본격적으로 뛰어들고 있다. 이렇듯 우주 공간의 군사적, 상업적 활용이 활발해지고 경쟁이 심화되는 맥락에서 인류 공동의 목표를 달성하기 위해 우주와 우주기술을 공유하고 평화적으로 활용하기를 바라는 것은 비현실적일 수 있

다. 하지만, 인류가 공동으로 처한 문제의 심각성이 커지고, 협력을 요
구하는 목소리가 커짐에 따라 우주기술과 이를 활용한 다양한 서비스
를 활용하기 위한 지구적 차원의 노력이 지속되고 있다. 기후변화, 재
난·재해 예방과 대응 등은 우주기술을 활용하였을 때 가장 효과적으
로 대응할 수 있는 문제 중 일부이다.

　　이러한 점에서 우주기술을 활용한 남북협력 가능성을 개척할 필
요가 있다. 2021년 현재 다양한 영역에서 협력의 필요성에도 불구하고
남북협력은 난항을 겪고 있다. 우주 영역에서의 남북한 협력 역시 기대
하기 어려운 상황이다. 그럼에도 불구하고, 협력의 가능성에 대한 모색
자체를 외면할 필요는 없다. 특히, 과학 및 환경 분야 남북협력에 있어
서 군사분계선을 넘어 우주 공간을 활용한다면 오히려 더 효율적일 뿐
만 아니라 주변국의 참여를 유도하여 국제적 협력까지도 가능할 수 있
다. 이렇듯 우주의 평화적 이용과 한반도 평화라는 공동의 가치를 추
구하기 위하여 우주기술을 활용한 다양한 수준과 부문에서의 남북협
력은 과거의 패러다임을 벗어난 새로운 패러다임을 제시할 수 있을
것이다.

참고문헌

고상호·김철웅. 2019. "우주발사체 회수 및 재사용 기술." 『융합연구리뷰』 5(6).

공군본부. 2015. 『공군작전교범(우주작전), 2015』. 공군본부.

과학기술정보통신부. 2020. 『2020 우주산업 실태조사』. 한국우주기술진흥협회(주관).

곽노필. 2020. "중국 창어5호, 달 표면 안착 표본 채취 돌입." 『한겨레』, 12월 2일.

김경민. 2019. "중국의 우주 능력." 『서울신문』, 5월 28일.

뉴스1. 2020. "북한, 우주개발 5개년 계획 마지막해…"우주개발 적극 추진"." 4월 2일.

동아사이언스. 2018. "북한 지하 100~300m 매장 광물자원, 원격으로 찾는다." 6월 15일.

문화일보. 2019. "北, 비핵화협상 결렬 대비 위성요격미사일 개발도 착수할 것." 10월 04일.

박병광. 2020. "동아시아의 우주군사력 건설동향과 우리의 대응방향." 『INSS 전략보고』 No. 80.

박종원. 2020. "서비스업과 제조업 지형 바꿀 우주 모빌리티." 『동아사이언스』, 4월 6일.

산림청. 2019. "북한의 산림자원 현황파악으로 남북산림협력 준비 박차." 『대한민국
　　　　정책브리핑』, 7월 19일.

서울경제. 2020. "백두산 폭발 가능성은…지질연구원, 화산연구단 설치." 1월 12일.

손한별. 2020. "우리 손으로 군사위성 쏜다…美에 의존 전략정보 독자수집 가능." 『대한민국
　　　　정책브리핑』, 7월 31일.

신성호. 2020. "21세기 미국과 중국의 우주 개발: 지구를 넘어 우주 패권 경쟁으로."
　　　　『국제지역연구』 29(2): 66-90.

연합뉴스. 2020a. "한국 우주기술은?…"위성 기술 있지만 로켓은 걸음마"." 6월 7일.

_____. 2020b. "군, '초소형 위성' 개발한다…북한 이동식발사대 30분마다 정찰." 8월 5일.

_____. 2021. "중국탐사선 10개월 여정끝 화성착륙 성공…우주강국 꿈 이뤘다." 5월 15일.

오창환·최승찬·이덕수·박종현·김명덕. 2014. "인공위성을 이용한 백두산 하부 마그마
　　　　활동에 대한 연구의 필요성 및 가능성." 『국제지역연구』 18(3): 35-47.

이경호. 2015. "정부의 원격의료 문제점 진단과 처방." 『의료정책포럼』 13(4): 81-85.

이덕수·최승찬·오창환·서민호·유인창. 2013. "인공위성을 이용한 백두산 화산 마그마
　　　　활동의 전조현상 인지 가능성 연구." 『광물과 암석』 22(1): 35-47.

이용성. 2020. "美 GPS 영향권 벗어난 중국…시진핑 '베이더우 시대' 선언." 『조선일보』, 7월
　　　　31일.

이재준. 2020. "중국, 사물인터넷망 구축 위한 통신위성 2기 발사 성공." 『뉴시스』, 5월 12일.

이종화. 2020. "발사체에 고체연료…'K-로켓' 날개 달았다." 『매일경제』, 7월 31일.

정헌주. 2021. "미국과 중국의 우주 경쟁과 우주안보딜레마." 『국방정책연구』 37(1): 9-40.

조선일보. 2020. "김정은 신형 ICBM 공개에…美 "괴물같다, 北 비핵화로 나오라." 10월 11일.

조승한. 2019. "'중국판 스페이스X', 상업 우주발사 시동 건다." 『동아사이언스』, 8월 5일.

최아름. 2020. "어디서든 터지는 저궤도 위성통신…지상망 대안 '부상'." 『정보통신신문』, 1월
　　　　14일.

최연석. 2020. "원격의료의 도입에 관한 연구: 코로나바이러스감염증19 전염병과 원격의료

도입의 필요성." 『국제법무』 12(1): 113-137.

최준호. 2019. "아폴로 달 착륙 50주년에…중국, 미국이 못간 달 뒷면 첫발." 『중앙일보』, 1월 4일.

함지하. 2019. "미 국방정보국 "북한, 다른 위성 겨냥 역량 보유…위성발사로 탄도미사일 기술 습득"." 『VOA』, 2월 14일.

홍상훈·장민정·정성우·박서우. 2018 "인공위성 원격탐사를 이용한 백두산 화산 감시 연구 리뷰." 『대한원격탐사학회지』, 34(6): 1503-1517.

KBS. 2017. "北, 국가 핵무력 완성 선포…"신형 ICBM 화성-15형 발사 성공." 11월 29일.

VOA Korea. 2017. "로켓 전문가들 "북한, 위성 발사에 ICBM 기술 적용할 것." 12월 28일.

YTN. 2016. "중국, 첫 자체 제작 이동통신 위성 발사." 8월 7일.

Browne, Ryan. 2019. "With a signature, Trump brings Space Force into being." *CNN*, December 21.

CSIS. 2020. "Space Environment: Total Launches by Country." https://aerospace.csis. org/data/space-environment-total-launches-by-country (검색일: 2021.3.3.).

Davenport, Christian. 2019. "Another Front in the Tensions between the U.S. and China: Space." *Washington Post*, July 26.

Dawson, Linda. 2018, *War in Space: The Science and Technology Behind Our Next Theater of Conflict*. Chichester, UK: Springer Praxis Books.

Di Pippo, Simonetta. 2019. "The Contribution of Space for a More Sustainable Earth: Leveraging Space to Achieve the Sustainable Development Goals." *Global Sustainability* 2: 1-3.

Dunn, Katherine. 2020. "Mysterious GPS outages are wracking the shipping industry: For the global maritime shipping industry, spotty satellite navigation is a disaster waiting to happen." *Fortune*, January 22.

Etherington, Darrell. 2020. "Amazon gains FCC approval for Kuiper internet satellite constellation and commits $10 billion to the project." *Tech Crunch*, July 31.

Ferretti, Stefano, Jörg Feustel-Büechl, Roy Gibson, Peter Hulsroj, Andreas Papp, Elisabeth Veit. 2016. *Space for Sustainable Development*. European Space Policy Institute ESPI Report 59.

Goswami, Namrata. 2020. "The Economic and Military Impact of China's BeiDou Navigation System." *The Diplomat*, July 1.

Harrison, Todd, Kaitlyn Johnson, Thomas Roberts, Tyler Way, and Makena Young. 2020. *Space Threat Assessment 2020*, A Report of the CSIS Aerospace Security Project, March 2020 (Washington DC: CSIS).

Johnson-Freese, Joan and David Burbach. 2019. "The Outer Space Treaty and the weaponization of space." *Bulletin of the Atomic Scientists* 75(4): 137-141.

Jones, Harry. 2018. "The Recent Large Reduction in Space Lunch Cost." paper presented at the 48th International Conference on Environment Systems, July 8-12, 2018,

Albuquerque, New Mexico, U.S.

Kansakar, Pratistha, and Faisal Hossain. 2016. "A Review of Applications of Satellite Earth Observation Data for Global Societal Benefit and Stewardship of Planet Earth." *Space Policy* 36: 46-54.

Kramer, Miriam. 2020. "Amazon's Project Kuiper moves ahead." *AXIOS*, August 4.

Lambright, W. Henry. 2015. "Launching commercial space: NASA, cargo, and policy innovation." *Space Policy* 34: 23-31.

Launius, Roger D. 2009. "United States Space Cooperation and Competition: Historical Reflections." *Astropolitics* 7(2): 89-100.

Lubojemski, Aleksander M. 2019. "Satellites and the Security Dilemma." *Astropolitics* 17(2): 127-140.

Mars, Maurice. 2014. "Tele-education in South Africa." *Frontiers in Public Health* 2: 173.

Masson-Zwaan, Tanja. 2020. "Combating COVID-19: The Role of Space Law and Technology." *Air and Space Law* 45: 39-60.

Morgan Stanley. "Space: Investing in the Final Frontier." July 24. 2020, https://www. morganstanley.com/ideas/investing-in-space (검색일: 2021.3.5.).

Nikkei Asia. 2019. "China's version of GPS now has more satellites than US original." August 19.

O'Connor, Alan C, Gallaher, M.P., Clark-Sutton, K., Lapidus, D., Oliver, Z.T., Scott, T.J., Wood, D.W., Gonzalez, M.A., Brown, E.G., and Fletcher, J. 2019. *Economic Benefits of the Global Positioning System (GPS)*. RTI Project Number 0215471. RTI International.

OECD. 2019. *The Space Economy in Figures: How Space Contributes to the Global Economy*. Paris: OECD Publishing.

Paganini, Marc, Ivan Petiteville, Stephen Ward, George Dyke, Matthew Steventon, Jennifer Harry. 2018. Satellite Earth Observations in Support of the Sustainable Development Goals. European Space Agency. Special 2018 Edition.

Park, Jaeyoon, Jungsam Lee, Katherine Seto, Timothy Hochberg, Brian A. Wong, Nathan A. Miller, Kenji Takasaki, Hiroshi Kubota, Yoshioki Oozeki, Sejal Doshi, Maya Midzik, Quentin Hanich, Brian Sullivan, Paul Woods, David A. Kroodsma. 2020. "Illuminating Dark Fishing Fleets in North Korea." *Science Advances* 6(30).

Scatteia, Luigi, Alyssa Frayling, Tala Atie. 2020. The Role of Emerging Space Nations in Supporting Sustainable Development and Economic Growth. PwC Report.

Sheehan, Michael. 2007. *The International Politics of Space*. New York, NY: Routledge.

Šiljak, Harun. 2020. "China's quantum satellite enables first totally secure long-range messages." *The Conversation*, June 16.

Snowden, Mareena. 2019. "Probabilistic Verification: A New Concept for Verifying the Denuclearization of North Korea." https://www.armscontrol.org/act/2019-09/ features/probabilistic-verification-new-concept-verifying-denuclearization-northkorea (검색일: 2021.1.5.).

Time. 2020. "China Says It Has Completed a Navigation Network That Could Rival the U.S. GPS." July 31.

Townsend, Brad. 2020. "Strategic Choice and the Orbital Security Dilemma." *Strategic Studies Quarterly* 14(1): 64-90.

UN. 2014. *A World that Counts: Mobilising the Data Revolution for Sustainable Development*. United Nations.

_____. 2018. *European Global Navigation Satellite System and Copernicus: Supporting the Sustainable Development Goals*. United Nations Office for Outer Space Affairs.

_____. 2020a. The Sustainable Development Goals Report 2020. United Nations.

_____. 2020b. Guidebook for the Preparation of Science, Technology, and Innovation (STI) for SDGs Roadmaps. United Nations.

UN COPUOS. 2017. The "Space2030" agenda and the Global Governance of Outer Space Activities. UN Committee on the Peaceful Uses of Outer Space. December 13.

_____. 2019. The "Space2030" Agenda: Space as a Driver of Sustainable Development. UN Committee on the Peaceful Uses of Outer Space. March 29.

UN ECOSOC. 2020. Exploring Space Technologies for Sustainable Development and the Benefits of International Research Collaboration in this Context. Commission on Science and Technology for Development of UN Economic and Social Concil. Report to the Secretary-General. January 13.

Union of Concerned Scientists. "UCS Satellite Database." https://www.ucsusa.org/resources/satellite-database (검색일: 2021.5.10.)

U.S. Defense Intelligence Agency. 2019. *Challenges to Security in Space*. Washington, DC: DIA.

U.S. Space Force. 2020. "Spacepower: Doctrine for Space Forces." https://www.spaceforce.mil/Portals/1/Space%20Capstone%20Publication_10%20Aug%202020.pdf. (검색일: 2021.3.5.).

U.S. White House. "Remarks by President Trump at a Meeting with the National Space Council and Signing of Space Policy Directive-3." June 18. 2018.https://trumpwhitehouse.archives.gov/briefings-statements/remarks-president-trump-meeting-national-space-council-signing-space-policy-directive-3/ (검색일: 2021.3.10.).

Woo, Ryan, and Liangping Gao. 2020. "China set to complete Beidou network rivalling GPS in global navigation." *Reuters*, June 12.

Zhang, Baohui. 2011. "The Security Dilemma in the U.S.-China Military Space Relationship: The Prospects for Arms Control." *Asian Survey* 51(2): 311-332.

웹사이트

국가기상위성센터 위성정보 https://nmsc.kma.go.kr/
통일부 북한정보포털 https://nkinfo.unikorea.go.kr/
한국항공우주연구원 https://www.kari.re.kr/
Copernicus https://www.copernicus.eu/en/copernicus-services
UNOOSA https://www.unoosa.org/
UN-SPIDER https://www.un-spider.org/

제2부　　　무선통신, 디지털 화폐,
　　　　　디지털 미디어 분야

제5장 무선통신의 국제정치경제와
남북한 ICT협력

강하연 정보통신정책연구원 국제협력연구본부

I. 머리말

디지털 경제 주도권을 두고 경쟁하는 미국과 중국 두 국가는 서로의 첨단기술 확보역량을 방해하는 경쟁을 벌이고 있다. 미국은 중국의 5G 기술력을 좌절시키고자, 화웨이 장비 생산네트워크에 참여하거나 화웨이 제품을 소비하는 국가와 기업에게 강력한 제재 정책을 펼치고 있으며, 소위 '클린 네트워크'로 불리고 있는 중국제 장비를 사용하지 않는 우방국 간 동맹을 추구하고 있다. 중국은 이에 맞서 미국 ICT기업에 대하여 보안 등의 이유를 앞세워 중국 시장에서의 사업을 제약하고 있으며, '디지털 실크로드'로 불리는 미국을 배제한 친중국 기술진영을 구축하고 있다. 미·중 양국이 벌이는 5G, 클라우드, 반도체, 인공지능 등 디지털 분야에서의 기술경쟁은 과거 제조업 중심 패권국가 글로벌 경쟁이 네트워크와 플랫폼 기반 경쟁으로 옮겨가고 있음을 보여주고 있다.

미·중 간 경쟁이 네트워크와 디지털 플랫폼 차원에서 진행되는 것은 디지털 분야 기술경쟁이 일개 국가 단위 내에서만 머무르는 것이 아니라 글로벌한 성격을 갖고 있음을 의미한다. 구글, 넷플릭스, 아마존, 알리바바, 텐센트, 화웨이 등이 제공하는 네트워크와 플랫폼을 이용하는 국가들은 이들 기업의 기술혁신 속도와 시장경쟁의 동학에 종속될 수밖에 없다. 네트워크와 플랫폼이 지배하는 글로벌 경제에서 벌이는 경쟁은 플랫폼 지배력 구축을 통한 이익 독식 및 신산업의 선점 경쟁 중심으로 진화하고 있는데, 미국과 중국을 중심으로 플랫폼의 양분화 가능성이 부상하고 있다. 이 두 거대 플랫폼에 연계되었거나 네트워크 영향권 아래에 있는 주변 국가들은 자국 산업의 질적 재편을 요구받게 될 것이다. 플랫폼의 영향력이 클수록 해당 플랫폼에 의존적인 국가의 자본, 노동, 교육, 사회복지 정책 등은 플랫폼과의 정합성 또는 호환성을 강요받을 것이다. 예컨대, 미국 플랫폼과의 연동성이 높은 우리나라의 경우, 국내 기업들은 미국 ICT기업과의 기술표준, 소프트웨어 및 운영체제 차원의 호환성 조율이 불가피하다. 아울러 국내정치적 논란에도 불구하고 미국의 이해에 반하는 국내법과 제도 또는 독자적 정책을 추구하기 쉽지 않을 것이다.

미·중 기술패권 경쟁 양상에서 얻는 중요한 시사점은 기술발전이 정치경제학적 동력에 의해 진행된다는 사실이며, 특히 기술이 통치의 효과적 수단일 수 있다는 점이다. 21세기 디지털 기술로 인해 통치 수단으로서의 기술이 한 단계 더 업그레이드되었다. 개인의 행태정보 데이터를 기반으로 하는 다양한 서비스들이 무선통신 플랫폼과 클라우드, 빅데이터, 인공지능 기술과 결합하면서 국가의 사회통제 및 감시 능력의 고도화가 가능해진 것이다. 푸코가 감시와 통제의 도구로 묘사한 감옥(판옵티콘)이 21세기 디지털 기술을 만나면서 물리적·공간적 제약에서 자유로워졌으며, 국가는 이전과 비교할 수 없는 효과적 사회통제 수단을 갖게 된 것이다. 중국의 인터넷 및 무선통신산업의 발전 역사가 이를 보여주고 있는데, 중국의 첨단기술 발전은 통치자들의 전략적 설계하에 진행되고 있다. 1980년대부터 국영 통신사업자를 앞세워 중국 전역의 통신인프라 및 서비스 구축을 추진하여 중국의 경제성장을 뒷받침하였다. 2000년대에 들어서면서 중국은 전국 정보화 및 인프라 고도화 정책을 추진하였으며, 이를 기반으로 BAT(바이두, 알리바바, 텐센트)로 불리는 거대 ICT기업들이 부상하였다. 중국 정부는 BAT를 공산당의 사회 통제력을 확보하는 수단으로 활용하고 있는데, 중국의 "인터넷 플러스," "차세대 AI 발전 전략," "사회신용체계" 정책 등은 BAT가 제공하는 기술과 플랫폼에서 추진되고 있다. 최근 코로나19를 겪으면서 BAT가 제공하는 QR코드 기반 방역 및 신용정보관리 서비스는 중국식 감시국가 모델의 진수를 보여주고 있다(차정미 2020; Jia and Winseck 2018).

앞의 내용은 ICT기술의 정치경제학적 동학, 그리고 중국식 통제국가를 지향하는 북한을 분석하는 데 중요한 시사점을 제공한다. 북한은 지배 세력의 체제 유지 및 북한경제의 통제를 목적으로 무선통신산업을 육성하고 있다. 북한이 체제 유지를 목적으로 ICT기술을 지배하려고 할수록, 향후 디지털 분야에서의 남북협력은 우리가 생각하는 양상과 다른 방식으로 진행될 가능성이 크다. 북한의 디지털(무선통신) 생태계의 양상이 남한과 질적으로 다르며, 협력의 지점을 찾기 어렵거나 협력의 시너지를 찾기 쉽지 않다. 본 논문은 북한의 무선통신 산업이 체제 유지 및 시장통제라는 이중 목표에 의해 진화하고 있음을 주목하고 이러한 분석을 토대로 남북 간 서로 원원하는 협력의 방향성을 고민하였다. II절은 북한 ICT산업의 발전사를 다루고 무선통신서비스의 도입과정을 살펴보았다. III절은 무선통신 단말기와 서비스, 그리고 모바일 결제시스템의 정치경제적 분석을 시도하였다. 마지막 절에서는 앞의 분석을 토대로 남북 ICT협력에의 시사점을 도출하였다.

II. 북한에서 ICT산업의 위상 및 발전[1]

북한에서의 ICT산업 및 관련 기술의 위상은 낮지 않다. 해방 이후 김일

---

1   이 글은 정보통신기술을 의미하는 영어 약어 ICT(Information Communication Technology)를 주로 사용하고 있으나, 북한은 IT(Information Technology)를 사용하고 있어 북한 자료 원용 시 IT로 표기하였음을 밝혀둔다. 참고로, ICT와 IT의 의미 차이는 크지 않으나, 최근 문헌들은 디지털 기술과 디지털 기술로 인해 구현되는 다양한 통신 방법을 내포한 개념인 ICT를 선호하고 있다.

성 체제부터 지금까지 과학기술을 사회주의 경제 강국을 달성하는 중요한 수단으로 여기고 중앙정부의 본격적 지원 아래 정책을 추진하고 있기 때문이다. 이미 1960년대 말 '전진 5500'으로 불리는 1세대 디지털 컴퓨터를 개발하고, 1970년대-80년대에는 중노동과 경노동, 공업노동과 농업노동의 차이를 해소하는 산업의 기계화 및 자동화를 강조하는 정책을 추진하였다. 기술기반 개발에 대한 강조와 함께 정권의 이념적 목표에 부응하는 기술 전문인력의 양성도 강조되어 전국에 20여 개의 과학기술 관련 대학이 설립되는 등, 과학기술을 활용하여 경제부흥을 꾀하는 전략을 꾸준히 추진하였다.

김일성 정권이 과학기술개발의 물적 토대를 다졌다면, 김정일이 집권하면서 ICT기술 관련 당국의 정책이 본격화되었다. 고난의 행군이 일단락된 1990년대 후반부터 국정 제1지표로 과학기술중시 정책을 추진하였다. 주요 시책으로 '과학의 해'를 지정하였으며, 주무 기관인 국가과학기술위원회의 위상을 강화하였으며, 4차례의 과학기술발전 5개년계획을 추진하였으며, 이러한 정책 기조는 2010년대 중반까지 계속된다.[2] 김정일 정권은 1990년대의 어려움을 극복하기 위해 ICT기술에 주목하였고, 'IT 단번 도약 정책' 그리고 'CNC(Computerized Numerical Control)화 정책'을 적극적으로 추진하였다. 'IT 단번 도약 정책'은 1994년 세계적인 정보통신기술 발전 붐에 편승하여 의욕적으로 추진되었는데, 과학기술 발전을 단계적으로 추진하였던 선대의 김일성 정권과는 달리 ICT산업에서의 중간 단계를 생략하고 단번에 국제사회와 같은 수준의 최고 단계 도약을 목표로 관련 기술의 개발이

---

2 다만 2016년부터 과학기술발전계획을 경제발전계획에 흡수하여 추진하는 것으로 보인다. 과학기술발전5개년 계획의 실질적 성과를 거두지 못하고 있는 맥락에서 택한 조치로 보여진다.

추진되었다. 이 정책에 따라 1995년 컴퓨터 통신망인 '광명' 인트라넷이 개통되었으며, 이후 1998년에는 전국적 통신네트워크의 구축이 이루어졌다. 2000년대 들어서는 대학에 컴퓨터공학부, 정보공학과가 신설되었고, 정보공학 강좌도 개설되기 시작했다. 2001년 김책공업종합대학에 정보과학기술 대학이 설치되었으며, 2002년 1월에는 국가과학원에 '정보기술 학교'가 신설되었다. 또한 지방대학에도 컴퓨터를 비롯한 정보공학 강좌가 개설되는 등 북한 전역에 컴퓨터 교육 붐이 조성되었다. 그러나 김정일 정권의 'IT 단번 도약 정책'은 북한의 폐쇄적 대외정책으로 인한 한계를 뛰어넘지 못하며 큰 성과를 거두지는 못하였다고 한다(박은진 2017, 198-200).

이후 추진된 'CNC화 정책'은 'IT 단번 도약 정책'의 실패가 북한경제 전반에 걸친 낡은 기계 설비와 생산기술·공정의 문제 때문이라는 인식에서 출발하였다. 사실 이 시기는 UN 안보리 결의 1874호가채택되어 대북 제재가 더욱 강화되는 배경에서 새로운 경제개발 전략을 모색할 수밖에 없는 상황이었다. 일반적으로 사회주의 국가들은 생산재 생산에 집중하면서 기계공업을 우선적으로 육성하고, 이어서 생산성을 향상하기 위해 자동화에 치중한다. 북한도 크게 다르지 않은것 같다. 'CNC'라는 용어는 북한에서는 2009년 로동신문에서 공작기계 공업부문에서 컴퓨터 제어로 가공물을 자동 절삭하는 최신 공작기계를 지칭할 때 처음 사용한 것으로 알려져 있다. 김정은 정권은 생산공정의 현대화·자동화·무인화·정보화를 통해 경제 강국을 건설하겠다는 목표로 모든 산업의 CNC화를 추진하였으며, 다양한 생산 현장에서 정보화된 설비들이 적용되도록 하였다. 이 시기에 프로그래밍 등소프트웨어 개발인력 육성을 위한 교육기관 설립 등 제도적 환경을 구축했으며, 북한의 독자적 OS, 응용프로그램, 판형컴퓨터로 불리는 태

표 1 북한의 국가과학기술발전5개년계획 주력분야

1차(1998~2002)		2차(2003~2007)	3차(2008~2012)	4차(2013~2017)
인민경제 기술 개건	에너지 (6개)	경제 발전 (8개 부문, 53개 대상)	인민경제 4대 선행부문 (전력, 석탄, 금속, 철도운수)	에너지문제 해결 (전력생산, 전기절약)
	기간산업 (5개)		인민경제 개건, 현대화 (자원, 채취, 기계, 화학, 건설건재, 국토환경)	공업 주체화, 현대화 (금속, 화학, 석탄, 기계, 전자, 건설, 경공업, 국토환경 도시)
인민생활 개선 (6개)		인민생활 (7개 부문)	식량문제 해결 (농업, 수산, 경공업, 보건)	먹는 문제 해결 (농업, 축산, 과수, 수산)
기초/첨단기술 (5개)		첨단기술 (5개 부문, 37개 대상)	첨단 과학기술 (IT, NT, BT, 에너지, 우주, 해양, 레이저/플라즈마)	첨단기술, 비중 제고 (IT, NT, BT, 신소재, 신에너지, 우주)
		기초과학 (4개 부문)	기초과학 (수학, 물리, 화학, 생물, 지리)	기초과학 (수학, 물리, 화학, 생물, 지리)

출처: 이춘근(2019, 24-28).

표 2 북한의 CNC(Computerized Numerical Control) 정책

추진 단계	내용
1단계	• 재래식 낡은 설비의 CNC전환 • 설비 갱신, CNC화
2단계	• 자동화된 유연생산구역 형성 • 제한된 일정 구역에서 CNC기술을 활용하여 생산
3단계	• 컴퓨터 통합생산체계 구축 • 주문, 계획, 설계, 제작, 검사, 판매 등의 전 생산 분야와 인력, 자재, 설비, 회계 등의 경영관리를 모두 컴퓨터망에 통합관리
4단계	• 무인화 실현

출처: 이춘근(2019).

블릿PC가 개발되었다. 북한은 고난의 행군이 끝난 1998년도부터 과학기술발전 5개년 계획을 연이어 수립, 과학기술발전을 통해 북한의 생산현장의 문제점을 극복하려고 하였고, 2022년까지 과학기술 강국 실현 목표로 IT, BT, NT 분야 기술고도화를 추진하고 있다(박은진 2017,

201-203).

김정은 정권에서도 IT를 포함한 과학기술정책은 여전히 강조되고 있다. 선대의 김일성식의 '단계별 성장'이 아닌, 김정일식의 '단번 도약' 전략을 추구하고 있는데, 이는 북한의 각 산업별 발전 속도가 다른 현실에서 기인한다. 북한은 CNC화를 통해 2차 산업혁명의 자동 생산 라인 도입 등의 근대화를 추진하고 있으나 사실 그 실적은 분야별로 많은 차이가 있는 것으로 알려져 있다. 그렇다고 세계적 흐름인 4차 산업혁명도 무시할 수 없는 현실에 직면하고 있다. 이러한 배경에서 김정은 정권은 자본주의 사회에서 일반적으로 순차적으로 진행된 1차, 2차, 3차 산업의 발달을 기반으로 추진되는 4차 산업혁명이 아닌, 2차 산업의 기계화·현대화 전략과 동시에 물리, 디지털 기술, 바이오 기술 등 4차 산업혁명 산업도 동시에 발전시키겠다는 전략을 추진하는 것으로 보인다.

북한의 ICT기술 개발이 1990년대 후반부터 본격적으로 추진되었다는 것이 일반적 평가이다. 잘 알려져 있듯이 이 시기는 북한의 자력경제 개발 전략, 즉 강성대국 전략을 추진하던 시기이다. 북한은 자본과 노동력 추가 투입의 한계에 직면한 상황에서 기술 진보 등의 총 요소 생산성 증가에 의한 경제 회생 및 경제발전을 도모하였는데, 정보통신기술은 이러한 국가목표 달성 측면에서 매우 적합한 정책 수단이었다. 디지털 기술 후발국이란 약점은 오히려 관련 기술의 초기개발 비용을 줄일 수 있는 장점으로 작용하였으며, 낙후되어 보급률도 낮은 유선전화 분야(2000년도 당시 10%대)를 뛰어넘어 전국 무선통신서비스 구축 전략으로 바로 진입하여, '단번의 도약'을 실현할 수 있는 계기로 삼을 수 있었다. 가혹한 '고난의 행군' 시절에서도 전국 광섬유케이블 구축사업을 꾸준히 추진할 정도로 김정일 체제에서 정보통신기술 발전이 강조되었다. 북한의 통신네트워크의 구조는 평양을 중심으로 각 도 청 소재지에 지역 센터가 구축되어 있으며 지역 센터 근처의 중소도시 들이 해당 센터에 방사형으로 연결되어 있는 구조이며, 광케이블은 리 단위까지 연결되어 있다(KISDI 자료). 전송속도는 대도시 10G, 지방 및 말단지역은 1G라고 홍보하고 있다. 말단 구역에서의 무선망 활용 이 확대되어가고 있으며, 망 접속은 장치번호, 개인용 전자인증서를 통 해 신원 확인 후 사용이 가능한 것으로 알려져 있다. 북한의 기간망은 국제적으로 고립된 인트라넷으로, 내외부 공격으로부터 철저히 통제 되어 있다. 망 구축과 함께 각종 정보의 생산, 보급이 진행되었으며, 과 학기술정보를 DB화하여 보급하는 과학기술전당이 신설되었으며, 교 육, 표준, 특허 등의 주요 담당 기관들은 홈페이지가 개설되어 있어 필 요한 정보들이 공개되어 있다. 김일성종합대학과 김책종합대학은 홈 페이지가 대외에 공개되어 있어 외국에서도 열람할 수 있다.

북한의 무선통신서비스에 대하여 더 구체적으로 살펴보겠다. 북 한에 무선통신서비스가 본격적으로 개시된 시점은 2002년 11월 태국 록슬리퍼시픽사(Loxely Pacific)가 평양과 나진-선봉 경제특구에 상 업적 휴대전화서비스를 시작하면서부터다. 북한은 UNDP 원조자금과 록슬리퍼시픽사의 투자를 받아 나진선봉 지역에 현대식 광케이블 생 산 공장을 건설하고 북한 전 지역에 광케이블망을 깔아 전국 무선통신 의 기반을 만들었다. 록슬리퍼시픽사는 북한 체신성 산하 조선체신회 사와 합작으로 동북아전신전화회사(NEAT&T)를 설립하고 30년간 북 한에 2G GSM 서비스를 제공하는 허가를 획득하여 서비스를 제공하였 다. NEAT&T는 서비스를 남포, 개성 등 주요 도시뿐만 아니라 평양-항 산 고속도로, 평양-개성 고속도로, 원산-함흥 고속도로 등까지 확장하 였다. 그런데 2004년 평안북도 용천역에서 대폭발이 있었는데 휴대전화 내 기폭장치가 사용되었다고 알려졌으며 이후 북한은 휴대전화 사용을 전면 금지하고 단말기도 압수하였다. 휴대전화 압수 조치 이후 4년 만인 2008년 12월부터 3G(WCDMA) 서비스가 시작되었는데, 북한 최초의 3G 서비스는 이집트 무선통신사인 Orascom이 75%, 북한 조선체신회사 25% 합작으로 만든 체오 테크놀로지(CHEO Technology)에 의해 시작되었다. 대주주인 오라스콤은 25년 사업허가 및 4년 사업 독점권을 획득하였고 '고려링크'라는 이름으로 서비스를 제공하였다 (KISDI 자료). 2012년 오라스콤의 사업독점권이 만료되자 북한은 외국 자본으로부터 자유로운 국영 통신사 강성네트를 출범시켰다. 강성네트는 외산 장비와 기술에 의존했지만, 서비스 공급의 주체는 체신성으로, 북한의 주체적 통신산업 발전전략에 부합하는 방향으로 운영할 수 있었다. 강성네트는 고려링크를 대체하겠다는 목적으로 육성되고 있으며, 고려링크보다 상대적으로 저렴한 요금과 통화품질을 앞세워 많은 가입자를 모은 것으로 알려져 있다. 고려링크에 대한 견제를 강화하기 위하여 2015년 북한 체신성과 록슬리퍼시픽사의 합작으로 북한에서 유일하게 초고속 인터넷 서비스를 제공하는 제3 무선통신사업자 "별"이 출범하였다.

3G 서비스의 도입은 북한 사회에 엄청난 변화를 가져왔다. 고려링크의 첫해 가입자 수는 2천 명이 안 되었다. 보안 기관 상급 간부나 가족, 혹은 공식적으로 인정받은 외화획득 사업체의 무역업자에게만 허용되었으며 군대나 공장의 간부와 노동자들에겐 보안 문제를 이유로 휴대전화의 사용이 금지되었다. 첫 1~2년은 단말기의 공급 부족으로 휴대전화는 권력가만 소유할 수 있는 물건이었다. 그러나 당국이 무선통신 서비스의 보급을 추진하면서 가입자 수는 2009년 말 91,000명, 2012년 2월 100만 명, 2013년 5월에는 200만 명으로 폭발적으로 증가

하였다(오라스콤 통계; 이석기 외 2017, 180). 2011년 고려링크 네트워크는 북한 전국에 453개의 기지국을 보유하여 평양을 비롯한 15개 주요 도시 및 86개 소도시까지 포괄하게 된다. 고려링크의 커버리지는 북한 총 면적의 14% 정도이지만, 북한의 대부분 주민이 한정된 지역에 사는 것을 고려한다면 북한 인구의 95%에게 서비스 제공이 가능한 것이다. ITU의 자료 및 일부 전문가들은 2018년 기준 북한의 무선통신 가입자 수를 400만에서 600만 수준으로 평가하고 있다. 평양 및 대도시의 무선통신 가입률은 50~70% 수준 또는 그 이상일 수 있다. ITU는 2018년 기준 북한의 무선통신서비스 가입률을 14.98%로 발표하였는데, 이는 동일 연도 129.67%인 남한과 비교 시 많이 낮은 수치이다.[3] 아래 그림에서 확인되듯이 OECD 또한 비슷한 연구를 발표한 바 있다.

표 3 북한의 무선통신서비스

진화 양상	시기	내용
최초의 통신 서비스	2002년	• 태국의 록슬리와 북한의 조선체신회사가 합작하여 NEAT&T 설립 • 처음으로 휴대전화 서비스(2G)를 제공 '04년 서비스 중단'*
최초의 3G 서비스	2008년	• 이집트의 통신업체 오라스콤이 북한과 합작하여 '고려링크' 설립 • 25년의 사업권과 4년의 초기 독점권('08년~'12년) 획득
제2 통신사	2012년	• 오라스콤의 독점권이 만료되자 국영 통신사 '강성네트' 출범 • '강성네트'는 저렴한 요금과 좋은 통화품질로 가입자 증가
제3 통신사	2015년	• '고려링크' 무인화 실현 견제 강화를 위해 제3 통신사 '별' 등장**

* 2004년 4월 김정일 당시 국방위원장이 중국 방문 후 열차로 용천역을 지난 이후 대규모 폭발 사고 발생(김정일 암살 기도設), 휴대전화 이용 전면 금지
** 앞선 두 통신사와 달리 '별'은 북한 주민 전용, 외국인 가입 불가
출처: IBK북한경제 브리프(2018)

3   북한 무선통신가입률 확인은 https://www.itu.int/net4/ITU-D/icteye/#/topics/1002

표4 북한의 무선전화 가입자 추이

연도	'11	'12	'13	'14	'15	'16	'17
가입자 수 (회선)	1,000,000	1,700,000	2,420,000	2,800,000	3,240,000	3,606,000	3,810,000

출처 : ITU

표5 북한의 무선통신 가입자 및 가입률 (남북 비교)

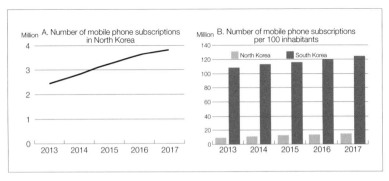

출처: OECD working paper(2020).

　　사실 고려링크의 3G 서비스는 제약이 많다. 북한 주민은 해외(국외) 인터넷 및 데이터 사용이 금지되어 있으며 인트라넷에서 제공되는 서비스만 사용할 수 있다. 단말기에는 북한 당국의 검증을 통과한 앱만 설치할 수 있어 내장된 로동신문 앱이나 북한기관이 만든 날씨, 기차 시간표 등 정보앱의 사용만 가능하며 새로운 앱을 깔기 위해서는 국가 공인 상점을 방문하여 구매해야 한다. 단 북한 내 외교관, 등록된 외국인 등은 인터넷 사용이 가능한 것으로 알려졌다. 그럼에도 불구하고 북한 사회에 무선통신의 확산은 놀라운 속도로 진행되고 있다. 2014년에 오라스콤이 갖고 있던 서비스독점권이 끝나고 북한이 추가로 설립한 제2 무선통신사 강성네트 및 제3 무선통신사 '별'의 성장이 빠르게 진행되고 있으며, 2018년 말 기준 이 2개 사업자의 가입자 수가 400만을 넘은 것이 분명해 보인다. 별은 고려링크보다 저렴한 가격에 서비스를 제공하고 있어 출시 후 곧바로 100만 이상의 가입자를 확보하였다고 하며(이석기 외 2017; 김유향 2018) 현재 북한의 무선통신서비스 가입자 수는 600만 명 정도로 추산된다(KDB 2020).

　한편 다양한 추측이 존재하지만, 북한이 4G 서비스 인프라를 구축하지 못한 것은 사실이다. 4G는 3G와 기술적으로 상당히 다른 구조이고 관련 기지국, 중계기 등 장비들 또한 다른 라인업으로 구성되어 있어 상당한 투자가 소요되는데, 북한은 오라스콤 이후 무선통신사업 해외투자를 유인하지 못하였다. 오라스콤이 북한 내 발생한 수익을 이집트 본국으로 송출하기 매우 어려운 점[4]을 고려한다면 해외사업자들이 북한 내에 진출할 유인은 매우 적다.

III. 무선통신의 정치경제

북한에서의 무선통신산업은 해외사업자에게 사업독점권을 부여해서 얻는 투자자금과 당국이 통제하는 휴대전화 단말기 판매 및 유통망을 기반으로 돌아가고 있다. 무선통신사업에서 발생하는 수익은 북한의 강성대국 전략 추진에 도움이 된 것뿐만 아니라 집권층에게 꾸준한 금전적 이득을 가져오는 황금알을 낳는 거위 역할을 한 것으로 보인다. 북한이 2000년도 후반부터 다양한 휴대전화 단말기를 생산하고 있는 사실에서도 추론할 수 있다. 3G 서비스가 본격화되면서 매해 여러 개

4　오라스콤이 합작회사의 대주주이며 실질적 운영사이나 2016년도 딜로이트 회계감사보고서에 의하면 북한 당국이 고려링크의 수익을 재투자하도록 강제하고 있어 매해 8,000만 달러 규모의 재투자가 이루어지고 있다고 한다.

의 휴대전화 모델이 다양한 제조사에서 만들어지고 있는데, 무선통신 가입자 수가 2019년 기준 500-600만 명밖에 안 되는 나라에서 이해하기 힘든 현상이다.

북한은 김정은 정권의 '단번 도약' 시기부터 과학기술개발에 박차를 가하였으며, 관련된 다양한 국가기관들이 만들어진 바 있다. 당, 정, 군 각자 개별적으로 IT기술개발 기관을 보유하고 있는데, 북한의 .kp 도메인 운영 및 다양한 프로그램 개발을 한 것으로 잘 알려진 조선컴퓨터센터(KCC)는 당 중앙위원회 군수산업부 소속 기관이다. UNDP의 지원으로 설립된 평양정보기술국(PIC)도 당 중앙위원회 산하 기구이다. 참고로 평양정보기술국에서 붉은별 OS의 개발, 모바일 금융서비스 기술 등이 개발된 것으로 알려져 있다. 1963년 설립된 중앙과학기술통보사는 북한의 전국망 '광명'망을 개발·운영하고 있는 전통 깊은 과학기술 정보 공급 기관이다. 이 밖에도 내각 산하에 과학기술정책의 총괄을 담당하는 국가과학기술위원회, R&D정책을 맡고 있는 국가과학원, 우편 및 통신을 담당하는 체신성이 있으며, 각 기구마다 관련 산하기관들이 포진하고 있다. 2015년 IT를 종합적으로 지도하고 관리할 목적으로 국가정보화국이 내각 산하 기구로 출범하였다. 국가정보화국은 조선컴퓨터센터의 새로운 모습으로, 군수산업부 산하 조선컴퓨터센터가 내각의 업무까지 겸하던 것이 분리되어 내각 직속 기구로 설립되었다. 설립 당시 조선컴퓨터센터 출신들이 대거 국가정보화국으로 옮겼다고 하며, 조선컴퓨터센터는 이제 군 산하 비밀기관으로 대외에 공개되지 않는 반면 국가정보화국은 북한의 정보화 정책 전반을 책임지는 내각 기구로 전면에서 활동하고 있다(NK경제 발표자료 2020.5.8).[5]

---

5   국가정보화국은 평양 만경대구역에 위치하며 전국 정보화성과전람회를 주관한다.

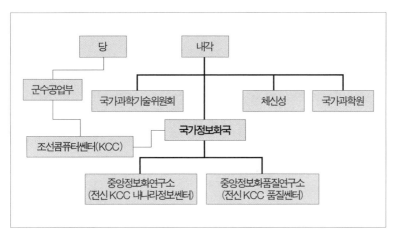

그림 1 북한의 권력 조직도

출처: NK경제 자료.

　당 및 내각의 다양한 ICT 관련 기관들은 기술개발뿐만 아니라 제품의 생산과 판매까지 하는 역할을 담당하고 있는데, 이는 2014년 김정은의 '우리식경제관리방법' 선포 이후 국가기구 산하 기관 또는 기업소가 유사 민간기업의 역할을 하는 것과 관계가 있다. 잘 알려져 있듯이 김정은은 '13년 신년사에서 당의 정치적 지도와 통제 중심이던 기존의 경제관리 방법에서 내각과 생산주체들의 주도적 역할 위주로 추진하는 경제관리 방법을 주문하였고, 이후 북한의 공장 및 기업소들은 '사회주의 기업책임관리제'라는 이름하에 수익 창출 또는 초과 수익의 배분에 어느 정도 재량권을 갖게 되고 기업소 간 경쟁이 이루어지는 등 시장경쟁적 요소를 도입하였다. 김정은 정권이 북한경제의 시장화를 추구하고 있음은 주지의 사실이지만, 기업소들이 북한의 외화벌이 및 통치자금을 벌어들이는 역할을 하는 사실 또한 주목해야 한다.

　북한의 권위적이고 경직된 의사결정 구조하에 도입된 우리식경제관리방법이 역설적으로 북한 국가기관 간 충성 경쟁으로 변질되었

을 가능성을 무시하지 못한다. ICT를 강조하는 김정은 정권에서 휴대
전화 단말기는 여러 개의 국가기관 소속 기업소에서 경쟁적으로 판매
되고 있다. "지능형 손전화"라는 명칭으로 판매되고 있는데, 내각 산
하 국가정보화국 소속 중앙정보화품질연구소 산하 만경정보기술사는
3G 단말기 진달래 시리즈를 매해 내놓고 있다. 아리랑정보기술사에서
'평양터치', '아리랑' 모델을 판매하고 있으며, 푸른하늘연합회사는 '푸
른하늘' 단말기를, 보통강새기술개발소는 '철령'이라는 단말기를 판매
하는 등 다양한 기업소에서 만들어진 스마트폰이 보급되고 있다. 지능
형 손전화기는 점점 진화하고 있으며 삼성의 갤럭시와 애플의 아이폰
을 섞어놓은 세련된 디자인이 나오고 있다. 이들 기업소들이 스마트폰
을 자체 개발, 제작한다고 주장하지만, 사실 중국계 제조기업의 구형
모델을 완제품 또는 부품 형태로 수입하여 재조립하여 북한 내 판매를
하는 것이 정확한 사실일 것이다. 북한의 제조사는 북한에서 개발된 운
영체제 및 당국이 통제하는 기본앱(어플)을 탑재한 현지화된 단말기를
판매한다. 〈표 6〉에서 알 수 있듯이 단말기 내 삽입되는 프로세서칩은
대만 또는 중국제이나, 북한이 자체 OS 붉은별(오픈소스 리눅스 기반
기술, 안드로이드 운영체계)을 개발한 점은 평가받을 만하다. 북한에서
조립된 단말기는 우리나라 단말기와 비교하여 3-4년 이전 모델의 수준
인 것으로 평가할 수 있다.

　　북한에서 휴대전화 단말기의 가격은 북한 노동자의 소득이 월
100~200달러 수준임을 감안할 때 놀랄 만큼 비싸다. 앞서 언급한 여
러 기업소에서 2G 모델부터 최신형 스마트폰까지 다양한 가격대에서
판매되고 있다. 지능형 손전화기 또는 타치폰으로 불리는 스마트폰은
500~600달러 정도에 구매 가능하며, 가입비는 50유로, 기본요금은 약
2,850원 수준이며 USIM 구입 시 음성통화 200분, 문자메시지 20개가

표 6 최근 발매 북한 스마트폰 사양 비교

구분	아리랑 171	푸른하늘 H1	평양2425	진달래6	갤럭시A7
출시일	2018.3월	2018.6월	2019.4월	2020.2월	2018.9월
제조사	아리랑 정보기술교류사	푸른하늘 연합회사	아리랑 정보기술교류사	만경대 정보기술사	삼성전자
운영체제	Android 7.1 누가	Android 7.1 누가	Android 8.1 오레오	Android 8.1 오레오	Android 8.1 오레오
프로세서	미디어텍 MT6797 10core 2.3㎓	미디어텍 MT6757 8core 2.3㎓	미디어텍 MT6771 10core 2.0㎓	미디어텍 MT6771 10core 2.0㎓	삼성 Exynos7885 8core 2.2㎓
메모리	4GB	3GB	8GB	6GB	6GB
이동식 저장장치	32GB	32GB	32GB	64GB	128GB
전지	3350㎃h	4060㎃h	3050㎃h	3550㎃h	3300㎃h
디스플레이	5.5″ LCD 1920×1080	5.5″ LCD 2160×1080	6.2″ LCD 2246×1080	6.2″ LCD 2246×1080	6.0″ AMOLED 2220×1080
후면카메라	1,300만화소	1,600만화소	1,600만화소	1,600만화소	2,400만화소
전면카메라	800만화소	800만화소	1,600만화소	800만화소	2,400만화소
기타	듀얼심, 지문인식	듀얼심, 안면·지문인식	베젤리스, 노치디자인, 무선충전, 안면·지문인식	안면·지문·음성 인식 관련 AI기능 탑재	안면·지문인식, 인공지능(Bixby)

자료: 데일리NK (2019.6.13) 등 언론보도 종합

제공된다. 무료통화 소진 시 약 10달러 지불 후 기본제공량이 충전된다. 단말기는 전 세계 범용적으로 사용되는 대만의 미디어텍 프로세서 칩과 중국산 배터리 및 하드웨어 부품으로 조립되었으며 북한에서 자체 개발한 오픈소스 안드로이드 운영체제가 탑재되어 있다. 북한의 소프트웨어 역량의 수준이 높은 점이 확인되기도 하지만, 북한의 자체 개발 소프트웨어를 통해 구현되는 통제와 감시 기능을 주목할 필요가 있다. 단말기에는 제거가 원천적으로 불가능한 앱(어플)이 탑재되어 있다. 봉사 장터로 불리는 오프라인 국가매장에서 앱을 구매하면 직원이 유선 케이블이나 블루투스를 통해 단말기에 심는 방식이다. 모든 단말

그림 2 만경대정보기술사 '진달래 6'
자료: 연합뉴스(2020.2.5)

기는 〈로동신문〉, 〈백두산총서〉 등 북한 체제의 선전 선동에 필요한 자료들이 단말기에 기본으로 탑재(제거 불가)되어 있으며, 이러한 자료들은 종이 생산을 줄이면서도 주민들의 사상교육을 효율적으로 추진할 수 있는 장점이 있다. 이 외에도 원격대학(온라인 강좌) 및 자가의료진단 앱(명의원 3.0) 등이 탑재되어 있다. 가장 주목할 점은 모든 단말기에 〈열람리력〉이라는 앱(어플)이 탑재되어 있는데 해당 앱(어플)을 통해 이용자의 사용기록이 저장되고 검색될 수 있다. 이 때문에 북한 주민들은 단말기를 통한 도·감청을 두려워하며, 휴대전화는 통화 목적 외의 사용을 자제한다고 한다.[6] 그럼에도 불구하고 북한의 무선통신 보급은 엄청난 속도로 확산되고 있다. 휴대전화 단말기를 구매하기 위해

6　탈북자 비공개 인터뷰(2019년 8월 12일).

표 7 북한의 무선통신 서비스

	2G 서비스 (1차도입기)	3G고려링크 (2차 도입기)	스마트폰 확산기
시기	2002-2004년	2008-2010년	2015년-
기준	2003년	2009년	2015년
가입비	750유로	50유로	50 유로 유심 구입비 800위안
통화요금제	쌍방향 요금제		
단말기가격	300~350유로	100~ 240유로	100~700 달러
요금	발신 1분 5원 수신 요금지불 200분/25달러	선불카드 400분/25달러	기본온금 2850원 수준 유심구입시 음성통화 200분 문자메시지 20개 기본제공량/10달러

출처: Daily NK, KB금융연구소 자료 저자 재정리

자신의 집을 팔 정도로 휴대전화는 북한 주민에게 욕망의 대상이라고 한다.[7] 북한 노동자 월 임금의 5-6배나 되는 고가의 휴대폰을 사려고 하는 이유는 무엇에 있을까? 무선통신이 북한의 시장경제화의 핵심 역할을 하고 있으며, 휴대전화를 소유한 북한 주민들은 북한의 시장화 과정에 적극적으로 참여하고 있기 때문이다.

북한은 고난의 행군 시기(1994~2000년)를 거치면서 혹독한 경제침체를 겪었다. 국가기반 유통시스템(배급제)이 붕괴하면서 주민들은 쌀, 기름 등 생활필수품을 스스로 조달할 수밖에 없는 상황으로 몰리게 되었으며, 북한 주민 간 생산물 거래가 이루어지는 시장(장마당)이 지역마다 암암리에 등장하기 시작하였다. 혹독한 경제난 속에 한정된 국가 자원을 핵개발 등 전략 부문에 집중하고 민생경제를 제대로 살필 수 없는 상황에서 당국은 시장의 부상을 묵인할 수밖에 없었다. 점

---

7   탈북자 비공개 인터뷰(2019년 8월 12일).

그림 3 북한 손전화 애플리케이션 〈알림리력〉, 〈백두산총서〉
출처: KB금융연구소 자료

점 성장하는 비공식 시장은 북한 경제에 상당한 비중을 차지하게 되었고 최근에는 소비재, 생산재, 주택, 노동, 심지어 금융 시장까지 포괄하게 되었다(김영희 2017). 김정은 정권은 커지는 시장 영역을 사회주의 통제의 틀 안으로 유입하려고 다양한 노력을 추진한다. 2012년 기업의 경영 자율권을 일부 인정하는 등 '우리식경제관리방법'('6.28 방침')에서 기업 단위의 판매권과 이윤 본위주의를 인정하고 노동자에 대한 평균분배정책을 폐기하였다. 2014년 '5.30 담화'에서는 '기업책임관리제'를 도입하여 기업이 국가가 공급하지 않는 영역의 시장을 대상으로 하는 생산과 판매 역할을 인정하였다. 물론 소유권은 여전히 인정하지 않고 있으며, 당 및 군에 소속된 기업소에는 해당되지 않으나, 기업소 내 노동에 대한 차등적 평가 및 분배를 인정하였다.

북한에서 시장이 확산되는 데 무선통신이 핵심적 역할을 하였다. 고난의 행군 시대부터 중국 휴대전화를 통해 북중 국경지대 밀무역을 하던 장사꾼들은 휴대폰을 통해 북한 내 시장 수급 상황과 가격정보를 주고받았다. 2000년대 들어서면서 장마당이 확산되자 북한 내 장마당 도소매 상인들은 각 지역의 시장정보를 수집하고 시장 상황 변화에 즉각적으로 대응할 수 있기 위해 휴대전화가 필요했다. 거래 당사자들이 굳이 시장에서 직접 만날 필요 없이 전화 한 통으로 흥정을 할 수 있게 된 것이다. 무선통신은 북한 당국으로부터 공식적으로 인정받지 못하여 불안 요소가 남아 있는 비공식 시장 내 정보접근성을 쉽게 하여 유통비용을 획기적으로 인하하고 궁극적으로 상업의 효율성을 증대하는 데 기여하였다. 직접 물건을 장마당에 갖고 나와 거래하는 현상이 줄어들고 전화로 물건의 가격, 수량, 운송 및 배달 방법까지 흥정할 수 있게 된 것이다. 이제 장마당의 장사꾼들은 휴대전화 없이 장사를 할 수 없으며 개인이 여러 개의 휴대전화를 보유하여 시장의 정보 파악 및 주문 거래를 하는 것이 보편적 현상이 되었다. 휴대전화를 통해 시장정보가 빠르게 전달되고 유통의 범위가 크게 향상되면서 주민의 일상생활은 많이 개선되었다. 상인들은 시장 상황에 대하여 빠르게 대응하게 되었으며 장마당의 상품공급이 원활해지면서 상품가격도 안정화되어 요새 평양서 구매한 중국 공산품의 가격과 중국 현지의 가격 차이가 크게 나지 않는다고 한다(이석기 외 2017, 129-130).

휴대전화는 북한의 신흥권력 부상에 핵심 역할을 하였다. 장마당을 통해 부를 축적한 민간금융자본가('돈주')들이 무선통신을 활용하여 자금을 송수신하고 있다. 북한의 주민들은 공식 은행체계를 불신하며, 은행에 돈을 맡기기보다 장롱에 감추거나 사적 네트워크를 통해 융통하고 있는데, 돈주들이 등장하게 되면서 휴대전화를 통해 공식금융체계를 우회하고 사인 간 송금 및 결제를 할 수 있게 된 것이다. 돈주들은 지역마다 일종의 정산센터(이관집)를 운영하여 지역 간 송금 또는 결제 시 일부 수수료를 받고 자금을 융통해주고 있으며, 돈을 송금한 자와 수신한 자는 전화로 송금과 수취 사실을 확인한다. 이관집 간 별도의 청산 시스템이 있으며 상품거래를 수반하지 않는 현금서비스도 가능하다(임을출 2017).

무선통신은 북한의 사금융을 공식 영역으로 전환하는 데 전략적으로 활용되었다. 많이 알려진 2009년 화폐개혁의 실패로 북한의 계획경제의 균열이 가속화되었다. 공식금융 기능이 붕괴되고 보유한 현금이 휴지조각이 되어버리는 경험을 한 북한 주민들은 외화(달러, 위안화)를 선호하고 저금을 기피하게 되었으며, 사금융이 발달하게 되었다. 화폐개혁의 실패로 정부의 자금 분배 능력이 크게 약화되면서 사회주의 경제의 운영 원칙인 '국가은행을 통한 화폐자금의 계획적 융통'이 크게 훼손되었고, 당시 북한에 가해진 대외적 경제 압박까지 더하여 국가금융은 제대로 작동하지 못하였다(임을출 2017). 이러한 배경에서 ICT기술은 북한의 금융시스템을 신뢰하지 않는 북한 주민들을 공식경제의 틀로 되돌리기 위해 활용된다. 북한은 2012년부터 전자화폐(카드) 사용 의무화 정책을 추진하기 시작하였다. 평양을 중심으로 원화전용 전자화폐가 급여와 연동되어 사용되고 있으며 모든 국영상점에서 전자화폐를 사용하지 않으면 물건을 구입할 수 없다. 즉 모든 공식거래를 카드로 결제하도록 의무화하고 있어 국가은행이 자금순환의 역할을 할 수 있도록 하는 것이다. 이론적으로 카드 사용 의무화를 통해 북한 원화의 기능회복[8]뿐만 아니라 공식금융의 회복도 가능하다. 북한에는 다양한 전자화폐가 있는데, 은행에서 발행하는 카드, 상점에서 발행하는 상품구입카드, 상업협회나 특정회사가 발행하는 예불카

---

8   즉, 북한의 달러라이제션의 진전을 막는 것을 의미한다.

드 등이 있다. 은행에서 발행하는 카드로는 2010년 12월에 도입된 '나 래카드'[9] 2014년 도입된 '전성카드', 2016년 도입된 '금길카드' 등이 있 다. 최근에는 모바일 결제시스템이 도입되었다. 2016년부터 '전송'이 라는 전자결제 계좌에 돈을 입금하고 휴대전화와 연동하여 물건을 구 입할 수 있는데, 2017년도 당시에는 외화거래에만 적용한 것 같으나 (연합뉴스 2017.6.17.) 최근에는 '울림'이라는 전자결제 앱이 탑재된 단 말기가 출시된 것으로 보아 모바일 결제서비스가 외화 결제뿐만 아니 라 원화 결제까지 가능해진 것으로 보인다(KB 금융연구소 자료).

전자결제 카드와 모바일 결제시스템은 북한의 달러라이제이션을 완화할 수 있는 주요 수단이다. 북한 당국의 입장에서 무선통신은 장마 당에서의 정보교환 및 상거래 활성화 효과 등 북한의 경제성장에 기여 하는 것뿐만 아니라 모바일 결제시스템의 안착을 통해 화폐생산 및 위 폐감별 비용 감소 등의 효과를 낸다. 그리고 확인이 필요하겠으나 북 한과 중국 간 무선통신 로밍이 가능한 환경에서 북한이 중국의 온라인 결제플랫폼에 편입되었을 가능성을 고려하지 않을 수 없다. 북한의 무 선통신 이용자들이 중국의 알리페이 및 위챗 등과 연동이 되었다면 북

---

9   이 카드는 북한 내 외화 서비스 단위들의 상품 및 서비스에 대한 대금결제에서 널리 사 용되고 있다. 나래카드의 최대 장점은 무현금 결제방법이기에 신속하고, 잔돈 처리가 깨 끗하며, 환전이 편리하다는 것이다. 또한 유동자금이 결제 과정에 머무르는 시간을 대폭 줄이고, 자금회전 속도를 높여 상품유통을 원활하게 만들고 있다. 나아가 카드-카드 사 이 송금과 핸드폰에 의한 대금결제를 진행할 수 있는 점도 나래카드의 장점으로 분석되 고 있다. 2유로 혹은 3달러의 수속비만 지불하면 북한주민이든 외국인이든 누구나 카드 를 발급 받을 수 있다. 따라서 카드 소지자의 카드거래와 관련한 비밀은 철저히 보장된 다. 카드를 분실하면 처음에 받은 티켓(存根)을 제시하면 언제든 재발급 받을 수 있다. 북한 당국은 주민편의를 구실로 공장기업소 종업원들에게 2017년 8월부터 현금카드를 의무적으로 발급받도록 하였으며, 평양시를 시작으로 각 도 소재지에 있는 기관기업소 직원들에게 현금카드를 만들도록 강요하고 있다. 월급도 현금카드로 지급되는 것으로 전해지고 있다. 중국에 파견된 북한 근로자들에게 지급되는 월급도 조선중앙은행에서 발급되는 '미래현금카드'로 지급된다고 한다. 임을출(2017); 최문(2017) 참고.

한-중국 간 금융거래가 가능하며, 중국을 경유하는 제3국과의 금융거래의 가능성이 존재한다는 것을 의미한다. 북한에서의 무선통신산업은 단말기의 제조 및 판매에서 서비스까지 국가가 체제유지 차원에서 통제하고 있으며 무선통신 기반 금융 체제가 빠른 속도로 자리 잡고 있다. 이러한 시스템이 중국의 무선통신 플랫폼과 연동이 된다면 향후 북한과의 협력이 본격화되어도 중국을 배제한 경제 교류가 어려울 수 있음을 시사한다. 현재 북한은 중국으로부터의 수입총액의 2.5% 정도에 해당하는 휴대전화 단말기를 수입하고 있고 나머지는 모두 자국 내에서 제조 및 판매하고 있다. 수입되는 고가 사양 휴대폰은 SIM 카드 교체가 가능한 모델들이다. 따라서 중국 SIM카드를 넣어서 사용하면 중국과의 전화 및 로밍이 가능하며, 실제로 신의주 등 접경지역 주민들 중 다수는 북중 간 무역 등을 위하여 중국폰을 사용하고 있다고 한다. 그러나 아직까지 고위급 관료 및 검증된 엘리트, 그리고 비용을 지불한 일부 북한 주민들만 사용하는 중국제 단말기가 일반 주민들에게까지 보급이 될 가능성이 높아 보이지 않는다. 그 이유로 북한 당국의 무선통신 인프라 기반 경제 통제 정책 기조를 들 수 있다. 북한이 달러라이제이션의 회복을 위한 수단으로 전자결제 카드와 모바일 결제를 유도하고 있으며, 기업소에 의한 단말기 제조 판매가 북한 특권층의 자금형성 및 경제 운영에 기여하고 있는데, 북한의 독특한 이익 배분의 정치경제구조에 균열을 일으킬 중국과의 통신인프라 연동을 원하지 않을 것으로 생각되기 때문이다.

IV. 맺음말

국제사회의 제재 및 미국의 대북 제재 정책이 지속되는 한 남북 ICT협력은 쉽지 않다. 그런데 향후 협력 조건이 형성되어도 북한 ICT 정치경제의 특성을 무시한 채 추진한다면 협력의 실질적 효과를 보기 어려울 수 있다. 이 글은 북한이 중국 무선통신기술 및 플랫폼에 의존하지만 집권층의 이익 배분 수호 및 체제 통제를 이유로 중국 플랫폼과의 연동을 경계하는 부분도 있음을 시사하고 있다. 향후 남북협력이 가능해진다면, ICT 분야 협력은 북한의 디지털 기술기반 경제발전을 지원하고 북한 주민의 삶의 질 개선에 기여하면서 동시에 중국 플랫폼에의 의존성 최소화를 고민하는 내용을 담아야 할 것으로 생각된다. 미국과 중국 거대 플랫폼 사이에서 세계에서 몇 안 되는 대안적 플랫폼을 가진 우리나라가 제시하는 협력의 내용을 상상해 본다면, 남한과 북한 경제를 연동하는 공동 결제플랫폼을 추구하거나, 남북이 평양 은정첨단기술개발구 등에 다양한 4차 산업혁명 프로젝트를 구현해볼 수 있을 것이다. 북한의 소프트웨어 개발 능력은 세계적으로 검증된 만큼, 남한의 상업적 서비스 개발 역량과 결합하여 핀테크, 빅데이터, 블록체인, 보안 분야의 다양한 혁신적 비즈니스 모델을 개발하거나 시범적 서비스 운영을 생각해볼 수 있다. 기존 관행이나 규제의 제약이 적거나 없는 북한은 다양한 혁신 실험이 가능한 매력적 환경이기 때문에 상상해볼 수 있는 협력방안이다.

그러나 대북제재 환경의 개선이 없는 상황에서 디지털 경제 주도권을 두고 경쟁하는 미국과 중국 간 기술 패권경쟁이 계속된다면, 앞서 언급한 유형의 남북 ICT협력이 가시화되는 것은 매우 어려울 것이다. 한국은 미국 플랫폼과의 연동이 상당히 진행되어 있으며, 북한 또한 시간이 흐를수록 중국 플랫폼에 통합될 가능성이 크기 때문이다. 즉, 미국 및 중국 중심의 플랫폼 양분화가 진행될수록 남북 간 협력의 공간 또는 기회는 더욱더 협소해질 것으로 보인다.

참고문헌

김병연. 2018. "김정은의 경제재건 전략과 모델." 공감한반도 2018-07-19. no.3
김영희. 2017. "북한의 5대 시장형성과 작동 메커니즘을 통해 본 시장화 실태." KDB
      북한개발연구.
_____. 2017. "김정은 정권 6년 경제정책 노선과 대북제재 영향." KDB 북한개발연구.
김유향. 2018. "남북한 평화공존시대 디지털 북한과 커뮤니케이션 변화." 서울대
      국제문제연구소 이슈브리핑 2018.06.25.
김종선 외. 2014. 『북한 환경기술 연구현황과 남북 과학기술 협력방안』 STEPI 정책연구 2014-18.
박은진. 2017. "북한의 과학기술정책과 주요산업별 추진현황." KDB 북한개발연구.
이석기. 2018. "북한의 기업관리제도 변화와 남북경협에 대한 시사점." KIET 산업경제포커스.
이석기 외. 2017. 『북한의 서비스산업 연구보고서』. KIET 연구보고서 2017-859.
이종규. 2016. 『최근 북한의 경제정책 평가 및 향후 전망』. KDI 정책연구시리즈 2016-08.
이춘근. 2019. "북한의 ICT발전동향과 남북한 협력방안." 『정보과학회지』 37(5).
이춘근·김종선·남달리. 2014. 『남북 ICT협력 추진 방안』. STEPI 정책연구 2014-28.
임을출. 2017. "김정은 시대 금융활성화 정책의 특징과 전망." KDB 북한개발연구.
차정미. 2020. "코로나와 중국의 기술거버넌스: 4차 산업혁명시대, 기술은 어떻게 통치를
      지원하는가." 국제문제연구소 이슈브리핑 n.114
최문. 2017. "조선의 경제개선조치와 금융현대화와 전자상거래의 발전." 정보통신정책연구원
      제출 연구보고서(미발간 보고서).
KB 금융연구소 발표자료
KDB. 2020. 북한의 이동통신산업. 미래전략연구소.
KDI. 2018. "북한경제리뷰" 18-05
KIET. 2018. "16년도 북한경제 종합평가 및 17년도 전망."
____. 2018. "북한의 기업관리제도 변화와 남북경협에 대한 시사점." 산업경제포커스.
KISDI 자료 (방송정책연구 보고서)
NK경제북한경제동향 보고서 및 발표 자료 (미발간 자료)
'IBK 북한경제브리프 2018. 지능형 손전화기 열풍, 북한을 휩쓸다'
Andrei Lankov. 2016. "The Resurgence of a Market Economy in NK." Carnegie
      Endowment.
Brown, William. 2018. "NK's Shackled Economy 2018." National Committee on North
      Korea.
Jia, Linrui and Dwayne Winseck. 2018. "The Political Economy of Chinese Internet
      Companies." *The International Communication Gazette* 80(1): 30-59
OECD working paper. 2020. "North Korea the Last Transition Economy."
ITU https://www.itu.int/net4/ITU-D/icteye/#/topics/1002
Winseck, Dwayne. 2017. "The Geopolitical Economy of the Global Internet
      Infrastructure." *Journal of Information Policy* 7: 228-267.

제6장   디지털 통화:
모바일 결제의 확산과 해킹 문제의
악화

이왕휘 아주대학교 정치외교학과

I. 머리말

향후 세계경제의 성장에 핵심적 역할을 할 디지털 경제의 주도권을 둘러싸고 미중 경쟁이 심화되고 있다. 미국과 중국은 디지털 경제의 플랫폼을 구성하는 전자 상거래 기업, 블록체인 기술, 암호자산, 디지털 통화에서 독자적인 발전을 추진하고 있다. 후발국인 중국이 선발국인 미국을 빠르게 추격하면서, 핀테크에서 양국의 차이는 상당히 줄어들었다. 디지털 경제의 발전에 필수적인 디지털 통화에서는 이미 중앙은행 디지털 통화(CBDC)를 개발해 시험 중인 중국이 이제 막 검토를 시작한 미국을 추월할 것으로 예상된다.

코로나 19 위기 이후 봉쇄와 사회적 거리두기 속에서 비대면(un-tact) 거래가 증가하면서 디지털 경제의 규모와 역할이 급속히 증가하였다. 이미 디지털 경제의 효율성과 편의성에 대한 인식이 제고되었을 뿐만 아니라 디지털 경제의 영역이 전자상거래에서 건강, 교육, 복지 등으로 확대되었다. 이 때문에 위기가 종식되더라도 비대면 거래의 비중이 작아지기는커녕 올라갈 가능성도 크다. 이렇게 되면 디지털 경제의 주도권을 장악하기 위한 경쟁도 지금보다 훨씬 더 치열해질 것이다.

미중 사이의 디지털 경제 경쟁은 남북관계에 중요한 함의를 가지고 있다. 무역전쟁 이후 양국 플랫폼 사이의 상호의존과 호환성이 약화되는 탈동조화(decoupling)가 진행되고 있다. 전 구글 CEO 에릭 슈미트는 미국과 중국을 중심으로 한 인터넷 플랫폼의 양분화 가능성을 경고하였다(Schmidt 2020). 트럼프 행정부는 중국 기업이 제공하는 제품과 서비스가 미국의 사이버 보안을 취약하게 만들 수 있다는 우려 속에서 다양한 제재를 부과하였다. 2020년 4월 국무부는 미국은 물론 동맹국과 가치공유국(like-minded country)에서도 중국 기업의 앱,

앱스토어, 통신선, 통신장비의 사용을 제한하는 클린 네트워크(Clean Network) 구상을 발표하였다. 이 구상의 연장선상에서 미국은 화웨이와 중싱통신(ZTE)은 물론 텐센트(위챗)와 바이트댄스(틱톡)까지 제재하였다.

탈동조화가 신냉전으로 이어질 경우, 많은 국가들이 양자택일해야 하는 상황에 처할 것이다. 미국과 중국의 사이에서 공생하는 전략을 추구하고 있는 한국은 소프트웨어 차원에서는 미국, 하드웨어 차원에서는 중국에 대한 의존도가 높다. 반면, 북한은 미국의 경제 및 금융 제재 때문에 미국보다는 중국의 기술표준(화웨이와 ZTE의 통신망)과 금융네트워크에 의존할 수밖에 없는 상황에 처해 있다. 더 심각한 문제는 북한은 제재를 피하려는 방안으로 암호자산 해킹에 집중하고 있다는 점이다. 북한의 디지털 통화 해킹은 더 강력하고 포괄적인 미국의 제재를 불러일으키는 악순환 구조의 형성으로 귀결될 수 있다. 미국이 제재를 해제하지 않는 이상 블록체인/암호화폐, 디지털 통화, 핀테크 분야에서 남북협력을 진전시킬 여지는 크지 않다.

이런 배경에서 이 연구는 4차 산업혁명 분야에서 남북한 협력의 가능성을 글로벌, 동아시아 지역, 남북한 차원에서 분석한다. 2절에서는 미국과 중국이 블록체인/암호화폐, 디지털 통화, 핀테크 분야에서 자국의 플랫폼을 확산시키기 위해 어떻게 경쟁하고 있는가를 비교한다. 3절에서는 북한에서 모바일 결제와 디지털 통화 해킹이 어떻게 발전되어 왔는가를 추적한다. 마지막으로 미중 경쟁의 격화 속에서도 남북협력을 도출할 수 있는 방안을 모색한다.

II. 미중 디지털 통화 경쟁

1. 디지털 경제: 정의와 현황

일반적으로 디지털 경제는 디지털 기술, 디지털 인프라, 디지털 서비스 및 데이터를 포함한 디지털 투입의 사용에 의존하거나 이로 인해 크게 향상되는 모든 경제 활동으로 정의된다(OECD 2020a). 이러한 정의는 포괄적이기 때문에 ICT기술의 발전에 따라 빠르게 변화되고 있는 디지털 경제의 현황을 파악하는 데 한계가 있다.

이런 점에서 OECD는 디지털 경제를 구성하는 계층적 요소로 구분하는 계층적 정의를 도입하였다(OECD 2020b). 디지털 경제의 핵심 척도에는 ICT 제품 및 정보 서비스 생산자의 경제활동만 포함된다. 협의의 척도에는 핵심 척도에 디지털 투입에 의존하는 기업들의 경제활

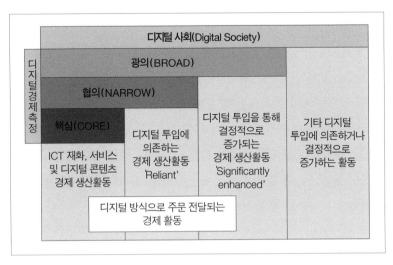

그림 1 디지털 경제: 계층적 정의
출처: OECD(2020b, 40).

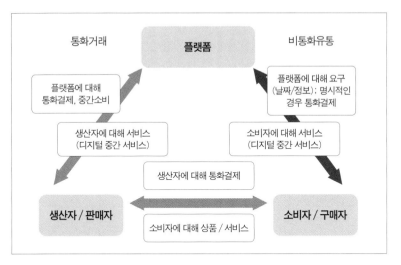

그림 2 플랫폼에서 지불결제 흐름
출처: OECD(2020a, 58).

동이 추가된다. 광의의 척도는 협의의 척도에 디지털 투입을 통해 유의미하게 강화되는 기업들의 경제활동까지 더해진다. 디지털 사회는 무료 디지털 서비스 플랫폼과 같이 국민총생산(GDP) 산출에는 포함되지 않는 디지털화된 상호작용이나 활동을 아우르는 개념이다. 이러한 작용과 활동을 측정하기 위해서는 디지털 주문 및 전달에 기반을 둔 경제활동에 대한 고려가 필수적이다.

디지털 경제의 플랫폼을 통해 이루어지는 거래는 금융과 기술의 결합을 의미하는 핀테크에 의해 지불결제된다. 지불결제는 소비자와 생산자 사이뿐만 아니라 플랫폼과 소비자 사이에서도 이뤄진다. 플랫폼과 소비자 사이에는 금전적 거래가 동반되지 않지만, 소비자가 개인 및 사용 정보를 제공하는 대가로 플랫폼의 서비스를 무료로 이용한다는 점에서 거래 관계가 내재되어 있다.

새로운 기술과 비즈니스 모델을 통한 금융서비스업의 혁신을 의미하는 핀테크는 다양한 형태로 발전하고 있다. 핀테크에는 블록체인과 분산원장기술, 무선통신기술과 사물인터넷, 바이오인증, 빅데이터와 인공지능, 클라우드 컴퓨팅을 포함하는 다양한 디지털 기술이 결합되어 있다. 1990년대 말에 등장한 핀테크는 지급결제 서비스를 제공하는 ICT기업을 중심으로 발전하였다. 2008년 비트코인이 등장하면서 핀테크 산업은 가상/암호화폐에 의해 주도되기 시작하였다. 2010년대 후반 30개국 이상에서 중앙은행이 CBDC의 개발에 참여하게 되면서 통화의 디지털화가 핀테크의 핵심으로 부상하였다.

2. 디지털 통화

디지털 경제의 규모와 수준에서 미국이 중국에 앞서 있다는 사실에는 이견이 없다. 디지털 경제에 필수적인 과학기술을 개발하고 생산하는 대부분의 기업―페이스북, 애플, 아마존, 넷플릭스, 구글, 마이크로소프트 등―은 미국에서 기원하였다. 그렇지만 미중 사이의 격차가 빠르게 줄어들고 있다는 추세도 분명하다. 중국의 바이두, 알리바바, 텐센트, 바이트댄스, 화웨이 등은 세계적 기업으로 성장하여, 미국 기업과 경쟁 구도를 형성하고 있다(Woetzel et al. 2017; Herrero and Xu 2018; Zhang and Chen 2019; Arcesati et al. 2020; Foote and Atkinson 2020).

디지털 경제의 발전 가능성에서는 중국이 미국보다 우월하다. 후발자의 이점과 규모의 경제를 바탕으로 중국은 미국보다 세 배 이상 큰 전자상거래 시장을 발전시켰다. 코로나 위기 이후에도 중국은 미국보다 더 빠른 속도로 발전될 것으로 예상된다. 이렇게 되면, 전 세계 전자상거래 시장에서 중국의 비중은 50% 이상을 넘을 것이다.

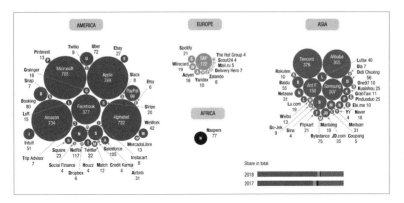

그림 3 글로벌 플랫폼기업의 지리적 분포: 2018년 시가총액 (10억 달러)
출처: UNCTAD(2019, 19).

표 1 전자상거래 시장 규모 (10억 달러/%)

국가	2020년	2021년	변화 (%)
중국	2,296.95	2,779.31	21.0
미국	794.50	843.15	6.1
영국	180.39	169.02	-6.3
일본	141.26	144.08	2.0
한국	110.60	120.56	9.0

출처: Cramer-Flood(2021).

　　세계 최대의 전자상거래 시장을 가진 중국은 디지털 통화에서는 미국을 앞서고 있다. 노르웨이, 동카리브, 바하마, 스웨덴, 스위스, 싱가포르, 영국, 일본, 중국, 캐나다, 태국, 프랑스, 홍콩 및 유럽연합(EU)을 비롯한 수십 개 국가의 중앙은행들이 CBDC를 연구·개발하고 있다. 이 중에서 현재 CBDC를 시범운용까지 성공한 국가는 중국이 유일하다(Kiff et al. 2020; CSIS 2020).

　　중국인민은행은 비트코인 열풍이 불었던 2013년 이후 블록체인을 이용한 암호화폐에 관심을 가지기 시작하였다. 중국이 비트코인의 최대 채굴국이자 최대 거래국이었던 2013~17년 중앙은행은 지하경제에서 불법거래에 사용되고 자본유출의 통로가 된다는 점에서 비트코인을 가상상품(虛拟商品)으로 규정한 후 강력히 규제를 하였다. 그러나 디지털 지급결제용 앱인 알리페이와 텐페이가 대중화되면서, 중앙은행은 민간이 개발한 암호화폐의 대안으로 디지털 통화의 개발에 착수하였다. 2017년 7월 중국인민은행 산하에 설립된 인민은행디지털화폐연구소(人民银行数字货币研究所)는 디지털 위안으로 불리는 디지털 통화전자지불(Digital Currency Electronic Payment; 数字货币电子支付)을 2019년 말 공개하였다. 이후 중앙은행은 2022년 동계 올림픽 전까지 상용화를 목표로 주요 대도시에서 금융기관은 물론 전자상거래 기업과 함께 CBDC를 사용하는 실험을 계속 진행하고 있다(이왕휘 2020a; 2020b).

미국에서는 세계 최대의 소셜네트워크서비스(SNS) 기업인 페이스북을 포함한 27개 핀테크 기업들이 구성한 리브라협회가 디지털 위안에 대한 대안을 2019년 6월 제시하였다. "안전하고 안정적인 오픈소스 블록체인을 기반으로 만들어진, 실재하는 자산의 보유에 의해 뒷받침된, 독립 단체에 의해 운영되는 안정된 통화"(Libra Association 2019, 12)인 리브라는 전 세계적 차원에서 금융에 소외된 취약 계층에게 서비스를 저렴한 비용으로 제공하는 금융 포용(financial inclusion)을 목표로 하였다. 리브라가 디지털 위안을 견제하는 수단이라는 숨은 의제는 10월 23일 미국 하원 금융서비스 위원회 청문회에서 페이스북 CEO 마크 저커버그의 증언을 통해 드러났다.

중국이 몇 달 안에 비슷한 아이디어를 착수하기 위해 재빠르게 움직이고 있는 중이다. 리브라는 주로 달러화에 기반을 둘 것이기 때문에

나는 리브라가 세계에서 미국의 금융 지도력은 물론 우리의 민주적 가치와 감독을 확대할 것이라고 믿는다. 미국이 혁신하지 않는다면, 우리의 금융 지도력은 보장되지 않는다(Zuckerberg 2019, 1).

리브라가 디지털 위안의 경쟁자라는 사실은 리브라의 통화바스켓에 반영되어 있다. 리브라의 통화바스켓—미국 달러(50%), 유로(18%), 일본 엔(14%), 영국 파운드(11%), 싱가포르 달러(7%)—에는 국제통화기금(IMF)의 특별인출권(SDR)—미국 달러(41.73%), 유로(30.93%), 위안(10.92%), 엔(8.33%), 파운드(8.09%)—과 달리 중국 위안이 포함되어 있지 않다.

안정통화(stable coin)인 리브라는 비트코인과 CBDC와는 두 가지 측면에서 근본적 차이가 있다. 먼저 블록체인의 형태에서 리브라는 검증 노드를 운영하는 데 허가가 필요한 폐쇄형을 채택했다는 점에서 CBDC와 유사하다. 반면, 비트코인은 자격에 부합하는 모든 참가자가 노드를 운영할 수 있는 개방형에 기반을 두고 있다. 리브라는 민간 기관이 운영을 하는 암호자산이라는 점에서는 비트코인과 동일하다. CBDC는 중앙은행이 직접 발행하는 법화(legal tender)이다.

미국은 물론 EU에서도 리브라를 디지털 통화로 공인하지 않았다. 비트코인과 마찬가지로 리브라가 익명성을 이용한 세금포탈, 테러 자금 지원, 자본도피 등에 악용될 수 있다는 우려가 컸기 때문이다(Brainard 2019, 7; 2020a). 또한 리브라가 법화를 보완하기보다는 대체할 수 있다는 가능성도 리브라에 대한 반감을 증폭시켰다.

리브라협회는 이런 상황을 타개하기 위해 2020년 4월 리브라 2.0 프로젝트를 공개하였다. 리브라 1.0과 2.0의 근본적 차이는 리브라의 가치를 통화바스켓이 아니라 주요국의 법화에 연동시켰다는 사실에 있다. 예를 들어 리브라 2.0에서는 리브라USD코인, 리브라EUR코인, 리브라GBP코인 등이 발행된다. 이렇게 되면, 리브라가 법화를 대체할 가능성은 원천적으로 차단된다(Libra Association 2020).

리브라를 견제한 연방준비제도는 2020년 CBDC — 이히에서는 디지털 달러로 약칭 — 를 공식적으로 개발하고 있다는 사실을 공개하였다. 이러한 중앙은행의 결정에는 "중국이 자체적인 CBDC 버전 개발에서 빠르게 앞서고 있다"(Brainard 2020b)는 경각심이 영향을 미쳤다. 뉴욕연방준비은행은 BIS의 혁신 허브(Innovation Hub)와 전략적 동반자 관계를 구축하여 디지털 달러의 기축통화 역할을 탐색하고 있다. 세계 금융 중심지에 설치될 이 허브는 홍콩, 싱가포르, 스위스는 물론 토론토, 런던, 파리 및 스톡홀름으로 확대될 예정이다(BIS 2020).

III. 북한의 모바일 결제 확산과 디지털 통화 해킹

1. 모바일 결제

ICT기술의 발전이 강성대국 건설에 필요하다는 인식은 김정일 시대부터 존재하였다(남성욱 2002). 2012년 집권한 김정은 국무위원장(당시 노동당 제1비서)은 '최첨단돌파사상'과 '새 세기 산업혁명'을 제안하였다(변학문 2016). '새 세기 산업혁명'의 핵심 내용은 'CNC(Computerized Numerical Control·컴퓨터 수치 제어)화'이다. CNC화는 컴퓨팅 기술을 기계산업에 응용하는 지능화 공작기계 개발을 의미하였다(임을출 2019). 실제로 2021년 1월 발표된 국가경제발전 5개년계획의 핵심은 ICT가 아니라 금속 및 화학공업에 맞춰져 있다

(이석기 2021). 이런 의미에서 '새 세기 산업혁명'은 본격적인 4차 산업혁명이라기보다는 ICT기술을 응용한 3차 산업혁명의 발전으로 평가되고 있다.

> 북한의 정보화는 소프트웨어 위주로, 정보기기보다는 정보화산업, 좀 폭넓은 의미로 과학기술이라고 할 수 있다. 과학기술은 첨단산업이라는 의미도 있지만 효율성 제고의 의미가 있다. 북한도 사실 고령화가 빠르게 진행되고 있다. 장기적인 경제개발정책의 일부로서 노동절약적 기술을 계속 개발하고 있는 것 같다(이석기 2020, 24).

2013년 1월 평양을 방문했던 에릭 슈미트 구글 회장은 북한의 정보화 여건을 부정적으로 평가하였다. 해외 사이트에 접속하는 것은 물론 이메일을 주고받는 것도 자유롭지 않다는 것이다(Schmidt and Cohen 2013). 실제로 전산망인 광명성은 해외 사이트 접속이 차단되어 있기 때문에 인터넷이 아니라 인트라넷으로 간주되었다.

이런 한계에도 불구하고 북한의 핀테크는 김정은 위원장 집권 이후 발전하는 추세에 있다. 김일성대학교 경제학과 함성준 교수의 「경애하는 최고령도자 김정은동지께서 밝히신 금융정보화에 관한 사상」 논문에 따르면, 김정은 위원장은 2015년 12월 13일 제3차 전국재정은행일군대회에서 "금융정보화 수준을 높여 금융거래에서 신속성과 정확성, 투명성과 편리성을 보장해야 한다"(강진규 2020b에서 재인용)고 교시하였다. 금융정보화를 실현하는 방법으로는 전반적인 은행 업무의 컴퓨터화와 무인화가 제시되었다.

핀테크의 발전 과정은 거점형(ATM) 통신요금 입금, 모바일 통신요금 송금, 모바일결제시스템, 모바일 종합금융으로 구분될 수 있다(조

표 2 북한의 핀테크

	공식	비공식
국내	전자결제카드	전화돈
국제	환전	위챗페이, 알리페이, 암호화폐

봉현 2018). 2009년 고려링크(이집트 오라스콤과 합작), 2011년 강성네트, 2015년 별(태국 록슬리와 합작)이 각각 3세대(3G) 통신서비스를 제공하기 시작하여, 2020년 기준으로 휴대전화 가입자가 600만 명으로 추정된다. 장마당에서 거래를 하는 상인의 경우 2개 이상을 가지고 있을 가능성이 높기 때문에 실제로는 전체 인구의 20% 정도인 약 450만 명이 보유하는 것으로 평가되고 있다. 2014년부터 아리랑정보기술사(평양터치, 아리랑), 만경대정보기술사(진달래), 푸른하늘연합회사(푸른하늘), 광야무역회사(길동무), 보통강새기술개발소(철령) 등이 독자적으로 스마트폰을 생산하고 있다고 주장하고 있지만, 대부분이 중국을 통해 수입된 부품을 조립한 것으로 보인다. 스마트폰의 운영체제는 안드로이드이며, 자체적으로 개발한 응용프로그램(app)—특히—도 탑재되어 있다(이승우 외 2018; 김민관 2020).

현재 북한에서 사용되고 있는 핀테크는 공식/비공식 및 국내/국제라는 기준에 따라 네 가지로 구분될 수 있다.

먼저 당국이 공식적으로 허용한 전자금융서비스는 북한 금융기관이 선불카드와 직불카드를 발행한 2010년대 중반부터 발전해 온 것으로 추정된다. 38노스(http://38north.org)는 2016년 8월 상연카드, 나래카드(조선무역은행), GTB카드, 전성카드(조선중앙은행), 류경카드, 고려카드(고려은행), 내일카드, 소월카드가 전자금융서비스를 제공하고 있다고 보도하였다. 상연카드는 광명 인트라넷, 나래카드는 달러 선불카드, GTB전자결제카드는 중국 위안화 선불카드로 라선카드 및 전성카드는 마식령 스키장 등에서 사용되고 있다(강진규 2016). 이 외에도 금길카드(대성은행), 선봉카드(황금의 삼각주은행) 등이 사용되고 있는 것으로 알려졌다(이유진 2019).

모바일결제시스템인 울림은 2018년 처음 등장하였다. 울림은 전자상점인 '옥류', '만물상', '실리' 등에서 모바일쇼핑을 훨씬 간편하게 만들었다. 울림에서 연동된 카드 중 전성카드는 북한 원화만 충전할 수 있는 반면, 나래카드는 달러화와 위안화도 가능하다(손광수 2019; 김민관 2019). 2020년 말 울림이 업그레이드되면서 QR코드를 통한 결제도 가능해졌다(박기찬 2021).

엄밀한 의미에서 핀테크라고 보기는 어렵지만 '휴대전화 전화통화 시간'을 거래하는 '전화돈'은 비공식적인 간편송금/간편결제 방법이다. 일부 지역에서 등장한 전화돈은 전화번호와 금액을 적어 통보문을 보내 통화시간을 충전하는 방식이다. 이 방식을 이용하면 쏘분이라고 불리는 중계업자를 활용한 간편송금도 가능하다. 송금자가 보낸 전화돈을 중계업자가 현금화하여 수금자에게 전달하는 것이다. 또한 시장에서 전화돈을 지급하는 간편결제도 현금을 가지고 다녀야 하는 불편을 해소하는 방법으로 활용되고 있다(문동희 2019).

이러한 방식은 정부에서 국제외환거래에도 적용되고 있다. 2000년대 말 화폐개혁으로 혼란이 가중되면서 북한 원화는 가치저장 수단으로서의 기능이 상실되었다. 따라서 당국은 사실상 주민의 외환 보유 및 거래를 암묵적으로 용인하고 있다(문성민·김병기 2020). 주민이 보유한 저축의 대부분은 북한 원화가 아니라 미국 달러화와 중국 위안화이며, 금융기관에 맡기기보다는 현금을 직접 보관하고 있다(이주영·문성민 2020, 14). 탈북민의 통화 사용 조사에 따르면, 2013년 이후 위안화 사용 비중이 50%를 넘은 반면 달러화 사용 비중은 1~4% 내외에 머무르고 있다. 이런 점에서 북한의 비공식 외환거래에서 '위안나이제 이션(yaunization)'이 진행되고 있다고 평가할 수 있다(이종규 2019).

가장 전통적인 비공식적 외환거래 방법은 중계업자를 통하는 방식이다. 김책공업종합대학에서 컴퓨터를 전공했던 김흥광 'NK지식인 연대 대표'에 따르면, 탈북자가 송금한 돈이 한국 내 중계업자와 중국 내 중계업자를 통해 북한에 있는 가족에게 전달되는 데 한 시간 정도가 걸렸다고 한다. 거래가 불법이고 중계업자를 두 번 거쳐야 하기 때문에 이 거래에 드는 수수료는 송금액의 30% 정도이다(정영 2020).

스마트폰 보급이 확산되면서 모비일결제 방식을 통한 외환거래도 가능해졌다. 북중 접경지역에 사는 주민은 중국을 통해 들여온 한국산 및 중국산 스마트폰으로 위챗페이(WeChatpay), 알리페이(Alipay), 유니언페이(Unionpay)를 사용할 수 있다(유길용 2018). 실제로 2018년 알리페이와 유니언페이는, 평양 카지노에서 자금이 결제되었다는 보도가 나온 후 북한 내에서 지급결제를 엄격하게 차단하고 있다는 보도 자료를 공개한 바 있다(안윤석 2018; 오로라 2019). 중국에서 가장 많이 사용하는 SNS인 위챗에 기반을 둔 위챗페이는 북한에서도 광범위하게 사용되고 있는 것으로 추정된다.

중국이 자본과 기술, 북한은 자원과 인력을 제공하는 국제적 분업 구조를 형성할 수 있다는 기대 속에서 중국은 북한의 암호화폐 개발에 대한 투자와 협력에 긍정적인 입장을 가지고 있는 것으로 보인다. 중국은 북한이 허락만 한다면 북한 정부의 통치 시스템에 블록체인 기술을 적용하는 데 지원할 의향도 공개하였다. 이는 블록체인 기술을 통해 북한과 중국이 협력하여 미국에 대응하는 모델 개발을 구축하려는 시도로 간주된다(Zhang and Li 2019).

2. 암호화폐

북한이 가장 중점을 두고 있는 핀테크 분야는 암호화폐라고 할 수 있다. 암호화폐는 북한에 대한 금융제재를 회피/우회하는 통로를 제공하는 동시에 해킹을 통해 외화를 조달할 수 있는 방법이 될 수 있기 때문이다. 핵개발을 시작한 이후 북한은 UN과 미국의 금융제재로 인해 해외무역 결제에 필수적인 국제은행 간 통신협회(SWIFT)를 이용할 수 없게 되었다. 암호화폐 거래에 대해서는 국제적 표준이나 규정이 없기 때문에 북한이 개발하는 데 결정적 제약이 없다고 할 수 있다. 2018년 IT 기업인 '조선엑스포'는 가격정보 수집 및 차트화를 통해 비트코인 거래를 중개할 수 있는 솔루션을 개발하여 판매하였다(김민관 2018). 더 나아가 여러 차례 비트코인 해킹에 성공했다는 사실은 북한의 블록체인 기술 수준이 세계적 수준이라는 사실을 방증한다(Orcutt 2020).

스페인에 기반을 둔 민간단체 '조선친선협회(KFA)'는 2019년 4월 북한 대외문화협력위원회와 공동으로 평양 블록체인·암호화폐 콘퍼런스(Pyoungyang Blockchain and Cryptocurrency Conference)를 개최하였다. 알레한드로 카오 데 베노스(Alejandro Cao de Benos) KFA 회장에 따르면, 암호화폐 컨설팅업체 '토큰키'(몰타 소재)의 크리스토퍼 엠스 대표 등 외국 전문가단과 북한 정보기술, 금융 분야 전문가를 포함한 약 100명이 회의에 참가하였다(유동열 2019).

이 회의에서는 비트코인 다음으로 많이 거래되는 이더리움을 개발한 이더리움재단의 버질 그리피스(Virgil Griffith)가 '블록체인과 평화'라는 주제의 강연을 한 것으로 알려졌다. 그는 회의 직후 남북한 간에 '암호화폐 1'의 테스트 송금을 추진하였다. 미국 법무부는 11월 29일 암호화폐를 이용한 제재 회피와 돈세탁 방법에 대한 기술 정보를 제공함으로써 국제비상경제권한법(IEEPA) 위반을 공모한 혐의로 그를 체포하였다(Dale 2019; Cant 2019).

KFA는 2019년 9월 8일 유럽 덴마크에 2차 회의 홍보 사이트(https://nkcryptocon.com)를 개설하여 2020년 2월 2차 회의를 홍보하였다. 이 사이트는 한국, 일본, 이스라엘 국적자는 참가할 수 없으며 참가비는 3,400유로(약 450만 원)라고 안내하였다(강진규 2019). 2020년 1월 15일 로이터 통신이 2차 회의가 대북제재에 위배될 가능성이 있다는 의견을 유엔 대북제재 전문가들이 내놨다고 보도한 직후 이 홍보 사이트는 폐쇄되었다(강진규 2020a).

레코디드 퓨처(Recorded Future)의 2019년 하반기 보고서에 따르면, 북한은 싱가포르 소재 해킹 전문가의 도움을 받아 미국의 경제제재를 회피하기 위해 암호화폐를 사용하고 있다(남성욱 2020). 유엔 안전보장이사회 산하 대북제재위원회 전문가 패널 중간보고서는 북한이 2015년 12월부터 2019년 5월까지 최소 17개국의 금융기관과 가상화폐거래소를 35차례 사이버 공격하여 20억 달러를 탈취하였다고 적시하였다. 사이버 공격의 피해를 본 사례는 한국 10건, 인도 3건, 방글라데시와 칠레가 각각 2건, 코스타리카, 감비아, 과테말라, 쿠웨이트, 라이베리아, 말레이시아, 몰타, 나이지리아, 폴란드, 슬로베니아, 남아프리카공화국, 튀니지, 베트남 등 총 17개국 각 1건이었다(UN Security Council 2019, 26, 109-112).

미국 법무부는 2017년 5월부터 랜섬웨어 바이러스인 워너크라이를 개발한 '라자루스 그룹', 'APT38'을 통해 세계 주요 금융기관을 해킹했다는 혐의로 정찰총국 소속 박진혁, 전창혁, 김일을 2020년 12월 기소하였다. 기소장에 명시된 범죄에는 2017년 슬로베니아 가상화폐기업에서 7,500만 달러, 2018년 인도네시아 가상화폐기업에서 2,500

만 달러, 미국 뉴욕 금융서비스기업에서 1,180만 달러를 탈취한 것이 포함되어 있었다. 이 중 박진혁은 미국 법무부에 의해 2014년 소니픽 처스 해킹의 당사자로 2018년 기소를 당한 바 있었다(Department of Justice 2021).

　이와 별도로 미국 국무부는 2020년 12월 1일 대북제재 위반 제보에 현상금을 제공하는 사이트(dprkrewards.com)를 개설하였다. 무기 수출, 자금 세탁, 사이버 공격, 선박 간 환적 등 위반 사항의 증거를 제공한 제보자에게 국무부는 최대 500만 달러를 보상한다고 공표하였다.

　국토안전부 산하 사이버안보·기간시설안보국(CISA)은 연방 수사국(FBI) 및 재무부와 함께 2021년 3월 2일 북한의 애플제우스 (AppleJeus) 악성코드 주의보를 발령하였다. 라자루스 그룹이 배포한 이 코드에 감염된 앱을 받아 설치하면 가상화폐 거래 활동이 해킹에 취약하게 될 수 있다는 것이다. 2020년에만 이 코드는 30개국의 기관 과 조직을 공격한 것으로 알려졌다(Cybersecurity and Infrastructure Security Agency 2021).

IV. 남북한 협력: 한국의 역할

2000년대 전반 남북 사이의 긴장이 완화되었을 때, 남북 ICT 교류협력 방안에 대한 논의가 진행된 바 있었다(김철완 외 2007; 정근주 2013). 그러나 교류협력의 성과는 그다지 많지 않다. UN과 미국의 대북 제재 와 남북 관계의 부침이라는 정치적 변수 이외에도 북한 ICT에 대한 정 보 및 자료 부족, 북한 대남협력기관의 과도한 개입, 북한 내부 인프라 부족, 인터넷 해킹 등의 공격행위 등이 교류협력에 장애물로 작용하였

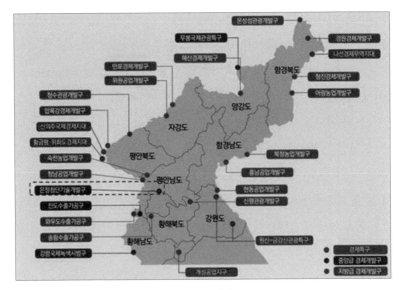

그림 4 북한의 주요 경제개발구 및 국제협력 가능 지역
출처: 이승우·정호윤·노경탁(2018, 6).

다(이춘근 외 2014).

2018~19년 남북 및 북미 정상회담이 개최되어 긴장이 완화되었을 때, 이런 문제들을 극복하기 위한 논의가 진행되었다. 2018년 4월 27일 남북 정상회담에서 북한은 평양 은정첨단기술개발구 건설에 한국의 참여를 요청하였다. 여기에는 북한이 구축하고 있는 초고속 통신망이 포함되어 있었다. 통신망의 건설과 유지를 위해서는 전력망, 전산망, 도로망, 철도망과 같은 인프라가 필수적이기 때문에, 남북협력의 범위는 통신망에 국한되지 않을 것으로 예상되었다(김상배 2018). 그러나 연이은 정상회담이 관계 개선으로 귀결되지 않으면서, 그 문제들은 여전히 해결되지 않은 채 남아 있다(김석진 2020).

만약 앞으로 교류협력이 가능해진다면, 북한에 디지털 경제를 발전시키기 위한 한국의 지원은 네 가지 단계로 구분될 수 있다(조봉현

표 3 시나리오별 사업 추진체제

단 계		제1단계	제2단계	제3단계
상 황		남북관계 현상 유지	남북대화 활성화 (5.24조치 해제)	포괄적 협상 타결
남북 대화	정부	단절	중앙정부 주도 (개별부처 보조)	전문부처 간 협력 활성화
	민간	분야별 유지 (강력한 통제)	정부/민간 공동사업	기업 주도
주요 추진과제		•민생분야 협력 •법제 정비 •통일 준비	•다자 간 협력 •ICT 인력양성/활용 •협력채널 구축 •민관협의체 구축	•ICT 공동체/지식 공유시스템 •협력센터

출처: 이춘근·김종선·남달리(2014, 76).

2018). 첫째는 ICT와 금융 분야의 교류를 확대하는 것이다. 북한이 중국을 모방하는 단계를 벗어나 독자적인 발전을 모색하기 위해서는 투자뿐만 아니라 연구개발 지원도 필수적이다. 이를 위해 기술과 학술 교류가 병행되어야 한다. 둘째는 북한과 유사한 상황에 있는 국가들의 경험을 전수해야 한다. 과학기술 격차는 물론 경제 체제의 상이성 때문에 한국 모델을 당장 북한에 적용하는 것은 가능하지도 바람직하지도 않다. 이런 점에서 중국과 베트남의 디지털 경제 발전 경험을 통해 북한 실정에 최적화된 경로를 찾는 것이 더 효과적일 수 있다. 셋째는 남북 플랫폼 사이의 연계성과 호환성을 실험할 수 있는 계획을 추진하는 것이다. 이를 위해 남북이 공동으로 운영할 수 있는 (가칭) '모바일금융센터'를 개성공단과 같은 중립 지역에 설립하는 방법이 있다(변학문 2018). 마지막으로 최종 단계에서 남북한의 디지털 경제를 통합하는 것이다. 이를 위해서는 금융망과 통신망을 유지하는 데 필요한 기술과 제도에 대한 협력이 요구된다.

남북관계가 경색된 상황에서도 디지털 경제 교류협력이 전혀 불

표 4 북한의 소프트웨어 아웃소싱 분야 성장 잠재력 평가

평가 항목	세부 평가 항목	경쟁력	평가 항목	세부 평가 항목	경쟁력
저비용	노동 비용	상	비즈니스 환경	국가적 환경	하
	인프라 비용	상		인프라 한경	하
	세금 및 규제 관련 비용	상		문화적 적응성	중상
				지식재산권 보호	중하
	종합	상		종합	중하
기술력 활용 가능성	소프트웨어 아웃소싱 경험	중하	디지털 기술 역량	디지털 기술 수준	상
	소프트웨어 아웃소싱 기술	중상		사이버 보안	중
	기술 인력의 규모	중		기업의 활동 수준	하
	교육 및 언어 능력	상		디지털 산출물	하
	종합	중상		종합	중하

출처: 김석진·홍제환(2019, 171).

가능한 것은 아니다. 교류협력에 필요한 제도적 정비는 언제든지 가능하기 때문이다. 대북 제재가 해제되어 경제협력이 활성화되면, 민관 공동사업도 가능할 것이다.

하드웨어 분야와 비교해서 소프트웨어 분야에서 협력의 여지는 조금 더 크다고 할 수 있다. 현재 논의되는 방안은 소프트웨어 아웃소싱이다. 북한의 임금 수준이 높지 않기 때문에 소프트웨어 개발 인력은 국제경쟁력이 있다. 해외에서 열리는 소프트웨어 경진대회에서 북한이 개발한 프로그램이 우수한 성적을 거두고 있다는 점에 비추어볼 때 기술 수준이 높은 것으로 평가된다. 북한에서는 수학과 로직, 자연어처리, 블록체인 등이 발전된 것으로 평가된다. 그렇지만 인프라와 시장제도가 완비되지 않았다는 점에서 비즈니스 환경은 좋지 않으며 사이버 보안에도 취약성이 남아 있다.

V. 맺음말

디지털 경제의 주도권을 둘러싼 미국과 중국의 경쟁은 남북 ICT협력에 결정적 영향을 미칠 수 있다. 탈동조화가 신냉전으로 귀결되어 플랫폼이 미국진영과 중국진영으로 양분화되면, 남북한 ICT협력은 사실상 불가능해진다. 한국과 북한이 어느 한쪽을 선택해야 하는 상황에 처할 경우, 한국은 미국, 북한은 중국을 선택할 가능성이 높다. 서로 다른 플랫폼에 기반을 둘 경우 연결성과 호환성이 제한되기 때문에, 남북 교류협력이 발전하는 데는 한계가 있다.

미국의 대북 제재는 현재 남북 교류협력을 가로막는 최대 장애물이라고 할 수 있다. 북한은 현재 ICT를 발전시키는 데 필요한 장비와 시설을 해외에서 구매하는 것이 불가능하다. 2차 제재(secondary sanction) 가능성 때문에 우호적인 관계를 유지하고 있는 중국과 러시아의 기업도 북한과 거래를 중단하고 있는 실정이다.

이런 상황에서 북한의 대중 의존도가 심화되고 있다. 미국의 제재에 저촉되지 않기 때문에 북한에서 중국의 위챗 플랫폼이 광범위하게 사용되고 있다. 이런 상황이 지속되어 중국이 추진하는 디지털 실크로드가 북한에 연계되면, 북한은 중국의 위안화 블록에서 탈피하기 어려울 것이다(Nouwens et al. 2021).

참고문헌

강진규. 2016. "북한의 전자금융서비스가 8개?" NKICT. 9월 18일.

_____. 2019. "북한, 제2회 '평양 블록체인-암호화폐 컨퍼런스' 내년 2월 연다." 더비체인.
9월 10일.

_____. 2020a. "문 닫은 2020 평양블록체인컨퍼런스 사이트." NK경제. 1월 17일.

_____. 2020b. "북한 김정은 전면적 금융정보화 지시…국가 금융정보화전략 추진." NK뉴스.
NK경제. 3월 6일.

김민관. 2017. "북한의 인공지능 개발현황과 전망." 『주간 KDB리포트』.

_____. 2018. "북한의 가상통화 이용 현황." 『주간 KDB리포트』.

_____. 2019. "북한의 모바일 결제 활용 현황 및 전망." 『주간 KDB리포트』.

_____. 2020. "최근 북한 스마트폰 이용 현황 및 시사점." 『주간 KDB리포트』.

김상배 엮음. 2018. 『4차 산업혁명과 남북관계: 글로벌 정보화에 비춘 새로운 지평』. 서울:
사회평론아카데미.

김석진. 2020. "북한 과학기술 정책의 성과와 한계, 그리고 전망." 『KDI 북한경제리뷰』. 3월호.

김석진·홍제환. 2019. 『남북경협 발전 잠재력과 정책 과제』. 서울: 통일연구원.

김철완·강인수·공영일·홍현기·이민규. 2007. 『북한 IT부문 및 남북 IT교류협력 현황
보고서』. 정보통신연구원.

남성욱. 2002. 『북한의 IT 발전 전략과 강성대국 건설』. 서울: 한울아카데미.

_____. 2020. "암호화폐, 국제 제재를 뚫을 북한의 보검." 『월간중앙』. 1월호.

문동희. 2019. "북한판 핀테크 '전화돈' 유행…간편 송금·결제도 가능." 데일리엔케이. 1월
15일.

문성민·김병기. 2020. "달러라이제이션이 확산된 북한경제에서 보유외화 감소가 물가·환율에
미치는 영향." 『經濟分析』 26(2).

박기찬. 2021. "북한에서 '핀테크' 사업 한다면?" 오피니언뉴스. 3월 4일.

변학문. 2016. "김정은 정권 '새 세기 산업혁명' 노선의 형성 과정." 『한국과학사학회지』 38(3).

_____. 2018. "북한의 '과학기술 강국' 구상과 남북 과학기술 교류협력." 『통일과평화』 10(2).

_____. 2020. "북한의 정면돌파전과 과학기술." 『KDI 북한경제리뷰』. 3월호.

손광수. 2019. "북한의 모바일 결제 어플: 울림 1.0." KB지식비타민.

안윤석. 2018. "中 온라인 결제회사, 알리페이, 유니온페이…북한 내 거래 차단." SPN
서울평양뉴스. 12월 20일.

오로라. 2019. "中 알리바바, 또 대북제재 위반 의혹." 『조선일보』. 4월 8일.

오택성. 2020. "올 북한 암호화폐 활동 주목…중·러 등과 제재 회피 협력." VOA. 1월 8일.

유길용. 2018. "평양서 '카톡 왔숑' IT 신기술에 허물어지는 국경선." 『중앙일보』. 3월 31일.

유동열. 2019. "블록체인 대회 '쉬쉬' 북한의 신종 외화벌이 실태." 『주간조선』. 11월 25일.

이석기. 2020. "북한의 산업과 기업: 사실, 개념 그리고 추세." 『KDI 북한경제리뷰』. 12월호.

_____. 2021. "북한 국가경제발전 5개년계획 평가와 시사점." 『KIET 산업경제』. 1월호.

이세훈. 2019. "북한식 4차 산업혁명 2: 북한의 대표기술."『문화저널21』.

이승우·정호윤·노경탁. 2018. "북한 IC, 어디까지 왔나."『Tech Landscape』5호. 유진투자증권.

이왕휘. 2017. "세계금융위기 이후 미중 통화금융 패권 경쟁과 통화전쟁: 통화금융 책략의 관점." 하영선 편.『미중의 아태질서 건축 경쟁』. 동아시아연구원.

_____. 2020a. "중국의 암호자산 정책: 블록체인 기술 발전 대 자본통제." 이승주 편.『중국 발전모델의 변화와 미중 경쟁』. 명인문화사.

_____. 2020b. "미국과 중국의 디지털 통화 전쟁 페이스북의 리브라 대 중국인민은행의 중앙은행디지털 통화." 이승주 편.『미중 경쟁과 디지털 글로벌 거버넌스』. 명인문화사.

이유진. 2019. "최근 북한 금융서비스 현황과 의의."『주간 KDB리포트』.

이종규. 2019. "북한경제의 달러라이제이션: 원인과 영향."『KDI 북한경제리뷰』. 제11월호.

이주영·문성민. 2020. "북한 비공식금융 실태조사 및 분석·평가."『BOK 경제연구』2020-16.

이춘근·김종선·남달리. 2014.『남북 ICT협력 추진 방안』. 세종: 과학기술정책연구원.

임을출. 2019. "북한의 4차 산업혁명: 대응전략, 추진방식과 성과."『동아연구』38(2).

정근주. 2013. "북한 IT산업 발전 잠재력과 남북협력 과제." 이석기·김석진·정근주.『북한의 산업 발전 잠재력과 남북협력 과제: 경제특구, 경공업 및 IT산업을 중심으로』. 서울: 산업연구원.

정영. 2020. "인터넷 송금 수수료 1%, 탈북 송금 수수료 30%." 자유아시아방송. 7월 3일.

조봉현. 2018. "북한의 모바일 금융 도입 구상과 추진과제." 한국금융연구원 '대북제재 완화 이후 남북경협 활성화를 위한 금융의 역할' 세미나 발표문.

조은교·김계환. 2021. "중국의 디지털 실크로드(DSR) 전략과 시사점: 중국 디지털 기업의 해외진출을 중심으로."『KIET 산업경제』2월호.

함성준. 2019. "경애하는 최고령도자 김정은동지께서 밝히신 금융정보화에 관한 사상." 『김일성종합대학학보: 경제학』65(2). (강진규 2020에서 재인용)

Cant, Joeri. 2019. "미국 시민, 북한에 블록체인 및 암호화폐 기술 제공한 혐의로 체포돼." Cointelegraph. 12월 2일.

Dale, Brady. 2019. "이더리움재단 인물, '평양 블록체인 행사' 참석 혐의로 LA서 체포." Coindesk Korea. 11월 30일.

Arcesati, Rebecca, Anna Holzmann, Yishu Mao, Manlai Nyamdorj, Kristin Shi-Kupfer, Kai von Carnap, and Claudia Wessling. 2020. "China's Digital Platform Economy: Assessing Developments Towards Industry 4.0." Mercator Institute for China Studies.

BIS. 2020. BIS Innovation Hub. https://www.bis.org/topic/fintech/hub.htm (검색일 2021. 3. 15.)

Brainard, Lael. 2019. "Digital Currencies, Stablecoins, and the Evolving Payments Landscape." Board of Governors of the Federal Reserve System.

_____. 2020a. "The Future of Retail Payments in the United States." Federal Reserve Board.

_____. 2020b. "An Update on Digital Currencies." Federal Reserve Board.

Cramer-Flood, Ethan. 2021. "In Global Historic First, Ecommerce in China will Account for More than 50% of Retail Sales." Emarketer. February 10. https://www. emarketer.com/content/global-historic-first-ecommerce- china-will-account-more-than-50-of-retail-sales (검색일 2021. 3. 15.)

CSIS. 2020. "How Will a Central Bank Digital Currency Advance China's Interests?", https://chinapower.csis.org/china-digital-currency/ (검색일 2021. 3. 15.)

Cybersecurity and Infrastructure Security Agency. 2021. "AppleJeus: Analysis of North Korea's Cryptocurrency Malware." March 2.

Department of Justice. 2021. "Three North Korean Military Hackers Indicted in Wide-Ranging Scheme to Commit Cyberattacks and Financial Crimes Across the Globe." February 17.

Foote, Caleb and Robert D. Atkinson. 2020. "Chinese Competitiveness in the International Digital Economy." Information Technology & Innovation Foundation.

Herrero, Alicia Garcia and Jianwei Xu. 2018. "How big is China's Digital Economy." Working Paper No.4. Bruegel.

Kiff, John, Jihad Alwazir, Sonja Davidovic, Aquiles Farias, Ashraf Khan, Tanai Khiaonarong, Majid Malaika, Hunter Monroe, Nobu Sugimoto, Hervé Tourpe, and Peter Zhou. 2020. "A Survey of Research on Retail Central Bank Digital Currency." IMF Working Paper. No.20/104.

Libra Association. 2019, An Introduction to Libra: White Paper.

_____. 2020. Libra v2.0: White Paper.

Nouwens, Meia, Camille Lons, Nawafel Shehab, Scott Malcomson, and Alexander Neill. 2021. "China's Digital Silk Road: Integration into National IT Infrastructure and Wider implications for Western defence industries." International Institute for Strategic Studies.

OECD. 2020a. "Digital Economy Outlook 2020."

_____. 2020b. "A Roadmap toward a Common Framework on Measuring the Digital Economy."

_____. 2020c. "Digital Transformation in the Age of COVID-19: Building Resilience and Bridging Divides, Digital Economy Outlook 2020 Supplement."

Orcutt, Mike. 2020. "This is how North Korea uses cutting-edge crypto money laundering to steal millions." *MIT Technology Review*. March 5.

Schmidt, Eric. 2020. "Building a New Technological Relationship and Rivalry: US-China Relations in the Aftermath of COVID," in Hal Brands and Francis J. Gavin (eds.), *COVID-19 and World Order: The Future of Conflict, Competition, and Cooperation*. Botimore: Johns Hopkins University Press.

Schmidt, Eric and Jared Cohen. 2013. "The Dark Side of the Digital Revolution." *Wall*

Street Journal. April 19.

UN Security Council. 2019. "Midterm report of the Panel of Experts of the 1718 DPRK Sanctions Committee."

UNCTAD. 2019. *Digital Economy Report 2019*.

Woetzel, Jonathan, Jeongmin Seong, Kevin Wei Wang, James Manyika, Michael Chui, and Wendy Wong. 2017. "China's Digital Economy: A Leading Global Force." McKinsey Global Institute.

Zhang, Dan and Li Xuanmin. 2019. "Blockchain, Cryptocurrency are Areas for China-NK Cooperation: Experts." Global Times. December 5.

Zhang, Longmei and Sally Chen. 2019. "China's Digital Economy: Opportunities and Risks." IMF Working Paper No.19/16.

Zuckerberg, Mark. 2019. "Hearings before the United States House of Representatives Committee on Financial Services." October 23.

제7장   미중 디지털 미디어·콘텐츠 경쟁과
         남북 ICT협력: 중국 사례의 함의

허재철 대외경제정책연구원(KIEP) 중국경제실

I. 머리말

경제력을 바탕으로 급격히 부상한 중국과 이를 견제하고자 하는 미국의 전략적 의도가 충돌하여 본격화된 미중 경쟁은 이제 21세기 국제정치를 읽는 핵심 키워드가 됐다. 지구촌 어느 나라도 이러한 미중 경쟁으로부터 자유로울 수 없게 된 상황에서 한국 외교도 전략적 변화가 요구되고 있다. 그동안 한국은 북한과의 군사적 대치 상황에 대응하기 위해 한미 안보 동맹에 의존해 왔고, 1992년 한중수교 이래 중국과의 교역이 점차 증가하여 이제는 중국이 우리의 최대 무역 상대국이 됐다. 이른바 '안미경중(安美經中)'으로 대변되는 한국의 대외전략이 그동안 한국의 생존 방식으로서 중요한 역할을 해 왔던 것이다.

하지만 미중 경쟁이 심화되고 향후에도 이러한 추세가 계속 이어질 것으로 전망되면서, 더 이상 '안미경중'이 한국의 생존 방식이 될 수 없음이 드러나고 있고, 심지어 한국 외교를 심각한 딜레마의 상황으로 몰아넣고 있다.

이에 따라 미중 경쟁 시대에 한국이 살아남기 위한 국가 전략으로서 다양한 방안들이 논의되고 있는데, 그 가운데 남북관계 개선의 필요성이 다시 한 번 주목을 받고 있다. 남북관계 개선은 미중 경쟁 시대에 대한 대응 차원뿐만이 아니라, 그동안 한반도의 남북 주민 및 문민화된 이후 역대 정부의 주요 국정과제로 제기된 사항이기도 하다. 특히 최근 미중 경쟁이 더욱 심화 및 확대되는 상황에서 한국 외교가 처할 수 있는 딜레마를 극복하기 위해 남북관계 개선이 더욱 절실해지고 있다. 남북관계 개선을 통해 미국에 대한 안보 의존과 중국에 대한 경제적 의존을 어느 정도 해소할 수 있을 것이라는 기대 때문이다.

한편, 우리는 현재 4차 산업혁명 시대에 살고 있다. 18세기 영국의 증기기관과 기계화로 시작된 1차 산업혁명, 19세기 후반 전기를 통한 대량생산에서 시작된 2차 산업혁명, 그리고 20세기 후반 인터넷 개발과 정보화로 촉발된 3차 산업혁명에 이은 4차 산업혁명이 진행되고 있는 것이다. 이러한 4차 산업혁명은 정보통신기술(ICT)의 융합으로 이루어지는 산업혁명으로서 인공지능, 빅데이터 등 디지털 기술로 촉발되는 초연결 기반의 지능화 혁명을 뜻한다.[1]

이렇게 현재 한국은 남북관계 개선의 필요성과 4차 산업혁명이라는 시대적 흐름 속에 놓여 있다. 그렇다보니 4차 산업혁명의 핵심이라고 할 수 있는 ICT 분야에서 어떻게 북한과 협력을 촉진하여 남북관계의 개선으로 이어갈 수 있을지 고민하는 것은 자연스럽고도 절박한 국가적 과제가 아닐 수 없다.

이에 이 글에서는 미중 ICT경쟁 시대를 배경으로 한반도의 남과 북이 어떻게 ICT 분야에서 협력할 수 있고, 어떤 과제를 극복해야 하는지에 대해서 살펴보고자 한다. 특히 ICT를 통해 구현되는 디지털 미디어(digital media)와 그 콘텐츠(digital contents)에 주목하여 남북협력의 가능성과 과제에 대해 고찰하고자 한다. 본 연구가 디지털 미디어와 콘텐츠에 주목하는 이유는 미중 ICT경쟁은 결국 가상의 영토인 디지털 플랫폼(Platform)을 확보하기 위한 경쟁이라고 할 수 있는데(이근 2021), 디지털 미디어는 디지털 플랫폼의 중요한 부분을 이루고 있기 때문이다. 또한 디지털 미디어를 통해 전달되는 디지털 콘텐츠는 기본적으로 정치 체제와 이데올로기로부터 영향을 받을 수밖에 없다는 점에서 ICT경쟁과 협력을 논하는 데 있어 반드시 분석되어야 할 대상이기 때문이다.

---

1   대통령직속 4차산업혁명위원회. https://www.4th-ir.go.kr/4ir/list (검색일: 2021. 2. 3.)

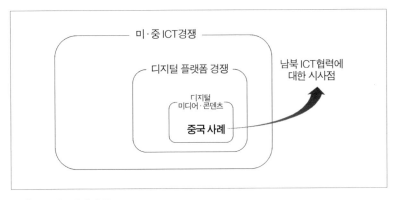

그림 1 본 연구의 개념 구조

이와 함께 본 연구는 중국 본토와 홍콩, 마카오, 타이완에 주목한다. 왜냐하면 중국 본토와 홍콩, 마카오, 타이완 사이의 관계는 미중 ICT경쟁이라는 요소와 더불어 한반도의 남북관계처럼 분단과 통합이라는 사회적 이슈가 중첩되어 있는 장소이기 때문이다. 비록 중국과 한반도의 상황이 완전히 일치한다고 말할 수는 없지만, 중국과 같은 분단(분열)된 국가에서의 디지털 미디어 및 콘텐츠를 둘러싼 협력과 갈등은 한반도에서 남북 ICT협력을 모색하는 데 유의미한 사례가 될 수 있다.

이를 위해 II절에서는 중국 본토와 홍콩, 마카오, 타이완 사이의 관계를 일국양제라는 개념을 중심으로 살펴보고, III절에서는 사회주의를 채택하고 있는 중국 본토와 자본주의 체제를 유지하고 있는 홍콩, 마카오, 타이완 사이에서 나타나고 있는 미디어 환경의 차이에 대해서 살펴본다. 그리고 IV절에서는 이러한 미디어 환경의 차이에도 불구하고 중국 본토와 홍콩, 마카오, 타이완 사이에서 진행되고 있는 디지털 미디어 및 콘텐츠를 둘러싼 협력과 갈등에 대해서 살펴보고, 마지막 V절에서는 남북 ICT협력에 대한 시사점에 대해서 고찰한다.

II. 중국과 홍콩·마카오·타이완의 관계[2]

1. 홍콩, 마카오, 타이완의 역사 개황

중국 남방 광둥(廣東)성 부근에 위치한 홍콩(香港, Hong Kong)은 인구
가 약 750만 명(2019년)으로, 면적은 서울의 약 1.8배(1,104km²) 정도
인 국제 중계무역과 금융의 허브이다. 과거 홍콩은 영국과 청(淸)나라
사이에서 벌어졌던 아편전쟁(1840~1842년)의 결과, 영국이 승리함으
로써 난징조약(南京條約)에 의해 영국의 식민지가 되었다. 그 후 현대
에 들어와 중국 본토에서 1949년 사회주의 체제인 중화인민공화국이
건국된 반면, 홍콩은 여전히 영국의 식민지로서 자본주의 체제를 유지
하면서, 같은 민족이 서로 다른 체제하에 분단된 상황을 맞게 됐다.

한편 마카오(澳门, Macao)는 홍콩과 인접한 주장(珠江)삼각주 남
서쪽에 위치해 있고, 인구는 약 68만(2019년) 명으로 서울 관악구 정도
의 면적(약 33km²)을 가진 카지노와 관광으로 유명한 소규모 도시이
다. 아편전쟁으로 홍콩이 영국의 식민지가 된 후, 아시아에서 세력 확
장을 추구하던 포르투갈이 홍콩과 인접한 아오먼(澳門)반도를 점령했
는데, 1887년에 청나라와 포르투갈 사이에 정식으로 조약이 체결됨에
따라 마카오는 공식적으로 포르투갈의 식민지가 됐다. 그 후 마카오는
홍콩과 마찬가지로 중국 본토와 같은 민족이지만 서로 다른 체제하에
분단된 상황을 이어왔다.

그리고 중국의 푸젠성(福建省)과 마주하고 있는 타이완(臺灣,
Taiwan)은 인구가 약 2,400만 명으로 한국의 절반에 약간 못 미치고,

2   이 절의 내용은 허재철 외(2020, 24-27)의 논문을 요약 및 발췌하였음.

면적은 3만 5,980km²로 경상도보다 약간 큰 섬이다. 타이완에는 오래 전부터 말레이와 폴리네시아계 원주민이 살고 있었고, 네덜란드가 1642년부터 동인도 회사를 통해 타이완을 식민통치했으며, 1661년 명나라 군인 정성공(鄭成功)이 네덜란드 세력을 축출하면서 처음으로 한족 정권이 수립됐다. 그 후 1895년 청일전쟁에서 청나라가 일본에 패하면서 시모노세끼(下関)조약에 의해 타이완은 일본의 식민지가 됐고, 1945년 일본이 2차 세계대전에서 패망함으로써 일제 식민지로부터 해방됐다. 하지만 국공내전에서 국민당이 공산당에 밀려 1949년 수도를 난징(南京)에서 타이완의 타이베이(台北)로 옮기고, 중국 본토에서는 공산당의 중화인민공화국이 건국되면서 타이완과 중국 본토는 같은 민족이지만 분단(분열)된 상황을 맞이했다.

2. 일국양제(一國兩制)

중국 본토와 홍콩, 마카오, 타이완은 같은 민족이면서도 오랫동안 분단(분열)되어 왔다. 중국 본토가 사회주의 체제를 채택하고 있는 반면, 이들 세 지역은 자본주의 체제로 운용되고 있는데, 그런 점에서 한반도의 남북 분단 상황과 유사한 측면이 있다. 이에 따라 이들 지역도 분단 상황으로 인해 중국 본토와의 관계에서, 그리고 사회 내부에서 다양한 정치, 경제, 사회적 문제들을 겪어 왔다.

그런데 이런 상황에 중대한 변화가 발생했는데, 그것은 홍콩에서부터였다. 1898년 영국과 청나라 사이에서 체결된 2차 베이징조약에 따라 1997년에 영국은 홍콩의 일부 지역인 신계(新界)와 부속도서를 중국에 반환해야 했다. 이에 영국과 중국은 수년간의 협상을 거쳐 신계와 부속도서를 포함해 영국이 통치해 왔던 홍콩 전역을 1997년 7월

1일에 중국으로 반환하는 데 합의했다. 그리고 반환 조건으로서 반환후 50년 동안 홍콩에서 일국양제를 실시한다는 점에 합의했다. 일국양제는 '하나의 국가, 두 개의 제도(一個國家, 兩種制度; one country, two systems)'에 대한 약칭으로 하나의 국가 안에 두 개의 상이한 제도가존재할 수 있다는 의미이다. 즉 홍콩이 그동안 영국의 식민지로서 오랜기간 자본주의 시스템으로 운영되어 왔기에, 1997년 중국으로 주권은넘어가지만 일정 기간 동안 중국 본토의 사회주의가 아닌 그동안의 자본주의 시스템을 유지할 수 있도록 보장한다는 것이었다.

이러한 일국양제는 중국이 원래 타이완과의 통일을 위해 마련한방안이었다. 그런데 영국과 홍콩 반환에 대한 협상을 진행하는 과정에서 먼저 적용되었고, 1987년 포르투갈과의 마카오 반환 협정에도 적용됐다.[3]

한편, 1949년 중국 대륙에서 중화인민공화국이 건국된 이후, 중국은 타이완과의 통일을 위해 무력 사용도 불사할 것임을 나타내며 타이완을 '해방'의 대상으로 규정해왔다. 하지만 1978년 중국이 개혁개방정책을 채택하면서 타이완에 대한 통일 정책에도 커다란 변화가 발생했는데, 무력사용을 지양하고 점진적인 평화통일을 추진하겠다고 선언한 것이다. 이러한 정책 방향 속에서 1981년 9월 예젠잉(葉劍英) 전인대 상무위원장은 타이완과의 통일에 관한 9개항 방침을 발표했고, 이어 덩샤오핑은 1982년 1월 "예(葉) 위원장의 9개항 방침은 실제로하나의 국가 두개의 제도(一個國家, 兩個制度)를 의미하는 것이다"라고언급함으로써 처음으로 일국양제의 개념을 구체화했다(張炳玉 1992, 10~11).

---

3   百度百科. 「一国两制」. https://baike.baidu.com/item/%E4%B8%80%E5%9B%BD%E4%B8%A4%E5%88%B6/ 397713?fr=aladdin (검색일: 2021. 1. 15.)

이후 일국양제는 1984년 중국과 영국이 홍콩 반환과 관련하여 합의한 「중·영 연합성명(中英联合声明, Sino-British Joint Declaration)」에 먼저 적용되었고, 이어 1987년 중국과 포르투갈이 마카오 반환과 관련하여 합의한 「중·포 연합성명(中葡联合声明, Sino-Portuguese Joint Declaration)」협정에도 적용됐다.

이에 따라, 홍콩과 마카오는 일국양제의 제도 아래 1997년과 1999년에 각각 영국과 포르투갈에서 중국으로 반환됐고, 두 지역에서 일국양제를 실시한 지 이미 20년이 넘었다. 그리고 중국은 현재 타이완에 대해서도 일국양제를 바탕으로 통일을 이루고자 노력하고 있으나, 타이완 내부에서는 일국양제에 대해 엇갈린 반응이 나타나고 있고, 최근에는 부정적인 여론이 압도적으로 우세한 상황이다.

일국양제는 홍콩과 마카오의 반환 문제를 둘러싸고 각각 중국과 영국, 그리고 중국과 포르투갈이 모두 받아들일 수 있는 평화적인 이양 방식이었다는 점에서 중요한 의의를 가진다. 또한 중국과 타이완 사이의 양안 관계에 있어서도 무력 사용을 지양하는 평화적인 통일 방안이라는 점에서 과거의 급진적 무력 통일론보다 한 단계 발전한 방안이라고 할 수 있다.

실제로 홍콩과 마카오에서 지난 20여 년간 일국양제가 적용되어왔고, 이를 바탕으로 중국 본토와 경제 교류 및 협력, 그리고 인적 왕래 등의 분야에서 적지 않은 성과가 나타났다. 하지만 최근 홍콩에서 민주화를 요구하는 반중 시위가 이어지고 있고, 타이완에서도 반중 성향의 민진당(民進黨)이 재집권하는 등 일국양제의 문제점이 곳곳에서 드러나고 있는 상황이다.

III. 중국과 홍콩·마카오·타이완의 미디어 환경[4]

1. 체제와 미디어 환경

중국 본토와 홍콩, 마카오는 일국양제라는 제도 아래 각각 사회주의와 자본주의 시스템 속에서 운영되고 있다. 그리고 중국 본토와 타이완, 즉 양안 관계 사이에서는 아직 어떠한 통일 방식도 합의되지 못한 체, 각각 사회주의와 자본주의 시스템으로 운영되고 있다.

미디어[5]는 사회를 구성하고 있는 한 부분으로서 체제의 성격으로부터 직접적으로 영향을 받는다. 이에 따라 중국 본토의 미디어는 사회주의 체제의 미디어 환경 속에서 운영되고 있고, 홍콩과 마카오, 타이완의 미디어는 자본주의 체제의 미디어 환경 속에서 운영되고 있다.

미국의 언론[6]학자 시버트(Fred S. Siebert)와 피터슨(Theodore Peterson), 슈람(Wilbur Schramm)은 1956년 『언론의 4이론(*Four Theories of the Press*)』을 통해 언론에 대한 네 가지 이론을 바탕으로 언론의 유형을 분류한바 있다.

첫째, 권위주의 이론(authoritarian theory)에 기반한 언론 유형으로, 정부의 정책을 지지하고 발전시키는 것을 언론의 역할로 인식한다. 이는 과거 권위주의 체제를 옹호하기 위한 수단으로 언론이 이용되는 데 이론적 토대를 제공했다. 17세기 서양에서 자유주의 사상이 확산되

4　본 절의 내용은 허재철·김흥원(2020, 1-37)의 논문을 요약 및 발췌, 재구성한 것임을 밝힘.

5　이 글에서 말하는 미디어는 TV와 신문, 라디오, 인터넷, SNS 등을 포함하는 대중 매체(Mass Media)를 의미하며, 학술적으로 정교한 구분이 필요할 경우 별도로 미디어와 매스미디어를 구분하여 서술함.

6　여기서 '언론'은 '뉴스 미디어'를 의미하는데, '언론'이 보다 일반적으로 사용되기에 이 글에서는 주로 '언론'으로 표기하나 기본적으로 두 개념은 같은 의미임.

면서 이 이론은 점차 약화됐으나 20세기에 들어서도 제3세계 국가 등에서 여전히 적용된 바 있다.

둘째, 자유주의 이론(libertarian theory)에 기반한 언론 유형으로, 과학적 합리주의와 계몽사상의 대두를 원동력으로 등장했다. 그 시조라 할 수 있는 영국의 존 밀턴(John Milton)은 1644년 『아레오파지티카(*Areopagitica*)』를 통해 '사상의 시장'에서 진리와 거짓이 서로 맞붙게 될 때 언제나 진리가 승리하게 된다는 주장을 펼치면서 언론의 완전한 자유를 강조했다(Altschull 2001, 81).

셋째, 사회적 책임 이론(social responsibility theory)에 기반한 언론 유형으로, 자유주의 이론대로 언론의 자유를 보장하기만 하면 사회 발전과 민주주의 달성이 이뤄질 것이라는 믿음이 깨지고, 황색 언론(yellow journalism) 등 각종 부작용이 발생하면서 대안으로 제시된 이론이다(Altschull 2001, 81). 이 이론에서는 언론의 자유와 함께 사회적 책임이 비중 있게 다뤄진다.

넷째, 소비에트 공산주의 이론(Soviet communist theory)에 기반한 언론 유형으로, 자본주의가 사회주의로 이행하는 과정에서 언론이 수행해야 할 역할을 강조한다. 이 이론에서 언론은 사회주의 건설의 도구로서 근로대중에 대한 정치적 교육의 강력한 수단이라는 점이 강조된다.

한편, 프랑스의 언론학자 자크 르프레트(Jacques Leprette)와 앙리 피제아(Henri Pigeat)는 자유와 제약을 중심으로 언론의 유형을 3가지로 분류했다(Leprette & Pigeat 2003. 박종인 2006, 171에서 재인용). 첫 번째는 언론의 자유에 대해 절대적인 보장을 요구하여 법의 강력한 개입이 전혀 없는 언론 형태로 미국과 영국이 대표적인 사례이다. 두 번째는 법의 지배를 일정 정도 인정하는 언론 형태로 언론의 자유와 여

타의 자유 간에 균형을 맞추기 위해서 법이라는 수단을 사용하는 것을 인정하며 미국과 영국을 제외한 대부분의 민주주의 국가에서 이러한 유형을 채택하고 있다. 세 번째는 언론의 자유에 대한 높은 관심과 함께 아주 강력한 자율 규제를 인정하는 형태로 스웨덴이 대표적인 사례라고 할 수 있다.

2. 중국 본토와 홍콩·마카오·타이완의 미디어 환경

상술한 시버트와 자크 르프레트 등의 연구에서 제시된 언론의 유형에 따르면, 현재 중국의 언론은 기본적으로 마르크스–레닌주의 사상에 기반한 소비에트 공산주의 이론에 근거하고 있다. 그리고 여기에 중국 공산당의 실천적 경험과 마오쩌둥(毛泽东) 등 대표적인 지도자들의 언론관이 혼합된 형태를 보이면서 당과 정부가 언론 영역에 강력하게 개입하는 형태를 보이고 있다. 실제로 중국에서 언론은 당의 '목구멍과 혀(喉舌)'로서 당의 방침과 정책을 대중에게 전달하는 역할을 한다. 또한, 중국 공산당과 정부, 언론 기관은 기본적으로 영도하고 영도 받는 수직 관계이며, 당과 정부는 언론 기관에 대해 직접적이고 전면적인 강력한 통제권을 갖고 있고(허궈핑 2012, 212), 언론은 상품이 아닌 철저한 공공재로서의 성격을 띠어 왔다. 다만, 1978년 중국이 개혁개방 정책을 취하고, 1990년대에 들어서 사회주의 시장경제 시스템을 본격적으로 도입함에 따라 언론의 역할에도 일정한 변화가 발생했다. 이에 따라 현재 중국에서는 언론에 대한 근본적인 관념에는 변화가 없는 가운데 경제적 이익 추구라는 상업성이 조금씩 인정되고 있다. 즉, 현재 중국의 언론은 당과 정부의 대변인 역할과 함께 기업으로서의 이윤 추구를 동시에 수행하는 관방성과 상업성이 혼재된 모습을

나타내고 있다.[7]

언론보다 상위 개념인 미디어를 둘러싼 환경도 이와 비슷하다. 텔레비전과 라디오, 영화, 출판, SNS 등 미디어에 대해서는 다른 상품과는 달리 철저한 시장경제 원리가 적용되지 않고 정부의 적극적인 개입과 통제가 이뤄지고 있다.

이에 따라 중국에서는 미디어를 관리, 감독하는 강력한 기구와 법률 등이 존재한다. 예를 들어, 시진핑 체제 출범 직후인 2013년 3월 14일, 제12차 전국인민대표대회 1차회의에서 기존에 미디어 업무를 담당하던 '신문출판총서(新闻出版总署)'와 '광전전시전영총국(广播电影电视总局)'의 합병안이 통과되어 '국가신문출판광전총국(国家新闻出版广电总局, The State Administration of Press, Publication, Radio, Film and Television of the People's Republic of China, 이하 광전총국)'이 출범했다. 이렇게 해서 탄생한 광전총국은 중국에서 텔레비전과 라디오, 뉴스, 출판, 인터넷, 영화 등을 관장하는 공룡 기구로서 중국의 미디어 산업을 관리, 통제하는 컨트롤타워의 역할을 담당하고 있다. 광전총국은 2018년 3월, 13기 전인대 제1차회의에서 비준된 '국무원 기구 개혁 방안(国务院机构改革方案)'에 따라 텔레비전과 라디오만을 관장하는 '중화인민공화국 국가광보전시총국(中华人民共和国国家广播电视总局, National Radio and Television Administration, PRC)'으로 개편됐고, 기존 광전총국이 갖고 있던 뉴스와 출판 영역은 신설된 '국가신문출판서(国家新闻出版署)'로 이관되어 중국공산당 중앙위원회 선전부가 맡고 있다.[8]

---

7   이에 대해 임유경은 중국의 언론을 "시장 이익을 중심으로 운영되는 국가 소유의 언론 산업"이라고 표현하기도 한다(임유경 2005, 70).
8   百度百科. "中华人民共和国国家新闻出版广电总局." https://baike.baidu.com/item/%E4

이와 함께 중국 정부는 각종 법률과 명령, 결정, 의견 등 다양한 규범적 문건들을 통해서 미디어 통제를 실시하고 있는데, 2015년 7월 1일에 공포된 '중화인민공화국 국가안보법(中华人民共和国国家安全法)'[9] 제25조에는 국가 안보를 위해 인터넷 공간에 대한 관리를 강화할 것에 대한 내용이 담겨 있다. 또한 2017년 6월 1일 공포된 '중화인민공화국 인터넷 안전법(中华人民共和国网络安全法)'은 보다 직접적으로 미디어에 대한 통제 강화를 강조하고 있다(한현우 2017. 문지영·강준영 2018, 292에서 재인용).

이와 같이 중국이 사회주의 시장경제 시스템을 도입하면서 다양한 상품이 시장에서 자유롭게 거래되고 있음에도 불구하고, 언론을 비롯한 미디어 영역은 중국인의 이데올로기와 의식, 가치관에 직접적으로 영향을 주기에 중국 당국이 여전히 강력한 관리와 통제를 실시하고 있다.

반면, 홍콩과 마카오, 타이완에서의 미디어는 중국 본토와는 다른 미디어 환경 속에 놓여 있다. 앞서 언급한 바와 같이, 홍콩과 마카오는 비록 1997년과 1999년에 각각 영국과 포르투갈로부터 중국으로 관할권이 이양됐지만, 일국양제라는 시스템을 통해 50년 동안 자본주의 시스템을 유지할 수 있게 됐다. 타이완의 경우, 아직 중국 본토와 어떠한 사회적 통합과 통일이 이뤄져 있지 않아 자본주의 시스템을 그대로 유지하고 있는 상황이다.

%B8%AD%E5%8D%8E%E4%BA%BA%E6%B0%91%E5%85%B1%E5%92%8C%E5%9B%BD%E5%9B%BD%E5%AE%B6%E6%96%B0%E9%97%BB%E5%87%BA%E7%89%88%E5%B9%BF%E7%94%B5%E6%80%BB%E5%B1%80/8011658?fromtitle=%E5%9B%BD%E5%AE%B6%E6%96%B0%E9%97%BB%E5%87%BA%E7%89%88%E5%B9%BF%E7%94%B5%E6%80%BB%E5%B1%80&fromid=8005458&fr=aladdin (검색일: 2021. 2. 3.)

9 "中华人民共和国国家安全法." http://www.law-lib.com/law/law_view.asp?id=506526 (검색일: 2021. 2. 27.)

표 1 중국 본토와 홍콩·마카오·타이완의 미디어 환경

	이념적 기초	경제적 성격	주요 내용
중국 본토	소비에트 공산주의 이론	공공재 〉 상품	-미디어에 대한 당과 정부의 강력한 감시와 감독 -당과 정부의 선전도구이자 사회주의 시장경제를 구성하고 있는 하나의 상품 -제한된 범위 내에서의 의사소통 수단
홍콩	자유주의, 사회적 책임이론	공공재 〈 상품	-권력에 대한 감시와 견제 기능 -자유로운 커뮤니케이션의 수단 -이윤 추구를 위한 상품
마카오	자유주의, 사회적 책임이론	공공재 〈 상품	-권력에 대한 감시와 견제 기능 -자유로운 커뮤니케이션의 수단 -이윤 추구를 위한 상품
타이완	자유주의, 사회적 책임이론	공공재 〈 상품	-권력에 대한 감시와 견제 기능 -자유로운 커뮤니케이션의 수단 -이윤 추구를 위한 상품

출처: 저자 작성.

이에 따라 중국의 미디어가 사회주의 체제의 시스템 아래서 운영되고 있는 것과는 달리, 홍콩과 마카오, 타이완에서의 미디어는 자본주의 시스템에 의해 운영되고 있다. 예를 들어 언론의 경우, 이념적으로는 앞서 언급한『언론의 4이론』중 자유주의, 혹은 사회적 책임이론에 근거하여 자유와 비판적 기능을 중시하는 언론관을 가지고 있다. 따라서 홍콩의 언론들은 홍콩 정부와 거버넌스, 그리고 행정장관을 비롯한 주요 정계 인사들은 물론이고, 중국 본토의 공산당과 주요 지도자들에 대해서도 감시, 감독과 비판의 기능을 수행하고 있다. 심지어 중국 본토의 최고 지도자인 시진핑과 관련한 비리, 부패 의혹과 리더십에 대해서도 성역 없이 보도하고 있다(허재철 외 2020, 54-55). 타이완의 언론은 홍콩보다 더욱 자유롭게 중국 본토에 대한 비판적 기능을 수행하고 있으며, 당연히 타이완 사회 내부의 권력 감시와 비판 기능도 담당하고 있다. 이러한 언론 환경과 마찬가지로 텔레비전, 라디오, 인터넷, SNS

등의 미디어 전반도 이러한 자유로운 환경 속에서 운용되고 있다. 동시에 홍콩과 마카오, 타이완의 미디어는 경제적으로 하나의 상품처럼 취급되며 시장에서 자유롭게 거래가 이뤄지고 있다.

IV. 디지털 미디어와 콘텐츠를 둘러싼 협력과 갈등

1. 교류와 협력

앞서 언급한 바와 같이, 중국은 자국민의 의식과 가치관, 국가 이데올로기에 직접적으로 영향을 줄 수 있는 미디어와 이를 구성하는 콘텐츠 분야에서 패쇄적인 정책을 고수하고 있다. 1990년대 본격적으로 시장경제 시스템을 도입하고, 2001년에 WTO에 가입하면서 지속적으로 대외개방 정책을 추진해오고 있음에도 불구하고, 미디어와 콘텐츠 분야에서는 유독 폐쇄적인 자세를 유지하고 있는 것이다.

중국은 WTO 가입 이후 뉴질랜드, 싱가포르, 파키스탄, 페루, 코스타리카, 한국 등과 FTA를 체결하고, 미국 및 EU와도 무역투자협정을 추진하면서 국제사회와 적극적인 교류 및 시장개방을 해왔다. 하지만 미디어 및 콘텐츠와 관련된 서비스 분야의 개방에 대해서는 소극적이었다. 일반적으로 FTA 차원의 시장개방은 WTO 양허보다 개방 수준이 높아지지만, 중국은 시청각서비스 분야의 개방을 자국의 WTO 양허 내용과 거의 대동소이한 수준으로 맞춰왔다(한국콘텐츠연구원 2017, 38). 중국은 칠레, 아세안과의 FTA에서는 시청각서비스 분야를 아예 개방하지 않았으며, 한국을 포함한 여타 FTA에서는 WTO 수준에서만 개방을 한 것이다(한중 FTA에서 공연, 스포츠 분야는 WTO 상위 수준)

(한국콘텐츠연구원 2017, 38). 구체적으로 뉴질랜드와 싱가포르, 파키스탄, 페루, 코스타리카 등에 대해서는 방송서비스를 양허하지 않았고, 시청각서비스 분야 중 비디오 유통, 녹음물 유통 및 영화극장 서비스만 개방했다. 비디오 유통 및 녹음물 유통 서비스의 경우 중국 기업과의 합작(contractual joint venture)을 통해서만 시장진입이 가능하고, 중국 당국의 시청각물 검열을 통과해야만 한다. 또한 영화극장 서비스의 경우 외국인 지분은 49%로 제한되고, 극장 상영용 영화는 중국 당국의 규제에 따라야 하는 의무가 있으며 수익분배 조건을 전제로 연간 20건 이하로만 수입이 가능하다(한국콘텐츠연구원 2017, 41). 한중 FTA를 통해 한중 양국이 공동 제작한 영화에 대해서는 중국 국내물 지위를 부여하지만, 방송이나 게임 등의 기타 미디어와 콘텐츠에 대해서는 적용하지 않고 있다.

하지만 중국 본토 이외의 지역 중에서 홍콩과 마카오, 타이완에 대해서는 다른 정책을 적용하고 있다.

중국 본토와 홍콩은 2003년 6월에 포괄적경제동반자협정(Closer Economic Partnership Arrangement, CEPA)을 체결했다. CEPA는 중국 본토와 홍콩 사이의 상품교역을 확대하고 서비스시장을 개방하며 투자를 촉진하기 위한 협정으로서, 2003년 CEPA가 처음 체결된 후 그동안 매년 보충협정이 추가로 체결되어 왔다. 이에 따라 중국 본토와 홍콩 사이의 상품 및 서비스 무역 장벽은 지속적으로 완화되어 왔다.

CEPA 체결에 따라 서비스 분야의 경우, 2003년 일부 서비스업 개방을 시작으로 점차 다양한 개방 조치가 홍콩과 인접한 광둥성 지역에서 시범적으로 실시됐고, 이것이 점차 중국 본토 전역으로 확대 시행됐다. 이에 따라 2015년 중국 본토와 홍콩 사이에서 서비스무역협정이 정식 체결됐을 때, 중국 본토는 WTO 기준에 따른 160개 서비스 분야

중 153개 분야를 홍콩에 개방했다(新华网 2017). 여기에는 미디어를 통해 전달되는 문화콘텐츠도 포함되는데, 중국 본토는 서비스무역협정을 통해 문화콘텐츠 분야에 대해서 홍콩에게 다른 나라보다 높은 수준으로 개방한 것이다.

또한 중국은 WTO 양허 및 기타 기체결 FTA를 통해 개방했던 비디오유통 서비스, 녹음물 유통서비스, 영화극장상영서비스 이외에 영화와 비디오테이프 제작 및 유통서비스, 중국어 영화 및 공동제작 영화, 케이블방송기술서비스, 공동제작 드라마 부분을 홍콩과 마카오에 대해 단계적으로 추가 개방했다(한국콘텐츠연구원 2017, 41). 이에 따라 △ 홍콩·마카오가 제작한 중국어로 된 영화에는 수입 쿼터를 적용하지 않고(다른 국가는 적용), △ 홍콩·마카오 드라마 및 애니메이션에 대해서는 TV 방영 편수 및 시간대 제한을 적용하지 않으며(다른 국가는 제한 있음), △ 중국 본토와 홍콩·마카오 사이의 합작 드라마 및 영화에 대해서는 출연배우의 국적 및 투자 비중, 스토리 제한 등을 적용하지 않는다(香港特別行政區 工業貿易署 2021; 이상훈 외 2018; 김홍원 2019. 허재철 외 2020, 60-61에서 재인용).

이렇게 중국 본토가 홍콩과 마카오 지역에 대하여 타국에 비해 상대적으로 서비스 시장 진입의 장벽을 낮춤에 따라 중국-홍콩, 중국-마카오 사이의 미디어, 콘텐츠 교류는 더욱 활발해졌다. 이는 '홍콩의 서비스 제공자 증명서(香港服務提供者证明书)' 자료를 통해서도 나타나는데, 홍콩 법인이 CEPA를 활용해 중국 본토에서 서비스 관련 사업을 하기 위해서는 '홍콩의 서비스 제공자 증명서'를 발급 받아야 한다. 이 증명서는 CEPA가 시행된 2004년 1월 1일부터 2021년 2월 3일까지 총 3,331장이 발급됐으며, 그 중 미디어, 콘텐츠와 관련된 분야에서도 402건의 증명서가 발급되었다(표 3 참고).

표 2 중국의 WTO 및 기(旣)체결 FTA 시장개방 수준 비교(상), 기체결 주요 FTA의 시청각서비스 분야 양허안(하)

	WTO	중·뉴질랜드 FTA	한·중 FTA	중·홍콩 CEPA
영화 비디오	연간 20편 상영 제작·배급 – 외자제한 49% 합자형태만 허용	연간 20편 상영 공동제작 협정 제작·배급 – 외자제한 49% 합자형태만 허용	연간 20편 상영 공동제작 협정 제작·배급 – 외자제한 49% 합자형태만 허용	쿼터 없음 공동제작 협정 상영·배급 100% 개방
음반 녹음	제작·배급 – 외자제한 49% 합자형태만 허용	제작·배급 – 외자제한 49% 합자형태만 허용	제작·배급 – 외자제한 49% 합자형태만 허용	상영·배급 100% 개방
TV방송	미개방	TV방송공동제작	미개방	공동제작
공연	미개방	미개방	미개방	개방

체결 국가	체결 시기	시청각서비스 양허안
홍콩	2003.6	WTO plus -영화 및 비디오테입 제작 및 유통서비스, 중국어 영화 및 공동제작영화, 케이블방송기술서비스, 공동제작 드라마 부분을 단계적으로 추가 개방 -비디오유통, 녹음유통, 영화극장, 영화 및 비디오제작, 유통서비스는 100% 자회사 설립이 가능하며, 중국어 영화의 경우 쿼터제한 없이 수입 가능
마카오	2003.10	WTO plus 상동
칠레	2006.11	미개방
아세안	2007.1	미개방
뉴질랜드	2008.4	WTO 동일 TV방송 동동제작협적 채택
싱가포르	2008.10	WTO 동일
파키스탄	2009.2	WTO 동일
페루	2009.4	WTO 동일
코스타리카	2010.4	WTO 동일
한국	2014.11 타결	WTO 동일 영화 공동제작협정 채택
EU	2013년부터 협상 중	

출처: 한국콘텐츠연구원(2017, 42-43)의 내용을 바탕으로 저자 편집.

표 3 홍콩의 대중국 서비스 제공자 증명서 발행 건수 (2004년~2020년)

서비스업	발행 건수
법률 서비스	25
회계 서비스	3
건축 관련 서비스	106
의료 및 치과 서비스	60
컴퓨터 및 관련 정보기술 서비스	24
부동산 서비스	29
광고 서비스	142
시장조사 서비스	0
관리 자문 및 관련 서비스	54
채광 및 탐측 서비스	0
자연과학 및 공학 관련 연구, 실험, 개발 서비스	2
공공사업 서비스	1
인원 제공과 배치 서비스	180
건축물 청소 서비스	1
촬영 서비스	3
인쇄 서비스	121
통번역 서비스	0
회의와 전람회 서비스	24
부가가치통신망 서비스	73
통신망 서비스	4
시청각 서비스	92
배포, 배급, 배달 서비스	371
환경 서비스	2
보험 관련 서비스	25
은행 및 기타 금융 서비스(보험과 증권 제외)	10
증권 선물 서비스	97
사회 서비스	0
여행 관련 서비스	53

문화, 오락 서비스(시청각서비스 제외)	40
체육 서비스	0
운송 및 물류 서비스	1,409
항공 운송 서비스	306
상표 대리 서비스	15
전문 설계 서비스	0
학제 간 연구 및 실험 개발 서비스	0
제조업 관련 서비스	8
도서관, 박물관 등 문화 서비스	0
농업, 임업 및 어업 관련 서비스	1
행정 지원 서비스	22
교육 서비스	6
개인, 애완동물, 가구 서비스	0
기타 상업 서비스	8
기타 전문 서비스	0
기타 연구 및 개발 서비스	0
임대 서비스	4
통신 서비스	0
기타 건강 관련 서비스	5
장례 관련 서비스	0
복제 서비스	0
상업 보호관리 서비스	4
출판 관련 서비스	0
기술 검증 및 분석 서비스	1
보안 및 경비 서비스	0
총 수	3,331

설명: 음영 표시는 미디어 및 콘텐츠 관련 서비스업을 의미함.
출처: 香港特別行政區 工業貿易署(2021).

미디어 및 콘텐츠 영역 중에서 영화 부문을 살펴보면, 홍콩의 영화계는 1970년대부터 1990년대 말까지 매년 300편 이상의 영화를 제작하는 등 황금기를 누렸었다. 하지만 1990년대 말 아시아 금융위기를 겪으면서 홍콩 영화산업도 충격을 받고 하향세에 접어들게 되었는데, 중국 본토와 홍콩 사이에서 체결된 CEPA를 통해 양측은 영화산업의 공동발전을 도모하기 시작했다. 중국 본토는 영화산업의 고도화 및 개혁을 추진하고자 했고, 홍콩은 중국시장을 통해 영화산업의 침체를 극복하고자 했던 것이다. 이에 따라 홍콩영화는 당시 중국이 매년 외국영화 수입을 20편으로 제한하던 스크린쿼터제도의 대상에서 제외되었고, 중·홍콩 합작영화는 본토 영화로 분류되면서 상영과 마케팅이 자유로워지게 됐다.

또한 2008년 CEPA 보충협정에서 중국은 중·홍콩 합작영화에 대해 완전한 내국민대우를 적용하고, 홍콩영화를 수입영화로 분류하지 않기로 결정했다. 그 결과 2016년의 경우, 중국 영화시장 흥행순위 상위 10편 중 5편이 중·홍콩 합작영화였다. 그 중 2013년 합작품인 〈서유항마편(西游降魔篇)〉은 원화로 환산하여 약 2,000억 원의 수입을 기록했고, 2016년 개봉하여 크게 흥행했던 〈미인어(美人鱼)〉는 약 6,000억 원의 수입을 기록했다. 2020년 2월 10일 개봉하여 국내외에서 큰 인기를 누렸던 한국 영화 〈기생충〉의 국내 티켓 수입이 약 859억 원이었다는 것을 고려하면, 중·홍콩 합작영화의 흥행이 어느 정도였는지 짐작해 볼 수 있다.

중국 본토와 타이완 사이의 양안 관계에서도 미디어와 콘텐츠 분야의 교류는 다른 나라에 비해 더욱 개방적으로 이루어져 왔다.

중국 정부는 1987년에 타이완 언론의 본토 방문취재 및 양안 간 언론교류에 대해 환영의 뜻을 공식적으로 밝혔고,[10] 이에 타이완 정부

그림 2 중국 본토와 홍콩의 영화 교류 활동 및 주요 합작 영화
출처: 바이두(百度) 화면 캡처.

도 1989년 타이완 언론인들의 중국 방문을 공식적으로 허용했다(한국
방송학회 2014, 119. 허재철 외 2020, 197에서 재인용). 그 후 1991년 중
국의 신화사(新华社) 기자가 타이완을 방문해 직접 사건을 취재하게
되면서 양안 사이의 언론 교류는 본격화됐다. 그리고 2000년대 말부터
는 타이완 정부가 중국 언론 매체의 타이완 주재를 허용했고, 2008년
과 2009년에는 중국 본토 취재원의 타이완 체류기간과 주재 인원수를
확대하는 조치도 시행했다(표 4 참고).

10　「两岸媒体人回首三十年: 新闻交流成果不少 两岸故事合力讲好」(2017. 11. 27), http://
　　www.xinhuanet.com/tw/2017-11/27/c_129749734.htm (검색일: 2021. 2. 4.). 허재철
　　외(2020, 197)에서 재인용.

표 4 중국-타이완 사이의 언론 교류 역사

구분	발표시기	시청각서비스 양허안
중국	1989.9.	• 타이완 기자의 중국 방문취재 관리방법(关于臺湾记者来大陸採访的管理办法) • 타이완 기자의 중국 본토 취재 관련 신청, 관리, 접대 등을 상세히 규정
	1993.3.	• 「중국 타이완 발 4호」 문서를 통해 「언론 종사자의 타이완 취재에 관한 규정」 • 중국 언론인의 타이완 방문 취재를 처음으로 규정

	1996.12.1.	• 타이완 기자의 중국 본토 방문취재에 관한 규정(关于台湾记者来祖国大陆
		   采访的规定)(2002.12.2. 수정안 제정. 2008.11.1. 폐지) 제정
		• 타이완 기자의 취재 관리는 중국 국무원
		   타이완사무판공실(台湾事务办公室)이 담당
		• 타이완 기자의 취재 10일 전에 인터뷰 신청이 필요하며, 인터뷰 진행 시
		   취재증(采访证) 휴대 및 제시 필요

	2008.11.1.	• 타이완 기자의 중국 본토 방문취재 방법(台湾记者在祖国大陆采访办法) • 취재를 위해 신청할 수 있는 체류기 시간 확대(기존 1개월 → 최장3개월), 3개월 기간 안에 체류기간 연장 1회 허용

타이완	2008.6.30.	• 중국 기자의 타이완 방문취재 편의확대 조치(放宽中国大陆记者来台驻点采访
		   便利措施)
		• 중국 언론사 주재기자의 타이완 체류기간을 1개월에서 3개월로 완화(필요시
		   1회 연장)

	2009.8.21.	• 중국 영화 제작자의 타이완 내 타이완 및 중국 본토 영화 제작 참여 심사비준
		   원칙(大陆地区电影从业人员来台参与国产电影片或本国电影片制作审核处理
		   原则) 제정
		• 중국 본토 대중매체 종사자에 대해 타이완 내 드라마 및 영화 제작 참여 개방

	2009.9.8.	• 중국 본토 제작지 및 기술자의 타이완 내 드라마 프로그램 참여 심사비준
		   처리 원칙(大陆地区主创人员及技术人员来台参与合拍电视戏剧节目审核处理
		   原则) 제정

출처: 허재철 외(2020, 199).

　　이와 함께, 미디어 콘텐츠 중 영상물 제작과 관련한 교류 증진을 위해 타이완은 2009년에 '중국 본토 영화 종사자의 타이완 방문 및 국산 영화제작 참여 심사비준 처리 원칙(大陆地区电影从业人员来臺参与国产电影片或本国电影片製作审核处理原则)'을 제정했고, 2011년에는 '중국 본토 제작자 및 기술자의 타이완 내 방송 드라마 및 프로그램의 공동 촬영 참여 심사비준 원칙(大陆地区主创人员及技术人员来臺参与合拍电视戏剧节目审核处理原则)'등을 제정했다. 타이완은 이를 통해 중국의 미디어 및 콘텐츠 업계 종사자들이 타이완에서 드라마와 영화 촬영에 참여할 수 있는 기회를 확대했다(行政院 2020. 허재철 외 2020, 199에서 재인용).

2. 갈등

이와 같이, 중국 본토는 홍콩, 마카오, 타이완에 대해서 다른 나라와는 달리 미디어 및 콘텐츠 분야의 교류와 협력을 더욱 적극적으로 진행해 왔다. 하지만 이러한 교류와 협력이 순탄했던 것은 아니며, 디지털 미디어와 콘텐츠를 둘러싼 갈등이 점차 부각되고 있기도 하다. 이러한 갈등은 크게 두 가지 요인에 의해 발생하고 있는데, 그 중 하나는 일국양제, 즉 하나의 국가 안에 서로 다른 체제가 공존하고 있는 시스템 자체로 인해 갈등이 발생하고 있다. 그리고 다른 하나는 미중 갈등과 전략경쟁 심화라는 국제정세의 변화가 중국 본토와 홍콩, 마카오, 타이완 사이의 디지털 미디어 및 콘텐츠 교류와 협력에도 악영향을 끼치고 있다.

1) 일국양제 요인[11]
앞서 언급한 바와 같이, 중국 본토와 홍콩, 마카오, 타이완은 서로 다른 체제로 인해 상이한 미디어 환경하에 놓여 있다. 그리고 중국 정부는 일국양제의 원칙에 따라 홍콩과 마카오의 현 체제를 인정해야 하고, 미디어 환경도 예외가 될 수는 없다. 타이완은 현재 일국양제하에 놓여 있지 않기 때문에 타이완의 고유한 미디어 환경에 대해서 중국이 간섭할 수 있는 상황은 더더욱 아니다.

11 허재철 외(2020, 55-56)의 내용을 발췌.

그런데 문제는 이러한 일국양제가 갖고 있는 근본적인 모순으로 인해 미디어와 콘텐츠를 둘러싼 충돌이 발생하고 있다는 점이다. 대표적인 사례가 언론을 둘러싼 중국 본토와 홍콩 사이의 대립이다.

중국 본토가 소비에트 공산주의 이론에 근거한 언론관을 갖고 있는 반면, 홍콩은 자유주의, 혹은 사회적 책임이론에 근거하여 자유와 비판적 기능을 중시하는 언론관을 가지고 있다. 이에 따라 홍콩 언론은 중국의 최고 지도자에 대해서도 성역 없이 보도하고 있다.

그런데 문제는 홍콩 언론 및 서적 등이 중국공산당 및 주요 지도자들에 대해 비판하는 것을 중국 정부가 점점 더 허용하지 않고 있다는 것이다(경향신문, 2020.4.26.). 중국의 헌법 서언에는 "중국 인민은 우리나라 사회주의 제도를 적대시하고 파괴하는 국내외 적대세력 및 적대분자와 반드시 투쟁해야 한다"라고 나와 있고, '시진핑의 중국특색 사회주의 사상'도 이미 헌법에 명기됐다. 또한 헌법 1장 1조에는 "중국 공산당의 영도는 중국특색 사회주의의 가장 본질적인 특징이다"라고 명기되어 있다.[12] 이런 상황에서 중국 정부는 홍콩 언론 및 서적들이 사회주의와 중국공산당, 최고 지도자를 비판하는 행위가 반(反)헌법적 행위라고 해석하며 억압을 하고 있다. 그런데 이러한 행위는 홍콩의 언론과 출판의 자유를 억압하는 것이고, 더 나아가 홍콩의 체제에 대한 간섭이라고 할 수 있다. 결국, 중국 정부는 일국양제의 정신에 따라 홍콩의 현행 체제에 대한 보장을 약속했지만, 현실적으로는 체제를 완전히 보장할 수 없는 모순, 딜레마의 상황에 빠져 있다고 할 수 있다. 다시 말해, 중국 정부는 헌법에 따라 홍콩기본법을 만들어 홍

---

12   百度百科. "中华人民共和国宪法." https://baike.baidu.com/item/%E4%B8%AD%E5%8D%8E%E4%BA%BA%E6%B0%91%E5%85%B1%E5%92%8C%E5%9B%BD%E5%AE%AA%E6%B3%95/241136?fr=aladdin (검색일: 2020.6.3.)

그림 3 일국양제의 모순으로 조성된 중국-홍콩의 미디어 및 콘텐츠 교류 갈등
출처: 구글 사진 캡처.

콩의 '언론의 자유'를 보장한다고 했지만,[13] 이러한 홍콩에서의 '언론의 자유' 보장이 중국의 사회주의와 공산당 영도, 최고지도자의 존엄에 대한 도전이 되고 있어 억압을 하고 있다.

이러한 모순적인 상황은 디지털 미디어와 콘텐츠를 둘러싸고도 발생하고 있다. 디지털화된 서적과 영상, 음성 등과 같은 미디어가 반(反)중국적인 콘텐츠를 담고 있을 경우 중국 정부가 이에 대해 강경하게 대응하고 있는 것이다. 소극적으로는 중국 본토에 반입되는 것을 금지하는 것에서부터, 적극적으로는 홍콩 현지에서 이러한 디지털 미디어와 콘텐츠에 대해 강력한 단속을 실시하고 있는 것이다.

이렇게 일국양제로 인해 디지털 미디어와 콘텐츠를 둘러싸고 벌어지고 있는 갈등은 또 다른 모습으로 나타나고 있다. 홍콩 사회에서 중국 정부와 관련한 디지털 미디어와 콘텐츠에 대해 거부 운동이 벌어지고 있는 것이다. 대표적인 사례가 영화 〈뮬란(Mulan)〉을 둘러싼 보이콧 운동이다. 뮬란의 주연 배우인 중국인 류이페이(劉亦菲)가 홍콩 시위를 진압하는 경찰을 지지하자 홍콩 사회에서 영화 〈뮬란〉에 대한

13　홍콩기본법 제27조: "第二十七条 香港居民享有言论、新闻、出版的自由, 结社、集会、游行、示威的自由, 组织和参加工会、罢工的权利和自由。"

불매 운동이 벌어진 것이다. 일국양제와 관련된 정치적 이슈가 중국 본토와 홍콩 사이의 디지털 미디어 및 콘텐츠 교류에 걸림돌이 되고 있다.

2) 미중 경쟁 요인

미중 경쟁 심화가 중국 본토와 홍콩, 마카오, 타이완 사이의 디지털 미디어와 콘텐츠를 둘러싼 갈등으로 투사되어 나타나고 있기도 하다. 이는 국제사회 및 미국 본토 내에서 점차 영향력을 확장하고 있는 중국의 디지털 미디어에 대해서 미국이 견제를 하는 구도가 그대로 반영되었다고 할 수 있다.

예를 들어, 보도 기능을 담당하고 있는 디지털 뉴스 미디어의 경우, 중국의 국영방송인 〈CCTV〉는 이미 세계의 주요 뉴스 미디어들과 어깨를 나란히 할 정도로 국제사회에 진출해 있다. 〈CCTV〉의 해외 지점 수(70)는 2015년에 이미 영국의 〈BBC〉(46)와 미국의 〈CNN〉(41), 카타르의 〈Al Jazeera〉(65)를 넘어섰고, 가장 많은 언어로 방송을 하고 있으며, 송출되는 국가(지역) 수도 〈BBC〉와 〈CNN〉에 근접해 있다(허재철·김흥원 2020, 22).

표 5 주요 글로벌 뉴스 미디어의 비교 (2015년 집계 자료)

지표	CCTV	BBC	CNN	NHK	Al Jazeera	RT
해외 지점 수	70	46	41	38	65	45
방송 언어 수	6	4	5	2	3	4
국제 채널 수	7	14	6	3	7	4
송출 국가(지역) 수	171	223	210	130	100이상	약100

출처: 单波(2017, 82). 허재철·김흥원(2020, 22)에서 재인용.

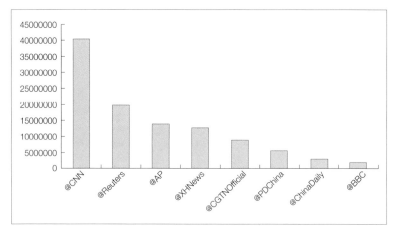

그림 4 주요 글로벌 뉴스 미디어의 트위터 팔로워 수 비교(2017년 12월, 단위: 개)
출처: 章曉英 외(2019, 8). 허재철·김홍원(2020, 23)에서 재인용.

　　이러한 중국의 디지털 뉴스 미디어의 영향력이 미국 본토에서도 확장되면서, 미국 사회에서는 중국의 디지털 뉴스 미디어에 대한 경계감과 반감이 확산되고 있다. 이에 따라 미 법무부는 2018년에 기존의 2개 중국 국영 언론사(China Daily, China People's Daily)에 더해 〈신화통신사〉와 〈CGTN〉을 Foreign agent로 추가 등록하는 조치를 취했고,[14] 2020년 2월 미 국무부는 미국 내 5개의 중국 언론사, 즉 〈Xinhua News Agency〉와 〈CGTN〉, 〈CRI〉, 〈China Daily〉, 〈Hai Tian Development USA〉를 Foreign Mission으로 규정하여 중국 국영 언론사에 대한 관리를 더욱 강화하고 있다.[15]

14　WSJ, "Chinese State Media Giant CGTN Registers as Foreign Agent in U.S." https://www.wsj.com/articles/chinese-state-media-giant-cgtn-registers-as-foreign-agent-in-u-s-11549387532 (검색일: 2021.3.30.)

15　"Senior State Department Officials On the Office of Foreign Mission's Designation of Chinese Media Entities as Foreign Missions." (February 18, 2020). https://2017-2021.state.gov/senior-state-department-officials-on-the-office-of-

뿐만 아니라, 디지털 미디어의 중요한 부분을 이루고 있는 SNS (Social Network Service) 영역에서도 미국은 자국민의 개인정보 보호와 국가안보를 위해 중국의 주요 디지털 플랫폼이자 디지털 미디어인 틱톡(TikTok)과 위챗(Wechat) 사용을 사실상 금지하는 행정명령을 발동한 바 있다(연합뉴스 2020).

반면, 중국은 미국에 의한 사상 침투 및 반체제 여론 확산을 막기 위해서 미국의 페이스북(Facebook)과 유튜브(YouTube), 구글 (Google)과 같은 디지털 미디어 플랫폼의 중국 내 접속을 차단하고 있다.

이에 따라 미중 사이에서 그동안 공유되어 왔던 디지털 미디어 플랫폼이 점차 줄어들고 있고, 이러한 경향이 중국 본토와 타이완 및 홍콩 사이에서도 전이되어 나타나고 있다. 타이완에서는 친중 기업으로 알려진 왕왕(旺旺)그룹이 2008년 타이완의 최대 뉴스 미디어 중 하나

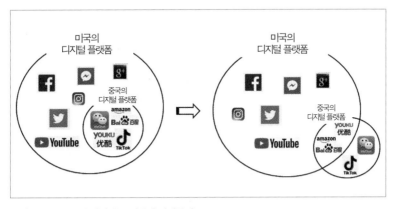

그림 5 미중 디지털 미디어 플랫폼의 디커플링
출처: 저자 작성.

foreign-missions-designation-of-chinese-media-entities-as-foreign-missions/index. html (검색일: 2021.3.30.)

그림 6 중국 미디어와 콘텐츠의 타이완 진출을 홍색침투(红色渗透)라고 부르며 반대하는 타이완 사람들

출처: 中国观察 https://mnewstv.com/article2021/81/8577.html (검색일: 2021.2.10.)

그림 7 홍콩 SCMP의 미디어 부문을 인수한 중국 자본

출처: 대한뉴스, http://www.dhns.co.kr/news/articleView.html?idxno=118175 (검색일: 2021.2.10.)

인 중국시보(中国时报)를 인수한 이후, 공상시보(工商时报), 시보주간 (时报周刊), 중톈(中天)TV 및 중국(中国)TV공사 등 여러 언론기관을 인수했다. 이로 인해 타이완의 미디어 판도에 큰 변동이 발생했는데, 타이완에서는 이러한 친중 기업의 타이완 시장 점유를 중국 자본에 의한 홍색침투(红色渗透)라고 지칭하며 경계하는 여론이 고조됐다. 심지어 2019년 6월 타이베이에서는 타이완 내 친중 미디어에 대한 반대와 금지를 외치는 대규모 '홍색미디어 반대(反红媒)' 시위가 벌어지기도 했다. 반면, 중국 본토에서는 타이완과 홍콩에서 가장 광범위하게 사용되고 있는 미국의 디지털 미디어 플랫폼이 금지되어 있어 미중 사이와 마찬가지로 양안 및 중-홍콩 사이에서도 디지털 미디어 플랫폼의 공유가 약화되고 있다. 다시 말해, 미중 사이의 디지털 미디어 플랫폼의 디커플링(decoupling) 현상이 중국 본토와 타이완, 홍콩 사이에서도 나타나는 조짐을 보이고 있다.

V. 남북 ICT협력에 대한 함의

중국의 사례에서 살펴본 바와 같이, 디지털 미디어와 콘텐츠는 사람들의 가치관과 사상, 사고방식 등에 직접적으로 영향을 줄 수 있는 영역이기에 대외개방 및 교류, 협력에 있어 대단히 신중한 접근이 이뤄지고 있다. 이는 타국에 대해서뿐만이 아니라 통일과 통합의 대상인 상대방에 대해서도 마찬가지이다. 특히 서로 다른 체제를 가지고 있을 경우 이러한 경향은 더욱 분명하게 나타난다. 디지털 미디어와 콘텐츠는 체제 단속의 최전선이라고 할 수 있기 때문이다. 따라서 중국 정부는 디지털 미디어와 콘텐츠를 관리·감독하기 위한 다양한 제도와 조직을

만들어 운영하고 있으며 '사회주의 시장경제' 체제를 내세우고 있음에
도 불구하고 미디어와 콘텐츠 영역에서만큼은 완전한 시장경제 원리
가 적용되지 않도록 노골적으로 개입하고 있다. 그런데 이러한 움직임
은 비단 사회주의 체제인 중국 본토에서만 나타나는 것은 아니다. 국
가 통일과 민족 통합의 또 다른 주체인 자본주의 체제의 타이완 사회
에서도 비슷한 모습이 나타나고 있다. 중국의 디지털 미디어와 콘텐츠
가 타이완 사회에 진출하는 것을 '홍색침투'라고 부르며 경계감을 감
추지 않고 있는 것이다. 분단(분열)된 국가에서 특히 이념적으로 다른
체제를 유지하고 있는 두 지역 사이에서 디지털 미디어와 콘텐츠에 대
한 교류와 협력을 진행하는 것이 얼마나 어려운 일인지를 중국의 사례
가 보여주고 있다.

하지만 희망이 없는 것은 아니다. 어려운 여건에도 불구하고 민족
의 동질성 회복과 상호 이해 증진, 경제적 상호이익 도모, 그리고 궁극
적으로는 평화통일을 위해서 분단된 두 지역 사이의 디지털 미디어와
콘텐츠를 둘러싼 교류와 협력이 시도되고 있고, 실제로 중국의 사례를
통해 이를 확인할 수 있다.

한반도의 남북관계에서도 이러한 시도가 있었는데, 대표적인 사
례가 극장용 애니메이션 작품인 〈왕후심청〉이다. 한국의 '코아필름서
울'이 미국의 '코아필름(KOAA Films, Inc.)'과 공동으로 제작한 〈왕후
심청〉은 한국의 전통 설화 〈심청전〉을 현대적 감각으로 재해석한 순수
창작 애니메이션이다. 국제적으로도 유명한 에이콤(AKOM) 프로덕션
의 대표 넬슨 신 감독이 40여 년이 넘는 오랜 제작 경험과 노하우를 바
탕으로 총지휘했다는 점이나, 한국 고유의 정서와 할리우드의 연출 감
각 및 기술을 접목시켜 전통설화를 재창조했다는 점에서 크게 주목을
끌었다(신선자 2003, 126-127).

그림 8 대표적인 남북 합작 디지털 콘텐츠라고 할 수 있는 애니메이션 작품들

출처: EBS 홈페이지 캡처; 이데일리, "④'령리한 너구리'를 아시나요?..애니메이션 남북협력 기대감", https://www.edaily.co.kr/news/read?newsId=03378406619271896&mediaCodeNo=257&OutLnkChk=Y (검색일: 2021.2.7.)

그런데 이 작품이 더욱 화제가 되었던 이유는 북한에서 OEM (original equipment manufacturing)으로 제작됐다는 점이다. 북한의 평양에 있는 '조선 4.26 아동영화 촬영소(SEK 스튜디오)'에서 제작됨에 따라 남북 사이의 문화 협력 및 교류의 교두보를 마련했다는 중요한 의의가 있었기 때문이다. 심지어 미국과 남북이라는 3자가 참여한 디지털 콘텐츠라고도 의미를 부여할 수 있을 것이다.

남북협력이 만들어 낸 작품 중에서 '뽀통령'이라는 신조어까지 만들어낸 〈뽀롱뽀롱 뽀로로〉는 더욱 대중적으로 알려져 있다. 이 애니메이션은 아이코닉스와 하나로통신, EBS, 그리고 북한의 삼천리기술회사가 협력하여 만든 것으로, 2004년 EBS를 통해 방영되었을 당시 EBS 창사 이래 애니메이션으로는 최고인 5.1%의 시청률을 기록했을 정도다(박윤성 2004, 279-280). 그리고 〈뽀로로〉보다 먼저 만들어진 〈게으른 고양이 딩가〉는 최초의 남북 합작 애니메이션으로, 남한의 FACE사가 단독으로 1~16편을 제작하고, 북한의 삼천리총회사가 17~33편을 제작했었다(박윤성 2004, 280).

중국에서와 마찬가지로 한반도의 남북 사이에서도 이러한 디지털 콘텐츠의 교류와 협력이 이뤄질 수 있었던 것은 그 내용에 이데올로기적인 요소가 담겨 있지 않았기 때문이다. 그리고 이와 함께 북한의 저렴한 생산비(인건비)와 수준 높은 기술력이 '남북' 더 나아가 '남북+α'의 협력을 이끌어낼 수 있었다.

하지만 저렴한 생산비용과 내용의 비정치성이 담보되어 있더라도 이것이 남북 사이의 디지털 콘텐츠 교류와 협력의 충분조건이 되지는 못한다. 이는 중국 사례에서도 나타났는데, 디지털 미디어와 콘텐츠 자체가 비정치적이어도 양측 사이의 정치적 관계가 뒷받침되지 못하면 교류와 협력은 동력을 잃고 좌절 또는 중단되고 만다. 중국 본토와 홍콩 사이에서의 디지털 콘텐츠 교류와 협력은 양측의 정치적 의지가 중요한 동력이 되었고, 최근 양안 사이의 정치적 관계 악화는 양안 사이의 디지털 미디어와 콘텐츠의 교류를 어렵게 만드는 주요한 요인으로 작용하고 있다. 남북 사이에서도 앞서 언급한 합작 애니메이션이 만들어질 수 있었던 것은 2000년 6.15 남북 공동선언으로 상징되는 남북관계 개선이 큰 역할을 했다고 할 수 있다.

한편, 중국의 사례를 통해 우리가 얻을 수 있는 또 하나의 교훈은 남과 북이 서로의 체제를 존중한다는 전제하에 디지털 미디어와 콘텐츠 교류를 한다고 하더라도, 모순적인 상황에 봉착할 수 있다는 점이다. 이는 미디어와 콘텐츠가 이데올로기적 성격으로부터 완전히 자유로울 수 없기 때문인데, 특히 보도 기능을 가지고 있는 디지털 뉴스 미디어에 대한 교류와 협력 과정에서 이러한 모순이 더욱 부각될 수 있다. 따라서 이데올로기적 성격을 배제한다면 교류와 협력이 무난하게 추진될 수 있을 것이라는 순수한 기대에서 벗어나 보다 현실적이고 세심한 준비를 통해 향후 디지털 미디어와 콘텐츠 교류를 만들어 가야 할 것이다.

이와 함께 우리가 먼저 체제 우월성에 대한 자신감을 가지고 디지털 미디어 및 콘텐츠 분야에서 북한에 대해 보다 적극적으로 접근할 필요가 있으며, 우리 스스로가 만들어 놓은 장벽을 먼저 낮춤으로써 신뢰감과 진정성을 제고할 필요가 있다.

마지막으로, 미중 경쟁이 더욱 심화 및 확대될 경우, 디지털 미디어와 콘텐츠 영역도 이로부터 직간접적인 영향을 받을 수밖에 없다는 것이 중국의 사례를 통해 확인할 수 있었다. 미국의 ICT로부터 강한 영향을 받고 있는 타이완과 홍콩 사회에서는 페이스북과 유튜브, 구글과 같은 디지털 미디어와 플랫폼이 주로 사용되고 있는 반면, 중국 본토에서는 위챗(微信, WeChat)과 바이두(百度, Baidu), 유쿠(忧酷, youku)와 같은 중국산이 압도적으로 시장을 점유하고 있다. 틱톡(TikTok) 사례에서 나타난 바와 같이, 미중 사이에서 ICT를 둘러싼 경쟁과 대립이 심화될수록 중국 본토와 타이완, 홍콩 사이에서도 공유된 디지털 미디어와 플랫폼의 설 자리가 점점 더 사라질 수 있다. 문제는 이러한 현상이 심화될수록 지역 간 커뮤니케이션은 점점 더 어려워지고 결국 통합과 통일에 마이너스 요인으로 작용할 수 있다는 것이다.

남과 북이 각각 미국과 중국의 ICT로부터 큰 영향을 받고 있는 상황에서, 미중 경쟁이 남북 사이의 디지털 미디어 및 콘텐츠 교류에 장해물이 되지 않도록 지금부터 정교한 전략 수립 및 정책적 대비를 할 필요가 있다.

참고문헌

김홍원. 2019. "중-홍콩 CEPA 서비스무역 협정 개정과 주요 내용." KIEP 동향세미나
　　발표자료.
문지영·강준영. 2018. "중국 시진핑(习近平) 시대 언론통제 연구."『중국학연구』 86.
박윤성. 2004. "북한 애니메이션 영상문화의 동향분석."『디지털콘텐츠학회지』.
박종인. 2006.『국익과 진실보도』. 서울: 커뮤니케이션북스.
신선자. 2003. "Animation Review-남북 합작 극장용 장편 애니메이션 '왕후심청'."
　　『디지털콘텐츠』 125(10).
이상훈·김홍원·박진희·이한나·김주혜·최재희. 2018.『한중 FTA 서비스투자분야
　　자유무역시험구 등 자유화 확대 관련 연구』, 산업부 수탁보고서.
임유경. 2005. "사회주의 시장경제와 중국 언론인의 의식 변화."『중소연구』 105.
Altschull, J. Herbert. 2001.『현대언론사상사: 밀턴에서 맥루한까지』. 양승목 역. 서울: 나남.
한국방송학회. 2014.『남북 통합을 위한 방송의 역할 연구』. 통일부 용역보고서.
한국콘텐츠연구원. 2017.『아시아 주요 6개국 문화콘텐츠산업 가이드북』.
한현우. 2017. "중국의 인터넷 규제 강화에 대한 고찰."『CSF 중국전문가포럼』.
　　대외경제정책연구원.
허궈핑. 2012.『중국 대외보고 연구』. 김일억 역. 서울: 커뮤니케이션북스.
허재철·김홍원. 2020. "중국의 언론환경 변화와 미중 갈등."『현대중국연구』 22(1).
허재철 외. 2020.『중국의 일국양제 20년 평가와 전망』. 대외경제정책연구원.
单波. 2017.『中国媒体发展研究报告』. 北京: 社会科学文献出版社.
張炳玉. 1992.「中國의「一國兩體制」統一政策의 形成背景 및 理論根據에 關한 硏究:
　　中國大陸과 臺灣關係를 中心으로」.
章晓英·刘澄·卢永春 主编. 2019.『中国媒体微传播国际影响力年度报告(2018)』. 北京:
　　社会科学文献出版社.
Leprette, Jacques & Henri Pigeat. 2003. *Liberté de la presse, le paradoxe français*. Paris:
　　PUF.
경향신문. "중국 금서 팔던 홍콩 출판업자, 대만서 서점 재개장 "대만은 최후의 보루"." 2020년
　　4월 26일, http://news.khan.co.kr/kh_news/khan_art_view.html?artid=20200426164
　　3001&code=970204#csidxb14c3558460046fbb7a6d9342022ee6 (검색일: 2020.6.3.)
대한뉴스. http://www.dhns.co.kr/news/articleView.html?idxno=118175 (검색일:
　　2021.2.10.)
대통령직속 4차 산업혁명위원회. https://www.4th-ir.go.kr/4ir/list (검색일: 2021.2.3.)
연합뉴스. 2020. "트럼프 "틱톡·위챗 소유 중국업체와 거래금지" 행정명령." 8월 7일.
　　http://yna.kr/AKR20200807063000009?did=1195m (검색일: 2021.3.30.)
이근. 2021. "왜 바이든의 미국도 중국 테크 기업을 규제할까." 3월 18일. https://www.
　　technologyreview.kr/us-china-technology-hegemony/ (검색일: 2021.3.18.)

이데일리. "④'렁리한 너구리'를 아시나요? 애니메이션 남북협력 기대감." https://www.
　　edaily.co.kr/news/read?newsId=03378406619271896&mediaCodeNo=257&OutLn
　　kChk=Y (검색일: 2021.2.7.)

EBS 홈페이지. https://home.ebs.co.kr/pororo/main (검색일: 2021.2.7.)

WSJ. "Chinese State Media Giant CGTN Registers as Foreign Agent in U.S." https://
　　www.wsj.com/articles/chinese-state-media-giant-cgtn-registers-as-foreign-agent-
　　in-u-s-11549387532 (검색일: 2021.3.30.)

"Senior State Department Officials On the Office of Foreign Mission's Designation
　　of Chinese Media Entities as Foreign Missions", (February 18, 2020),
　　https://2017-2021.state.gov/senior-state-department-officials-on-the-office-of-
　　foreign-missions-designation-of-chinese-media-entities-as-foreign-missions/index.
　　html (검색일: 20201.3.30.)

「两岸媒体人回首三十年 : 新闻交流成果不少 两岸故事合力讲好」(2017. 11. 27.). http://www.
　　xinhuanet.com/tw/2017-11/27/c_129749734.htm (검색일: 2021.2.4.)

百度百科. "中华人民共和国宪法." https://baike.baidu.com/item/%E4%B8%AD%E5%8D%8
　　E%E4%BA%BA%E6%B0%91%E5%85%B1%E5%92%8C%E5%9B%BD%E5%AE%AA
　　%E6%B3%95/241136?fr=aladdin (검색일: 2020.6.3.)

_____. "一国两制." https://baike.baidu.com/item/%E4%B8%80%E5%9B%BD%E4%B8%
　　A4%E5%88%B6/ 397713?fr=aladdin (검색일: 2021.1.15.)

_____. "中华人民共和国国家新闻出版广电总局." https://baike.baidu.com/item/%E4%B8%
　　AD%E5%8D%8E%E4%BA%BA%E6%B0%91%E5%85%B1%E5%92%8C%E5%9B%B
　　D%E5%9B%BD%E5%AE%B6%E6%96%B0%E9%97%BB%E5%87%BA%E7%89%88
　　%E5%B9%BF%E7%94%B5%E6%80%BB%E5%B1%80/8011658?fromtitle=%E5%9B
　　%BD%E5%AE%B6%E6%96%B0%E9%97%BB%E5%87%BA%E7%89%88%E5%B9%
　　BF%E7%94%B5%E6%80%BB%E5%B1%80&fromid=8005458&fr=aladdin (검색일:
　　2021.2.3.)

香港特别行政區 工業貿易署. 2021. "内地与香港关于建立更紧密经贸关系的安排." https://
　　www.tid.gov.hk/mobile/sc_chi/cepa/statistics/hkss_statistics.html (검색일:
　　2021.2.3.)

新华网. 2017. "商务部：积极推进香港与内地经贸领域深化合作."(6. 29.) http://www.
　　xinhuanet.com/2017-06/29/c_1121234591.htm (검색일: 2021.2.2.)

行政院. 2020. 「两岸關係」, 온라인 자료 (검색일: 2021.2.4.)

제3부　　　국제협력과 대북제재

제8장   지구적 가치사슬과 북한

이승주 중앙대학교 정치국제학과

I. 서론

2000년대 이후 전통 무역보다 '지구적 가치사슬(global value chains, GVCs)' 무역의 규모가 더 커지기 시작하였고, 2010년 이후부터 'GVCs' 무역의 규모가 전통 무역의 약 1.7배에 달하는 데서 알 수 있듯이, 세계 무역의 패턴이 'GVCs' 무역으로 이동하고 있다(The Woirld Bank Group 2020). 2008년 글로벌 금융 위기 직후 'GVCs' 무역의 증가 속도가 감소하기는 하였으나, 여전히 전통 무역보다 큰 규모이다. 또한 제조업 무역의 서비스화가 진행되면서 세계 무역에서 서비스 수출이 차지하는 비중이 커지고 있다. 세계 무역에서 서비스 무역이 차지하는 비중은 2000년에서 2013년 기간 중 약 5% 증가한 것으로 나타났다. 이러한 추세적 변화를 고려할 때, 남북협력을 GVCs와 연계하여 추진할 필요성이 증대되고 있다.

GVCs 참여에 따른 직간접적 효과는 다양한 방식으로 나타난다. 국제 분업 구조에 단순 참여하는 것과 비교할 때, GVCs에 참여하는 국가의 기업들은 광범위하게 형성된 가치사슬 내에서 특정 단계에 집중적으로 특화하는 분업의 정교화가 가능해지며(Criscuolo and Timmis 2017), 이 과정에서 생산하는 부품과 중간재를 다양화할 수 있는 효과도 기대된다. 일반적인 수준에서는 GVCs에 참여하는 기업들은 경쟁 효과, 학습 효과, 기술 확산 효과들을 얻을 수 있기 때문에, 국가 차원의 생산 역량의 확충, 기술 혁신 역량의 강화를 통해 경제 발전의 지속가능성을 제고할 수 있게 된다. GVCs 참여도가 높은 국가들이 상대적으로 높은 생산성과 소득 증가를 기록하고 있는 것은 이 때문이다. 아시아 국가 가운데 중국, 베트남, 방글라데시는 GVCs 참여를 통해 빈곤감소에서 가시적 성과를 거두고 있는 국가들이다.

또한 남북협력과 관련, GVCs 기반의 남북협력은 실행 과정에서 협력의 비가역성을 확보할 뿐 아니라, 북한 발전 전략의 지속가능성을 담보할 수 있다는 점에서 사안 또는 쟁점별 협력의 한계를 보완할 수 있을 것으로 기대된다. 특히, ICT산업은 'GVCs'(global value chains, GVCs)을 기반으로 생산과 유통이 관리되는 대표적인 산업으로, 한국이 북한과의 협력을 양자 차원을 넘어 다자 차원으로 확대할 때 핵심적인 역할을 할 대표적인 산업이다. GVCs에 기반한 남북 ICT산업 협력은 남북협력을 한 단계 더 높은 수준으로 발전시키는 계기를 제공할 수 있다. 즉, 남북 ICT협력은 시혜적 지원을 넘어 호혜적인 협력의 가능성을 높인다는 점에서 남북협력의 지속가능성의 확보에 기여할 수 있다.

다만, 남북한 ICT협력이 양자 차원을 넘어서기 위해서는 북한이 아시아 지역, 더 나아가 지구적 차원의 가치사슬과의 적합성을 어떻게 확보할 것인가와 같은 거시적 차원의 고려가 필수적이다. GVCs와의 긴밀한 연계에 기반한 북한과의 협력 가능성을 탐색하기 위해서는 ICT산업에서 형성·유지되고 있는 GVCs의 주요 특성을 면밀하게 검토하고, GVCs와의 적합성을 제고하는 효과적인 방안을 체계적으로 수립할 필요가 있다. 남북 ICT협력은 행위자 측면에서 양자 차원의 협력과 가치사슬에 기반한 다자 협력을 결합하고, 북한 내부 환경의 개선, 남북한 간 분업 체계의 구축, 우호적 대외 환경 등이 유기적으로 어우러질 때 비로소 기대한 효과를 달성할 수 있다. 이러한 면에서 남북 ICT협력은 다양한 행위와 다양한 수준을 결합하는 장기적이고 입체적인 접근을 필요로 한다. 다양한 행위자의 결합과 다양한 수준의 결합은 단기적 문제해결 방식보다는 장기적 관점의 호혜적 협력의 기반이 마련될 때 가능하다는 점에서 입체적 접근과 장기적 접근은 상호 연관되어 있다.

　　이 글은 남북 ICT협력은 GVCs 진입을 통해 발전을 추구한 역내 개도국들의 사례에 기반한 보편성과 북한 체제 및 ICT산업의 특수성을 동시에 고려해야 한다는 전제에서 출발한다. 기존 사례에서 도출된 보편성에 의존할 경우 북한과의 협력을 이끌어내는 데 한계가 있는 반면, 반대로 북한의 특수성을 과도하게 강조할 경우 협력의 지속가능성을 담보하기 어렵다. 이러한 점을 감안할 때, 남북 ICT협력 전략을 순차적으로 구성할 필요가 있다. 남북 ICT협력은 초기에는 북한의 노동력을 활용하는 방식을 취하고, 중장기적으로는 부품 생산과 제한적 수준의 연구개발 협력으로 확대함으로써 혁신 역량의 이전을 통해 협력을 고도화하는 전략의 변화가 필요하다.

II. 미중 경쟁과 동아시아 GVCs의 구조적 변화

1. 21세기 GVCs의 구조적 변화

2000년대 이후 GVCs가 점진적인 구조적 변화의 과정을 거치고 있다. 2000년~2017년 기간 중 무역 구조의 변화를 압축적으로 보여주는 전통 무역 네트워크에서는 '연속성과 변화'가 모두 나타난다.[1] 첫째, 연속성의 차원에서 볼 때, 전통 무역 네트워크에서 기본적으로 역내 국가들 사이의 무역 네트워크가 유지되고, 지역 간 무역 네트워크는 허브 국가들을 중심으로 연결되는 현상이 나타났다. 둘째, 변화의 측면을 보면 아시아 전통 무역 네트워크에서 변화가 두드러졌는데, 2000년대 초반

---

[1]　2000년대 이후 GVCs의 구조적 변화에서 대두된 주요 특징에 대해서는 이승주(2020) 참조.

지역 허브였던 일본을 2017년 중국이 대체하였다. 아시아 전통 무역 네트워크가 중국 중심으로 재편된 것이다.

한편, GVC 무역 네트워크에서는 전통 무역 네트워크와 달리 지역 간 연계가 약화된 반면, 지역 내 집중도와 위계성이 강화되는 변화가 진행되고 있다(그림 1 참조). 2000년대 초반 미국이 전 지구적 차원에서 공급 허브의 역할을 하였으나, 2017년 GVCs에서는 미국과 연결된 국가 수가 감소한 반면, 링크 수와 부가가치 면에서 중국이 미국을 부분적으로 대체하는 현상이 나타났다. GVCs의 지역 간 연결이 감소하고, 역내 집중도가 높아지는 변화가 발생한 것이다. 지역에 기반한 GVCs의 형성과 운영이 강화되는 추세가 대두된 것이다. 이러한 현상은 특히 위탁 생산 등 단순 조립 생산을 위한 '단순 GVCs(simple GVCs)'보다는 여러 국가에 걸쳐 형성된 광범위한 가치사슬에 참여하고 있는 국가들 사이에 부품과 모듈의 이동이 빈번하게 이루어지는 '복합 GVCs(complex GVCs)'에서 더욱 두드러진다. 미중 공급 사슬의 점진적인 분리 시도가 첨단 산업을 중심으로 진행되고 있었으며, 미중 무역 전쟁은 기존의 구조적 변화를 표면화한 계기로 작용한 셈이다.

동아시아의 경우, 전통 무역 네트워크의 변화 과정에서 중국이 일본을 대체하는 아시아 무역 네트워크의 허브로 부상하는 가운데, 아시아 무역 네트워크와 북미 무역 네트워크가 일방향적으로 연결되는 연속성이 결합되는 현상이 나타났다. 이는 미중 무역 불균형을 초래하여 미중 무역 전쟁이 촉발하는 요인으로 작용하였다. 중국이 아시아 전통 무역 네트워크의 허브로 부상하는 과정에서 미중 무역 불균형이 본격적으로 확대된 것이다. 중국이 역내 아시아 국가들로부터 수입하여 미국으로 수출하는 '삼각 무역 구조(triangular trade structure)'가 지속되고 있다는 점에서(Bernard and Ravenhill 1995; Haddad 2007), 미중

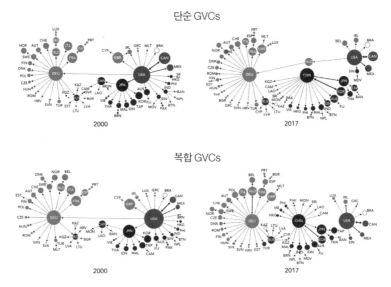

그림 1 GVC 무역 네트워크 구조의 변화(2000~2017): 단순 GVCs와 복합 GVCs
출처: WTO(2019).

무역 불균형은 미중 양국만의 문제가 아니라 무역 네트워크에 참여하고 있는 국가들이 모두 연관되어 있는 구조적 문제임을 시사한다.

GVCs 무역 네트워크의 변화는 중국의 부상과 더불어 아시아 지역 GVCs의 수평적 확장과 수직적 위계화라는 결과를 초래하였다. 수평적 확장은 중국 산업 구조의 고도화가 진행됨에 따라, 중국이 수행하던 생산 기지 역할을 아시아의 다른 개도국들이 대체하는 변화를 의미한다. 다수의 개도국들이 아시아 지역 GVCs에 참여하게 되면서 GVCs의 지리적 범위가 확대되었다. 수직적 위계화는 GVCs의 수평적 확장이 발생하여 GVCs의 복잡성이 증가한 데 따른 것이다.

아시아 지역 GVCs에 참여하는 역내 국가들의 수가 증가하면서 GVCs의 복잡성이 기하급수적으로 증대하였고, 이 과정에서 '1차 허브—2차 허브—3차 허브'로 연결되는 GVCs의 수직적 구조가 형성되었다. GVCs가 고도화되어 있는 대표적인 산업 가운데 하나인 ICT산업을 예로 들면, 중국이 아시아 지역 GVCs의 핵심 허브로 부상하고, ICT산업의 경우, 중국이 아시아 지역에서 핵심 허브의 위치를 차지하고, 한국, 일본, 대마, 말레이시아가 2차 노드를 형성하며, 홍콩, 태국, 브루네이, 라오스, 필리핀 등이 3차 노드의 위치를 차지하는 구조를 형성하고 있다.

2. 미중 경쟁: GVCs 변화의 압력

미중 전략 경쟁과 코로나19의 세계적 확산은 GVCs의 취약성을 명확하게 드러내는 계기가 되었다. 미국은 무역 전쟁 초기 중국산 제품에 대하여 고율의 관세를 부과하는 등 전통적 방식의 무역 분쟁을 전개하였으나, 미중 무역 분쟁이 전략 경쟁으로 전환되면서 첨단 기술과 산업 분야의 경쟁력에서 우위를 확보하는 데 주력하였다. 미국은 화웨이를 필두로 중국의 첨단 기술 기업에 대한 제재와 거래 제한을 본격화하였고, 더 나아가 미중 디커플링(decoupling)을 전략적으로 활용하는 방안을 검토하고 있다. 반도체 등 핵심 기술과 부품에 대한 강력한 제재와 국제 협력을 통해 중국의 첨단 기술 분야의 혁신 역량을 원천적으로 차단하겠다는 전략이다. 미국의 주요 기술 기업들이 이러한 전략을 활용할 수 있는 것은 반도체를 포함한 ICT산업의 가치사슬에서 핵심적인 위치를 확보하고 있기 때문이다. 미국은 가치사슬 내에서 핵심적 위치를 활용하는 새로운 방식을 통해 중국을 압박하는 네트워크 전략을 구사하고 있는 것이다(Farrell and Newman 2019).
　　미중 전략 경쟁은 GVCs가 경제적 또는 산업적 차원의 효율성을 고려하는 데 그치지 않고, 경제와 안보를 전략적으로 긴밀하게 연계하는 수단이 될 수 있음을 보여주었다. GVCs의 전략적 성격은 GVCs의 취약성을 보완하는 데 있어서도 전략적 접근이 필요하다는 것을 의미한다. GVCs의 전략적 성격이 강화되는 상황에서 순수한 경제적 접근만으로는 GVCs의 취약성을 보완하는 데 한계가 있기 때문이다. GVCs의 전략적 성격의 강화에 효과적으로 대비하기 위해서는 GVCs 내에서 더욱 핵심적인 위치를 확보할 수 있으며, 남북협력을 이러한 차원에서 접근할 필요가 있다.

코로나19 역시 GVCs의 취약성을 노출한 결정적 계기가 되었다. 코로나19는 평상시에 원활하게 작동하던 GVCs가 부분적인 병목 현상만으로도 심각하게 교란될 수 있음을 보여주었다. 코로나19는 미중 전략 경쟁과 결합되어 GVCs의 취약성이 국가안보를 위협하는 요인으로 대두되었다. 코로나19로 인해 초래된 GVCs의 교란이 보호장구와 의약품은 물론, 생필품의 수급에도 지대한 영향을 미쳤다. 위기 상황에서 GVCs의 교란이 개인의 생존과 국가 안보를 위협하는 이슈로 전환된 배경이다. 미국은 이러한 상황에서 국방생산법(Defense Production Act)의 발동을 통한 국내 생산 증대와 리쇼어링(reshoring)을 통해 GVCs의 취약성을 보완하고, 중국에 대한 의존도를 낮추는 전략을 추구하였다.

한국은 코로나19에 대한 초기 방역에 성과에 힘입어 국내 산업과 경제에 미치는 영향을 최소화할 수 있었으나, GVCs 교란으로 인한 피해에서 자유로울 수는 없었다. 미중 전략 경쟁이 디커플링을 촉진하는 요인으로 작용하고 있다면, 코로나19는 GVCs의 다변화를 촉진하는 요인으로 작용하고 있다. ICT산업은 미중 전략 경쟁과 코로나19의 영향을 받는 대표적인 산업으로서 한국 기업들은 기존 GVCs의 취약성을 완화하는 한편, 향후 GVCs의 다변화를 모색해야 할 필요성이 증대되고 있다. 남북 ICT협력은 GVCs의 취약성 완화와 다변화를 동시에 모색할 수 있는 수단으로서 활용도를 높이는 차원에서 추진할 필요가 있다. 남북 ICT협력은 북한과의 협력을 통하여 부품 산업의 경쟁력을 제고할 뿐 아니라, GVCs의 강건화와 다변화 차원에서 접근할 때 그 효과가 배가될 수 있는 것이다.

III. 남북 경제협력

1. 기본 고려 사항

경제협력은 경제성장의 수단이지 목표는 아니다. 경제협력이 본격적으로 재개되더라도 북한의 경제성장이 담보되는 것은 아니며, 북한이 경제성장의 궤도에 진입할 때까지 과정을 관리하는 역할을 하는 것이 중요하다. 베트남의 경우, 1986년 경제성장을 위해 개혁개방을 추진하는 '도이 머이(Đổi Mới)'를 선포하였으나, 경제성장이 본격화되기 시작한 것은 2000년대 초반 이후이다(그림 2 참조).

  베트남은 미국이 1992년 임시연락대표부를 설치함에 따라 경제 제재의 부분적 해제가 이루어짐에 따라 IMF와 세계은행의 지원이 가능하게 되는 등 점진적 변화 과정을 거쳤다(권율·김미림 2018). 베트남은 1995년 미국과 국교 정상화를 한 후 2007년 WTO에 가입하기까지 상당 기간에 걸쳐 정상국가화의 과정을 거치게 되었다는 점을 고려할 때, 북한이 경제 제재가 완화되더라도 해외투자를 본격적으로 유치하기까지 소요될 수 있는 상당 기간을 얼마나 압축할 수 있을 것인지가 관건이다. 즉, 경제 정책의 전환을 시도한 이후에도 20년 가까운 기

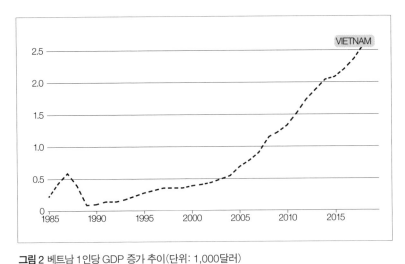

그림 2 베트남 1인당 GDP 증가 추이(단위: 1,000달러)
출처: "GDP per capita (current US$) - Vietnam" https://data.worldbank.org/indicator/NY.GDP.
PCAP.CD?locations=VN

간 동안 경제성장의 모멘텀에 근본적인 변화가 나타나지 않았는데, 남
북 경제협력은 북한도 이러한 과정을 거칠 수 있기 때문에 이를 관리
할 수 있는 제도적 기반을 갖추고 협력을 다자화하는 것이 중요하다.

2. 남북 ICT협력 전략: 단계별 접근과 쌍방향성 확보

남북 경제협력의 핵심은 협력의 수준과 범위를 순차적으로 넓혀 나가
는 가운데, 다양한 이슈들을 유기적으로 연계하는 경제협력의 순차화,
다자화, 통합화에 있다(이승주 2018). 남북 경제협력의 순차를 유기적
으로 설계할 필요가 있다. 대체적으로는 인도적 지원 → 원조 → 원조
와 투자의 결합 → 지역 차원의 경제 통합의 순서로 진행하는 것을 고
려할 필요가 있다. 인도적 지원에서 지역 차원의 경제 통합에 이르기까
지 가능한 모든 단계에서 협력을 다자화하고 이를 제도화함으로써, 돌

발 상황이 발생하더라도 남북협력이 원점으로 회귀하지 않도록 하는 비가역성을 확보하는 데 초점이 맞추어져야 할 것이다. 북한은 2013년 13개 경제개발구를 전격적으로 발표하였는데, 현재까지 22개의 지방 경제개발구가 지정되었다.[2] 이 가운데 북한은 은정 지역을 ICT 첨단기술개발구로 지정하였는데(이광수 2018), 한국의 ICT 클러스터와 연계하는 전략이 필요하다.

ICT협력의 효과를 제고하기 위해서는 단계별 전략을 수립할 필요가 있다. 초기 단계에는 정부가 개별 정부기관 간 정책 조정을 주도하고 민간 협력 사업을 발굴하는 역할을 주도할 필요가 있다. 이 단계에서는 또한 남북협력 채널 구축과 인력 양성 등 남북협력을 추진하는 가운데 다자간 협력틀을 형성해나가는 노력을 병행할 필요가 있다. 다음 단계에서는 민간 부문, 특히 기업이 남북협력을 주도하고 정부 기관 간 협력을 한층 강화함으로써 남북 ICT 시스템을 통합하고 데이터, 정보 등을 체계적으로 공유하는 체제를 수립하는 데 초점이 맞추어져야 할 것이다. ICT협력은 정부 간 협력을 넘어 대기업, 중소기업, 해외 투자자, 국제기구 등 다양한 행위자들이 참여해야 하기 때문에 이들과 이해관계를 조정하는 행위자 간 연계의 메커니즘을 형성하는 것 또한 매우 중요하다.

남북 경제협력을 안정적으로 관리하기 위해서는 북한의 생산 능력에 대한 체계적 파악에 기반한 남북 경제협력 전략과 로드맵 형성 → 북한 산업 구조 고도화를 위한 산업 내 및 산업 간 연계 구축 → 남북한 가치사슬의 형성과 생산/소비 구조의 연계를 통한 경제협력의 고도화 → 역내 가치사슬 편입과 안착을 위한 생산의 안정화와 제도

---

2 대표적인 경제개발구는 나선경제무역지대(나선 특구), 원산/금강산 국제관광지구(금강산 특구), 와우도수출가공구와 청진경제개발구, 강남경제개발구(평양 외곽) 등이다.

적 인프라의 지속적 업그레이드의 순으로 단계별 접근을 시도할 필요가 있다(김상훈 2017). 첫 단계에서는 일종의 사전 조치로 북한의 생산 능력에 대한 체계적인 분석을 통해 유휴 생산 시설 및 노동력을 파악하여 복원과 가동을 신속하게 결정하고, 이에 기반하여 남북 경제협력을 활성화하기 위한 전략과 로드맵을 구체화할 필요가 있다. 다음 단계에서는 북한 산업 구조의 고도화를 위한 계획을 수립한다. 이 추진 전략의 핵심은 개별 산업의 생산 능력 증대를 위한 분절적 프로그램의 수립과 가동이 아니라, 산업 내 및 산업 간 연계를 위한 물리적·제도적 인프라 구축과 인력 전환 프로그램 가동함으로써 북한의 생산 능력을 단계적으로 향상시킨다(김상훈 2017). 세 번째 단계에서는 남북 경협의 안정화를 통하여 북한 경제와 산업을 아시아 지역 가치사슬에 연계·안착시키는 것이다. 이 과정에서 남북 경협을 더욱 고도화하고, 역내 지역 협력과 다양한 방식과 수준에서 북한 산업을 통합시킴으로써 지역 가치사슬과의 연계 밀도를 높이는 전략을 추구할 필요가 있다.

둘째, 남북협력의 지속가능성을 제고하기 위해서는 쌍방향성을 확보할 수 있게 제도적으로 설계할 필요가 있다. 쌍방향성은 원조 중심의 일방향적 지원을 넘어서 북한의 기존 경제발전 전략과 그 성과 및 한계에 대한 면밀한 검토 위에 가능하다. 남북 경제협력은 중장기적으로는 한국 제조업의 경쟁력 유지 및 제고에 긍정적 영향을 미칠 수 있도록 남북 가치사슬을 형성할 필요가 있다. 기술 혁신으로 인해 GVCs가 더욱 분절화되어 가치사슬의 복잡성이 증대되는 가운데, 동아시아 역내 무역의 비중이 증가하는 현상이 대두되고 있다. 역내 무역 구조의 이러한 변화는 역내 무역에서 부품 소재를 비롯한 중간재 수출 비중이 높은 한국에게는 경쟁이 치열해지는 새로운 도전이 될 수 있다(이현주 외 2018). 한국은 북한이 부품과 중간재 생산을 담당하는 가치사슬을

설계함으로써 최종재의 가격 및 품질 경쟁력을 유지, 향상시키는 효과
를 기대할 수 있다. 경제 교류 및 통합이 진전되면 전기전자, 기계, 금
속, 자동차 산업 등의 분야에서 북한을 부품 및 중간재 생산 공정의 일
부에 참여시킬 수 있다.

　제도적 차원에서 남북한의 ICT 연구개발 체제, 행정 체제, 교육 체
제 등에 대한 기초 조사와 통합 방안에 대한 검토를 바탕으로 ICT협
력은 북한의 기존 전략을 적어도 부분적으로 반영하는 방식으로 추진
할 필요가 있다. 독일 통일의 사례를 고려할 때, 남북협력이 본격적으
로 활성화될 경우, 북한의 우수 인력이 유출될 가능성을 배제할 수 없
으므로, 이에 대비한 전략이 요구된다. 이를 위해서는 단기적으로는 북
한 지역의 인재들에게 인센티브를 제공하고, 중장기적으로는 남북 격
차를 좁혀나가는 전략이 필요하다.

　ICT 분야는 기초 데이터, 인프라 구축, 기술 표준 문제 등을 고려
할 때 협력의 확산 효과가 크기 때문에 우선 협력 분야로 적합한 측면
이 있으나, ICT산업은 공급자와 소비자, 공공 부문과 민간 부문, 제조
업체와 서비스업체 등 이해관계가 다양하게 얽혀 있기 때문에, 이를 완
화할 수 있는 협력의 구심점이 필요하다. 과거 1990년대 말 남북과학
기술교류사업이 활발하게 추진된 적이 있으나, 다양한 정부 기관들 사
이의 정책 조정이 효과적으로 이루어지지 않았던 점을 다시 짚어볼 필
요가 있다. ICT협력 사업을 추진하는 과정에서 한국 정부가 관리하기
어려운 북한 측의 문제에 대한 사전 계획과 대응 방안이 필요하다. 기
초 자료 및 정보의 부족, 북한 내부 인프라 부족, 북한 대남협력기관
의 과도한 개입 등은 언제든 발생할 수 있는 현실적인 문제이다(이춘
근·김종선·남달리 2014). 사전 준비에 기초하여 정책 효율성을 제고
하는 데 도움이 되는 정부 부처 간 협력 기반을 구축하고, 민관 협력을

강화, 확대하며, 남북한 협력 채널을 제도화함으로써 ICT협력의 효과를 제고할 수 있는 방안을 검토할 필요가 있다(이춘근·김종선·남달리 2014).[3]

3. 다자화를 통한 지속 가능성 확보

남북 경제협력은 대외 환경의 영향으로부터 자유로울 수 없기 때문에, 남북 경제협력을 안정적으로 추진하기 위해서 다자 경제협력과 연계하는 것이 필수적이다. 남북 경제협력이 중단 없이 '비가역적'으로 추진될 수 외부 환경을 조성하는 것이 매우 중요하기 때문에, 다자 경제협력의 틀을 구성하고, 남북 경협을 다자 협력의 틀에 안착시키는 작업이 요구된다. 경제협력의 다자화는 한국의 입장에서 북한 측이 외교안보적 이유로 경제협력을 급작스럽게 중단하지 못하도록 하는 비가역성을 확보하는 수단이 되고, 북한 입장에서는 한국에 대한 과도한 의존에 대한 우려를 완화할 수 있다. 다자 경제협력의 틀을 형성한다는 것은 남북 경제협력이 안정적으로 작동할 수 있는 지역 경제 질서를 형성함으로써, 남한과 북한을 연결하는 가치사슬을 형성하고, 더 나아가 생산과 소비의 통합을 진전시킨다는 의미가 있다.

국제화 또는 다자화는 남북협력의 규모를 확대하고 지속가능성을 확보하는 데 기여할 수 있다는 측면에서 지속가능성의 확보에 필수적이다. ICT협력은 기존의 위탁 가공 방식과는 비교할 수 없을 정도로 협력 규모의 확대를 필요로 하는데, 경제협력의 비가역성을 확보하는 것

---

3   이와 관련, 이춘근 등(2014)은 남북협력의 우선순위를 ICT 융복합을 통한 패키지형 협력, 남북한 ICT협력 거점과 공동체 형성, 대북한 ICT협력 추진체제 정비 등에 둘 것을 제안한 바 있다.

자체가 지속가능성을 제고하는 효과적 수단이 될 수 있다. 다자 협력의 틀을 구성하는 것은 현재 중단된 남북 경제협력이 본격화, 더 나아가 고도화할 수 있는 법적·제도적 기반을 체계적으로 설계할 수 있는 부수적 효과도 기대할 수 있다. 남북 경제협력을 제도적으로 뒷받침할 수 있는 분쟁 해결 절차 구축, 임금 제도 개선 등이 뒷받침되어야 한다. 특히, 남북 경제협력을 지역 차원의 다자 협력과 연계하기 위해 북한 생산 제품이 한국산으로 인정될 수 있도록 기존 FTA를 개정하거나 보완하는 한편, 역내 국가의 기업들이 대북한 투자 및 생산을 하는 데 대한 다양한 안전장치들을 선제적으로 구축할 필요가 있다.

한반도 신경제지도에서 구상하고 있듯이 남북 경제협력은 한반도 경제 통합을 넘어서 지역 경제협력으로 확대될 것으로 예상된다. ICT 협력의 확대는 북한뿐 아니라 미국, 중국, 일본, 러시아 등 주변 국가들의 동시적 변화를 뜻하는 공진화가 실현된다는 것을 의미한다. 이 과정에서 다자화는 불가피한 측면이 있기 때문에 남북협력과 다자화된 지역 협력을 연계하는 전략의 구체화가 필요하다. ICT협력을 아시아 지역 경제 통합의 차원에서 추진하는 것은 경제협력의 양적·질적 향상을 실현하는 효과를 기대할 수 있다. 경제협력의 일차적인 수혜자는 북한이 되겠지만, 지역 차원의 경제 통합의 완결성을 높인다는 점에서 그 의미가 적지 않다.

한국 산업 구조에서 저임금 기반의 제조업 비중이 감소하고 있을 뿐 아니라, 북한과 같은 저개발국 빈곤과 사회문제를 완화하는 데 ICT 산업의 발전이 효과적이라는 점에서 ICT협력의 필요성이 증대되고 있다. ICT산업이 보건, 의료, 교육 등 다른 분야의 발전에 기여할 수 있다는 점에서 사회 문제 해결의 인프라로서 ICT산업 분야의 협력을 우선 추구할 필요가 있다. 남북 ICT협력은 남한 ICT산업의 경쟁력 제고와 지역 가치사슬과의 연계를 통한 북한 ICT 생산 역량 향상, 인프라 확대, 남북 ICT 격차 완화라는 관점에서 접근할 필요가 있다. 이를 위해서는 남북 ICT협력을 지역 가치사슬 구조 속에 편입시키는 다자적 접근이 요구된다. ICT협력이 전통적인 남북 경제협력과 차별화되어야 하는 중요한 이유는 협력의 성격과 범위가 상이하기 때문이다. ICT협력은 인도적 지원 중심의 협력에 비교할 때 협력 분야와 범위가 확대될 뿐 아니라 가치사슬 참여를 전제로 하기 때문에, 행위자의 복잡성 역시 획기적으로 증가하게 된다.

IV. GVCs 연계와 남북 ICT협력

전통적으로 개도국의 GVCs 참여에 영향을 미치는 요인으로는 지리적 거리, 시장 규모, 경제 및 산업 발전 수준 등으로 알려져 있는데, 이러한 요인들에 대하여 단기간에 정책적으로 영향을 미치는 데는 일정한 한계가 있다는 점에서 정책의 영향은 제한적이라고 할 수 있다(OECD 2015). 한편, GVCs 참여에 영향을 미치는 기업 수준의 요인은 노동 생산성, 기업 규모, 외국인 소유, 기술 능력 등이고, 국가 수준의 요인은 무역 및 해외투자에 대한 개방성, 교육 수준, 인프라 수준, 운송망, 거버넌스 등이다(Urata and Baek 2020). 북한이 GVCs에 참여하도록 유도하는 정책의 우선순위를 설정하기 위해서는, 역으로 GVCs 참여 효과의 극대화가 예상되는 분야를 중심으로 정책적 지원을 제공하되, 그 과정에서 예상되는 장애 요인들을 제공하는 데 초점을 맞출 필요가 있다.

1. ICT산업 관련 제도적 기반 정비와 확충

다자 경제협력을 진행하는 과정에서 남북 경협이 재개될 경우에 대비하여, ICT협력이 조기에 정상화될 수 있도록 법적·제도적 기반을 정비하고 확충하는 것이 선행되어야 한다. 5.24조치가 완화 또는 전면 해제될 남북 경협 수요가 대폭 증가할 것으로 예상되나, ICT산업의 경우인프라와 제도적 기반이 취약하기 때문에 남북협력을 전면적으로 확대하는 데 장애 요인이 될 수 있다. 리비아와 미얀마의 경우, 제재 완화이후 경협이 실제로 실행되기까지 약 10개월이 소요되었는데, 남북 경협이 중단된 지 10년이 되었기 때문에, 단순 경협을 복원하는 데도 상당한 시간이 필요할 것이며, ICT산업의 경협의 본격 가동은 이보다 더많은 시간이 소요될 것으로 예상된다. 이 시간을 최대한 단축하기 위해서는 경협 재개에 대비하여 북한 지역 ICT 인프라 확충 및 제도적 정비에 대한 체계적 계획을 선제적으로 수립하고, 단계별 로드맵을 작성할 필요가 있다.

남북 경협이 재개될 경우, 과거 개성 공단 사업 등에 참여한 기업들의 경협 수요가 빠르게 확대될 것이나, ICT 분야는 기존 위탁 임가공중심의 협력뿐 아니라 이보다 고도화된 협력 기반을 필요로 한다. 남북경협이 ICT산업 분야로 확대되기 위해서는 북한 지역에 ICT산업 관련인프라가 조기에 확충되고 남북 ICT협력을 안정적으로 관리할 수 있는 제도적 기반이 구축되어야 한다. ICT협력을 위한 제도적 기반 구축을 위해 필요한 사전 작업으로는 북한 지역 실태 조사, 경협 기업들의자금 조달, 부품 및 물자 수송 시스템과 물리적 인프라, 투자 보장 제도, 손실 및 손해 보상 제도 등의 리스크 관리 시스템, 분쟁 해결 제도등이다.

통과 도로 확충 등 남북 사이에 합의되었으나, 북한의 지연으로 이 행되지 못했던 문제뿐 아니라 ICT협력을 본격적으로 추진하는 데 필요한 쟁점들을 포함한 포괄적 협상 방식을 채택할 필요가 있다. 다른 산업과 비교할 때, ICT산업의 협력을 확대하기 위해서는 기업이 생산성 향상을 담보할 수 있도록 고급 인력의 충원과 관리가 중요하기 때문에, 이 이슈도 포괄 협상에 포함시킬 필요가 있다. ICT산업의 협력 경험이 상대적으로 부족하기 때문에 사업 타당성을 평가하는 데 있어서 지원을 제공하는 정부가 사업 리스크를 관리할 수 있는 시스템을 구축할 필요가 있다.

2. GVCs 연계를 위한 남북 경제협력의 고도화

개도국에게 GVCs 참여는 생산 과정 및 단계의 분할로 인해 가치사슬을 직접 구축하지 않고 국제 분업에 참여할 기회를 확보할 수 있다는 이점이 있다. 개도국들이 광범위한 생산 단계에서 비교우위를 확보하지 못하더라도 특정 생산 단계에 특화함으로써 가치사슬에 참여하는 기회를 확보할 수 있다는 점에서 GVCs와 연계한 발전 전략이 효과적일 수 있다. 다만, 가치사슬 내에서 상향 이동이 보편적으로 일어나는 것은 아니기 때문에, GVCs 참여를 통한 북한 ICT산업 발전을 위한 장기적이고 전략적 접근이 필요하다. 대부분의 국가들이 GVCs에 연계되어 있으나, 연계의 방식과 수준은 매우 상이하다(The World Bank Group 2020).[4]

한국은 GVCs 참여도가 높을 뿐 아니라, 혁신 활동을 활발하게 하

---

4   GVC 연계 방식은 GVCs 참여도, 산업별 특화, 혁신 활동 등을 종합하여 산출된다(The World Bank 2020).

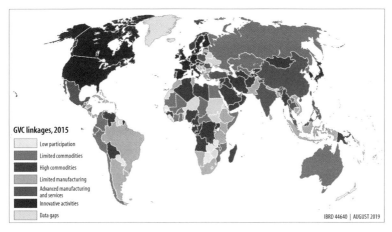

그림 3 세계 각국의 GVC 연계 정도

출처: WDR 2020 team, based on the GVC taxonomy for 2015. The World Bank Group(2020)에서 재인용.

고 있어서 북미(미국, 캐나다), 유럽(독일, 프랑스, 이탈리아, 영국), 아시아(일본)의 일부 국가들과 함께 GVC 연계가 가장 높은 국가로 분류된다. 반면, 북한은 GVCs에 연계되어 있기는 하나, 일부 원자재를 수출하는 제한적 연계에 머무르고 있다(그림 3 참조). 개도국들이 부분 제조형 단계에 진입할 때 소득 증가 효과가 가장 크다는 점을 감안할 때, 중장기적으로 북한의 GVC 연계 방식을 '부분 원자재 수출형' 연계에서 '부분 제조형(limited manufacturing)' 연계로 상향시킬 필요가 있다.

　　ICT산업은 자동차, 화학 산업 등과 함께 GVCs의 집중도가 높은 대표적인 산업이기 때문에, GVC 연계의 필요성이 더욱 크다(그림 4 참조). 중국, 한국, 싱가포르 등 동아시아 국가들의 높은 역내 무역 비중이 높을 뿐 아니라, 동아시아 국가들이 GVCs의 규모를 증가시키는 데 기여하고 있다는 점을 고려할 때(The World Bank 2020), 북한 산업을 지역 가치사슬에 연계시키는 것이 더 효과적일 수 있다. GVC 무역이 전통 무역에 비해 생산성과 경제성장에 미치는 영향이 더 크다는 점을

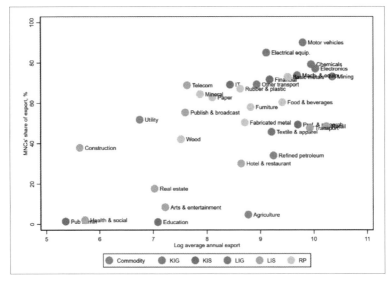

그림 4 산업별 GVC 집중도
출처: Qiang(2020).

감안할 때(Ignatenko, Raei, and Mircheva 2019), 북한의 ICT산업도 지역 가치사슬(regional value chains: RVCs)과 연계함으로써 더 큰 효과를 기대할 수 있다. 부분 제조형은 더 높은 수준의 GVC 연계 방식인 '선진 제조 및 서비스형' 또는 '혁신 활동형'에 비해서 소득 증가율이 더욱 높다는 점에서 남북 ICT협력은 남한이 '혁신 활동형'을 더욱 고도화하는 가운데 북한을 '부분 제조형' 단계에 진입시키는 전략이 필요하다(그림 5 참조).

이를 위해, 단기적으로는 북한이 RVCs에 진입할 수 있는 국내외 여건을 조성하고, 중장기적으로는 북한이 RVCs 내에서 노동집약적 부문에서 기술집약적 부문으로 상향 이동할 수 있도록 하는 순차적 전략이 필요하다. RVCs 무역의 효과가 고소득 또는 중고소득 국가에 더 크기 때문에, 북한이 RVCs 진입 이후 업그레이드는 남북 경협을 극대화

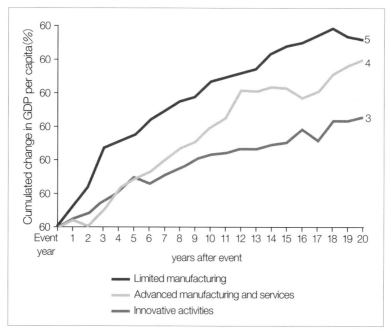

그림 5 GVC 연계 방식과 소득 증가율

출처: The World Bank Group(2020).

하는 효과적인 수단이 된다. 이를 위해서는 물리적 인프라와 제도적 인
프라의 개선과 같은 다양한 조건이 구비되어야 한다. 북한이 ICT산업
을 독자적으로 RVCs에 연계시키기보다는 남한과 연계된 북한의 GVCs
참여와 분업 구조를 형성할 필요가 있는 것은 이 때문이다. 법적·제도
적 기반과 인프라 수준이 RVCs 참여와 연계에 영향을 미치기 때문에,
한국이 북한의 RVCs 진입 초기 단계부터 법적·제도적 기반을 정비하
고 고품질 인프라 건설과 확충을 지속적으로 진행하는 전략을 수립·
실행해야 한다.

　　GVCs에 참여한다는 것은 한국의 입장에서도 가격 경쟁력이 있
는 부품과 중간재에 대한 접근을 확보하고 규모의 경제를 실현할 수

있다는 이점이 있다(Baldwin and Lopez-Gonzalez 2013). 한국 제조
업은 국내 부품 조달 비중을 줄이고 역내 국가들과의 무역을 통해 중
간재 및 서비스의 조달 비용을 낮추어 국내에서 고부가가치 최종재를
생산하는 방식으로 제조업의 국제 경쟁력을 유지하였다(Fukao et al.
2016). 이 과정에서 한국은 아시아 국가들과는 후방 연계(backward
linkages)를 형성하는 가운데, 북한, 중국, 베트남 등 일부 국가들과는
전방 연계(forward linkages)를 형성하여 최종 제품의 가격 경쟁력을
제고하는 전략을 추진해왔다. 한국은 이 과정에서 중국, 베트남 등을
대상으로 한 역내 국가들에 메모리 반도체, 프로세서와 컨트롤러 등 전
기기기와 부품, 기계류, 플라스틱 등 부품과 중간재 수출 규모가 증가
하였고, 그 결과 역내 무역의 비중이 증가하였다.

후방 연계와 전방 연계는 한국이 북한과의 ICT협력 효과의 확산
을 위해 고려해야 할 사항이다. 이러한 관점에서 볼 때, 남북 ICT협력
북한과 단기적으로는 후방 연계, 중장기적으로는 전방 연계를 확대·강
화하는 협력을 추구하는 순차적 접근을 위한 로드맵의 작성이 중요하
다. 특히, 한국 ICT기업들이 역내 가치사슬을 형성·관리하는 데 필수
적인 경쟁력을 지속적으로 유지하기 위해서는 고부가가치 제품 생산
을 위한 부품·소재 산업의 발전이 필수적이다. ICT협력의 이러한 특
성을 감안하여 남북협력은 북한 부품 산업의 발전 수준을 고려한 전방
연계 전략을 중심으로 추진하되, 한국 ICT기업들이 양자 차원의 협력
을 넘어 지역 차원의 가치사슬을 주도적으로 운영·관리하는 데 도움
이 되는 핵심 역량의 유지·향상과 긴밀하게 연계하는 방안을 검토하
여야 한다.

이러한 방식의 경제 교류는 남북한 간 분업뿐 아니라, 동아시아 지
역 차원의 RVCs 재편을 통한 효율성 상승을 초래하고, 국경을 접하고

있는 중국과 무역이 확대될 가능성까지 고려하면(후카오·이누이·권혁욱 2014), 북한이 포함된 RVCs 재편의 효과는 더욱 커질 수 있다. 고비용 생산 구조 때문에 생산 시설을 해외로 이전하는 기업들이 있는 현실에서 남북 경제협력을 이러한 구조적 문제를 해결하는 새로운 대안으로서의 가능성에 주목할 필요가 있다.

3. 다자 원조/개발 협력 경험을 활용한 상호보완적 분업 구조의 형성

다자 개발기구들은 인도적, 경제적 지원을 제공하는 데 있어서 다자적 개발 협력 프로젝트를 수행한 경험과 자산을 축적하고 있다. 메콩강 지역 개발의 사례에서 나타나듯이 대규모 개발 자금이 소요되기 때문에, 개발 협력에 대한 다자적 접근의 필요성은 매우 크다. 축적된 다자 원조 및 개발 협력 프로젝트의 경험을 본격적인 경제협력, 더 나아가 ICT협력으로 확대, 적용하는 방안에 대한 다자 협력의 장을 마련할 필요가 있다. 다자 개발 협력 경험의 공유와 확산은 북한과의 경제협력이 본격화될 경우, 공여국들의 협력을 촉진하는 효과도 초래할 것으로 기대된다.

　이 단계에서 협력의 초점은 남북한 분업 구조, 역내 가치사슬의 구조를 반영한 남북한 간 가치사슬의 설계, 남북한 간 생산과 소비가 유기적으로 연계되는 협력 시스템을 구축하는 데 있다. 기존에 이미 검토되었던 다자 협력 방안의 경우, 한국 기업 진출과 재원 조달 방안에 대해서도 재검토를 거친 후 비교적 신속하게 추진 여부를 판단하고, ICT 협력으로 확대하는 방안을 검토할 필요가 있다. 나선산업단지는 역외 가공 지역으로 조성하되, 1단계에는 중소기업들이 위탁 가공 생산과 무역을 중심으로 진출하고, 2단계에서는 대기업과 중소기업이 동반 진출하여 계열화하고, 3단계에는 외국 기업들이 공동 진출하는 등 순차적 다자화를 시도할 수 있다(『조선비즈』 2020/8/28).

가치사슬 측면에서 남북한은 비교우위에 근거하여 상호보완적 분업 구조를 형성할 수 있다. 협력 초기 단계에는 남한 기업들이 연구개발, 제품 설계, 디자인에 핵심 역량에 특화하고, 부가가치가 높은 핵심 부품과 첨단 제품을 생산하는 한편, 북한 기업들은 남한 기업으로부터 부품과 중간재를 조달하여 최종 조립, 생산하는 분업 구조를 형성하게 된다. 향후 분업 구조를 고도화하기 위해서는 초기 단계부터 핵심 인력 양성 프로그램의 가동과 북한 지역에 ICT산업 생산 시설과 인프라 확충을 병행하는 접근이 필요하다.

ICT협력의 활성화를 위해 초기 단계에는 개성 공단을 중심으로 ICT(기기)산업 협력 특구를 지정, 운영하고, 점진적으로 남북한의 ICT 클러스터인 수도권 및 대전 지역과 평양, 남포, 은정 지역의 기능적 연계를 병행하는 방안을 추진해야 한다(이석기 외. 2016). 중장기적으로는 ITC 서비스로 협력을 확대하여, 남북 간 ICT 격차를 완화하고 내수 기반을 확충을 통한 ICT산업의 성장 동력을 강화할 필요가 있다.

북한이 ICT산업의 생산 역량을 일정 수준 확보하고 있으나, RVCs 와의 연계를 고려하여 남북한 기업들의 비교우위를 극대화할 수 있는 분업 구조를 형성하고, 중장기적으로 분업 구조를 고도화하는 가운데 ICT 서비스 분야의 통합을 추진할 필요가 있다. 지역 가치사슬과의 연계를 남북협력 초기 단계부터 진전시키기 위해서는 일반적인 산업 발전 과정의 역순으로 북한 ICT산업의 발전을 유도할 필요가 있다(성한경 2014). 즉, 북한 기업들이 최종 조립 및 생산을 담당하고, 이에 필요한 소재, 부품, 중간재를 한국으로부터 조달하는 분업 구조를 협력 초기 단계에 형성하고, 이를 안정화함으로써 분업 구조의 효율성을 향상시키는 데 주력할 필요가 있다.

선진국의 자동화는 개도국으로부터 수입을 증가시키는 경향이 있기 때문에, 한국 ICT산업의 고도화를 통해 남북 ICT협력을 한층 확대하는 결과가 초래될 수 있다. 기술 혁신이 노동 비용을 감소시키고 생산성을 향상시켜 선진국 기업들의 리쇼어링을 증가시키는 효과가 있다는 분석이 있는 반면, 자동화에 따른 생산성 향상이 생산 규모의 증가를 촉진하여 개도국으로부터 부품과 중간재 수입을 초래한다는 분석도 있다. 기술 혁신 및 자동화의 양면성을 감안할 때, 단기적으로는 남북 ICT협력을 추구하는 데 있어서 북한을 최종 생산 및 조립 기지로 활용하되, 중장기적으로는 남한 기업들이 고부가가치 제품을 생산하는 데 투입되는 부품 및 중간재 생산 기지로 육성함으로써 경제협력의 쌍방향성을 형성해 나갈 필요가 있다.

GVCs에 진입하는 데 따른 경제적 전환(economic transformation)은 다양한 형태로 나타난다는 점에 주목하여 정책적 지원을 제공할 필요가 있다. GVCs 진입은 일반적으로 제조업의 업그레이드를 초래하지만, GVCs 상류(upstream) 산업의 발전 또는 서비스업의 발전으로 나타나기도 한다. 특히 GVCs 진입은 관련 서비스업의 발전을 초래하기도 하는데, 그 효과를 극대화하기 위해서는 규제 완화를 선제적으로 시행할 필요가 있다(Jouanjean et al. 2017).

이러한 정책적 시사점을 고려할 경우, 북한이 GVCs에 진입하여 그 효과를 극대화하기 위해서는 GVCs에 참여하는 제조업뿐 아니라 관련 서비스업의 규제 완화가 병행 추진되어야 하기 때문에, 한국이 북한 제조업과 서비스업의 동반 발전을 위한 로드맵을 작성하기 위한 준비 작업을 진행할 필요가 있다. 육상 및 해상 운송, 도소매업, 국내 배송 등은 GVCs의 원활한 작동을 위해 필수적인 요소이기 때문에, 중장기적으로는 이 분야의 규제 완화를 통해 경쟁 촉진과 효율성 향상을 유도하되, 단기적으로는 이 과정에서 발생할 수 있는 불확실성을 관리할 수 있는 정책적·제도적 방안에 대한 공동 작업을 수행할 필요가 있다.

4. 무역 자유화 효과의 극대화를 위한 한국 FTA 활용

GVC 참여에 따른 경제적·산업적 전환의 효과가 가시화되는 데는 상당한 시일이 필요하고 다양한 요인들이 결합된다는 점을 고려할 때, 북한이 GVCs에 참여하도록 유도하기 위해 정책적 다양성과 안정성 사이의 균형적 접근을 취할 필요가 있다. 개도국이 GVCs에 참여하는 데 필요한 것으로 인식되는 다양한 정책 가운데 무역 정책의 개혁은 공통적으로 제시되고 있다. 무역 자유화, '수입을 통한 학습(learning by importing)'은 개도국이 GVCs에 참여하는 역량을 제고하는 효과적인 방안으로 알려져 있다(Jouanjean et al. 2017).

이를 감안할 때, 한국은 북한의 GVCs 참여를 유도하기 위해서 중장기적으로는 북한의 무역 정책과 제도의 변화를 촉진하는 다양한 정책 협의를 진행하는 가운데, 단기적으로는 남북 무역을 한국 무역 정책에 통합시키는 방안을 모색할 필요가 있다. 구체적으로 관세 인하 및 기타 수입 장벽의 완화가 필요한데, 북한이 단기적으로 이러한 조치를 취함으로써 GVCs에 참여하기는 현실적으로 용이하지 않기 때문에, 한국은 남북 무역의 통합과 확대를 통해 북한의 무역 자유화 효과를 실질적으로 창출하는 방안을 모색할 필요가 있다. 한국의 기체결 FTA와 남북 무역의 사이의 통합도를 높임으로써, 북한이 한국을 통해 간접적으로 무역 자유화, 특히 수입 자유화의 효과를 누리도록 할 필요가 있다.

남북 무역에 기반한 수입 자유화 효과는 일차적으로 북한이 GVCs 참여하는 데 긍정적인 영향을 미칠 뿐 아니라, 장기적으로 북한이 GVCs 내에서 지속적인 업그레이드를 할 수 있는 역량을 확충하는 효과를 초래할 것으로 예상된다. 한국은 단기적으로 북한이 한국의 FTA 네트워크를 통해 무역 자유화 효과를 누릴 수 있는 방안을 마련하고, 중장기적으로 북한이 무역 자유화를 시행하는 데 필요한 정책과 조치에 대한 준비 작업을 할 필요가 있다.

남북 ICT 경제협력도 이러한 관점에서 쌍방향적 접근을 추구할 필요가 있다. FTA는 상대국 시장에 대한 접근성 개선뿐 아니라, 수출 품목 다양화, 생산성 향상 등의 효과를 초래할 수 있기 때문에 GVCs 진입에 긍정적 영향을 미치는 요소로 작용한다. 북한을 단순히 최종 조립 기지로 활용하는 것이 아니라, 고부가가치 최종 제품의 경우 한국의 브랜드파워와 FTA 네트워크를 통한 무역 자유화 효과를 극대화할 수 있는 이점이 있을 뿐 아니라, 쌍방향적인 남북 경제협력을 추진함으로써 수출과 수입, 생산과 소비의 긴밀한 연계를 통한 경제협력의 고도화가 가능해지는 효과를 기대할 수 있다. 중국 기업들을 포함한 일부 외국 기업들이 한국 진출을 시도하는 데는 한국 시장 자체의 잠재력에 주목한 때문이기도 하지만, 한국을 제3국 수출을 위한 전진 기지로 활용하려는 동기도 작용하고 있다. 중국 기업들이 광양만 경제자유구역 진출에 높은 관심을 보이는 것은 제조 및 물류 단지 구축을 위한 인프라가 잘 갖추어져 있고, 중국 국내 시장뿐 아니라, 미국, 유럽, 동남아 등으로 수출하는 데 있어서 한국의 글로벌 FTA 네트워크와 "Made in Korea"라는 한국의 브랜드파워를 활용할 수 있는 장점이 있다.

남북 ICT협력을 아시아 지역 가치사슬에 조기에 안착시키기 위해서는 북한산 제품을 한국산으로 인정받기 위해 한국의 기존 FTA 상대국과 협상이 필요하다. 현재는 개성 공단에서 생산된 품목과 기체결 FTA에서 한국산으로 인정되는 품목 사이에 상당한 불일치가 있기 때문에, 남북 ICT협력이 재개 및 확대되더라도 그 효과가 반감될 수밖에 없다. 특히, 한국의 주요 수출 시장인 미국 및 EU와의 FTA에는 개성 공단 생산 제품이 한국산으로 인정되고 있지 않기 때문에, FTA 개정 협상이 필요한 실정이다. 이 협상이 조기에 타결되지 않을 경우, 해외 수출과 아시아 지역 가치사슬과의 연계를 전제로 한 남북 ICT협력 구상에 근본적인 수정이 필요하게 된다. 제재 해제 이후 ICT협력의 확대에 대비한 FTA 개정 협상의 체크리스트를 작성하고, 협상의 조기 타결을 위한 기반을 조성하는 것이 매우 중요하다. 이를 위해서라도 미국, 유럽, 아시아 국가의 기업들이 개성 공단 또는 기타 북한 지역에 진출하여 ICT협력을 다자화할 필요가 있다.

V. 결론

북한의 비핵화 문제의 해결이 난항에 처해 있는 상황에서 남북 ICT협력의 기본 방향을 구체화하는 것은 지난한 작업이다. 이와 관련, 남북 경제협력을 비핵화 협상의 돌파구로 활용하는 방안과 비핵화의 지연으로 인해 남북관계가 정상화될 때까지 남북 경제협력에 대하여 장기적으로 접근할 필요가 있다는 방안을 생각해 볼 수 있다. 전자는 소규모 인도적 협력의 경우, 그 가능성을 탐색해 볼 수 있으나, 비핵화 협상의 근본적인 진전이 수반되지 않을 경우 남북 경제협력을 대대적으로 실행하는 데 한계가 있을 수밖에 없다. 후자의 경우, 북한의 비핵화 이후 남북 경제협력의 본격화에 대비하여 예상되는 문제와 지속가능성을 제고하기 위해서 사전 정지 작업에 초점을 맞춘다. 이러한 방안은 남북 경제협력이 본궤도에 오를 경우 비교적 빠른 속도로 경제협력을 확대해 나갈 수 있는 장점이 있으나, 경제협력의 조속한 재개 자체에는 커다란 효과를 기대하기 어려운 한계가 있다.

　남북 ICT협력은 위의 두 가지 방안으로부터 기대되는 효과와 장애 요인에 대한 체계적인 검토의 토대 위에 균형적인 접근을 모색하는 데서 출발할 필요가 있다. ICT협력은 좁은 의미의 경제협력을 넘어 사회적 문제를 해결하고 남북의 경제적 격차를 완화하는 데 상당한 효과를 기대할 수 있다는 점에서 포용적 발전이라는 차원으로 접근할 필요가 있다. 한편, 남북 ICT협력, 특히 GVCs 기반의 ICT협력은 소규모의 인도주의적 협력과는 명확히 차별화된다. GVCs 진입과 GVCs 내에서 업그레이드는 남북협력의 토대 위에서 추진할 필요가 있다. GVCs의 구조적 변화를 반영한 북한의 지속적인 역량 강화를 추진하는 한편, 북한과 GVCs의 연결고리로서 남북협력을 확대하는 전략이 필수적이다. 또한 남북협력의 특수성을 감안하여 과정을 관리하고, 이를 위한 제도적 장치의 수립과 운영을 병행하는 것이 GVCs 기반의 ICT협력의 지속가능성을 제고하는 데 있어서 매우 중요하다.

참고문헌

곽주현. 2018. "남북협력 전문가들 "북한과의 경제협력에 ICT 활용 필수"." 『한국일보』. 7월 1/일.

권율·김미림. 2018. "베트남 개혁모델이 남북경협에 주는 정책적 시사점." KIEP 오늘의 세계경제.

김상훈. 2017. "남북 경협의 물꼬, 다자간 경제협력으로 풀어야." 『중소기업 포커스』 6월 13일.

김종선·이춘근·남달리·박진희. 2014. "북한 환경기술 연구현황과 남북 과학기술 협력방안." 『정책연구』 2014-18. 과학기술정책연구원.

박건형. 2017. "'先 규제' 한국, 세계 100대 스타트업 중 57개는 시작도 못한다." 『조선비즈』. 8월 8일.

박명규 외. 2012. 『연성복합통일론: 21세기 통일방안구상』. 서울대학교 통일평화연구원.

박봉삼. 2017. "투자유치 상위 스타트업 70%, 한국서 위법." 『ZDNet Korea』. 7월 13일.

성한경. 2014. 남북한 경제통합의 효과. 대외경제정책연구원.

안건준. 2018. "DMZ에 남북협력 첨단산업단지 조성을 제안한다." 『중앙일보』. 5월 13일.

이광수. 2018. 그날이 오면 2(신경제지도). 미래에셋대우 Issue Comment.

이대혁. 2018. "정부, 남북경협에 '3조 공적개발원조' 활용 검토." 『한국일보』. 5월 15일.

이석기 외. 2016. 통일을 대비한 남북한 산업협력 전략과 실행방안. 산업연구원.

이승주. 2018. "4차 산업혁명 시대와 남북 경제협력." 김상배 엮음. 『4차 산업혁명과 남북관계 글로벌 정보화에 비춘 새로운 지평』. 사회평론아카데미.

_____. 2020. "글로벌 금융위기 이후 세계 무역 질서의 변화와 한국의 대응." 손열 엮음. 『위기 이후 한국의 선택: 세계금융위기, 질서 변환, 중견국 경제외교』. 한울아카데미.

이춘근·김종선·남달리. 2014. "남북 ICT협력 추진 방안." 『정책연구』 2014-28. 과학기술정책연구원.

이춘근·김종선·박은혜·남달리. 2015. "통일 이후 남북한 과학기술체제 통합방안." 『정책연구』 2015-20. 과학기술정책연구원.

이현주 외. 2018. 한반도 신경제지도 구상을 위한 기초 연구. 국토연구원. 수시 18-02.

최현규. 2018. "남북협력, '北과학 정보' 공동지식으로 '상생 효과'." 『헬로디디』. 5월 2일.

후카오 쿄지·이누이 토모히코·권혁욱. 2014. "한반도 통일이 일본에 미칠 편익비용 분석." 대외경제정책연구원.

"남북경협은 '협동경협' 방식으로"...박성택 중기중앙회 회장 "중소기업 도약 기회로 만들어야." 『조선비즈』. 2020년 8월 28일.

"한반도 신경제지도 구상 및 경제 통일 구현." 통일부 홈페이지. http://www.unikorea. go.kr/unikorea/policy/project/task/precisionmap/

Baldwin, Richard and Javier Lopez-Gonzalez. 2013. Supply-Chain Trade: A Portrait of Global Patterns and Several Testable Hypotheses. National Bureau of Economic

Research. Working Paper 18957.

Barbieri, Katherine and Jack S. Levy. 1999. "Sleeping with the Enemy: The Impact of War on Trade." *Journal of Peace Research* 36(4): 463-479.

Bernard, Mitchell and John Ravenhill. 1995. "Beyond Product Cycles and Flying Geese: Regionalization, Hierarchy, and the Industrialization of East Asia." *World Politics* 47(2): 171-209.

Criscuolo, Chiara and Jonathan Timmis. 2017. "The Relationship between Global Value Chains and Productivity." OECD. International Productivity Monitor.

Farrell, Henry and Abraham Newman. 2019. "Weaponized Interdependence: How Global Economic Networks Shape State Coercion." International Security 44(1): 42-79.

Fukao, Kyoji, et. al. 2016. "International Competitiveness: A Comparison of the Manufacturing Sector in Korea and Japan." Seoul Journal of Economics 29(1): 43-68.

Gowa, Joanne. 1995. *Allies, Adversaries, and International Trade.* Princeton University Press.

Haddad, Mona. 2007. Trade Integration in East Asia: The Role of China and Production Networks. World Bank Policy Research Working Paper No. 4160.

Haggard, Stephan, Jennifer Lee and Marcus Noland. 2011. Integration in the Absence of Institutions: China-North Korea Cross-Border Exchange. Peterson Institute for International Economics. Working Paper 11-13.

Ignatenko, Anna, Faezeh Raei, and Borislava Mircheva. 2019. Global Value Chains: What are the Benefits and Why Do Countries Participate? IMF Working Paper.

Jouanjean, Marie-Agnes, Julien Gourdon, Jane Korinek. 2017. GVC Participation and Economic Transformation: Lessons from three sectors. OECD Trade Policy Papers No. 207.

OECD. 2015. Participation of Developing Countries in Global Value Chains: Implications for Trade and Trade-Related Policies. Summary Paper.

Qiang, Christine Zhenwei. 2020. "Foreign direct investment and global value chains in the wake of COVID-19." May 1. https://blogs.worldbank.org/psd/foreign-direct-investment-and-global-value-chains-wake-covid-19

The World Bank Group. 2020. Trading for Development in the Age of Global Value Chains.

Urata, Shujiro and Youngmin Baek. 2020. The Determinants of Participation in Global Value Chains: A Cross-Country, Firm-Level Analysis.

World Trade Organization. 2019. Technological Innovation, Supply Chain Trade, and Workers in a Globalized World. Global Value Chain Development Report 2019.

제9장   과학기술 ICT협력과 북한

박경렬 KAIST 과학기술정책대학원

I. 머리말

본 연구는 과학기술혁신과 발전의 관계를 탐색하고, 정보통신기술 분야에서 전개될 수 있는 북한과의 협력 및 기능성에 대해 국제개발협력의 관점에서 논하고자 한다. 이를 위해 과학기술과 경제성장, 사회발전 특히 ICT와 지속가능발전의 이론적 논의를 살펴보고 국제개발협력에서의 함의를 살펴본다. 이를 통해 북한과의 과학기술, ICT협력에 있어서의 과제와 가능성에 대해 논의할 것이다. 특히 유엔 지속가능발전목표(Sustainable Development Goals, SDGs)에 대한 북한의 준비 및 대응을 바탕으로 정보통신기술의 SDGs 적용의 이론적 분석틀을 통해 향후 전개될 수 있는 북한과의 ICT협력, 또는 취약 국가, 체제전환 국가에서의 과학기술협력에 대해 전망하였다. 본고에서 논의하는 핵심 주제가 본질적으로 동북아지역의 정치적 역학관계와 국제정치 변화에 배태되어 있는 특성이 있지만, 향후 전개될 수 있는 남북과학기술협력, 다자개발협력, 인도주의적 협력의 가능성에 대해 적용할 수 있는 다양한 층위에 대한 관점을 제시할 수 있으리라 기대한다.

II. 이론적 체계

1. 기술혁신과 경제성장

과학, 기술과 발전과의 관계, 그 중에서도 기술혁신과 경제성장에 대한 논의는 학계의 매우 오래된 주제 중 하나이다. 해외 원조와 국제개발협력을 논의함에 있어 제2차 세계대전 후 진행된 유럽부흥계획

(European Recovery Program, ERP), 소위 마셜플랜을 그것의 시발로 본다. 마셜플랜이 시작되고 본격적인 해외원조가 진행되며 서유럽 국가의 경제력은 빠르게 전쟁 전 수준으로 회복되었고, 이후 20세기 후반 유럽은 유례없는 경제성장과 번영을 누리며 '근대화이론(modernization theory)'의 실증적 토대가 되어 주었다. 신고전주의 경제학(neo-classical economics)의 관점을 바탕으로 한 국가경제의 산출량이 증가하고 그로 인해 경제성장이 이루어질 수 있는 방법은, 생산요소인 자본과 노동이 증가하거나 기술이 진보하는 것으로 파악하였다(Romer 1990; Solow 1956). 이는 기술과 경제성장 간의 관계, 생산요소와 기술 간의 논의에 있어 핵심적 분석틀로 다루어져 왔다.

이러한 소위 내생적 성장론은 기술이전과, 산업구조개편, 기술혁신을 통한 과학기술적 발전이 경제성장에 가장 중요한 요소라 파악한다. 이는 신고전주의적 추격(Catch-up), 도약(leap-frogging)과 혁신의 확산(Rogers 1995) 등의 논의를 거쳐 국가혁신시스템(National Innovation Systems)에 대한 논의로 발전해 왔다(Sharif 2006). 1980년대부터 개발도상국에서도 정보통신기술의 보급이 확산되면서 국가발전과 혁신시스템에 핵심적 요소로 언급되어 왔으며 학계에서도 기술시스템의 맥락성과 정치경제적 함의에 주목하게 되었다. 앞서 언급한 과학기술적 발전은 어떻게 국가과학기술전략을 통해 다양한 이해관계자들과 관계 맺고, 어떠한 경제성장의 경로에 영향을 미치는지 국가에 따라 다른 양태를 보여왔다. 갈수록 글로벌화되는 개별국가의 경제 상황에서 이러한 맥락적 특수성은 어떻게 개념화될 수 있을지, 사회경제적 발전(socio-economic development)이 지속가능한 과정으로 이루어지는 데 나타나는 국가 간 차이의 근본적 원인은 무엇인지 발전이론의 관점에서 분석한 연구들이 있어왔다(Avgerou 2020; Freeman

1995). 특히 경제성장 모델에 근거한 연구들은 주로 국가 간(cross-national) 분석을 통한 일반화를 중요시하는 관점이 주류를 이루었고, 개발도상국의 기술 도입의 당위성과 기술 도입의 장애 요소를 파악하는 데 초점을 맞추었다(Besley & Case 1993; Cooper & Barro 1997). 이에 반해, 사회기술시스템(socio-technical system)의 관점을 견지하는 입장에서는 개발협력에 있어 개발도상국 맥락의 특수성에 주목하여 왔다. 특히 신고전주의 모델에 기반하여 기술혁신과 발전 상관관계를 분석한 연구들의 결정론적 접근에 대해 비판적인 입장을 발전시켜 왔다(Avgerou 2002; Walsham & Robey 2007).

2. ICT와 발전, 사회적 배태성

2000년대 들어와 유엔 새천년개발목표(UN Millennium Development Goals, 이하 MDGs)와 Post MDGs 논의로 시작되어 2015년 공표된 지속가능발전목표(UN Sustainable Development Goals, 이하 SDGs) 등 국제개발협력의 굵직한 어젠다에서도 과학기술은 중요한 주제로 자리매김하였다. 인간개발(human development)에 주목한 Sen(1999)의 다차원적 역량개발 접근(Capability approach)이 빈곤 및 발전의 척도와 평가에 많은 영향을 준 이후로 과학기술을 생산성 및 효과성의 증가, 거래비용감소를 통해 경제성장의 수단으로만 인식하는 것에서, 정치사회적 발전에 있어 과학기술의 광범위한 효과에 대해 주목하게 되었다. 최근의 연구 동향은, 과학기술의 역할은 단지 적절한 수단과 재원, 국가 발전 인프라를 제공하는 것이 아니라, 개인과 공동체가 그 혜택을 내재화하고 맥락화(contexualization)하는 데에 있다는 것이다. 이는 과학기술이 단지 개발도상국으로 이전되고 도입되는 것이 중요한 것이 아니라 혁신의 확산(Rogers 1995)과 기술의 발현(Fountain 2006)의 과정에서 기술의 사회적 배태성(Avgerou 2002)을 수용자 측면에서 최우선으로 고려해야 한다는 점을 의미한다.

이는 학술연구 및 정책 설계에 있어 다음의 중요한 변화가 요구됨을 의미한다. 첫째, 정보통신기술이 개발도상국에 빠른 속도로 확산되고, 전 세계적인 연결성이 강화되는 상황에서, 개발협력에 대한 어젠다와 규범을 공유하고 기술협력이 매우 중요해지고 있다는 것이다. Held 와 McGrew는(2003) 이를 탈국가화(denationalization)와 기술과 무역으로 인한 국경의 허물어짐(borderless)의 핵심작용으로 분석한다 (Held & McGrew 2003). 둘째, 이러한 글로벌 층위의 보편적 환경변화와는 다르게, 개별 국가 및 문화권의 정치사회적, 경제적, 제도적 맥락의 차이로 인해 같은 기술이라도 매우 다른 기술도입의 과정이 전개되고, 발전 효과성에서도 큰 차이를 보인다는 점이다. 즉, 보편적 기술변화에 있어서도 개발협력의 특수성을 다시 한 번 상기할 필요가 있다는 점이다(Avgerou 2002; Rodrik 2007). 여기에 빠르게 확산되고 있는 정보통신기술은 경제성장을 도모할 뿐 아니라 다양한 사회정치적 역할을 하고 있는데, 개발협력의 투명성, 책임성을 증가시키고, 사회적 발전에 기여한다는 점을 주목할 만하다(Kuriyan et al. 2012). 이러한 점에서 과학기술 그 중에서도 ICT 기반의 국제개발협력은 그 잠재성과 영향력이 크다고 할 수 있다(Wittemyer et al. 2014).

3. 지속가능발전목표와 과학기술

2000년 새천년개발목표(Millennium Development Goals, MDGs) 와 달리 2015년 채택된 지속가능발전 목표(SDGs)에서는 과학기술

혁신(science, technology and innovation, STI)이 비교적 주요한 의제로 다루어졌고, 한국 정부도 일관성 있는 과학기술 공적개발원조(official development assistance, ODA) 정책을 수립하기 위한 다양한 노력을 기울여 왔다(Park 2021). UN 기술촉진메커니즘(Technology Facilitation Mechanism, TFM)은 개도국의 과학기술혁신(STI) 역량 강화를 지원하기 위해 발족한 것으로, 국제사회 'SDGs를 위한 과학기술혁신' 어젠다를 형성하고 관련 프로그램을 촉진시키는 노력에 핵심적인 역할을 수행하고 있다. SDGs의 17개 세부 목표와 지표에 과학기술이 기여하는 바를 측정 및 평가하는 프레임워크도 제안하고 있다. 이를 통해 UN 회원국들 간, 시민사회, 민간, 과학공동체, 유관 국제기구 및 기타 이해관계자 등 이해관계자들의 정보 공유와 경험 전수, 관련 연구분석 및 가이드라인 수립, 모범사례 전수 및 정책 자문을 제공하였다. 또한 과학기술 국제협력 증진을 촉진하는 다양한 이니셔티브들이 출범하고 이에 대한 학술적 연구도 진행중이다(Walsh, Murphy, & Horan 2020).

　　국제개발협력에서 ICT와 다양한 데이터 이니셔티브는 정보접근성을 높이고 디지털 격차를 줄이는데 있어 핵심적인 요소로 인식되어 왔다. ICT 국제개발협력의 어젠다를 주도하는 국제기구로는 세계은행, 국제통신연합(International Telecommunication Union) 등이 있다. 정보공유 및 정보접근성 향상은 TFM의 가장 중요한 목표 중 하나이며, STI 및 ICT는 SDG1(빈곤), SDG2(식량, 농업), SDG3(보건), SDG4(교육), SDG5(젠더), SDG6(물, 위생), SDG7(에너지), SDG8(일자리, 경제성장), SDG9(산업, 혁신, 인프라), SDG12(지속가능 소비 및 생산), SDG13(기후변화), SDG14(해양), SDG17(글로벌 파트너십)과 밀접한 연관이 있다고 소개되고 있다. 하지만 개발도상국의 발전과 국제개발

협력에 있어서 과학기술은 범분야적(cross-cutting) 이슈로 열일곱 개의 모든 목표와 관련이 있다고 보는 것이 타당하다. 실재, 과학기술혁신 관련 키워드는 SDGs 세부지표 전반에 70번 등장한다. 과학기술의 범분야성을 고려할 때 특정 목표에 한정되지 않고 17 목표와 169개 세부 목표 전반에서 STI의 창의적인 활용방안에 대한 연계 노력을 더욱 필요하다. 이에, 북한과의 과학기술, ICT협력 역시 SDGs의 다양한 trade-off를 고려하고, 북한의 역사적, 정치사회적 맥락을 고려하여 전략이 설계될 필요가 있다.

III. 북한의 과학기술정책 및 ICT협력

1. 북한 과학기술정책의 형성

생산요소의 사회적 소유를 기반으로 하는 사회주의 국가에서 과학기술은 경제성장과 체제 존립에 중요한 요소로 인식되어 왔다. 이는 계획경제체제를 표방하는 북한에서도 크게 다르지 않았다. 북한 정권에 있어 과학기술 발전은 경제적으로는 산업발전의 원동력으로, 정치적으로는 사회주의 자립 노선의 정당성 확보를 위한 핵심으로, 군사적으로는 국방력 강화에 필수적 요소로 여겨져 왔다. 자본주의 경제의 생산과 혁신의 주요 주체인 기업과 시장의 역할이 발달되지 않은 북한에서의 과학기술은 국가계획과 밀접한 관계를 맺으며 발전해왔다. 북한의 공업화를 구축하는 데에는 다자협력보다는 양자 원조가 매우 중요한 역할을 했다. 북한은 전쟁 직후 기술력과 인력이 부족하였고, 1980년대 중반 고르바초프의 소련이 북한에 대한 원조를 줄이기 전까지는 소련을 필두로 사회주의 진영의 지원을 통해 국내 인력 양성과 자원 확보, 기술발전이 주로 이루어졌다(Meyer 1992). 하지만 1980년대 후반부터 연속적인 사회주의의 체제전환은 북한 사회에 커다란 충격을 안겨주었다. 외부적으로는 구소련과 동구권 몰락으로 무역 및 원조 환경이 악화되었고, 내부적으로도 생산성 감소, 자연재해, 김일성-김정일 정권교체 등의 연속된 환경적 변화로 극심한 기근을 겪으며 고난의 행군을 맞이하게 되었다. 이 기간 동안 북한의 경제와 과학기술 분야는 실질적인 성장을 이루지 못하고 정체되거나 후퇴하였고, 앞서 언급한 과학기술발전 계획의 대부분은 수사로 그치며 실행되지 못하였다.

하지만 다음의 두 관점으로 김정일 정권 시기를 평가할 수 있다. 첫째, 김정일은 과학기술정책을 중시하고 이를 바탕으로 선군정치를 펼쳤다는 점이다(강호제 2011). 둘째, 북한 정부 내 정보기술 인재 양성과 정보통신정책의 중요성을 인식해 갔다는 점이다. 선군경제노선으로 대표되는 김정일 집권의 시기에 북한은 1998년부터 중장기 경제계획 없이 국가과학기술발전 5개년 계획을 연이어 수립하였다. 강하연(2018)은 김정일 정권 후반기의 'IT 단번도약 정책'과 'Computerized Numerical Control(CNC)'에 주목하며 초기 ICT 정책의 형성기로 파악하였다. 세부적으로는 제1고등중학교 신설(1984년), 조선전자계산기 단과대학 신설(1985년), 동유럽 과학기술분야 유학생 파견(1985), 평양정보센터 개소(1986년) 등의 조치가 있었다. 또한 전국적으로 모든 분야의 전산자동화를 추진하고, 대규모 직접회로 생산의 공업화를 당면 목표로 내세웠다(전병길 2002). 이는 북한의 정보통신정책의 근간 중 하나가 되었다.

이장우(2000)에 따르면, 북한은 1980년대부터 풍부한 인력을 바탕으로 한 소프트웨어 산업을 적극적으로 육성하여 2000년을 기준으로 소프트웨어 기술력은 다른 개발도상국과 큰 차이가 나지 않았다. 반면, 초기 자본이 많이 들어가는 하드웨어 및 인프라의 경우, 한국보다 약 20년 정도 뒤처지는 것으로 나타났다. 이를 극복하기 위해 북한은 1980년대 중반부터 컴퓨터 분야 기술수준 향상에 주력하였고, 경제계획의 과학기술 주요 목표로 선정과 해외 북한 기술자 파견을 통한 기술도입으로 상당수준 기술발전에 성공했음을 감안할 때, 민간의 교류 및 기술이전이 매우 긴요한 부분이라고 할 수 있다.

2. 김정은 시기 과학기술, ICT 정책

선대가 주창한 과학기술우선 정책은 현 김정은 시기에도 이어지고 있다. 이를 명확하게 보여준 자리는 2013년 11월 13일 14일 양일간 열린 전국과학기술자대회이다. 이 대회에서 김정은은 '지식경제'의 필요성과 '전민과학기술인재화'를 특별히 강조하였다. 김정은이 강조한 지식경제는 특히 국제사회에서 1990년대부터 논의되었던 지식경제 (Knowledge economy), 즉 정보공유와 ICT를 기반으로 한 경제성장 전략과 개념적으로 크게 다르지 않다. 이는 김일성의 '주체적 과학기술'이나 김정일의 '강성대국'보다 국제사회의 기술혁신 논의에 동조화된 것으로 평가할 수 있다. 김정은은 선대와 비교해 보았을 때 투입된 자본에 따른 산출물이 큰 투자회수율(return on investment, ROI) 높은 분야에 집중하고자 하는 모습을 보였다. 지식경제를 내세우며 ICT를 통한 산업의 고도화, 협력을 위한 인프라를 갖추고자 하는 노력의 이유로 볼 수 있다. 이정현(2018)은 로동신문 분석을 통해 김정은 시대 과학기술정책을 김정일 시기와 비교하며, 김정은 시기(2016년 1월~2017 12월) 동안 기사 제목에 키워드 '과학'을 포함한 기사가 315건으로, 김정일 150건에 대비하여 두 배 이상임을 지적하였다. 김정은의 과학기술 중시는 북한이 시행하고 있는 과학기술발전계획에서도 나타난다. 김정은은 선대의 과학기술정책을 기반으로 하여, '제4차 과학기술발전 5개년 계획(2013-2017)'을 수립하여 이어갔다. 제5차 계획(2018-2022)은 2022년까지 과학기술 및 정보기술 발전을 통해 강성대국을 완성하겠다는 장기 계획이었다. 하지만 김정은이 주창한 핵·경제 병진노선은 국제사회의 대북제재 등으로 목표달성이 불가능하게 되었고, 이에 북한은 2016년 제7차 당대회에서 〈경제발전 5개년전략(2016-2020)〉을 발표하면서 과학기술발전 계획을 통합하였다. 내용을 살펴보면 〈경제발전 5개년전략〉은 4차 과학기술 5개년 계획과 주요과제, 체제와 내용 등이 거의 유사하다.

ICT기술 도입은 국방, 산업 분야로부터 민간, 인민 경제 생활 등 국가 전 분야에 확대되어 왔다. 김정은 시기 국가과학원의 위상이 강화되면서 ICT와 자동화 기술개발, 산업화에 집중하였다. 김정은은 김정일이 강조했던 CNC(Computerized Numerical Control), 기계공업의 자동화를 ICT 중심으로 개편하여 산업 정책을 재구성하였다. 이와 동시에 생산관리와 은행, 교육 등 전반적인 업무 자동화로 ICT 적용을 확대해 나가고 있다. 또한 인민생활에서 정보 활용이 중요시되면서 정보통신망(광명)을 완성하고 정보통신인프라 구축이 강조되고 있다. 미약하지만 과학기술 정보를 데이터베이스화하여 보급하는 과학기술전당을 신설하고 교육과 표준, 특허 등 주요 담당 기관들도 홈페이지를 개설해 필요한 정보를 공개하고 있다. 김일성종합대학과 김책공업종합대학은 홈페이지를 대외에 공개하여 외국에서도 열람할 수 있도록 하였다.

3. 남북 ICT협력의 경험

남북한 ICT협력은 1990년대 중반, 중국 동포들의 중재를 통한 남북 공동 세미나 개최를 시작으로 컴퓨터 자판 통일과 용어사전 편찬, 인력 양성과 활용 등으로 확대되었다(이춘근 외 2014). 통일부 자료에 의하면, 1990년대 말부터 2000년대 말까지 공공/민간 분야에서 H/W, S/W 그리고 인력양성 등 다양한 ICT협력이 진행되었다. 현재까지 진행되어 온 남북한 ICT협력을 평가하고, 앞으로의 방향을 제시하기 위해서는 북한의 ICT 발전동향과 그동안의 남북한 ICT협력 과정을 살펴볼 필요가 있다. 남북 과학기술 교류협력은 1990년대부터 본격적으로 시작된 것으로 볼 수 있다. 남북 간 ICT협력은 2000년 정상회담 이후, 남북관계 개선 및 남북 교류협력 방안을 모색하면서 출발하였다. 김선규(2020)는 1990년부터 2018년까지 약 28년간 남북 과학기술 교류협력 사례를 살펴보았다. 특히 학계의 흐름에 따라 경제교류와 사회문화 교류에서 과학기술 분야의 교류를 살펴보았는데, 민간 경제협력사업 중 과학기술 분야가 42건, 사회문화분야 협력사업 중 과학기술 분야가 33건, 과학기술 분야 학술교류 및 기타 협력 56건 등으로 총 131건의 남북과학기술의 협력을 파악하였다(김선규 2020). 김대중 정부 시기인 1990년대 말부터 2000년대 초반 삼성전자-조선콤퓨터센터(KCC), LG전자, IMRI의 모니터 임가공, 하나로통신, 하나비즈닷컴 등 남북 간 다양한 ICT협력이 추진되었다. 아래의 표는 김유향(2018)과 박찬모(2019)의 자료 그리고 통일부의 자료를 통해 저자가 재구성하였다.

　남북한 과학기술 교류에 대한 의의는, 남북교류 자체에 대한 필요성과 과학기술 교류의 중요성에 대해 나누어 생각해 볼 수 있다. 양국 간 신뢰회복, 통일 비용의 감소, 민족의 동질성 확인 등의 남북교류에

표 1 남북 IT 협력 주요 현황(1997-2009)

업체	사업 내용	사업 상대	시행
삼성전자	• 평양에서 컬러TV 및 가전제품 임가공 생산 • 유선전화기 임가공 생산 • 삼성조선콤퓨터SW공동개발센터	개성무역총회사 조선콤퓨터센터(KCC)	1996 2000
LG전자	• 평양에서 컬러TV 및 가전제품 임가공 생산	대동강 테레비죤 수상기 애국 천연색공장	1996
IMRI	• 평양에서 인쇄회로기판(PCB) 위탁가공 • 컴퓨터 모니터 완제품 생산 • 일본의 조총련계 SW 개발업체인 CGS(조선은행시스템)와 합작하여 일본에 유니코텍을 설립	삼천리총회사	1998 2000
하나로통신	• ADSL 신호분배기 임가공 생산 • 발신자 표시 전화기 임가공 계약 위한 합의서 체결 • 애니메이션 공동제작 계약	삼천리총회사	2000 2001
하나비즈닷컴	• 합작으로 단동지역에 SW 공동개발센터인 하나프로그램센터 설립, SW 위탁개발사업 계약체결	평양정보센터	2001
기가링크	• 초고속망 시범사이트를 평양정보센터에 구축 협의	평양정보센터(PIC)	2001
허브메디닷컴	• 북한의 의료관련 SW를 남측이 요구하는 사양으로 개작하여 수입(조선콤퓨터센터의 금빛말)	아사히네트워크 (북일합작회사)	2001
규빅테크	• 컴퓨터응용제조(CAM) SW의 공동개발 및 동구권 판매협력 추진	조선콤퓨터센터	2001
우암닷컴	• 영상관련 SW공동개발 및 사이버영상면회시스템 구축 추진	평양정보센터	2001
비트컴퓨터	• 중장기적으로 북한 내에 사이버 IT교육센터 설립 • 위성을 통한 인터넷 중계시스템 구축 합의		2001
엔트랙	• 3D 애니메이션 및 SW 임가공 사업 합의서 • SW 교육센터 건립 계약	광명성총회사	2000
훈넷		장생무역	
KT		조선콤퓨터센터	

포항공과대학교 (POSTECH)	• 가상현실 분야 공동연구 • 평양정보센터와 정보 및 과학기술 　분야에서 공동연구 추진을 　위한 합의, PIC의 '산악'으로 　설계한 건축물을 건설하기 전에 　POSTECH이 개발한 가상탐방 　(Virtual Navigation)으로 　설계의 오류를 미리 찾아내는 　가상건물탐방체계인 '건설'이라는 　소프트웨어를 개발 • 평양에서 민족과학기술학술대회 　개최 (2006.4.4-4.7)	평양정보센터(PIC)	2000
한양대		김책공대	2001
IKD (사)남북경제협력진흥원 (합영)	• 고려정보기술센터 건립	광명성총회사	2001
KT(용역)	• 정보통신분야 공동연구	삼천리총회사	2004- 2009
에스피메디텍(용역)	• 의료 S/W개발	조선콤퓨터센터	2005
알티즌 하이텍(합작)	• CPT 개발	광명성총회사	2005
아사달	• 디자인콘텐츠 제작	삼천리총회사	2006
(재)경기디지털 콘텐츠진흥원(용역)	• 애니메이션 콘텐츠 제작	삼천리총회사	2006
벤처브릿지(용역)	• S/W개발(중국의 대련과 단동)	삼천리총회사	2009

출처: 김유향(2018, 156)과 박찬모(2019, 8-14)에 통일부 〈unikorea.go.kr 정보포털〉 자료를 추가하여 작성.

대한 필요성에 부가하여, 박찬모(2019)는 과학기술협력의 시너지 효과에 대해 강조하였다. 특히, 과학기술은 남북교류를 통해 얻을 수 있는 상호 번영의 촉진 역할을 할 수 있고. 이와 동시에 남북한의 기술격차를 좁힘으로써 향후 발생할 수 있는 통일비용을 감축하는 데 도움이 된다는 주장이 존재한다. 더 나아가 한반도의 평화 공존을 이끌어 내어 동북아 평화 공존 및 세계 평화에도 기여할 수 있다는 논리가 그 중심에 있다. 한선화와 최현규(2014)는 기술중립적 관점에서 과학기술 분야를 비정치적, 비이념적 요소로 보며, 남북교류의 정치적 이념에서 벗어나 공통적 주제를 찾을 수 있는 분야라고 강조한다. 이와 같이 남북한 과학기술 교류는 본격적인 남북교류를 준비하는 단계로서의 역할뿐만 아니라 효율적이고 평화적인 남북협력에 박차를 가할 수 있는 중요한 역할로서 의의가 있겠다. 하지만 과학기술의 사회정치성과 경색과 진전을 반복하는 남북관계의 특수성을 고려하는 것 역시 중요하다.

남북한 과학기술 교류협력 사례는 공공과 민간으로 구분하여 살펴볼 수도 있다. 선행연구로는 먼저 공공 분야에 있어서는 이춘근 외(2014)의 연구가 정부 주관부서들이 수행한 사업에 집중하여 검토하였다. 구체적으로 남북협력기금을 통한 통일부 북한 교육 프로그램 협력사업과 (구)과학기술부의 남북 과학기술교류협력사업, 그리고 (구)교육인적자원부의 남북 과학기술 및 학술교류협력사업 등이 있다. 이춘근(2019)은 민간 분야의 과학기술분야 학술 교류를 정리하였는데, 국제현대물리워크숍(1990년, 연변), 한국과학기술단체총연합회주최 남북과학기술 학술회의(1991년, 연변), 전자정보통신학술대회(1991, 1992년, 연변), 통일과학 기술심포지엄(2002, 200년, 동경), 국제나노기술워크숍(2005년 1-2차, 북경) 등을 주요 사례로 꼽았다. 협력 사례 모두가 중요하지만, 구체적으로 삼성전자-조선콤퓨터센터(KCC)의 소프트웨어 공동개발 협력과 하나비즈닷컴-평양정보센터(PIC)의 하나프로그램센터 사례는 비교적 꾸준히 협력이 유지되었음에 주목할 필요가 있다. 삼성전자는 1990년 중반 활발한 대북접촉을 시도하여 1999년 11월 27일, 중국 베이징에서 소프트웨어 공동개발 협력과 전자제품의 위탁가공 사업 등을 내용으로 "세부 남북 경제협력 계약"을 체결했다. 당시 북한은 민족경제협력련합회 산하 개선무역총회사와 위탁가공 관련 계약을 맺었고, 조선콤퓨터센터와는 소프트웨어 공동개발 협력 계약을 맺었는데. 삼성전자는 1차적으로 약 73만 달러를 투자하여 프로그램 개발을 의뢰했고, 조선콤퓨터센터에서는 약 10명을 우선 파견하였다. 협력사업을 통해 2001년 10월, '통일워드'라는 워드 프로세서를 공동개발 결과로 발표하였고, 삼성전자와 조선콤퓨터센터는 2009년까지 지속적으로 소프트웨어 공동개발 관련 계약을 체결하고 협력을 지속하였다. 그러나 2010년 대북사업 철수에 의해 중단되었다. 중국 단둥에 설치한 "하나프로그램센터"의 사례는, 남한의 하나비즈닷컴과 북한의 평양정보센터(PIC)가 합작한 회사이다. 여기에서는 주로 소프트웨어 공동개발 협력과 북한 인력을 대상으로 한 ICT 교육이 이루어졌다. 하나비즈닷컴은 2000년 통일 IT포럼(현재 동북아공동체 ICT포럼으로 개명)이 창립되면서 남북 간 소프트웨어 협력에 대한 기대치에 대한 결과물로 설립되었다. 2001년 2월 ICT협력단이 평양을 방문하였고, 2월 9일 '신의주-단둥 소프트웨어 멀티미티어(SM)밸리'계획에 합의했다. 통일부 자료에 따르면, 공식적인 남북한 ICT협력은 2009년을 기점으로 종료되었다. 통일부 승인 민간경제협력사업은 2013년까지 지속되었지만, 공식적인 ICT 분야 협력은 약 10년 이상의 공백이 있었다. 그동안 협력의 성과와 한계를 돌아보며 향후 전개될 수 있는 과학기술, ICT협력에의 함의를 다각도로 논의하는 것이 중요하며, 협력이 없는 상황에서도 자체적인 정부의 준비 과정이 필요하다고 하겠다.

4. 향후 과학기술, ICT협력에의 함의

ICT협력은 구체적으로 남한이 자본, 기술, 판매시장을 제공하고, 인건비가 낮고 비교적 우수한 인력을 보유한 북한이 남한 기업에 제공하는 형태로 소프트웨어 공동개발사업이 중심이었다. 그러나 현재 국제사회의 대북제재와 5.24 조치 등으로 남북교류가 끊긴 상황에서, 향후의 남북협력을 준비하기 위해 그동안의 협력의 사례와 메커니즘을 살펴보는 것은 시사점을 준다. 이종욱(2002)은 남북 ICT협력의 문제점과 활성화 방안을 정리하고 있다. 구체적으로 첫째, 북한의 열악한 정보통신 인프라가 협력에 부정적인 영향을 미친다는 점, 둘째, 북한 당국은 ICT부문의 남북협력에는 관심을 보이면서도 활성화를 위해 선행되어야하는 정보통신망 연결에 미온적이라는 지적, 무엇보다 ICT 관련 장비와 기술에 대한 바세나르 협정이 협력의 제한하고 있다는 점은 결정적인 제약요인이다. 하지만 북한 ICT산업과 남북협력사업의 프로세스와 관련한 정보 부족이 남북협력을 저해하고 있다는 평가와 남북 사이에 ICT 기술 표준 및 용어의 차이에서 발생하는 기술적 이질감의 문제는 현재까지의 협력에 대한 지식공유, 공공데이터화, 기술용어의 정리 및 시스템 정보 처리 상호 운용성(interoperability) 증대 방안의 학술연구 등을 통해 사전 준비를 할 수 있다. 마지막으로 지적한 남북 간 법적 제도 재정비 및 남북협력사업에서 경제외적인 불확실성 최소화 등을 해결하는 것은 장기적인 과제가 될 것으로 본다(이종욱 2002).

　　남북한이 ICT 분야 교류협력에 있어 구조적으로는 바세나르 협약, 전략물자수출관리규정(EAR) 등 장애요소가 변화하는 것이 핵심이겠지만, 내부적으로는 과학기술, ICT 전문가의 비정치적 접촉, 왕래를 통해 신뢰를 구축하는 것이 가장 중요하다. 민간 차원의 교류협력에 대한 단기, 중장기 기본계획을 세우고 비대면의 교류를 확대하는 방안도 설계해야 할 필요성이 있다. 초기의 남북 ICT협력은 대학 및 연구기관의 학술교류에서 기업 간 협력으로 확대해가는 방식이 바람직하다. 1990년부터 2018년까지 남북한 과학기술관련 학술교류 및 기타 분야를 살펴보면, 남북과학기술교류 협력 사례의 약 절반인 56건이다. 비교적 다른 분야에 비해 접근성이 높음을 알 수 있다. 교류협력이 실제 이루어지는 단계에서는 체계적이고 조직적인 남북교류협력을 증진시켜야 하는데, 우선 남한의 잠재적 협력 파트너, 특히 기업은 단기간의 이윤창출보다는 장기적인 투자로 북한과 협력하는 것이 바람직하다. 구체적인 협력 방안으로 단기적인 계획에서는 남한의 자본과 제조기술, 하드웨어 상용화 기술, 북한의 우수인력, 소프트웨어기술을 바탕으로 협업하는 것이 있을 수 있다. 인공위성 사진을 공동 분석 및 공유하여 접경지역의 자연재해, 백두산의 화산활동 감지 등 비정치, 인도주의적 활동을 늘려나갈 기회 역시 ICT 분야에서 가능하다. 더 나아가서는 지적재산권 관련 제도의 보완과 과학자, 교육가 및 연구 인력 교류, 교원양성프로그램, 국제기술표준 선정 및 과학기술 관련 논의의 장에서 공동대응, 인도주의, 환경문제를 위한 국제 프로젝트의 공동 수행 등이 우선적으로 검토될 수 있다.

남북한 ICT협력 발전을 위해 정부 차원에서 수행해야 할 개선과제를 살펴보면, 앞서 언급한 남북한 과학기술 교류협력의 의의를 실현해 나가기 위해서는 먼저 남북한 법제도의 정비가 필요함을 알 수 있다. 윤종민(2006)은 법제도 정비에 앞서, 남북 과학기술 기본 법제 상호 간의 주요 특성 및 정합 가능성을 탐색하여 유사점과 차이점을 비교분석 해봐야 함을 강조한다. 이를 통해 이념과 가치, 체제의 측면을 넘어서 보다 실질적인 법제 내용을 이해하고, 양 법제 간 상호 연계·통합 방안을 강구해야 함을 강조하고 있다. 이를 위해 남북 IT협력을 위한 단일의 정보네트워크와 협력지원기관을 구축해야 할 필요성이 있고, 남북 IT협력을 위한 전용 네트워크 연결이 필요하다. 이승주(2018)는 4차 산업혁명 시대의 남북협력의 핵심을 순차화, 연계, 통합화로 주장하였다. 협력의 방식을 순차화하고, S/W 중심 분야의 협력으로부터 가능성을 확인하고 성공사례를 축적하여, 다양한 분야로 확대해나가

는 것이 바람직하다. 또한 경제특구를 중심으로 한 다양한 공동프로젝
트에 대한 연계의 시도가 이루어져야 할 것이다. 협력의 행위자와 관련
해서는 민간의 참여가 필수적이며 스타트업 및 중소기업 중심의 협력
과 정부민간파트너십의 통합적 체계를 구축하는 것이 중요할 것이다.
이춘근(2019)은 남북관계가 어느 정도 활성화된 2단계 이후를 집중적
으로 검토하였는데, 2000년대 후반까지 북중접경지역에서 수행했던
북한 IT인력 양성교육(하나프로그램센터)과 국내 기업 활용을 추진하
는 것을 제안하였다. 그리고 제재 완화로 하드웨어 반출 및 가공, 활용
이 허용되면 현재 북한이 추진하고 있는 CNC화와 생산관리 자동화 그
리고 현대화 등과 연계하여 ICT 기기 현지생산과 현지 판매, 국제시장
공동 진출 등도 시도해볼 수 있다고 주장하였다. 이를 시작으로, 북한
에서 추진하고 있는 전자상거래, 정보자료 습득, 원격교육 및 진료, 취
미활동 등을 남한과 연결하여 지식을 공유하고 활용하는 시스템을 구
축하는 방안까지 모색해볼 수 있다.

2018년 4월 27일 판문점선언과 9·19 평양공동선언은 남북관계가

표 2 단계별 남북한 과학기술협력 방향과 과제

남북관계	현재 상황 지속 단계	남북관계 진전과 협력 활성화 단계	포괄적 협상 타결단계
협력 방향	• 민생, 재난 분야 협력 • 다자간 협력 • 협력창구 개설	• 과학기술 주도협력 • 협력창구 확대 • 협력거점 구축	• 남북격차 해소 • 인프라/공동체 구축 • 산업화, 기업 연계
중점 추진 과제	• 농/어촌 현대화 기술 • 천연물 조사/활용 • 홍수/재난 예측, 방역	• 신에너지, IT인력 양성 • 학술대회, 공동연구 • 과학기술협력센터 설립	• 정보통신망 연결 • 지식공유시스템 구축 • 북한 특화산업 육성
기반 구축	• 청년 인력양성과 전문가 네트워크 강화 • 북한 과학기술정보 수집, 분석, 확산 강화 • 표준, 특허, 용어 통일 추진 • 북한을 포함한 해외동포 과학자 네트워크 강화		

출처: 이춘근 외(2018).

언제든지 변화할 수 있음을 시사한다. 과학기술, 특히 ICT 분야의 대부분이 수출통제 분야로 지정되어 국제 제재가 심화된 현 상황에서는 남북의 양자 및 다자협력은 협력의 진행이 불가능하다. 하지만 미래 남북한 과학기술협력을 위한 방향 검토와 선제적 계획수립은 중요하다. 남북관계의 경색의 시기에는 인도적 지원과 같은 협력부터 진행해야 함을 기존의 많은 연구들이 지적해왔다(권율 2019). 현재와 같은 상황이 지속되는 단계에서는 민생 및 재난 분야, 코로나 상황을 극복하기 위한 보건협력, 양자 협력보다는 다자간 협력을 통해 과학기술 협력의 끈을 이어갈 수 있는 방안을 모색해야 한다.

IV. 북한과 유엔 지속가능발전목표

1. 북한의 SDGs 이행

2015년 9월, 제70차 유엔총회에서 기존 MDGs를 대체하는 SDGs(Sustainable Development Goals, 지속가능발전목표)가 선포되었다. 북한은 2015년 9월 외무성 리수영 성명을 통해 '2030 SDGs' 채택의사를 밝혔다. 성명에서 "북한은 빈곤한 인류의 해방과 자유롭고 평화로운 세상에 갈 길이 아직 멀었음을 인정하면서도, '2030 SDGs'를 채택하였음"을 밝혔다. 그러나 "일부 특정 국가들이 군사적·정치적 목적을 실현하기 위해 SDGs에 장애물을 조성"하고 있음을 언급하며, 강대국 주도의 개발협력 환경을 견제하며 우회적으로 비판하는 모습을 보이기도 하였다. 특히 성명문에 미국을 직접적으로 언급하며 북미관계가 얼어붙었던 당시의 상황을 그대로 대변하고 있다. 이러한 상황을 지적하면서도, "세계 여러 나라와 평등하고 상호 이익이 되는 협력을 추진하고 '2030 SDGs'를 실천하기 위해 적극 동참할 것"임을 밝혀 UN SDGs에 대한 전향적인 자세를 견지하였다.[1]

유엔경제사회이사회(UN Economic and Social Council, UNECOSOC)에 속해 있는 UN 고위급정치포럼(High-Level political Forum, HLPF)은 SDGs 이행 관리를 위해 '자발적 국가보고서(Voluntary National Review: VNR)'를 4년을 주기(cycle)로 4년 안에 적어도 1회 HLPE에 제출하도록 권고하고 있다. 북한 역시, 예외는 아니다. SDGs의 북한 이행의 여부와 메커니즘은 학술적, 정책적으로도 매우 큰 관심사였다. 박지연 외(2016)는 지속가능발전목표의 북한 이행 과정에 대해, 빈곤종식, 지속가능한 농업, 보건, 물과 위생을 중심으로 혁신과 인프라, 지속가능한 소비 생산, 일자리와 경제성장 역시 새로운 화두가 될 것으로 전망하며, 북한의 지속가능발전목표 이행에 대한 지표의 필요성에 대해 논의하였다. 북미관계가 교착 상태에 빠진 2017년을 전후로 북한의 SDGs 이행 과정이 순조롭지 않을 수 있다는 정세판단에서 이해하려는 정책적, 학술적 논의들이 있어 왔다. 김태균(2019)은 기존 대북한 개발협력이 어려운 점이 북한 당국의 비협조적 태도에 부가해서, 원조기관 간에 사업 및 정책 조율이 원활하지 못한 데에 딜레마가 있음을 지적하였다. 김지영(2019)은 1949년부터 2018년까지 북한 로동신문 기사에 대한 전수 분석을 통해, 북한이 공식적으로는 해외 원조를 공여국의 착취 수단으로 여기는 구조주의에 기반하고 있음을 정리하며 이러한 입장이 개발협력의 가장 큰 장애요인임을

---

1 북한 외무성, "Statement by H.E. Mr. RI SU YOUNG, Minister of Foreign Affairs of the Democratic People's Republic of Korea at the United Nations Summit for the adoption of the Post-2015 Development Agenda" 27 September 2015.

지적하였다. 이러한 잠재적 난관에도 불구하고 개발협력 파트너십 형성에 김정은 정권이 더 협조적일 수 있음을 주장하였다.

북한은 2020년 VNR을 제출하기로 소견을 발표하였다. 하지만 2020년 코로나19 확산과 더불어, 미국의 코로나 상황의 악화를 강조하며 자국 대표단의 파견 및 VNR의 발표에 대해 취소 결정을 내렸다. 북한은 이러한 상황을 공식적으로 설명하고자, 2020년 4월, 김성(KIM Song) UN 주재 북한 특명전권대사 이름으로, UN ECOSOC의 대표 Mona Juul에게 공문(letter)을 보냈다. 공문에서 북한은 2020 HLPF(High-Level Political Forum on Sustainable Development)에서 VNR을 발표하기로 했으나, 전 세계적인 코로나19 확산으로 인해 2월과 3월 소집될 계획이었던 VNR에 대한 세미나를 취소하였다. 북한은 "미국에 만연해 있는 재난 위기의 특별한 상황이기에 추가적으로 결정을 내렸음(Particularly, in special situation of catastrophic crisis currently prevailed at the United States, further decided)"을 강조하며 북한은 2021년 HLPF에서 VNR보고서를 발표할 예정임을 밝혔는데, 장기화된 팬데믹의 상황에서 어떠한 리뷰가 담길지 매우 주목된다.[2]

이러한 상황변화 속에서도 여전히 북한개발협력과 과학기술, ICT 협력에 있어 SDGs는 유효하다. 2016년 새로이 수립된 전략적 프레임워크(UN Strategic Framework 2017-2022)는 평양에 있는 유엔기구를 중심으로 북한의 SDGs 이행을 위해 수립된 것으로 북한의 외무성과 유엔개발계획(United Nation Development Program, UNDP)의 주도로 작성되었다. 사실 2005년부터 유엔을 통한 대북지원이 중

---

2   김성, "조선민주주의인민공화국 유엔주재 상임대표부 공문," 2020.4.20.

단되고, 개별공여국과의 양자협력과 UNDP, 세계보건기구(World Health Organization, WHO), 세계식량계획(World Food Programme, WFP), 유니세프(UNICEF), 식량농업기구(Food and Agriculture Organization), 유엔인구기금(United Nation Population Fund)을 통한 양자협력만이 각 국제기구의 평양사무소를 중심으로 유지되고 있었다. 새로운 UN전략적 프레임워크는 앞서 언급한 2016년 제7차 당대회에서 채택된 5개년 국가경제발전전략을 반영하고 여러 이해당사자들의 조정 과정을 거쳐 마련되었고, 데이터를 통한 발전 전략 관리 등 ICT를 통한 경제사회발전 전략이 반영되어 있다. 여기에 북한의 특수성과 불확실성을 고려한 양자 및 다자협력의 코디네이션 메커니즘, 개발협력의 우선순위 등이 선정되어 있어 이를 바탕으로 향후 개발협력의 전략을 발전시켜나가는 것이 매우 중요하다.

2. 북한 과학기술, ICT 정책의 SDGs 관련성

2012년 김정은 위원장의 취임 이후 북한의 ICT정책의 가장 중요한 변화는 기존 김정일 시대의 군 중심의, 군을 대상으로 한 과학기술발전에서, 인민경제 전반의 향상을 위한 과학기술발전으로 그 대상이 변화해왔다는 점이다. 이러한 정책 변화가 인민생활의 실질적인 효과로 나타났는지에 대해서는 논란의 여지가 있으나, 과학기술 및 ICT에 대한 정책 방향성의 변화는 주목할 만하다. 신년사를 통한 김정은 정권의 과학기술정책 및 정보통신기술 정책 변화를 SDGs의 관점에서 보면, 북한의 과학기술, ICT 정책의 방향이 상당 부분 SDGs의 주요 목표를 포괄하고 있는 것을 확인할 수 있다.

북한연구에 있어 제한적인 범위의 연구자료가 한계로 많이 지적되어 온 상황에서, 신년사는 북한의 대내외 정책변화를 파악하는 데 매우 중요한 자료로 활용되고 있다. 신년사는 특정 사안에 대한 성명서와는 다르게 북한 정권의 정책방향과 최고 지도자의 관심을 압축적으로 표현한 문서로 가치를 가진다(박종희 외 2015). 박종희·박은정·조동준(2015)은 1946년부터 2015년까지의 신년사 텍스트분석을 실시했다. 이 연구에서는 김정일 집권 후기를 대표하던 '선군'과 '강성대국'이라는 토픽이 김정은 집권 이후, "과학"이나 "경공업"이라는 토픽으로 대체되었음을 밝혔다. 가장 많이 언급된 10개의 토픽을 보면 '과학'과 '경공업', '향상' 등이 김정은 집권 이후 두드러졌는데, 과학기술 및 ICT 정책이 군의 발전뿐 아니라 인민의 생활과 밀접하게 연관되는 방향으로 정책을 설정해 왔다.

본 연구에서는 우선 김정은이 취임한, 2012년부터 2019년까지 로동신문 신년사에서 과학기술, ICT와 관련한 키워드를 중심으로 살펴보고, 해당 키워드가 들어간 문장에 가장 많이 중첩되어 있는 단어는 무엇인지 살펴보았다. 2012년부터 2019년까지 약 8년간 신년사에서 과학기술에 대한 언급은 총 57회였다. 이 중 같은 단락에 중복되는 것을 제외하면 약 37회다. 과학기술이 들어간 문장 중 가장 많이 언급된 부분은 '경제강국'이나 '부강조국', '인민경제'와 관련된 것으로 총 22회가 '경제' 키워드와 관련된 문장이었다. 빈곤(SDG1)이나 불평등(SDG10)의 단어는 사용하지 않았으나 김정은은 집권 이후, 경제강국과 인민생활의 향상을 달성하기 위한 노력을 지속적으로 보여왔으며 이는 로동신문 신년사에 그대로 나타났다. 특히, 과학기술을 통해 인민생활 향상이나 경제강국을 건설하고자 하는 것으로 파악되는데, 일관적으로 보이는 키워드는 과학기술을 통한 "강성국가건설", "인민생활향상", "지식경제건설", "주체화 현대화", "자립경제달성(국산화 강조)"

등이다. 이는 과학기술발전을 통하여 제재와 국산화를 모두 해결하려는 노력을 강조하는 것으로 볼 수 있다. 또한 2015년 신년사에서 "과학기술의 위력으로 적들의 악랄한 제재책동을 짓뭉겨버리며 모든 경제부문들이 빨리 전진하도록 하여야 합니다."라고 강조하며 김정은 집권이후, 과학기술과 ICT발전을 핵심 어젠다로 삼고 있음을 확인할 수 있었다.

ICT를 통한 혁신, 산업 및 생산관리의 향상(SDG9) 등도 지속적으로 언급되고 있다. 김정은은 2018년 과학연구 부분에서는 우리식의 주체적인 생산공정들을 확립하고 연구, 자재, 설비를 국산화하며 자립적 경제구조를 완비하는 데서 제기되는 과학기술적 문제들을 우선적으로 풀어나가야 한다고 강조하였다. 김정일 정권 시기부터 지속적으로 강조되어 왔던 CNC(Computerized Numerical Control, 컴퓨터 수치제어, 자동수자조종장치)화, 즉 북한 경제 전반의 자동화, 고속화 수준을 한 단계 높일 수 있는 기술에 대한 언급은 비교적 감소하였다(이춘근·김종선 2015). 민생문제나 경제발전과 직결된 생산공정, 공장/기업소의 현대화가 이를 대신하고 있다(서소영 2018). 2012에서 2014년까지의 신년사에서 "최신식CNC 공작기계생산에서 비약적 발전을 이룩한 정신으로 전반적 기술장비 수준을 진작",[3] "설비와 생산공정의 CNC화, 무인화를 적극 실현",[4] "경공업공장들에서 현대화, CNC화를 적극 다그치고"[5] 등 CNC에 대한 강조가 두드러진 반면, 2015년부터는 등장하지 않고 있는데, 이는 CNC나 ICT의 중요도가 떨어져서라기보다는,

---

3   "위대한 김정일 동지의 유훈을 받들어 2012년을 강성부흥의 전성기가 펼쳐지는 자랑찬 승리의 해로 빛내이자," 『로동신문』, 2012년 1월 1일, 2면.
4   "김정은 신년사," 『로동신문』, 2013년 1월 1일, 2면.
5   "김정은 신년사," 『로동신문』, 2014년 1월 1일, 2면.

SDGs에서 ICT를 개념화하는 것과 마찬가지로 ICT를 cross-cutting 이슈로 인식하고 전반적인 디지털전환의 문제로 보고 있다는 해석이 더 정확하다고 할 수 있다.

SDG4에 해당하는 교육 부문도 신년사에 끊임없이 언급되고 있는 부분이다. 2017년 김정은은 "과학교육의 해인 올해에 전국가적, 전사회적으로 과학교육시설과 환경을 일신"하자 독려하였고, 2019년에는 '인재화 과학기술'을 언급하면서 국가적으로 과학기술 인재 육성과 발전사업을 목적 지향성 있고 투자를 늘려야 한다고 설파하였다. 특히 같은 해 "세계적인 교육발전 추세와 교육학적 요구에 맞게 교수내용과 방법을 혁신하여 사회경제 발전을 떠메고 나갈 인재들을 질적으로 키워내야 합니다."라고 한 부분도 교육을 발전의 핵심가치로 인식하고 있다는 점에서 주목할 만하다.

농업(SDG2)와 수산(SDG14)도 비교적 중요하게 언급되는 지속가능발전목표와 연관된 분야였다. "영농공정별에 따르는 과학기술적 지도를 실속있게 짜고들어 올해 농사에 필요한 영농물자를 원만히 보장하여 알곡생산을 결정적으로 늘려야"하고 "수산부문의 물질기술적 토대를 강화하고 물고기잡이와 양어, 양식을 과학화하며 수산자원을 보호 증식시켜 수산업 발전"을 2019년 신년사에서 강조하며 농업, 수산 부문에서 과학기술의 중요성을 재확인하였다. 국가발전 전략으로서 과학기술의 중요성은 계속적으로 신년사를 통해 강조되어 왔는데, 이는 특히 2019년 "새 기술 개발 목표를 높이 세우고 실행적으로 경제적 의의가 큰 핵심 기술 연구에 역량을 집중하여 경제장성의 견인력을 확보하여야 하며 과학연구기관과 기업체들이 긴밀히 협력하여 생산과 기술 발전을 추동하고 질적 창조 교육을 증대시킬 수 있도록 제도적 조치를 강구"해야 한다고 언급한 것에서 잘 엿볼 수 있다. 특히 '수

산자원을 보호', '인민생활 향상에 이바지하는 가치 연구 성과 창출' 등
지속가능발목표와 맥락이 닿는 내용에 대한 언급이 많아지고 있음이
주목할 부분이라 할 수 있겠다.

V. 맺음말: 과제 및 전망

남북 과학기술협력 및 개발협력은 남북, 북미관계 등 국제정치적 상황
에 배태되어 있다. 현재까지의 북한을 대상으로 한 국제개발협력과 남
북 과학기술협력이 한반도의 정세와 남북관계에 크게 영향을 받은 것
이 이를 잘 보여준다. 하지만 북한의 과학기술, ICT 정책의 진화를 살
펴보고, 앞으로의 협력 가능성을 모색하면서 향후 남북 과학기술협력
에 대한 시사점을 도출하는 것이 중요하다. 우선 가장 중요한 것은 남
북관계가 얼어붙고, 북한에 대한 경제제재가 계속되는 시기에도 북한
의 과학기술 전략의 변화 및 현황, 특히 급변하는 ICT 발전과 수요를
파악할 수 있는 연구를 지속적으로 전개해 나가야 한다는 점이다. 과학
기술협력의 영향을 평가하고 북한 ICT 분야에 대한 다양한 경로의 접
근이 필요하다.

둘째, 향후 남북 ICT협력에서는 국제기구나 다자공여신탁기금 등
을 이용한 다자 개발협력 체제를 적극적으로 활용해 나가야 한다. 체
제전환 국가의 과정에서 다자개발협력을 추진했던 몇 가지 사례를 참
고할 필요가 있다. 우선 소련의 붕괴와 독립국가연합의 해체 과정부터
시작해, 1994부터 20년간 760개 이상의 연구 기관에서 7만 명 이상의
핵 과학기술자 및 정보통신 기술자에게 일자리 및 약 9억 달러의 연구
과제를 지원한 International Science and Technology Center(국제

과학기술센터)의 사례가 있다. Cooperative Threat Reduction(CTR) 프로그램의 일환으로 진행된 Nunn-Lugar Act는 과학기술 인력 정착을 안정적 유도하고, 과학기술계 국제화 및 교류 활성화에 기여하였다. 이승규와 남궁희진(2018)은 ISTC가 시장경제 활성화에 관한 영향력은 다소 부족했지만, 과학기술 연구비 투입 및 환경 조성을 통해, 연구 실적의 향상 및 전반적인 사회통합과 급변하는 제도 적용에 도움 등의 성과가 있었던 것으로 평가하였다. 특히 세미나 개최 및 연구 네트워크 수립을 통해 핵 과학자들의 이동을 최소화하고 과학기술 교육의 장을 마련하며 소통의 창구를 제공한 긍정적인 측면이 있었다는 점을 상기할 필요가 있다.

셋째, 정부마다 남북 ICT협력에 대한 전략과 추진체계가 일관되지 못한 부분을 체계적으로 확립해 나가야 할 필요성이 있다. 특히 ICT협력은 사용자 중심의 협력사업의 진행, 다양한 사업자들과의 정부민간 파트너십이 매우 중요하기 때문에 급변하는 ICT 기술 변화에 맞춘 대응과 전략을 종합적으로 추진할 수 있는 체계가 요구된다.

넷째, 국제개발협력에 있어 데이터의 공유와 생태계 구축이 매우 중요해지고 있고, 개발협력의 핵심은 데이터 축적과 자료이다(박경렬 2020). 현재 주요 남북 과학기술협력에 대한 전수조사 등 기초적인 자료가 매우 부족하다. 특히 북한에 대한 양자, 다자 사업들은 비공개의 경우도 있고 통계에 잡히지 않고 인도지원과 개발협력 역시 구분되어 있지 않다. 더군다나 통일부에서 파악하고 있는 대북 개발협력, ICT 현황 등은 크게 대외비의 성격이 아닌 것임에도 불구하고 공개되고 있지 않다. 이로 인해 북한통계 포털 역시 통일부 홈페이지에서 매우 제한적으로 공개되는 정보와 같은 데이터를 사용하고 있으며, 이마저 기계학습이 가능한 사용자 중심의 공공데이터가 아닌 문서 및 엑셀의 형태로 제공되고 있다. 남북한 ICT협력의 가능성과 잠재력이 매우 큰 만큼 다양한 이해당사자들의 전략을 함께 모색할 수 있는 생태계를 구축하기 위해 관련 데이터 및 정보의 공개가 선행되어야 할 것이다.

　마지막으로, 현재 개발협력의 가장 중요한 프레임워크인 지속가능발전 목표는 남북 과학기술, ICT협력에도 여전히 유효하다는 점이다. 로동신문을 통해 살펴본 바와 같이 그것이 정치적 수사라 하더라도 북한정권은 SDGs의 대부분의 내용에 공감하고 있다. 특히 2016년 새로이 수립된 전략적 프레임워크(UN Strategic Framework 2017-2022)에 대한 이해와 향후 이를 기반으로 한 양자, 다자 협력의 중요성이 강조된다. 공공서비스의 효율화, 자동화, 데이터를 통한 발전 전략 관리 등이 강조되어 있기 때문에 향후 과학기술, ICT 분야 협력에 함의가 크다고 할 수 있다.

참고문헌

강하연. 2018. "북한의 정보통신(ICT) 인프라, 전자상거래 현황 및 과제." 김상배 편.『4차 산업혁명과 남북관계: 글로벌 정보화에 부춘 새로운 지평』. 서울: 사회평론아카데미.

강호제. 2011. "선군정치와 과학기술중시 정책."『통일과 평화』3(1).

권율. 2020. "글로벌 파트너쉽과 남북협력과제." 박지연·손혁상 편.『북한개발협력과 지속가능발전목표』. 서울: 오름.

김상배. 2018.『4차 산업혁명과 남북관계: 글로벌 정보화에 비춘 새로운 지평』. 서울: 사회평론아카데미.

김선규. 2020. "남북 과학기술협력과 남북관계의 상관성 연구." 북한대학원대학교 석사학위논문.

김유향. 2018. "북한 IT 현황과 남북 IT협력의 과제." 김상배 편.『4차 산업혁명과 남북관계: 글로벌 정보화에 부춘 새로운 지평』. 서울: 사회평론아카데미.

김지영. 2019. "대외 원조에 대한 북한의 인식 연구: 로동신문 기사분석을 중심으로." 『국제개발협력연구』11(3): 17-38.

김태균. 2019. "국제개발 조건으로서의 '평화': 대북원조의 이중적 딜레마와 북한개발협력의 평화개발 연계."『국제개발협력연구』11(3): 39-58.

동북아역사재단. 2011.『동아시아의 역사3』. 서울: 동북아역사재단.

박경렬. 2020. 개발협력 관점에서 본 '데이터 혁명': 비판적 소고.『국제개발협력연구』12(2): 1-20.

박영자. 2018. "김정은 시대 북한 경제사회 8대변화." 통일연구원 연구보고서.

박종희·박은정·조동준. 2015. "북한 신년사(1946-2015)에 대한 자동화된 텍스트 분석." 『한국정치학회보』49(2): 28-29.

박지연·문경연·조동호. 2016. "UN 지속가능개발목표(SDGs) 담론의 북한 적용을 위한 이행지표 고찰."『담론201』19(4): 123-147.

박찬모. 2019. "북한의 ICT 인력양성과 남북 교류협력 방안."『정보과학회지』37(5).

변학문. 2015. "북한의 기술혁명론."『과학기술정책』208.

서소영. 2018. "북한 ICT 정책동향 및 시사점."『정보통신정책연구원』30(18).

양문수. 2001. "김정일 시대 북한의 경제운용과 과학기술중시정책."『통일문제연구』13(1).

윤종민. 2006. "남북 과학기술 기본법제 비교."『기술혁신학회지』9(3). 530-535.

이무철 외. 2019.『북한 분야별 실태 평가 및 변화 가능성 전망』. 세종: 경제인문사회연구회.

이봉석. 1993. "북한건설기의 국민소득과 공업성장." 경남대학교극동문제연구소 편.『북한 사회주의건설의 정치경제』. 서울: 경남대학교 극동문제연구소.

이승규·남궁희진. (2018). 과학기술을 활용한 남북 및 다자 간 협력방안 제안 (KISTEP Issue Weekly).

이승주. 2018. "4차 산업혁명 시대와 남북 경제협력." 김상배 편.『4차 산업혁명과 남북관계: 글로벌 정보화에 부춘 새로운 지평』. 서울: 사회평론아카데미.

이장우. 2000. "북한의 정보통신정책 및 산업동향 분석." 『전자통신동향분석』 15(6).

이정현. 2018. "김정은 시대 북한의 과학기술정책." 『미래학회 2018년 추계학술대회 자료집』 2018-2. 186-191.

이종욱. 2002. "북한 IT산업의 발전현황과 남북 IT협력 활성화 방안." 『KIEFP 세계경제』 2002-5.

이춘근. 2015. "북한의 과학기술 발전 경로와 시사점." 『과학기술정책』 208.

_____. 2019a. "정보·과학기술분야." 이무철 외. 『북한 분야별 실태 평가 및 변화 가능성 전망』. 세종: 경제인문사회연구회.

_____. 2019b. "북한의 ICT 발전동향과 남북한 협력방안." 『정보과학회지』 37(5).

이춘근·김종선. 2015. "북한 김정은 시대의 과학기술정책 변화와 시사점." STEPI Insight 173.

이춘근·김종선·남달리. 2014. "남북 ICT협력 추진 방안." 과학기술정책연구원 정책연구보고서.

이춘근·박환일·백서인·손은정. 2018. "남북 과학기술분야 교류협력 20년의 성과와 향후 확대추진 방안." 과학기술정책연구원.

전병길. 2002. "북한의 정보기술(IT) 연구: '정책'과 '실태'를 중심으로." 서강대학교 공공정책대학원 석사학위논문.

최정호. 1993. "북한의 사회주의혁명과 건설이론." 경남대학교극동문제연구소 편. 『북한 사회주의건설의 정치경제』. 서울: 경남대학교 극동문제연구소.

통일교육원. 2016. 『북한 지식사전(2016)』. 서울: 통일교육원.

한선화·최현규. 2002. "남북한 과학기술정보교류의 현황과 발전방향." 『과학기술정책』 134.

Avgerou, C. (2002). *Information Systems and Global Diversity*. New York: Oxford University Press. https://doi.org/10.1093/acprof:oso/9780199263424.001.0001

Besley, T., & Case, A. (1993). Modeling technology adoption in developing countries. *American Economic Review*. https://doi.org/10.2307/2117697

Cooper, R. N., & Barro, R. J. (1997). Determinants of Economic Growth: A Cross-Country Empirical Study. *Foreign Affairs*. https://doi.org/10.2307/20048292

Fountain, J. E. (2006). Enacting Technology in Networked Governance: Developmental Processes of Cross-Agency Arrangements, 4-5.

Freeman, C. (1995). The "National System of Innovation" in historical perspective Introduction: The National System of Friedrich List. *Cambridge Journal of Economics*. https://doi.org/Article

Held, D., & McGrew, A. (2003). The Great Globalization Debate: An Introduction. *Global Transformations Reader*.

Kuriyan, R., Bailur, S., Gigler, B.-S., & Park, K. R. (2012). Technologies for Transparency and Accountability: Implications for ICT policy and Implementation, 67.

Meyer, P. F. (1992). Gorbachev And Post-Gorbachev Policy Toward The Korean Peninsula: The Impact of Changing Russian Perceptions. *Asian Survey*. https://doi.org/10.2307/2645367

Park, K. R. (2021). Science, Technology and Innovation in Sustainable Development Cooperation: Practices and Challenges in South Korea. In H. Kwon, T. Yamagata, E. Kim, & H. Kondoh (Eds.), *International Development Cooperation of Japan and South Korea New Strategies for an Uncertain World*. Palgrave Macmillan.

Rodrik, D. (2007). *Dani Rodrik: One Economics, Many Recipes*. Princeton University Press.

Rogers, E. M. (1995). *Diffusion of innovations. Macmillian Publishing Co.* https://doi.org/citeulike-article-id:126680

Romer, P. M. (1990). Endogenous technological change. *Journal of Political Economy*. https://doi.org/10.3386/w3210

Sen, A. (1999). *Development as Freedom*. Oxford: Oxford University Press.

Sharif, N. (2006). Emergence and development of the National Innovation Systems concept. *Research Policy*, 35(5), 745-766. https://doi.org/10.1016/j.respol.2006.04.001

Solow, R. M. (1956). A contribution to the theory of economic growth. *The Quarterly Journal of Economics*, 70(1), 65-94. https://doi.org/10.2307/1884513

Walsh, P. P., Murphy, E., & Horan, D. (2020). The role of science, technology and innovation in the UN 2030 agenda. Technological Forecasting and Social Change, 154(February 2019), 119957. https://doi.org/10.1016/j.techfore.2020.119957

Walsham, G., & Robey. (2007). Foreword: Special issue on Information Systems in Developing Countries. *MIS Quarterly, 31*(2), 317-326.

Wittemyer, R., Bailur, S., Anand, N., Park, K. R., & Gigler, S. (2014). New Routes to Governance: A Review of Cases in Participation, Transparency, and Accountability. In *Closing the Feedback Loop: Can Technology Bridge the Accountability Gap?* Washington DC: World Bank.

기타

통일부 〈www.unikorea.go.kr〉
로동신문
김정은 신년사

제10장　　국제사회의 대북제재와 남북 ICT협력

김진아　한국외국어대학교 LD학부

향후 남북 교역에서 전자, 전기, 통신 등 설비투자는 민감한 기술의 군사적 전용을 방지하는 전략물자 통제에 의해 난관이 예상된다. 국제 비확산체제의 통제품목과 기술은 회원국이 자국의 법령에 반영하여 시행하는 것이 원칙이다. 그러나 한국의 전략물자수출입은 국제 비확산 레짐에 근거하고 있으며, 유엔 안보리의 대북제재에 따른 교역물품의 통제 또한 한국이 유엔 회원국으로서 준수해야 하는 의무를 지고 있다. 거기에 더하여 미국은 자국법에 따라 우려 국가로 지정된 곳으로 자국의 기술·부품 등이 일정 비율 이상 포함될 경우 수출을 통제하는 정책을 취하고 있다. 최근 미국은 제3국 기업과 개인에 의한 확산우려 활동에 적극적으로 대처하고 있어, 한국의 대외교역은 미국의 수출통제 정책에 상당히 영향을 받을 수밖에 없는 구조에 놓여 있다. 향후 민감품목을 우려 국가에 수출하였거나 수출을 시도하려는 정보를 상호 통보하고 처벌을 요구하는 등 압력이 더 커질 것으로 예상되는데(이석기 외 2006, 59), 최근 미중 정보통신 분야 경쟁이 심화되면서 미국 상무부의 정보통신기술 공급망 보안과 관련한 조치들이 강화되는 추세에 있다. 따라서 남북 ICT협력을 추진할 경우 유엔, 다자, 양자라는 세 가지 차원에서 발생할 수 있는 갈등요소들을 살펴봐야 한다.

I. 바세나르체제

다자적 차원에서 ICT협력에 저촉될 수 있는 것은 바세나르체제에 의한 수출통제가 대표적이다. 바세나르체제는 핵공급그룹(Nuclear Suppliers Group), 미사일기술통제(Missile Technology Control Regime), 호주그룹(Australia Group)과 함께 4대 국제 수출통제체제

중 이중용도품목 및 재래식 무기 수출통제를 담당하는 회의체이다. 바세나르체제는 재래식 무기와 이중용도 품목 및 기술의 불법 사용을 방지하기 위해 관련 물자와 기술의 이전과 관련한 정보를 공유하는 것을 목표로 하드웨어·소프트웨어 및 기술 이전의 투명성을 제고하고 책임성을 강화하는 조치들을 취해왔다. 그리고 장기적으로는 국가안보를 위협하는 재래식 무기의 과잉축적을 방지하고 이를 통해 지역 및 국제안보와 안정을 도모하는 것을 목표로 한다. 한국은 1996년 창립회원으로 바세나르체제에 가입했고, 상용무기와 이중용도 품목 및 기술의 불법축적 방지 차원에서 바세나르 협정에 의거한 수출통제 정책을 강화해왔다(외교부 2013).

ICT협력은 첨단 물자를 포함하여 주요 전략물자나 기술을 기반으로 한 경협이 위주가 될 것이기 때문에 바세나르체제에 저촉될지의 여부가 가장 큰 이슈로 부각될 것이다.[1] 바세나르체제의 통제대상 중 군수품리스트(Munition List)는 남북 ICT협력과 직접적인 관련이 없겠으나, 이중용도 품목 및 기술은 어떤 범위 내에서 저촉이 될 것인지 살펴볼 필요가 있다. 바세나르체제는 국제 비확산체제 중 가장 많은 물자를 통제하고 있다. 실제로, 그간 남북 경협에서 문제가 되어온 전략물자들은 대부분 이중용도 물자들이었다.[2] 문제는 북한이 바세나르체제의 출범 초기부터 이란, 이라크, 리비아와 함께 수출금지대상으로 간주되어 왔다는 점이다. 북한이 국제 비확산체제에 완전히 편입되어 군사물자와 기술의 확산 우려를 종식시키지 않는 상황에서라면 이 같은 문제들

---

1   민감 품목, 초민감 품목 및 여타 국제수출통제체제에서 통제하는 품목을 제외한 이중용도품목을 바세나르체제 회원국 이외의 국가로 수출할 때 총액이 미화 1만 달러 이하인 경우에는 허가가 면제된다.
2   「전략물자수출입고시」제2조 1항.

표 1 국제 수출통제 체제와 바세나르의 역할[3]

구분	범위	설립 시기	가입 현황	한국 참여 여부	미가입 국가
NSG	핵	1978.1. 설립	45개국 가입	한국 1995.10. 가입 북한 미가입	인도, 파키스탄 이스라엘 등
ZC	핵	1974.8. 설립	36개국 가입	한국 1995.10. 가입 북한 미가입	브라질, 인도, 파키스탄, 이스라엘, 발트3국 등
AG	생화학	1985.4. 설립	43개국 가입 (EU 포함)	한국 1996.10. 가입 북한 미가입	중국, 러시아 등
MTCR	미사일	1987.4. 설립	35개국 가입	한국 2001.3. 가입 북한 미가입	중국, 파키스탄, 시리아, 이스라엘 등
Wassenaar	재래식	1996.7. 설립	42개국 가입	한국 1996.7. 가입 북한 미가입	중국, 벨라루스, 이스라엘, 인니 등
ATT	재래식	2013.6. 설립	100개국 비준	한국 2017.2. 가입 북한 미가입	미·중·러·인도· 파키스탄, 이스라엘 등

이 재발될 수밖에 없다.

우선, 바세나르체제에서 우리가 주목할 것은 수출통제 대상이 차별적이라는 점이다. 바세나르체제는 "국제평화와 지역안전을 저해할 우려가 있는 지역에 대하여 전략물자의 수출을 제한할 수 있다"는 규정을 두고 있다. 무기 수출을 통제하는 나라는 11개국으로, 북한을 비롯해 아프가니스탄, 콩고공화국, 에리트리아, 코트디부아르, 이라크, 레바논, 라이베리아, 시에라리온, 소말리아, 수단 등이다. 물론, 바세나르체제는 특정 국가를 타겟으로 교역을 제한하는 것이 아니며 평화적 목적 수행을 위한 이전은 방해하지 않는다는 기본 원칙을 유지하고 있다.[4] 바세나르체제 회원국에는 상대적으로 완화된 규정을 적용하지만

---

3 국제 군축·비확산 체제 현황, 외교부, 2018년 12월.

4 Wassenaar Arrangement on Export Controls for Conventional Arms and Dual-Use Goods and Technologies, Public Documents Volume I, December 2019, p.4.

적성국가나 테러지원국 등 우려대상 국가로 민감한 물자의 이전이 제한될 수 있도록 회원국 간 수출허가 및 거부 실적과 관련한 정보의 투명성을 제고하고, 재래식 무기 및 이중용도 품목 및 기술 이전에 정보를 자발적으로 교환하게 되어 있다. 전략물자를 수출하고자 할 경우 국제수출통제체제 가입국으로부터 수출허가를 받은 경우나 비회원국 정부가 발행하는 전략물자 수입목적 확인서 등을 제출할 수 있는데, 특정 조건을 만족하는 경우에도 신청이 불가능한 국가에는 수단과 시리아와 함께 북한이 포함되어 있다.

둘째, 바세나르체제의 통제 범위는 변화·확대된다는 특징이 있으며, ICT협력에서 특히 주목해야 할 부분이다. 변화하는 환경에 따라 통제대상 품목·기술의 기준을 개정하는 노력을 지속적으로 기울이고 있다. 가입국들은 연간 총회, 일반실무그룹 회의, 전문가 회의 등을 개최하여 통제 대상을 결정하게 되는데, ICT 기술이 빠르게 변화하는 분야라는 점에서 컴퓨터·통신 분야 시스템, 장비, 부품, 기술이 지속적으로 통제대상에 추가되어 왔다. 일반실무 그룹 회의에서의 정보공유 내용은 전략물자 확산 동향, 회원국 국내 수출통제체제 이행 현황, 비회원국 대상 아웃리치 활동 등 일반적인 내용이 포함된다. 한편, 전문가 그룹(Expert Group)은 통보 대상에 포함시켜야 할 물품과 기술 범위에 대해 지속적으로 재검토하며, 특히 연구개발(R&D) 단계에서도 통제를 강화하는 추세에 있다. 소프트웨어 및 기술의 무형 이전과 관련한 정보를 관리할 때, 과학기술 인력 교류와 관련한 정보까지 포함한다. 전 세계적으로 무기화하고 있는 정보보안 기술에 대한 우려가 심화됨에 따라 이를 더 엄격하게 규제하려는 움직임에 힘입어 최근에는 해킹 소프트웨어나 암호화 기술 등의 수출을 규제하는 방안까지 논의하고 있다. 주목할 것은 이러한 노력에 한국이 그간 적극적 역할을 맡아왔다

표 2 바세나르 회원국 간 정보공유 내용

구분	내용
획득 활동	기관명, 획득 경로, 획득 네트워크, 외국기술 사용 여부, 최종사용자, 획득 형태
수출 정책	수출통제 정책, 민감 품목·기술 교역 현황
프로젝트 정보	중요 프로젝트 개요 및 연관 기관·기업 정보, 사용 기술 수준, 사업 진행 상황, 향후 계획, 획득 희망 기술, 우회 획득 활동

는 점이다.

물론 바세나르 회원국 42개 국가들 간의 정보 교류는 '정치적 합의'에 근거한다.[5] 법적으로 자국의 국내법 범위 내에서 품목·기술의 통제가 이행되는 것이기 때문에 국제사회의 구속력에는 한계가 있다. 회원국과 비회원국과의 거래 정보를 회원국 간에 공유하게 되어 있지만, 수출에 대한 찬성과 반대는 각국의 재량적 판단에 맡겨져 있다. 그러나 그간 한국이 모범적인 국제 수출통제체제 회원국으로서 바세나르체제 발전에 지속 기여해 나갈 것을 강조해온 만큼 전략물자의 불법수출을 방지한다는 바세나르체제의 원칙을 준수하면서도 남북 발전에 필요한 민간 교류협력에 장애가 되지 않도록 균형을 맞추는 문제는 매우 중요해질 것이다. 남북 간 교류협력에서 발생하는 물품과 기술교환과 관련한 정보공개는 필수적이며, 수출통제제도 제도상의 변화가 발생할 때에도 정보를 교환해야 하기 때문에 남북 간 ICT협력에서 발생하는 운영상의 변화에 대한 내용도 공유대상이 된다.

셋째, 바세나르체제 내에서 공유하는 정보는 매우 세부적이고, 이

---

5   42개 회원국은 아르헨티나, 호주, 오스트리아, 벨기에, 불가리아, 캐나다, 크로아티아, 체코, 덴마크, 에스토니아, 핀란드, 프랑스, 독일, 그리스, 헝가리, 아일랜드, 이탈리아, 일본, 라트비아, 리투아니아, 룩셈부르크, 말타, 멕시코, 네덜란드, 뉴질랜드, 노르웨이, 폴란드, 포르투갈, 대한민국, 루마니아, 러시아, 슬로바키아, 슬로베니아, 남아프리카공화국, 스페인, 스웨덴, 스위스, 터키, 우크라이나, 영국, 미국, 인도를 포함한다.

표 3 일반·민감·초민감 품목별 정보공유 내용

구분	내용
이중용도·기술 거부 통보	수출국·수입국, 통제리스트상 품목 번호·개요, 허가 거부 번호 수량, 사유
(초)민감 품목 거부 통보	수출국, 통제리스트상 품목 번호·개요, 수량, 사유, 수하인(2차·대리자 포함 관련 정보), 최종 사용 용도
민감품목 허가 시 통보	수출국, 통제리스트상 품목 번호·개요, 수량, 수입국

중용도 물자 중 전자·컴퓨터·정보통신·보안의 경우 통제 범위는 장비뿐만 아니라 구성품, 소프트웨어, 기술을 포괄한다. 통상적으로, 바세나르체제는 소형 무기의 이전과 중개, 비회원국 간의 거래에 활용되는 운송 정보, 통제물품의 환승·환적, 이중용도 물품과 기술의 수출면허, 캐치올(catch-all) 통제, 산업계와 학계의 내부준법감시(internal compliance) 시스템 및 최종사용자 확인 정보들을 교환하는 것을 권고하고 있다. 회원국 간 교환 대상이 되는 일반정보의 경우에는 비회원국에 대한 정보, 수출정책 및 중요 프로젝트에 관한 정보가 포함된다. 그리고 이중용도 품목과 기술과 관련해서는 비회원국에 대한 거부실적에 대한 수출·입국, 품목 내용·수량·사유, 최종사용 용도 등이 포함된다. 특히 이중용도 물품에는 '캐치올' 통제가 적용되는데, 이중용도 물품이 WMD로 전용될 가능성을 인지(know)하거나, 의심(suspect)하거나, 통보(inform) 받는 경우 통제대상으로 관리된다. 그 외에도 교환정보에는 지정 항목 외에도 회원국들이 판단하기에 국제적인 주의가 필요한 문제 또는 회원국의 주권을 넘어서는 사항과 관련한 의제를 모두 포함시킬 수 있다. 또한 특별이전에 대한 어떠한 정보도 공식 외교채널을 통해 교환할 수 있다.

　바세나르 통제물품은 무기 및 군사용 장비, 기술을 포함하는 재래식 무기 리스트와 잠재적으로 군사 분야와 민간 분야에서 이중으로 사용될 수 있는 이중용도 리스트로 분류된다. 이중용도의 경우, 기능에 따라서는 9가지 카테고리로 나뉘고 민감도에 따라서는 기본리스트(Basic List), 민감 리스트(Sensitive List), 초민감 리스트(Very Sensitive List)로 구분된다.[6] 한국은 바세나르체제 이중용도 품목의 민감·초민감 품목 대부분을 수출허가 완화·면제 조건에서 배제하고 있다.[7] 각 범주는 또다시 통제품목의 형태에 따라서 장비, 조립 및 구성품, 생산 및 시험장비, 소재, 소프트웨어, 기술로 나뉘어 있다. 수출허가 대상에서 제외되는 민감·초민감 품목을 제외하고 이중용도물자 중 ICT협력과 관련성이 높은 물자·기술을 위주로 살펴보면 전자, 컴퓨터, 통신장비 분야가 ICT협력 분야와 상당히 중첩되는 것으로 나타난다.

세부 내용을 다시 살펴보면, 카테고리 3 전자 분야에는 집적 회로(integrated circuits), 반도체 스위치(solid-state power semiconductor switches), 반도체 처리 장치(semiconductor process tools), 신호발생기(signal generators), 송수신 모듈(transmit·receive modules), 주파수합성기·전자조립체(frequency synthesizer·electronic assemblies) 등이 포함된다. 그리고 카테고리 4 컴퓨터 분야에서 수출통제 대상은 마이크로컴퓨터 중앙처리장치(microprocessor), 아날로그-디지털 변환기(analogue-to-digital converter), 디지털입출력 기기(digital input·output device) 및 기타 컴퓨터 관련 장비(electronic

---

6　이중용도 품목 및 기술의 경우, 비회원국에 대한 거부실적을 1년에 2회 통보하며, 민감 품목과 초민감품목에 대해서는 거부실적을 가능한 거부일로부터 30일 이내(60일이 지나서는 안 됨)에 통보하게끔 되어 있다.

7　배제 조건은 수출가액의 합계가 미화 8천 달러 이하, 박람회나 전시회 등 출품 목적으로 현지에서 폐기하는 경우, 바세나르체제 가입국의 민수용 제품 개발·생산 용도의 암호화 품목, 바세나르체제 회원국으로 수출하는 기술의 경우이다.

표 4 바세나르체제 이중용도 구분

카테고리	종류	해당 여부
1	신소재 (Special Materials and Related Equipment)	
2	소재가공(Materials Processing)	△
3	전자(Electronics)	○
4	컴퓨터(Computers)	○
5	전기통신(Telecommunications, 정보보안(Information Security)	○
6	센서 및 레이저(Sensors and lasers)	△
7	항법·항공전자(Navigation and Avionics)	△
8	해양기술(Marine)	
9	항공·추진장치(Aerospace and Propulsion)	
민감품목	카테고리1-9의 물자 중 중요도가 높은 물자	
초민감품목	카테고리1-9의 물자 중 중요도가 매우 높은 물자	

computers and related equipment)들이 해당된다. 카테고리 5는 정보통신 분야로, 기록장비류(recording equipment), 디지털 신호프로세서(digital signal processor), 신호처리장비(signal processing), 전기통신 장비나 시스템 전용으로 설계된 부품(telecommunications equipment or systems), 정보보안 기능을 수행하거나 포함하는 장비(equipment, components and software incorporating "information security" functions), 디지털 방식으로 제어되는 무선 수신기(digitally controlled radio receivers), 광섬유(optical fibres), 전자조정 위상배열 안테나(electronically steerable phased array antennae), 통신 감시 시스템 또는 장비와 전용 설계된 부품(IP network communications surveillance systems), 및 전기통신 시험, 검사 및 생산용 장비, 부품(Telecommunication test, inspection and production equipment) 등 다양한 물품들을 포함한다.

표 5 전자·컴퓨터·정보통신 분야 바세나르 통제 대상

구분	품목	예시
전자	시스템, 장비 및 구성품	• 전자부품 및 이의 전용설계된 부품 • 일반용도의 전자장비 및 이를 위한 부속품 • 그 외 전자장비, 장치 및 부품 • 주파수 변환기 또는 발생기 • 고전류·고전압 직류 전력공급기
	시험, 검사 및 생산장비	• 반도체 장치나 재료의 생산 용도로 제작된 장비와 이를 위해 전용 설계된 부품 및 부속 • 완성품 혹은 비완성품 반도체 장치를 시험하기 위해 전용 설계된 시험장비와 그 부분품 및 조립품
	소프트웨어	• 통제되는 장비의 "사용"을 위해 전용으로 설계된 소프트웨어
	기술	• 통제되는 장비, 재료의 개발 또는 생산을 위한 기술
컴퓨터	시스템, 장비 및 구성품	• 전자식(Electronic) 컴퓨터, 관련 장비, 전자조립체 및 전용구성품 • 최적수행성능을 초과하는 디지털 컴퓨터 • 디지털 컴퓨터의 외부통신 연결 지원 장치 • 컴퓨터, 전용 설계된 관련 장비, 전자 조립품 및 관련 구성품 • 우주발사체 또는 관측 로켓용 아날로그·디지털 컴퓨터, 디지털 차동분석기 • 모의시험 또는 설계통합을 위해 전용 설계된 하이브리드 컴퓨터
	소프트웨어	• 통제되는 장비 또는 소프트웨어의 개발, 생산 또는 사용을 위해 전용 설계되거나 개조된 소프트웨어 • 침입 소프트웨어의 생성, 명령, 제어 또는 전송을 위하여 전용 설계 또는 개조된 소프트웨어
	기술	• 통제되는 장비, 재료의 개발 또는 생산을 위한 기술 • 침입 소프트웨어의 개발을 위한 기술
정보통신 및 정보보안	시스템, 장비 및 구성품	• 전기통신장비 • 전기통신용 전송장비와 시스템 이를 위해 전용 설계된 구성품 및 부속품 • 광섬유 • 전자조정 위상배열 안테나 • 무선 방향 탐지 장비 • 전파방해 장치, 감시 장치 및 전용 설계된 구성품 • 인터넷 망(IP network) 통신 감시 시스템 또는 장비와 전용 설계된 구성품 • 원격측정과 원격제어장비
	시험, 검사 및 생산용 장비	• 통제되는 장비, 기능 또는 특성의 개발, 생산 또는 사용을 위해 전용 설계된 장비 • 원격통신 전송장비 또는 교환기의 개발을 위하여 전용 설계된 장비 및 전용 설계된 부품 및 부속품

	소프트웨어	• 규제되는 장비나 기능, 특성의 개발, 생산 또는 사용을 위해 전용 설계되거나 개조된 소프트웨어 • 원격통신 전송장비 또는 교환기의 개발을 위하여 전용 설계되거나 개조된 소프트웨어 • 법 집행에 의한 감시나 분석을 위해 전용 설계되거나 개조된 소프트웨어
	기술	• 통제되는 소프트웨어의 개발, 생산 또는 사용(운영 제외)을 위한 기술 • 원격통신 전송장비 또는 교환기의 개발이나 생산을 위한 기술 • 정보통신을 위해 전용 설계된 마이크로웨이브 단일칩 집적회로(MMIC) 전력 증폭기의 개발 또는 생산을 위한 기술
정보보안	시스템, 장비 및 구성품	• 암호 활성화 토큰 • 양자암호화를 사용하거나 수행하기 위해 설계되거나 개조된 것 • 초광대역(ultra-wideband) 변조기술 시스템을 위한 코드 • 부정한 침입을 탐지하기 위해 기계적, 전기적 혹은 전자적인 방법으로 설계되거나 개조된 통신케이블 시스템 • 건강, 안전 또는 전파간섭 기준을 위해 필요한 것 이상으로 정보신호의 방사(발산)를 줄이기 위해 전용 설계되거나 개조된 것 • 암호분석 기능을 수행하기 위해 설계 또는 개조된 것 • 미가공 데이터를 추출과 인증이나 장치의 승인 제어를 회피를 수행하기 위해 설계된 것
	시험, 검사 및 생산용 장비	• 통제되는 장비의 개발 또는 생산을 위해 전용 설계된 장비 • 통제되는 소프트웨어의 정보보안 기능을 평가 및 확인하기 위하여 전용 설계된 측정 장비
	소프트웨어	• 통제되는 소프트웨어의 개발, 생산, 사용을 위해 전용 설계 또는 개조된 소프트웨어 • 암호 활성화 토큰의 특성을 갖는 소프트웨어
	기술	• 통제되는 소프트웨어의 개발, 생산 또는 사용목적인 기술

바세나르체제는 연구개발 단계까지 통제하고 있으며, 한국이 남북교역 관련 설비와 기술을 통제함에 있어서 얼마나 재량권을 가질 수 있느냐의 문제가 발생한다. 미국이 기본적으로 영향력을 발휘하는 국제레짐에서의 미국과의 협력은 필수적이라는 상황은 변함이 없을 것이다. 또한 북한이 바세나르체제가 '반사회적 통제체제'라고 비판해왔던 점을 고려할 때(평양사회과학원 1998, 831), 남북 ICT협력 추진이 바세나르체제에 의해 제한된다는 점에 민감하게 반응할 수도 있다. 따라서 이중용도 기술과 물자 이전에 따라 발생할 수 있는 불확실성 요소를 예방하기 위해 투명성과 책임감을 증진시킬 수 있는 방안을 검토할

필요가 있다.

II. 유엔 대북제재

유엔 안보리의 대북제재는 민감 물질의 확산방지를 위한 맞춤형 제재로 시작했기 때문에 바세나르 통제리스트와의 중첩되는 영역이 발생한다. 대북 수출금지 품목은 핵미사일 전용 70개, 생화학무기 전용 10개, 워치리스트(watch list) 190개를 포함하는데, NSG, MTCR의 통제 품목 등과 유사한 이유는 유엔의 대북제재가 기존의 국제비확산 레짐에서 합의된 수출통제 리스트를 참조하기 때문이다. 여기에는 각종 전자테스트 장비유동성형기(flow-forming), CNC 공작기계, 고속 영상 카메라, 전기통신시스템 개발생산을 위한 SW 및 기술, 마이크로웨이브 MMIC, 고성능 컴퓨터, 위성통신체계 등이 포함된다. 유엔 안보리의 조치는 바세나르 회원국 42개국 이외의 국가들이 이행한다는 점과 전략물자 수출을 철저히 통제하는 데 필요한 제반 조치들을 의무화한다는 점에서 다자적 틀과는 차이가 있다.

　유엔 안보리의 대북제재 결의는 북한이 제1차 핵실험을 감행한 2006년 이후로부터 총 10차례에 걸쳐 강화되어 왔다.[8] 대북제재는 2016년을 기점으로 제재의 초점이 북한 민생에 직접적인 영향을 미치지 않는 핵·WMD 수출통제에서 일반교역에 대한 제재(sectoral ban)

---

[8] 　전문가패널 임명이나 활동 연장 등의 절차적인 안건을 제외하고 대북제재와 관련하여 채택된 주요 결의문만 살펴보면, 1718호(2006), 1874호(2009), 2087호(2013), 2094호(2013), 2270호(2016), 2321호(2016), 2356호(2017), 2371호(2017), 2375호(2017), 2397호(2017)이다.

표 6 제재 조치별 채택 빈도와 대북제재 비교

제재 수단 구분	빈도(%)				대북 적용
	~10	11-40	41-70	71-100	
여행 금지·비자 통제			○		○
자산 동결		○			○
무기 금수			○		○
외교관에 대한 제재	○				-
외교활동 제약	○				△
항공기 운항 금지·통제		○			△
일반교역 물자에 대한 제재		○			△
금융 제재	○				○
자국민 송금 차단	○				-
해외 투자 금지	○				○
중앙은행 거래 금지	○				

로 변화했다. 제재의 외연적 변화에도 불구하고 핵심은 여전히 비확산이다. 그러나 이와 함께 불법거래와 관련한 금융, 운송 제재가 점차적으로 정교하게 다듬어져 왔는데, 대북제재는 유엔이 다룰 수 있는 조치의 최대치에 가깝다고 할 수 있다. 그간 유엔이 적용해온 타 국가들의 제재조치들을 채택 빈도를 기준으로 비교할 때, 현 대북제재 조치는 거의 채택 가능한 모든 강력한 조치들을 포함하고 있다.[9] 앞으로 대북제재가 확대될 경우, 외교관계에 관한 비엔나 협약(Vienna Convention on Diplomatic Relations)과 인도주의적 피해 최소화 원칙은 지켜질 수밖에 없기 때문에 외교관에 대한 제재나 자국민 송금 차단 등의 조치보다는 일반교역 물자에 대한 제재의 범위를 넓히는 방향으로 변화

---

9   북한 공관 인력 규모 감축 촉구, 북한 공관 및 공관원의 은행계좌 제한, 북한 공관의 부동산 임대를 통한 수익 창출 금지 등 외교활동 제한 조치 등은 매우 강력한 외교 제재에 속한다고 볼 수 있다.

할 가능성이 높다. 특히 대북제재를 미국이 주도하는 만큼 미국의 대북 양자제재에서 새롭게 도입되는 조치들은 향후 유엔의 대북제재 수단으로 채택될 가능성이 높아진다.

유엔 안보리의 대북제재가 남북 ICT협력에서 중요한 이유를 구체적으로 살펴보면 다음과 같다. 첫째, 유엔회원국인 한국이 제재이행 의무에서 자유로울 수 없다는 점이다. 대북제재는 2006년부터 결의 1718호부터 유엔헌장 7조 41조에 의해 채택되어 왔다. 유엔헌장 39조는 안보리가 평화에 대한 위협을 결정하고 평화와 안전을 회복하기 위해 41조와 42조에 따라 각각 비군사적·군사적 조치를 결정할 권한을 부여한다. 그리고 유엔헌장 25조는 이렇게 안보리가 결정한 사안을 유엔회원국들이 수락하고 이행할 것에 동의한다는 점을 명시하고 있다. 그리고 유엔헌장 48조에 따라 유엔회원국들은 국내적 조치를 통해서 이행하게끔 되어 있다. 즉 국가주권을 존중하면서 국내 입법 및 집행을 통해 제재조치를 이행하게 되므로 국가의 참여 의지와 역량에 따라 이행효과는 달라진다. 물론, 유엔은 제재결의의 집행을 소홀히 한 회원국에 대해서 처벌할 수 없다.

둘째, 유엔 안보리의 대북제재가 확대될수록 수출통제와 관련한 국내적 조치들도 함께 강화되는 관계를 맺고 있다. 한국은 이중용도 품목 및 방산물자, 정보통신·방송·보안 기술과 북한반출 물자 관련 제도를 도입하면서 대외무역법 및 시행령을 통해 전략물자 수출입허가가 제도를 개선해왔다. 그리고 2009년 안보리결의 1718호의 이행을 촉구하는 결의 1874호가 통과되면서 2009년 7월에 반출입고시에 대북제재 물자를 반영해왔다.[10] 물론, 대북 전략물자의 반출승인절차에 관한 고

10　통일부고시 제 2014-4호 「대북 전략물자의 반출승인절차에 관한 고시」, 2014년 11월 5일.

시에 따라 북한으로의 전략물자 반출이 불가능한 것은 아니다. 남북교류협력에 관한 법률은[11] 통일부 장관이 반출이나 반입을 승인하는 경우 남북교류·협력의 원활한 추진을 위해 대통령령으로 정하는 바에 따라 품목, 거래형태 및 대금결제 방법 등을 일정한 범위를 정해 포괄적으로 승인할 수 있다.[12] 다만 북한으로 물품을 반출할 경우에는 해당 물품이 전략물자에 해당되는지의 여부를 반드시 확인해야 한다. 그리고 전략물자 또는 전략물자에 해당하지 않으나 무기체계의 제조·개발·보관 등의 용도 전용 가능성이 있는 물품을 북한으로 반출하려고 할 경우에는 통일부 장관의 반출 승인을 받도록 되어 있다. 이때 대북지원사업을 증명하는 서류, 소명서 등을 함께 제출할 수 있으며, 승인 과정에서 전략물자가 평화적 목적에 이용되는 경우에 한해 반출을 승인할 수 있다. 이러한 과정에서 군사적·외교적 민감성, 민간부문에서의 사용 여부 등이 심사 대상이 된다.

그러나 유엔 안보리의 수출통제 대상이 확대·강화될수록 수출통제에 필요한 관련 조치들이 강화될 수밖에 없는데, 이는 남북교역·경협을 제한하는 근거가 된다. 안보리의 비확산 제재는 국제 수출통제 체제의 기준을 근거로 한다. 그리고 국제 비확산체제의 통제 기준과 개정 내용들은 지속적으로 국내 제도에 반영된다. 한국도 다자 수출통제 체제의 전략물자 통제품목을 사실상 준용하여 통제를 이행한다는 점에서 예외가 아니다. 전략물자 수출입고시 제18조 6항은 바세나르체제 이중용도 품목을 포함하는 국제 수출통제 품목에 해당되는 전략물자가 유엔 안보리가 채택하는 조치하의 의무, 특히 무기금수조치 위반

---

11 법률 제12396호 「남북교류협력에 관한 법률」, 2014년 3월 11일.

12 「남북교류협력에 관한 법률」 제13조 3항.

에 해당할 경우 허가를 거부하게 되어 있다.[13] 정보통신 물자·기술은 전략물자 수출입고시 제6조 허가의 일반원칙에서 규정하는 예외를 적용받지 않는다.[14] 또한 관련 수출허가가 한국이 국제협정하의 국제의무에 위반하는 경우 허가를 거부하고 다른 국가들과 정보교환 등 협력관계를 유지하도록 규정하고 있다. 따라서 실제로는 전략물자의 대북반출이 어려운 상황이다. 기술을 수출하는 경우 수출허가를 면제하는 요건은 '외교부 장관에 의해 승인된 과학기술협력협정 및 교류 프로그램 또는 한국정부와 국제기구 간에 체결한 협력협정에 따라 수행되는 사업에 필요한 기술 수출'에 한해 과학기술정보통신부장관과 협의하여 면제대상으로 인정할 수 있다.[15]

셋째, 전략물자에 대한 직접적 통제 이외에도 남북 ICT협력에 간접적으로 영향을 주는 조치들이 다수이기 때문에 안보리결의 2270호 이후 추가·강화되어온 제재조치들은 대북경협을 추진할 때 민감한 문제가 될 소지가 있다. 우선, 관련 조치 중에서 안보리결의 2270호에 의해 '캐치올 의무'가 강조된 점에 유의할 필요가 있다. 금지 대상이 '북한군의 능력 기여하는 모든 품목'으로 매우 포괄적으로 정의되어 있어, 정보통신 인프라의 전반적인 개선이 북한군의 지휘체계에 영향을 미치지 않는다는 점을 규명해야 하는 부담감이 수반된다. 캐치올은 전략물자 수출통제의 보완적인 조치로, 북한의 경우 북한군 능력에 잠재적으로 기여할 수 있다고 인지하거나, 의심하거나, 통보받는 경우 어느

---

13 대외무역법, 원자력안전법, 방위사업법, 화학무기·생물무기의 금지와 특정화학물질·생물작용제 등의 제조·수출입규제 등에 관한 법률에 의거하여 전략물자를 통제한다. 산업통상자원부고시 제2020-94호 「전략물자 수출입고시」, 2020년 6월 19일.

14 예외 범주에는 공업·농업·의료·제약 연구, 사람의 신체와 환경을 보호하는 데 직접적으로 관련된 목적 등이 포함된다.

15 전략물자 수출입고시 제26조 15절 3항.

표 7 안보리결의에 따른 전략물자 통제 대상

결의	품목 예시
2270	• 주파수 변환기(컨버터 또는 인버터) • 4축 및 5축 CNC 공작기계 • 유동성형기
2321	• 전기통신 시스템, 장비, 부품, 부속품의 장비나 기능, 특성의 개발·생산·사용을 위해 전용 설계되거나 개조된 소프트웨어와 기술 • 이동 전기통신 전파를 가로채는 장치 또는 전파방해장치, 감시 장치와 이의 전용 설계된 부품 • 항법 및 항공전자 시스템, 장비 및 부품의 "개발" 또는 "생산"에 사용되는 "기술" • 와이어를 사용하지 않는 방전가공기로 "윤곽제어"를 위해 동시에 제어할 수 있는 회전축이 2개 이상인 것 • "초점면배열"을 내장한 영상 카메라
2371	• 특성(전흡수선량이 실리콘 환산으로 5×10^3Gy, 상한치 1×10-8Error/bit/day 등)을 갖는 전자 컴퓨터 및 관련 시스템, 장비 및 부품, 또는 "전자 조립품" • 정보통신 시스템 및 장비, 그리고 전용 설계된 부품 및 부속품으로서 주파수 호핑기법을 포함하는 확산스펙트럼 기술을 채택한 것 • 디지털 방식으로 제어되는 무선 수신기로서 채널수가 1,000회선을 초과하고 채널 절환 시간이 1ms 미만인 것 • 전기통신 시험, 검사 및 생산용 장비 그리고 이를 위해 전용 설계된 부품 및 부속품, 통신 장비, 기능 또는 특성의 "개발" 또는 "생산"을 위해 전용 설계된 장비
2375	• 집적회로로서 방사선 조사에도 견딜 수 있도록 설계되거나 정격화된 것 • 전자 또는 자기 가변 대역통과(band-pass) 또는 대역저지(band-stop) 필터 • 화합물반도체로 제조된 "마이크로프로세서 마이크로회로", "마이크로컴퓨터 마이크로회로", 마이크로 컨트롤러 마이크로회로, 저장 집적회로 및 아날로그에서 디지털로의 변환기로 극한 기온에서 작동하는 것 • "신호처리"용 광전 집적회로 및 "광집적회로"로서 1개 이상의 레이더 다이오드·광검출소자·광도파관을 갖는 것 • 디지털 입/출력단자의 최대수가 700개를 초과하거나 총 피크(peak) 데이터 전송속도가 500 Gb/s 이상인 필드프로그래머블 로직 디바이스 • 마이크로웨이브 또는 밀리미터 웨이브 품목으로서 특성(동작주파수가 31.8GHz를 초과, 정격출력에 도달할 때까지의 시간이 3초 미만, "비대역폭"이 7% 초과 등)을 갖는 전자품목 • 특정 마이크로웨이브 트랜지스터, 마이크로웨이브 반도체 증폭기, 마이크로웨이브 전력증폭기, 마이크로웨이브 전력모듈 • 특정 전자 또는 자기 가변 대역통과(band-pass) 또는 대역저지(band-stop) 필터 • "초전도" 재료로 제작한 전자장치 및 전자회로(부품 포함)로서 "초전도" 재료 중 최소 하나의 "임계온도"보다 낮은 온도에서 작동되도록 전용 설계된 것 • 디지털 데이터 기록계로서 '연속 처리량'이 6.4Gbit/s를 초과하고 데이터가 기록되는 동안 무선 주파수 신호 데이터의 분석을 수행하는 프로세서 • 8mm~16mm 필름을 사용하고, 촬영속도가 초당 13,150컷을 초과하는 고속영화촬영카메라 • 고체촬상소자(solid state sensor)를 내장한 비디오카메라로서, 10nm 초과~30,000nm 이하의 파장 범위에서 최대 응답을 갖는 것

하나라도 해당되면 반드시 수출허가를 받도록 하는 조치이다. 한국의 경우, 2003년에 전략물자수출입통합공고에 캐치올 제도를 도입했고 법적근거를 강화하기 위해 2007년에는 대외무역법 제19조 제3항으로 격상했다. 이는 비(非)전략물자라고 하더라도 선략불자와 동일한 처벌이 가능한 근거가 된다.

금융제재는 향후 남북교역에 필요한 금융서비스를 상당히 제한한다. 안보리결의 2270호부터 대북 금융제재는 대폭 강화되었는데, 당시에는 북한은행의 회원국 내 지점, 사무소를 신규로 개설하는 것을 금지하고 북한의 WMD 프로그램과 연관성이 있는 경우에만 북한 내 지점·계좌 폐쇄를 결정했다. 그러나 2017년 안보리결의 2321호가 채택된 이후로는 북한 내 금융기관의 전면적 활동 금지와 기존의 모든 사무소·계좌 폐지 및 대북 무역과 관련한 공적, 사적 금융지원 금지 조치로 격상되었다. 북한과의 금융서비스는 인도주의 목적의 국제기구 활동만 예외로 두고, 외교업무를 위한 공관조차도 은행계좌를 1개로 제한하여 이용하는 것으로 축소되었기 때문에 북한과의 금융거래 자체가 통제되고 있다.

유엔 안보리결의에 따라 북한과의 합작사업의 신설이 어렵다. 안보리결의 2371호부터 북한과의 새로운 합작회사를 추가로 설립하는 것이 금지되었고, 2375호에 따라서 모든 합작회사 운영이 금지되었다. 따라서 기존 합작회사는 폐쇄되는 조치가 내려졌는데, 다만 이윤을 창출하지 않는 공공인프라 사업은 예외를 인정할 수 있다. 이 경우, 유엔 안보리 제재위원회에 북한의 핵미사일 프로그램에 기여하지 않음을 증명하고 승인을 받는 절차가 필요하다. 또한 2016년 안보리결의 제2321호는 금지되는 과학기술협력의 범위를 기존의 핵·미사일 분야에서 '포괄적'으로 확대했다. 따라서 현재는 실질적 경제활동이 아닌 연

표 8 안보리결의에 따른 대북제재 변화

결의	2270	2321	2371	2375	2397
무기 거래	북한의 소형무기 수입금지	핵미사일, 생화학무기 통제품목 추가	재래식, 핵WMD에 기여하는 물품 추가		
	수리, 서비스 제공목적의 무기 운송 금지				
	북한군 능력에 기여 가능한 모든 품목 금지 (캐치올 의무)				
	군사, 준군사 조직 훈련, 자문 금지				
확산 네트 워크	제재 회피, 위반에 연루된 북한 외교관, 정부대표 추방	북한인의 여행 수하물 검색			산업용 기계류· 운송수단· 철강· 금속류 추가
	불법 행위에 연루된 제3국인 추방	제재 대상인의 외국 입국, 경유 금지			
	제재대상 개인, 단체 폐쇄, 북한인 파견 대표 추방	철도도로를 통한 수화물에 대한 검색 의무			
대량 살상 무기 수출 통제	탄도미사일 발사와 관련된 어떤 형태의 기술협력도 금지	고등교육훈련 금지 (산업공학· 전기공학· 기계공학· 화학공학· 재료공학)	재래식 무기 관련 이중용도 품목 캐치올 통제	제재리스트 외 전용 가능한 상용품 모두 통제	
	북한의 민감 핵활동, 미사일 개발에 특화된 교육훈련 금지	과학기술협력 포괄적 금지			
	핵·탄도미사일 관련 물품 목록 최신화	재래식무기 이중용도 품목 이전금지			

	생화학무기 수출통제 물품 최신화			
금융 거래	WMD관련 북한 정부·노동당 소속단체에 대한 자산동결, 자산·재원 이전금지 (예외: 외교공관, 인도적 활동)	북한은행· 금융기관 대리인 추방	북한 대외수출은행 거래에 기여하는 개인 제재	
	북한은행의 회원국 내 지점, 사무소 신규개설 금지		새로운 합작회사 설립금지	공공인프라사업 제외 합작회사 금지
	회원국 금융기관의 북한 내 사무소, 은행계좌 개설금지	회원국 금융기관의 북한 내 활동금지		
	90일 내 WMD관련 기존 지점·계좌 폐쇄	90일 내 모든 지점·계좌 폐쇄		
	WMD활동에 기여 가능한 대북 무역에 관한 공적·사적 금융지원 금지	대북무역 관련 모든 공적·사적 금융지원 금지		
	금거래 금지 의무			

구개발(R&D) 활동이 제한되는데, 이는 비확산 통제 범위가 '기술' 분야로 확대되면서이다. 남북 간 과학기술교류협력 활성화는 남북협력의 기반을 구축하는 데 중대한 역할을 담당할 것이고, 연구교류는 그 첫 단계일 수 있다. 그러나 고등교육훈련과 과학기술협력이 제한적일 수밖에 없는 상황은 ICT협력 범위를 정하는 데에도 영향을 줄 것으로 예상된다. 다만 기술교류협력 제한은 안보리결의문에서 명시한 산업

공학, 전기공학, 기계공학 등에 한정되지 않는다. 이같이 안보리의 대북제재는 '교역 물자'뿐만이 아니라 교역에 필요한 '수단'까지 통제하기 때문에 바세나르체제의 통제범위보다 더 광범위하다고 하겠다.

III. 미국의 대북제재

미국은 사회주의 체제, 비시장경제, WMD 개발과 확산위협 방지, 인권유린, 반테러리즘 비협조, 및 돈세탁, 밀수, 화폐 위조 등 불법거래 및 국가외교정책 등 다양한 명분으로 북한에 대한 제재를 적용하고 있다. 미국은 「국가비상사태법」(National Emergencies Act), 「국제긴급경제권한법」(International Emergency Economic Powers Act), 「수출입은행법」(Export-Import Bank Act), 「무기수출통제법」(Arms Export Control Act), 「수출관리법」(Export Administration Act), 「원자력법」(Atomic Energy Act), 「국제종교자유법」(International Religious Freedom Act), 「인신매매피해자보호법」(Trafficking Victims Protection Act) 등 다수의 법령을 토대로 미국의 대북조치를 강화해 왔다.

북한에 특정해서 제재하는 법률에는 「북한인권법」,[16] 「이란·북한·시리아 비확산법」,[17] 「북한인권재권한법」,[18] 「대북제재정책강화법」,[19]

---

16   North Korean Human Rights Act of 2004 (P.L. 108-333).
17   Iran, North Korea, and Syria Nonproliferation Act of 2000 (P.L. 106-178; as amended by the North Korea Nonproliferation Act of 2006, P.L. 109-253).
18   North Korean Human Rights Reauthorization Act of 2008 (P.L. 110-346); North Korean Human Rights Reauthorization Act of 2017 (P.L. 115-198).
19   North Korea Sanctions and Policy Enhancement Act of 2016 (P.L. 114-122).

「대적성국 통합제재법」,[20] 및 기존 대북제재법을 확대·강화한 「오토웜 비어법」[21]이 있다.[22] 주목할 것은 이같이 다양한 법적 근거에 따라 제재 조치들이 이행되고 있기 때문에 북한에 대해 중첩적인 제재 조치가 적용되고 있다는 점이다. 즉, 비확산으로 인한 대북제재 조치가 완화된다고 해도 다른 이유로 이행되고 있는 조치들은 여전히 남게 된다. 따라서 북한과의 대외교역과 원조는 상당히 제한적일 수밖에 없다.[23]

표 9 미국의 대북제재 법적 근거[24]

		연도	테러-사이버	비상사태, WMD 확산	인권보호	불법활동	비시장경제
National Emergencies Act	국가비상사태법	1976		○			
State Department Basic Authorities Act	국무부기본권한법		○	○			
DoS Foreign Operations and Related Programs appropriations Act	국무부대외활동 수권법[24]	1991	○				
International Emergency Economic Powers Act	국제긴급경제권한법	1977		○			

20 Countering America's Adversaries Through Sanctions Act (P.L. 115-44).

21 Otto Warmbier North Korea Nuclear Sanctions and Enforcement Act of 2019 (division F, title LXXI, Sections 7101-7155, National Defense Authorization Act for FY2020) (P.L. 116-92)

22 National Defense Authorization Act for Fiscal Year 2020 (Public Law 116-92), Title LXXI — Sanctions with respect to North Korea, December 20, 2019.

23 Office of Foreign Assets Control, North Korea Sanctions Program, November 2, 2016.

24 Department of State, Foreign Operations, and Related Programs Appropriations Act, 2020 (Further Consolidated Appropriations Act, 2020; P.L. 116-94 133 Stat. 2534).

International Financial Institutions Act	국제금융기구법	1977	○					
International Religious Freedom Act	국제종교자유법	1998			○			
North Korea Sanctions and Policy Enhancement Act	대북제재정책강화법	2016	○	○	○	○		
Foreign Assistance Act	대외원조법	1961	○		○			○
Countering America's Adversaries Through Sanctions Act	대적성국통합제재법(북한차단 및 제재현대화법)	2017		○	○			
Arms Export Control Act	무기수출통제법	1968	○	○				○
Trade Act	무역법	1974						○
Trade Sanctions Reform Act	무역제재개혁법	2000	○					
Bretton Woods Agreement Act	브레튼우즈협정법	1945	○					○
Export Administration Act	수출관리법	1979	○	○				○
Export Control Act	수출통제법	2018	○					
Export-Import Bank Act	수출입은행법	1945	○	○				○
Patriot Act	애국법	2001			○	○		
Otto Warmbier North Korea Nuclear Sanctions Act	오토웜비어법	2017			○			
Atomic Energy Act	원자력에너지법	1945		○				
UN Participation Act	유엔참여법	1945		○				
INKSNA	이란북한시리아비확산법	2000		○				
Immigration and Nationality Act	이민법	1945		○				
Trafficking Victims Protection Act	인신매매피해자보호법	2000			○			
Trading with the Enemy Act	적성국제재법	1917						○

이들 중 남북 ICT협력에 있어서 가장 문제가 되는 것은 미국의 수출통제제도가 될 것이다. 미국이 수출제한을 하는 대상은 군수품 이외에도 이중용도 물자와 기술을 포함한다.[25] 이중용도 수출통제를 규정하는 것은 수출관리법(Export Administration Act)과 무기수출통제법(Arms Export Control Act)에 기초하여 이행해온 수출관리규정(EAR)이다.[26] 1946년 수출통제법(Export Control Act)이 수출관리법(Export Administration Act)으로 변경되고, 이후 수출집행법(Export Enforcement Act)에 따라 미국 관할권에 속하는 모든 상품과 기술이 미국의 관할권에 속한 사람에 의해 수출되는 모든 품목의 수출이 금지 또는 제한된다.[27] 대외원조법상에 지원 금지 대상국으로 지정된 국가들의 경우, 국가안보·핵확산금지 차원에서 교역통제물품목록(Commerce Control List)에 있는 물품에 대한 수출·재수출 통제가 적용된다.[28] 교역통제물품 목록에는 컴퓨터, 소프트웨어와 관련 서비스 및 보수유지가 포함되며 북한의 접근이 제한된다. 미국은 특정 국가, 민감한 물품, 최종 사용자에 대해 특별히 통제를 적용하는데, 북한은 이란, 이라크, 라이베리아, 시리아 등과 함께 특별관리 대상이다.

---

25 미국은 기본적으로 International Traffic in Arms Regulations(ITAR)에 따라 벨라루스, 미얀마, 중국, 쿠바, 이란, 시리아, 베네수엘라와 북한에 군수품 수출입을 통제한다.

26 Export Control Act of 2018(Title XVII, Subtitle B, Part I. P.L. 115-232; 50 U.S.C. 4811)은 대부분의 Export Administration Act of 1979의 내용을 대신한다. 부시 대통령은 IEEPA에 따라 대북 행정명령 13222호를 채택하여 수출을 통제했고, 트럼프 대통령도 비상사태에 근거한 조치를 매년 연장해왔다. Export Administration Act (P.L. 96-72; 50 U.S.C. App. 2410b), Section 73; Export Administration Act (P.L. 96-72; 50 U.S.C. App. 2410b), Section 11B; Iran, North Korea, and Syria Nonproliferation Act of 2000 (P.L. 106-178; 50 U.S.C. 1701 note), Section 2, 3.

27 EAR Part 7342(b)(1).

28 북한은 WMD 확산과 국가안보상 위험으로 인해 그룹 D, 테러지원으로 인해 그룹 E에 속하며, 따라서 수출제한 국가이다. 15 C.F.R. Part 740; 15 C.F.R. Part 774, Supplement No. 1; Export Administration Act of 1979, P.L. 96-72; 50 U.S.C. App 2404(c).

북한의 접근이 엄격히 제한되는 교역통제물품리스트에는 ICT 분야 핵심 품목인 컴퓨터, 소프트웨어 등이 포함된다. 수출관리규정은 외국에서 통제대상 기술이나 소프트웨어 코드를 유출하는 것도 '수출'로 간주하며, 전달 방식은 전자(이메일, 팩스 등) 또는 직접(전화, 강의, 컨설팅 등) 방식을 모두 포괄한다. 이미 공개된 기술을 제외하고, 과학계에서 보편적으로 공개되는 기초연구나, 접근에 제약이 없는 교육 정보 등을 제외하고는 모두 통제대상이다. 이를 위해 미국은 산업안보국의 허가를 취득하도록 함으로써 기술의 무형 이전까지 폭넓게 통제하고 있다. 더욱이 2018년 의회에서 통과된 수출통제개혁법(Export Control Reform Act)은 미국이 과학기술 분야에서 글로벌 경쟁력을 지켜야 한다는 취지에서 기술유출을 방지하기 위한 수출규제를 강화하는 추세에 있다.

수출관리규정은 미국 밖에서의 재수출까지 통제하기 때문에 한국은 규제 적용을 받는 미국산 품목을 재수출하는 것이 어렵다. 미국이 아닌 두 국가 간의 선적, 이전(transfer), 동일 국가나 두 당사자 간 이뤄지는 이전의 경우 모두 허가가 필요하고 허가가 없는 거래는 금지된다.[29] 일반적으로는, 미국산 품목이 25% 이상 편입(incorporate or bundle)된 제품을 재수출할 경우 상무부로부터의 허가가 필요하지만, 북한의 경우에는 최소 허용치가 10%로 낮아진다.[30] 통제대상에는 상품, 소프트웨어, 기술이 모두 포함되기 때문에 미국산 소프트웨어·기술을 사용하여 미국 이외 지역에 있는 공장에서 생산한 경우에도 조치가 적용된다.[31] 미국 부품을 외국산 장비에 설치하는 경우나 미국 지적

---

29   15 Code of Federal Regulations (C.F.R.), Part 772.
30   15 C.F.R. Part 734.4(c); 734.4(d).
31   15 C.F.R. Part 734.3(a).

재산권이 외국산 하드웨어 제작에 사용된 경우에도 마찬가지이다. 민감도에 따라 소량이라도 포함되면 통제대상이 될 수도 있는데, 국가안보 통제대상이 되어 수출통제 분류에 해당하기도 하므로 어떤 제품이 적용대상인지 판단하는 것은 매우 복잡하다.[32] 위반 시에는 해당 기업·개인이 블랙리스트에 올라가면서 미국 내 제3국 금융회사의 신규개설 금지, 미국 내 대리계좌 또는 지불 가능한 계좌 유지 제한, 자산과 지분이 미국 내 또는 미국인의 통제하에 있을 때 동결 등의 조치가 취해진다. 따라서 남북교역·경협의 최종 용도가 평화적 목적의 경제활동임을 입증함으로써 전략물자의 수출·재수출과 관련한 통상문제가 발생될 소지를 방지하는 것은 매우 중요한 문제로 다뤄질 수밖에 없다.

유엔 안보리의 대북제재에서 살펴본 바와 같이, 통제대상뿐만이 아니라 경제협력에 수반되는 제반활동에 제약을 받는다는 점에서 미국의 양자제재는 중요하다. 미국의 대북제재 완화는 궁극적으로 관계개선이 선행되어야 하며, 북한의 전면적인 변화를 요구하게 될 것이다. 이는 대북제재의 주요 법적 근거들을 상세히 살펴보면 알 수 있다.

첫째, 미국은 북한의 핵무기 개발이 미국의 안보에 위협이 된다는 판단을 근거로 국가비상사태법(NEA), 국제긴급경제권한법(IEEPA), 무기수출통제법(AECA), 원자력에너지법(AEA)에 의거한 제재를 적용한다. 국가비상사태법은 미국의 안전과 전쟁의 효과적 수행을 위해 필요하다고 인정되는 경우 대통령의 판단에 따라 적성국으로 지정하고 자금을 동결할 수 있다.[33] 국제긴급경제권한법은 제8조에서 미국과 무력충돌중인 정부에 대한 다국적 통상금지 규정을 적용한다.[34] 미국 밖으

---

32   15 C.F.R. Part 734.3(c)(3)
33   National Emergencies Act (P.L. 94-412; 50 U.S.C. 1601), Sections 11A, 11B, 11C.
34   International Emergency Economic Powers Act (P.L. 95-223; 50 U.S.C. 1702).

표 10 수출통제 위반에 따른 제재 조치[35]

유형	내용
무역금지	상품서비스 대북 수출 제한, 무역특혜제공 금지, 식품·의약품 수출허가 제한
무기수출금지	방산물품·서비스 거래금지, 이중용도 상품 수출·구매계약, 국제은행에서의 신용 금지, 정부발주 계약 금지
금융거래금지	미국 금융기관에 대리계좌 개설 금지, 금융지원·보증제공 금지, 미국 금융체계에 대한 접근 거부, 자산동결
자금세탁자 지정	특정 상업은행 거래 금지
투자금지	운송·광산·에너지·금융 분야 사업 운영, 금속·석탄·소프트웨어관련 거래, 인권유린, 북한노동자 송출, 사이버안전 위협, 언론검열, 제재대상자 지정
원조금지	국제금융기관의 지원 금지, 농산물 판매 금지, 채무탕감·감축 금지, 수출면허 제약, 군사원조 금지
자산동결	북한정부, 노동당, 산하 단체, 대리자와의 거래 금지 북한 외교사절을 위해 미국 내 자산구입 금지
제재 대상자 지정	북한에서 건설·에너지·정보기술·제조업·의료·광산·섬유·운송사업 운영, 북한과 '상당한' 수출입 행위, 북한정부와 노동당에 수입을 발생시키는 행위 등
여행금지	제재대상 개인, 회사 임원, 주요 주주 북한에 착륙한 항공기, 항만에 입항한 선박(180일간)
운송수단 나포·몰수	선박, 항공기, 여타 운송수단 대상

로부터의 미국 경제·대외정책·국가안보 위협에 대응하기 위해 대통령이 국가비상사태를 선언하여 환전거래, 통화·증권의 수입·수출, 재산몰수 등 적대국가에 대한 경제제재를 개시할 수 있어 리비아, 이란, 이라크 등에 적용되어 왔다. 동 법은 미국산 물품 또는 일정비율의 기술이 포함된 물품을 수입한 국가가 제3국으로 수출하는 경우 제재를 가할 수 있는 근거가 된다는 점에서 중요하다. 무기수출통제법은 인도지원, 식량지원을 제외한 모든 대외원조를 금지하고, 군용 금융지원 및

35　세부 내용은 다음을 참고하여 작성하였다. Congressional Research Service, North Korea: Legislative Basis for US Economic Sanctions, March 9, 2020.

이중용도 물품 수출을 금지한다.[36] 더불어 정부기관에 의한 신용·신용
보증·금융 지원 금지, 국제금융기구에 의한 지원 반대 입장 표명, 미국
은행에 의한 신용제공 금지 등의 조치가 이행된다.[37] 원자력에너지법에
의해서는 핵실험, IAEA 안전조치 협정의 종료·폐기·위반 등을 이유로
대상국으로의 핵물질·장비·민감기술 수출을 금지하고 있다.[38] 유엔참
여법은 미국이 유엔회원국으로서 안보리결의를 이행하는 근거를 제공
하는데, 유엔의 대북제재가 북한의 핵미사일 개발·확산을 통제하는 데
맞춰져 있어서 위의 조치들과 성격상 중첩된다.[39]

둘째, 북한이 사회주의 체제이기 때문에 제재가 적용되는 법적
근거는 수출입은행법(EIBA)과 대외원조법(FAA), 브레턴우즈협정법
(BWAA), 무역법(Trade Law), 무기수출통제법이다. 수출입은행법은
제재 대상국에 대한 수출입은행의 보증, 보험, 신용 제공을 금지하는
데, 북한은 중국, 쿠바, 베트남 등과 함께 거래제한 국가로 명시되어 있
다.[40] 무기수출통제법은 사회주의 국가의 비시장경제 특성상 정부와
민간경제 분야의 구분이 어렵다고 판단하고 미사일·우주·전자·항공
분야 군사적 확산 활동에 연루된 경우 통제하게끔 되어 있다.[41] 대외
원조법도 북한을 포함한 공산주의 국가에 대한 미국의 원조를 금지한
다.[42] 또한 테러지원, 인권침해 국가 등에 대한 비인도적 원조, 신용, 공

36   Arms Export Control Act (P.L. 90-629; 22 U.S.C. 2797b), Section 73.
37   Arms Export Control Act, (P.L. 90-629; 22 U.S.C. 2799aa-1), Section 102(b).
38   Atomic Energy Act, Section 129.
39   United Nations Participation Act of 1945 (P.L. 79-264; 22 U.S.C 287c).
40   Export-Import Bank Act of 1945 (P.L. 79-173; 12 U.S.C. 635), Section 2(b)(2).
41   Arms Export Control Act (P.L. 90-629; 22 U.S.C. 2797c), Section 74(a)(8)(B).
42   Foreign Assistance Act of 1961 (P.L. 87-195; 22 U.S.C. 2370), Section 620(f). 그러나
대외지원의 경우, 비확산, 아동인권, 환경보호, 식량지원, 채무상환, 보건·재난방지, 반
테러 등 여러 가지 상황에서 필요한 대외지원이 가능하도록 예외규정을 갖고 있으며, 대

여 등을 제한하는 근거가 된다.[43] 사회주의 국가에 대한 최혜국 지위를 거부하는 무역법의 일부는 Jackson-Vanik 수정법으로 적용되고 있는데, 비시장경제 국가인 북한에 대해 무역에 있어서 최혜국 지위(Most-Favored-Nation)를 부여하지 않아 높은 관세를 적용하고 있다.[44] 즉, 현실적으로 정상적 교역이 어려운 관계가 성립된다. 북한은 미국 대통령과 상업적 성격의 협약을 체결할 수 없고, 미국정부의 신용·신용보증·투자보증 프로그램에 참여할 수 없다. 또한 동법은 수출입은행의 신용공여와 해외민간투자공사의 투자보증을 제한한다.

셋째, 북한이 테러지원국으로 지정되어 있기 때문에 북한과 교역하는 개인 또는 국가에 관한 제재가 이행된다.[45] 대외원조법, 대외활동수권법은 북한으로의 직접적인 경제지원을 제한하고, 수출입은행법에 따라 신용, 보험, 대출 및 에너지 관련 프로그램을 통한 지원이 금지된다. 또한 북한과 군수품리스트(munitions list)에 있는 물자의 거래, 대외지원, 수출입기금, 국제금융기구의 재정적 지원이 금지된다.[46] 또한

통령의 권한으로 지원이 가능하다. Foreign Assistance Act of 1961 (22 U.S.C. 2364), Section 614.

43 브레튼우즈법은 미 행정부가 IMF에 사회주의 독재국가에 기금 신용을 사용하는 것을 적극적으로 반대할 것을 요구한다. Trade Act of 1974 (P.L. 93-618; 19 U.S.C. 2462(b)(2) (A)), Sections 502(b)(1) & (b)(2)(A); Bretton Woods Agreements Act (P.L. 79-171; 22 U.S.C. 286aa), Section 43.

44 북한은 Harmonized Tariff Schedule of the United States 상 a Rate of Duty Column 2 국가로 지정되어 있어 가장 높은 관세가 부과된다. Trade Act of 1974 (19 U.S.C. 2439), Section 402, 409; Jackson-Vanik amendment (19 U.S.C. 2432).

45 Export Administration Act of 1979 (P.L. 96-72; 50 U.S.C. app. 2405) Section 6(j)에 따라 제재대상이 지정되었으나, Export Controls Act of 2018 (50 U.S.C. 4826) Section 1754에 의해 관리된다.

46 Executive Order 13466, "Continuing Certain Restrictions With Respect to North Korea and North Korean Nationals," 73 F.R. 36787, June 26, 2008; Foreign Assistance Act of 1961 (P.L. 87-195; 22 U.S.C. 2371), Section 620A.

교역에 있어서 일반특혜관세제도(generalized system of preference)
의 혜택을 받지 못하고 식품과 의약품 거래에 있어서도 엄격한 허가조
건이 붙는다.[47] 2017년 11월 20일 북한이 '테러지원국가'로 재지정되면
서,[48] 미국이 보편적 관할권을 행사하기 유리한 상황에 있다.[49] 미국의
관할권 밖에 있는 외국 금융기관의 경우 돈세탁 주요 우려대상으로 지
정할 수 있기 때문이다. 미국은 자국 금융기관에 대해 해당 외국계 금
융기관의 대리계좌 및 환계좌의 개설내역·거래내역 등 관련 정보를
수집·보고하고 대리계좌 및 환계좌의 개설·유지를 제한할 수 있다. 적
성국교역법(TWEA)은 해외자산통제와 관련한 규정으로, 미국 내 북한
자산을 동결하고 북한과의 교역 및 금융거래를 전면적으로 금지해왔
다. 미국은 2008년 북한을 대상으로 적성국교역법에 근거한 제재를 중
단한 이후에도 긴급경제권한법에 기반을 둔 행정명령을 통해 관련 조
치를 적용하고 있다.

넷째, 북한은 인권문제와 관련하여서도 경제 제재를 받고 있는데,
대외원조법(FAA),[50] 국제종교자유법(IRFA),[51] 인신매매피해자보호법

47 Trade Act of 1974 (P.L. 93-618;19 U.S.C. 2462), Section 502; State Department Basic
Authorities Act of 1956 (P.L. 84-885; 22 U.S.C. 2712), Section 40, 205; International
Financial Institutions Act (P.L. 95-118), Section 1621; Trade Sanctions Reform and
Export Enhancement Act (P.L. 106-387; 22 U.S.C. 7205), Section 906.

48 Department of State Public Notice 10211, "Democratic People's Republic of Korea
(DPRK) Designation as a State Sponsor of Terrorism (SST)," November 27, 2017,
82 F.R. 56100; " Section 324, Korean Interdiction and Modernization of Sanctions
Act (Title III, Countering America's Adversaries Through Sanctions Act; P.L. 115-
44; 131 Stat. 954).

49 Cecil Fabre, Secondary Economic Sanctions, Current Legal Problems, 2016, pp.1-30.

50 Foreign Assistance Act of 1961 (P.L. 87-195 (22 U.S.C. 2151n & 2304), Sections 116
& 502B.

51 북한은 'Tier 1' 그룹으로, '특별 주의 국가(Country of Particular Concern)'로 구분된
다. International Religious Freedom Act of 1998 (P.L. 105-292; 11. U.S.C. 6401);

(TVPA)[52]에 의해 북한은 2001년부터 특별우려대상국이자 인신매매기준을 심각하게 위반하는 그룹으로 지정되어 있다. 인권침해, 타 국가 시민의 불법 납치와 억류에 대한 대응을 포함하는 대북제재정책강화법은 제재대상을 지정하고 자산 동결과 거래 금지를 규정하고 있다.[53] 대적성국통합제재법도 유엔 안보리 제재 이행과 아울러 북한 인권유린에 관한 제재를 포함한다.[54] 대북제재를 불이행하는 정부에 대한 대외원조를 제한하는 규정이 포함되어 있어, 제재대상의 폭을 탄력적으로 확대할 수 있는 근거를 갖고 있다. 오토웜비어법은 북한과 거래하는 외국 금융기관 및 기업을 대상으로 미국의 금융체제에 대한 접근을 차단하는 세컨더리보이콧 조치를 포함한다. 특히 유엔 안보리 제재결의를 이행하지 않는 국가에 대해 국제 금융기구의 지원을 금지하고 있다.

마지막으로, 북한의 불법 활동에 대한 제재이다. 재무부 금융범죄조사국(Financial Crime Enforcement Network)은 북한을 자금세탁우려대상으로 지정하고 국제긴급경제권한법에 따라 미국 내 자산과 지분이 미국에 귀속되거나 미국의 소유권 통제하에 있을 때 지정된 재산의 소유권 및 지분에 대한 모든 거래가 차단된다. 미 재무부 산하 해외자산통제국(Office of Foreign Asset Control)은 국제긴급경제권한

"Secretary of State's Determination Under the International Religious Freedom Act of 1998 and Frank R. Wolf International Religious Freedom Act of 2016," Public Notice 10987, 84 F.R. 71064.

52   북한은 'Tier 3' 그룹으로, 정부가 지원하는 인신매매와 수용소에서의 강제노동 등으로 인해 최악의 국가군에 속해 있다. Trafficking Victims Protection Act of 2000 (P.L. 106-384; 22 U.S.C. 7101).

53   North Korea Sanctions and Policy Enhancement Act, HR. 757, 114th Congress (2016), Sec. 104(a), (b); Sec. 401.

54   Countering America's Adversaries Through Sanctions Act, HR 3364, 115th Congress (2017).

법을 집행하는 부서로 대북제재와 관련하여 포괄적인 권한을 행사한다. 금융범죄조사국은 애국법에 근거하여 제재를 집행할 주요 권한을 부여[55]받고 마약, 인신매매, 돈세탁 등 불법행위 등에 대응하는 부서로, 제3국 기업과 개인에 대해 제재조치를 다룬다. 상무부의 산업안전국(Bureau of Industry and Security)은 미국의 민감 기술 및 관련 제품의 수출통제를 담당하면서, 민수, 군수 두 영역에서 사용되는 물품뿐만 아니라 소프트웨어, 기술을 포함한 이중용도 품목의 수출을 관리한다. 산업안전국의 수출 통제 조치는 미국의 안보 및 외교정책에 위해가 되는 기업, 개인에 대한 리스트를 작성하고 미국 기업이 이들과 수출, 재수출 및 이전 거래를 할 때 사전허가를 받도록 하고 있다.

최근 미국의 대북제재는 대통령의 행정명령을 통해서도 강화되어 왔다. 행정명령에서 금지하는 대북교역에는 정보통신 분야가 포함된다는 점에서 주목할 필요가 있다. 미국은 행정명령에 따라 북한과 거래하는 모든 기업 또는 개인(외국기업 및 개인 포함)에 대한 미국 금융거래 금지 및 미국 내 재산을 몰수할 수 있고, 북한의 항구, 공항, 또는 내륙통관지의 소유, 조정, 또는 운영, 북한의 상품, 서비스 또는 기술적인 측면에서 한 차례 이상의 유의미한 거래 또는 북한 정권의 이익을 창출하는 데 기여한 경우, 제재 위반자에게 금융·물질·기술적 도움을 주거나 실물·서비스 거래를 할 경우에는 미국 금융거래 금지 및 미국 내 재산을 몰수할 수 있다. 행정명령 13722호와 13810호는 각각 소프트웨어 거래·판매·구매, IT산업 협력을 제재조건으로 명시하고 있다.[56]

특히 미국은 2016년 이후 2차 제재 가능성을 넓혀놓았다. 미국은

---

55   PATRIOT Act (Section 311 of P.L. 107-56; 115 Stat. 298).

56   Executive Order 13722 (President Obama; 81 F.R. 14943); Executive Order 13810 (President Trump; 82 F.R. 44705).

북한과의 직접적인 교류가 전무하다. 따라서 양자제재는 그 자체만으로는 북한경제에 직접적인 영향을 미치지는 못하는 한계를 갖고 있다. 1차 제재는 제재 이행국이 자국의 관할권하에 있는 개인·기업으로 하여금 제재 대상국과 거래하는 것을 금지하는 것이다. 반면, 2차 제재는 제3국의 개인·기업이 제재 대상국과 거래하는 것을 금지하는 우회적 조치이다.[57] 따라서 북한과 직접 거래하는 제3국 기업과 개인에 대한 2차 제재가 효과적으로 운용할 수 있는 수단으로서의 가치를 갖게 된다. 2차 제재는 제재대상 기업, 자회사 및 대리인에 대해서 미 정부조달과 관련해 불이익, 미 관할권 내 검색 및 조사권 강화, 미국으로의 입국 금지, 미 관할권 내 외환거래 금지, 미 관할권 내 대금이체·지급 금지, 미 관할권 내 자산동결, 거래 인허가의 거부·취소 등의 조치가 가능하다. 미국은 2017년 9월 20일 행정명령 13810호를 통과시키면서 국적과 상관없이 북한의 건설, 에너지, 금융서비스, 어업, 정보통신, 제조업, 의료, 광업, 의류제조업, 교통 분야의 거래자를 제재하도록 했다. 2018년 9월 13일 IT 노동자 송출을 통해 수입 창출에 관여한 2개의 제3국 단체를 제재 대상으로 지정한 것은 행정명령에 의거한 조치이다.

이때에도 미국 관할 내에 있거나 미국인의 통제 하에 있을 때에 적용할 수 있기 때문에 엄격히 '역외 적용'을 의미한다고 보기 어렵다. 그러나 북한 또는 제재대상 기업·개인과 거래하는 외국계 금융기관의 미국 계좌를 차단하는 제재를 가하는 조치는 여파가 크다.[58] 그리고 미국의 통화인 달러가 세계 어디서든 사용되기 때문에 달러가 거래되는

57　Ole Moehr, Secondary Sanctions: A First Glance, Atlantic Council, February 6, 2018, available at https://www.atlanticcouncil.org/blogs/econographics/ole-moehr-3 (accessed January 12, 2021).

58　31 C.F.R. Part 510, 2018년 5월 5일.

표 11 미국의 대북제재 관련 행정명령

행정명령	제재 내용
13382 (2005.6.)[59]	WMD확산 관련 개인·단체에 대한 미국 내 자산 동결, 이전·지불·수출·인출 금지
13466 (2008.6.)[60]	미국인의 북한 선적 취득·소유·용선 및 선박에 대한 보험제공 금지
13551 (2010.8.)[61]	북한과의 무기류 거래, 사치품, 돈세탁, 위조지폐, 마약밀매, 현금 밀반입 등 불법행위에 관여한 개인·단체의 미국 내 자산 동결 및 거래 금지
13570 (2011.4.)[62]	북한 상품, 서비스, 기술 등의 사전 승인 없는 직·간접 수입 금지
13687 (2015.1.)[63]	북한 정부·노동당 산하 기관·개인 제재대상에 재정적, 물질적, 기술적, 기타 서비스를 제공한 경우, 자산동결, 거래금지, 입국금지
13694 (2015.4.)	미국 외 지역에서 미국의 안보, 외교정책, 경제건전성, 재정 안정성에 중대한 위험을 초래하는 데 기여하는 사이버지원 활동에 책임·연루·지원한 사람의 재산 동결, 이전·지불·수출·인출 금지
13722 (2016.3.)[64]	북한 해외노동자 송출, 광물거래, 인권침해, 사이버위협, 검열 등 종사자에 대한 지원 또는 재화·서비스 지원 시 제재 소프트웨어 거래, 판매, 구매 제한 운수·광업·에너지·금융 등 특정 산업부문 수출 및 투자 금지
13810 (2017.9.)[65]	북한의 건설, 에너지, 금융서비스, 어업, IT, 제조업, 의료, 광업, 의류제조업, 교통 분야 거래 금지 미 미국 내 재산몰수 북한인이 소유·통제하거나 지분을 갖고 있는 자금의 동결, 이전·지불·수출·인출 금지 외국 금융기관에 대한 2차 제재

곳이면 어디든 미국의 금융체계를 거쳐야 하므로 미국 정부의 영향권에 놓이게 된다. 외국기업에 대해 환계좌·대리계좌의 개설 금지, 달러 결제시스템 이용 차단을 고려한다는 통지만으로도 상당한 효과를 얻

59 Executive Order 13382, Blocking Property of Weapons of Mass Destruction Proliferators and Their Supporters (70 F.R. 38567).
60 Executive Order 13466 (73 F.R. 36787).
61 Executive Order 13551 (75 F.R. 53837).
62 Executive Order 13570 (76 F.R. 22291).
63 Executive Order 13687 (81 F.R. 14943).
64 Executive Order 13722 (81 F.R. 14943).
65 Executive Order 13810 (82 F.R. 44705).

게 된다. 즉, 미국이 제재할 수 있는 범위는 미국 내 또는 미국 소유라는 관할권 내 한정되지만, 미국 기관들이 제재 대상과 거래하는 외국기업과 거래하는 것을 금지하기 때문에 간접적 처벌이 가능한 것이다.[66]

장기적으로 북한이 자금지원을 할 수 있는 다자간 개발은행(MDB)인 세계은행(IBRD), 아시아개발은행(ADB), 아시아인프라투자은행(AIIB) 등으로부터 자금지원을 얻고자 할 경우에도 미국의 대북조치 완화가 선행되어야 한다(장형수 2008). 미국은 1988년 수출관리법에 의해 테러지원국으로 지정된 국가에 대해서는 세계은행, IMF, ADB 등 국제금융기구에서의 금융지원에 반대표를 던지도록 규정하고 있다. IMF 가입이 IBRD 가입의 전제조건이고, IBRD 가입이 WB 소속 국제금융기구 가입의 전제조건이 된다. ADB 가입 시 IMF 가입이 전제조건은 아니지만, IMF 비가입 국가가 ADB에 먼저 가입하는 것은 현실적으로 추진이 어렵다는 점에서 결국 미국의 국내법적 제약을 완화하는 절차가 필수적이다.

남북 경협을 통해서 생산된 제품을 미국에 수출하는 것에도 제약이 있는데, 대적성국통합제재법(CAATSA)은 북한인이 생산 과정에 전체적 또는 부분적으로 참여한 물품의 수입을 금지할 수 있는 조항이 있다.[67] 미국 관세법에 따라 미국에 수입될 수 없는 비인권적 노동환경에서 생산한 물품이라고 판명되면, 국토안보부 세관국경보호국(US Customs and Border Protection)에 의한 몰수·압수 조치, 벌금, 민사처벌로 이어질 수 있는 리스크를 안고 있기 때문에 교역에 마이너스 요인이 된다. 남북 경협이 보다 확대되는 단계에서는 한국이 대북 투자

---

66   Jeffrey A. Meyer, Second Thoughts on Secondary Sanctions, University of Pennsylvania Journal of International Law, Vol. 30, No. 3, 2009, pp. 935-936.

67   CAATSA, Section 321(b).

과정에서 미국 상무부와 사전 협의를 통해 품목별로 대북제재에 저촉되지 않도록 상당한 시간과 복잡한 절차를 거쳐야 할 수 있다.

향후 관심은 북미 비핵화 협상에 진전에 따라 어떤 변화가 가능할 것인가의 여부일 것이다. 관련법들은 대북제재를 유예 또는 해제하기 위한 조건들을 매우 폭넓게 망라하고 있다. 통상적으로, 의회는 입법과정에서 제재의 실제적 이행과 중단, 유예, 철회를 대통령의 재량에 맡긴다.[68] 예를 들어, 이란제재법(Iran Sanctions Act)의 경우에 미국이 이란의 석유산업에 대해 투자, 기술제공, 합작사업, 무역 등을 금지하는 동시에 이를 유예할 수 있는 권한을 대통령에게 부여했다.[69] 마찬가지로, 미국이 대북제재를 실제적으로 이행할 때 대통령의 재량적 조치와 의무 조치가 구분된다. 미국은 유엔 안보리결의에 따른 비확산 관련 제재조치를 대부분 의무조치 대상으로 지정해놓고 있다. 반면, 대통령의 판단에 따라 재량권을 갖는 조치에는 일반 상업활동과 관련한 제재들이 포함되는 등 차별성을 두고 있다.

그러나 미국이 비핵화 진전 상황에 따라 대북제재를 부분적으로 완화하는 조치를 취한다고 해도 핵WMD 확산과 관련된 제재만 완화할 경우에는 실질적인 변화의 폭은 크지 않을 수 있다. 실제로 미국이 1989년, 1995년, 1997년, 2000년, 2008년에 북미대화가 진전된 상황에서 일부 경제제재 완화조치를 취했으나, 이러한 조치에도 불구하고 북한에 대한 제재법들이 상호 중첩 적용되기 때문에 큰 틀에서의 변화는 없었다. 여기에서 큰 틀이란, 모든 상품·서비스에 대한 수출입 허

---

68 Aaron Arnold, "Where Does Trump Get the Power to Reimpose Sanctions?," *Bulletin of the Atomic Scientists*, Belfer Center, Harvard Kennedy Center, August 15, 2018.

69 Iran Sanctions Act, Sec. 5(a).

표 12 대북제재 관련 의무·재량적 조치

의무적 제재 조치 대상	재량적 제재 조치 대상

• WMD·사치품 거래
• 사회감시나 인권침해 책임
• 자금세탁·위조/벌크캐시·마약 거래
• 사이버안보 침해
• 귀금속·흑연·금속·철강·석탄·SW·무기거래
• 금·티타늄·바나듐·구리·은·니켈·아연·
  희토류 수출
• 로켓·항공기·제트연료 수입
• 북한 선박에 보험·등록서비스 제공
• 제재 선박에 연료·보급품 제공
• 북한 금융기관에 대리계좌 제공
	• 제재대상자와 금융·기술·물질 지원,
	  석탄·철·철광석·섬유 거래
	• 북한에 자금 이전
	• 보석 등 가치있는 물품 거래
	• 원유·정제유·석유제품·천연가스 거래
	• 온라인 상업활동
	• 북한 어업권 판매
	• 농업제품 수출
	• 북한 근로자 해외 송출
	• 운송·광업·에너지·금융서비스 관련 거래

가제(사실상 금지), 특별지정 개인·기업 자산 동결, 미국인의 북한선박 등록·소유·대여·운영 금지, 북한산 제품에 대해 고율의 관세 부과(사실상 차단), 미국 관할권 내 금융거래 제한 및 국제금융기관의 대북지원 제한 등을 포괄하는 의미이다.

　미국은 북미제네바 기본합의서 제조 1항에 따라 '통신 및 금융거래에 대한 제한을 포함한 무역 및 투자제한을 완화시켜 나간다'는 합의를 이행하기 위해 미국 내 동결된 북한 국영기업에 대해 미국인이 보유하고 있는 채권의 신청 허용조치를 취했다.[70] 미국은 베를린 협상 이후인 1999년 9월에 대북제재 완화를 발표하고 2000년 6월 19일에는 2차 대북경제제재 완화 조치를 발표했다. 당시에도 상업용 항공기 운항, 민간인의 송금, 미국산 소비재와 금융서비스의 대북수출 및 일반분야(농업, 광업, 석유, 목재, 시멘트, 도로건설, 관광) 투자를 허용했다. 그러나 테러지원국에 대한 제재조치 중 하나인 이중용도 품목 수출통제는 그대로 유지되었고, 대외원조 금지, 교역 특혜관세 제도 적용 금

70　Agreed Framework between the United States of America and the Democratic People's Republic of Korea, October 21, 1994.

지, 대외원조 및 수출입은행의 보증 금지, 국제금융기구에서의 차관 및 사업지원 반대 등의 원칙은 남아 있어 높은 관세율로 인한 북한산 제품의 대미 수출이나 국제금융기구에의 지원 신청 등은 할 수 없었다.

유엔 제재는 비핵화 완료 시 대부분 종료될 수 있으나, 미국 제재는 일부 제재만 변경이 가능할 것으로 보인다. 미국은 비핵화 협상 이행 개시 시점에 제재 면제나 유예와 같은 회복 가능한 수단을 우선적으로 활용하고, 비핵화 이행의 진전 정도에 따라 제재를 해제하는 방안으로 나갈 것으로 보인다. 유예 및 면제는 해제와 비슷한 효과를 거둘 수 있지만 스냅백(snap-back)이 가능해 언제든지 다시 제재를 개시할 수 있기 때문이다. 베트남의 경우에도 미국과 교역을 개시한 이후 외교적 정상화와 더불어 경제제재의 해제 조건을 충족하기 위해 상당히 미국에 협조해야 했다. 미국은 베트남에 대한 경제제재 수단으로 무역제한, 원조제한 등을 적용했으나, 캄보디아 내 베트남군 철군과 미군 유해 송환 등에 베트남 정부가 협력하면서 관계정상화 로드맵을 이행했다. 당시 미국은 베트남에 대한 상응조치로 효과가 크지 않고 해제하기가 쉬운 것부터 시작해 효과가 크고 해제가 어려운 제재를 단계적으로 해제하는 방식을 취했다. 마찬가지로, 인권 사이버, 돈세탁 등으로 인한 제재는 북한체제 성격 변화가 필요하기 때문에 쉽게 해제하기 어려울 것이다. 테러지원국 해제가 1단계가 될 수 있고 이는 적성국 교역법, 수출진흥법, 국제금융기구법에 따른 조치만 부분적으로 적용된다. 핵WMD 위협 감소에 따라 무기수출통제법, 수출관리법, 수출입은행법, 이란·북한·시리아 비확산법, 북한제재정책강화법 일부가 점차적으로 완화대상이 될 수 있다.

대북제재를 공식적으로 유예 또는 해제할 수 있는 근거와 권한이 다양하기 때문에 대통령의 판단에 따라 변경되는 제재 범위는 한

표 13 대북제재 유예·해제 조건

유예 조건	해제 조건
• 미국 화폐위조를 검증 가능한 방법으로 중단 • 통화수단의 세탁 중지 및 방지를 위한 금융 투명성 • 유엔 안보리결의 준수에 대한 검증 • 납치 또는 억류한 타 국가의 시민 또는 정전협정에 위반되어 구금된 타 국가 시민에 대한 송환 • 인도주의 지원의 분배 및 모니터링에 대한 국제적 인정된 기준 준수 • 정치범 수용소 생활환경 개선을 위한 검증된 조치	• 핵·생화학무기, 방사선무기 프로그램의 완전하고 검증 가능하며 불가역적 방식의 해제 • 정치범 수용소에 구금된 모든 정치범 석방 • 평화적 정치활동에 대한 검열 중단 • 공개적이고 투명하며 대의제적 사회 확립 • 납치하였거나 억류한 미국시민에 대한 완전한 책임과 송환

정되어 있다. 예를 들어, 자산동결·수입제한 등의 근거가 되는 국제긴급경제권한법은 대통령의 재량으로 의회의 동의 여부와는 상관없이 해제가 가능하다. 원자력에너지법도 대통령에 유보 권한을 부여하고 있어 향후 비핵화 협상 진전에 따라 대북조치 완화가 가능한 법령이다. WMD확산과 관련한 무기수출통제법과 수출관리법에 의한 거래 금지·제한 조치도 대통령의 결정에 따른다. 수출입은행법의 경우에도 대통령이 대상국가와의 거래가 국익과 부합한다고 결정한 경우 적용이 면제된다. 대북제재정책강화법은 대통령이 인도적, 국가안보상 이유로 제재를 유예·중단·종료시킬 수 있도록 권한을 부여하고 있다. 그러나 대외원조법·대외활동수권법에 따른 국제기구의 지원과 양자 지원 제한 조치는 의회의 권한이다. 대통령이 북한을 더 이상 사회주의(Marxist-Leninist) 국가가 아니라고 판단하고 관련 제재를 완화하고자 하더라도 실제적 효력을 발휘하기 위해서 의회가 북한을 수출입은행법과 대외원조법에 의거한 리스트에서 제외할 것을 결정하는 과정이 필요하게 된다.

IV. 결론

북한이 기존 국제 비확산 체제로 완전히 편입되기 전의 상황이라면, 다양한 형태의 물질과 기술이 확산되는 것을 방지하기 위한 외교적 노력이 중요하게 다뤄질 것으로 전망된다. 만약 북한이 비핵화 합의 이행을 통해 국제 체제로 편입된다고 하더라도 확산방지(Proliferation Prevention) 차원에서 미국을 비롯한 국제사회는 상당 기간 WMD 및 관련 부품의 밀수에 대한 잠재적 취약성을 관리하기 위한 목표를 추진하고자 할 것이다. 이는 북한 내 거점별 모니터링 장비를 설치하고 국경안전과 WMD 탐지·차단을 지원하는 물리적인 활동 이외에도 법적 체계 개선, 수출허가 절차, 수출통제 규제 위법사례를 처리하기 위한 법집행, 수출기업을 대상으로 한 정보 제공 등 광범위한 조치들을 포함하게 된다. 이때, 비확산을 위한 가장 중요한 수단은 수출통제인데, 무기의 제조에 사용될 수 있는 물자와 기술이 북한에 제공될 때 허가를 얻도록 하고, 군사적 용도로 사용될 우려가 있을 경우 수출을 불허하는 제도는 그 어느 때보다 주목을 받게 될 수밖에 없다.

무엇보다 기술집약적인 분야의 대북 투자와 경협은 상당히 어려울 전망이다. 남북협력을 통해서 어떤 종류의 전략물자가 유출되어 군사용으로 전용될 가능성이 있을 지를 구체적으로 판별하기는 매우 어렵다. 지금까지는 군사적으로 전용이 가능한 기술과 첨단 부품이 유출된 경우는 없지만, 경협의 지속가능성을 위해 이중용도 물자의 통제 범위와 방법을 지속적으로 검토하고 준비해나갈 필요가 있다. 특히 전자, 전기, 통신 분야의 설비들은 대부분 이중용도 품목에 해당되어 용도 판정을 어떻게 하느냐가 중요한 문제가 된다. 핵심은 최종용도의 통제일 것이며, 한국이 최종용도 판정을 탄력적으로 하더라도 미국의 대북 수출통제로 인해 발생할 수 있는 리스크는 상당한 고민거리가 될 것이다. 따라서 규제대상 품목의 사양과 기술수준, 최종용도에 대한 신뢰도, 수출통제가 국내 산업에 미치는 영향, 규제대상 물품의 북한의 대내·대외적 획득 가능성, 한국의 양·다자적인 의무사항 등을 종합적으로 고려하면서 중장기적으로 남북협력을 준비할 필요가 있다.

참고문헌

김서경. 2019. "북한의 ICT관련 주요동향 및 남북협력관련 시사점."『정보통신산업동향』32: 1-18.

문형남. 2019. "북한의 ICT 기술 수준과 남북협력 산업단지 구축방안."『정보과학회지』37(5): 29-35.

민혜영. 2018. "유엔 안전보장이사회 대북제재 결의에 대한 국제법적 분석."『국제법평론』 49(49): 297-317.

박찬모. 2019. "북한의 ICT 인력양성과 남북 교류협력 방안."『정보과학회지』37(5): 8-14

산업통상자원부.「전략물자 수출입고시」.

송인호. 2019. "미국 대북제재법의 최근 동향 및 전망."『법학논총』43(4): 191-224.

양문수. 2019. "남북한 ICT협력의 숨은 그림."『매일경제』10월 9일.

외교부. 2013.『군축비확산 편람』. 서울: 외교부.

윤정현. 2020. "디지털 전환기의 산업재편과 ICT 기반 남북협력 방안."『국가안보와 전략』 20(3): 1-39.

윤황·고경민. "남북이동통신의 협력현황과 전망."『글로벌정치연구』4(2): 7-41.

이석기 외. 2006.『수출통제조직의 선진화 방안 연구』. 서울: 산업연구원.

이춘근 외. 2014.『남북 ICT협력 추진 방안』. 서울: 과학기술정책연구원.

장형수. 20208. "북한 개발지원을 위한 국제협력 방향; 재원조달 방안을 중심으로." 『통일정책연구』17(1).

정민정. 2018. "남북경협 재개를 위한 유엔 안보리. 한국. 미국의 대북제재 검토."『법학연구』 29(2): 411-441.

최상현. 2018. "남북경협. ICT·과학기술분야 눈에 띄네."『헤럴드 경제』6월 13일.

최승환. 2018. "국제연합 안보리 대북제재 결의 이후의 남북교류협력 방안."『통일과 법률』34: 98-118.

최장호 외. 2019.『2016년 대북제재 이후 북한 경제의 변화와 신남북협력 방향』. 세종: 대외경제정책연구원.

통일부.「남북교류협력에 관한 법률」.

통일부.「대북 전략물자의 반출승인절차에 관한 고시」.

평양사회과학원. 1998.『현대세계경제사전』. 평양: 평양사회과학원.

Arnold, Aaron. 2018. "Where Does Trump Get the Power to Reimpose Sanctions?." *Bulletin of the Atomic Scientists.* August 15.

Fabre, Cecil. 2016. "Secondary Economic Sanctions." *Current Legal Problems* 69(1): 1-30.

Meyer, Jeffrey. 2009. "Second Thoughts on Secondary Sanctions. University of Pennsylvania." *Journal of International Law* 30(3): 935-936.

Moehr, Ole. 2018. "Secondary Sanctions: A First Glance." *Atlantic Council*. February 6.

법령

Agreed Framework between the United States of America and the Democratic People's Republic of Korea. October 21. 1994.

Arms Export Control Act (P.L. 90-629).

Arms Export Control Act (P.L. 90-629).

Bretton Woods Agreements Act (P.L. 79-171).

Congressional Research Service. North Korea: Legislative Basis for US Economic Sanctions. March 9. 2020.

Countering America's Adversaries Through Sanctions Act (P.L. 115-44).

Countering America's Adversaries Through Sanctions Act of 2017 (HR 3364).

Department of State Public Notice 10211. "Democratic People's Republic of Korea Designation as a State Sponsor of Terrorism." November 27. 2017.

Department of State. Foreign Operations. and Related Programs Appropriations Act. 2020 (Further Consolidated Appropriations Act. 2020) (P.L. 116-94 133).

Executive Order 13382. (70 F.R. 38567).

Executive Order 13466 (73 F.R. 36787).

Executive Order 13466. "Continuing Certain Restrictions With Respect to North Korea and North Korean Nationals." June 26. 2008

Executive Order 13551 (75 F.R. 53837).

Executive Order 13570 (76 F.R. 22291).

Executive Order 13687 (81 F.R. 14943).

Executive Order 13722 (81 F.R. 14943)

Executive Order 13722 (81 F.R. 14943).

Executive Order 13810 (82 F.R. 44705).

Executive Order 13810 (82 F.R. 44705).

Export Administration Act (P.L. 96-72)

Export Administration Act of 1979 (P.L. 96-72).

Export Control Act of 2018 (P.L. 115-232)

Export Controls Act of 2018 (50 U.S.C. 4826).

Export-Import Bank Act of 1945 (P.L. 79-173).

Foreign Assistance Act of 1961 (P.L. 87-195)

Foreign Assistance Act of 1961 (P.L. 87-195).

Foreign Assistance Act of 1961 (P.L. 87-195).

International Emergency Economic Powers Act (P.L. 95-223).

International Financial Institutions Act (P.L. 95-118)

International Religious Freedom Act of 1998 (P.L. 105-292).

Iran. North Korea. and Syria Nonproliferation Act of 2000 (P.L. 106-178).

Iran. North Korea. and Syria Nonproliferation Act of 2000 (P.L. 106-178; as amended by the North Korea Nonproliferation Act of 2006. P.L. 109-253).

Jackson-Vanik amendment (19 U.S.C. 2432).

Korean Interdiction and Modernization of Sanctions Act (P.L. 115-44).

National Defense Authorization Act for Fiscal Year 2020 (Public Law 116-92).

National Emergencies Act (P.L. 94-412).

North Korea Sanctions and Policy Enhancement Act of 2016 (HR. 757)

North Korea Sanctions and Policy Enhancement Act of 2016 (P.L. 114-122).

North Korean Human Rights Act of 2004 (P.L. 108-333).

North Korean Human Rights Reauthorization Act of 2008 (P.L. 110-346)

North Korean Human Rights Reauthorization Act of 2017 (P.L. 115-198).

Otto Warmbier North Korea Nuclear Sanctions and Enforcement Act of 2019 (division F. title LXXI. Sections 7101-7155. National Defense Authorization Act for FY2020) (P.L. 116-92).

Patriot Act (P.L. 107-56).

State Department Basic Authorities Act of 1956 (P.L. 84-885).

Trade Act of 1974 (19 U.S.C. 2439)

Trade Act of 1974 (P.L. 93-618).

Trade Act of 1974 (P.L. 93-618.

Trade Sanctions Reform and Export Enhancement Act (P.L. 106-387).

Trafficking Victims Protection Act of 2000 (P.L. 106-384).

United Nations Participation Act of 1945 (P.L. 79-264).

Wassenaar Arrangement on Export Controls for Conventional Arms and Dual-Use Goods and Technologies. Public Documents Volume I. December 2019. p.4.

찾아보기

저자 소개

김상배　서울대학교 정치외교학부 교수

서울대학교 국제문제연구소장과 미래전연구센터장을 겸하고 있다. 미국 인디애나대학교(Indiana University, Bloomington)에서 정치학 박사학위를 취득했다. 정보통신정책연구원(KISDI)에서 책임연구원으로 재직한 이력이 있다.

주요 논저로『우주경쟁의 세계정치: 복합지정학의 시각』(2021, 편저),『버추얼 창과 그물망 방패: 사이버 안보의 세계정치와 한국』(2018),『아라크네의 국제정치학: 네트워크 세계정치이론의 도전』(2014),『정보혁명과 권력변환: 네트워크 정치학의 시각』(2010) 등이 있다.

황지환　서울시립대학교 국제관계학과 교수

서울대학교 외교학과를 졸업하고, 미국 콜로라도대학교(University of Colorado, Boulder)에서 국제정치학 박사학위를 받았다.

주요 논저로 "남북한 군사협력과 한반도 비핵화-평화체제 넥서스: 기능주의와 역기능주의를 넘어서"(2021), "북한의 생존전략과 한반도 평화구상"(2021), "한반도 평화체제 논의의 귀환: 미국우선평화 대 병진평화"(2019) 등이 있다.

윤정현　과학기술정책연구원 선임연구원

서울대학교 정치외교학부에서 외교학 박사학위를 받았다.

주요 논저로『해결할 수 없는 문제의 시대: 네트워크 거버넌스, 통치의 시대에서 조정의 시대로』(2021),『인공지능과 블록체인 등 신흥안보의 미래전망과 대응방안』(2020), "디지털 전환기의 산업재편과 ICT 기반 남북협력 방안"(2020), "신흥안보 거버넌스: 이론적 고찰과 대안적 분석틀의 모색"(2019) 등이 있다.

정헌주　연세대학교 행정학과 교수

고려대학교 독어독문학과를 졸업하고, 미국 펜실베이니아대학교(University of Pennsylvania)에서 정치학 박사학위를 받았다.

주요 논저로 "미국과 중국의 우주 경쟁과 우주안보딜레마"(2021), "Why Help North Korea? Foreign Aid to North Korea and Its Determinants"(2021, 공저), "An Empirical Analysis on Determinants of Aid Allocation by South Korean CSOs"(2021, 공저) 등이 있다.

강하연　정보통신정책연구원 국제협력연구본부 본부장

캐나다 브리티시컬럼비아대학교(University of British Columbia)를 졸업하고 미국 노스웨스턴대학교(Northwestern University)에서 정치학 박사학위를 받았다.

주요 논저로『복수국간서비스협정 전자상거래 규범 영향평가 및 대응전략 수립』(2016, KISDI 연구보고서), "디지털경제와 무역규범- 새로운 통상거버넌스의 부상"(2018), "글로벌 빅데이터 거버넌스의 정치경제"(2020) 등이 있다.

이왕휘 아주대학교 정치외교학과 교수

서울대학교 외교학과를 졸업하고 런던정치경제대학(LSE)에서 국제정치학 박사학위를 받았다. 주요 논저로『미중 전략적 경쟁, 무엇이 문제이고 어떻게 풀어야 하나』(2020),『위기 이후 한국의 선택: 세계금융위기, 질서 변환, 중견국 경제외교』(2021),『바이든 시기 중국의 다자외교 전망』(2021) 등이 있다.

허재철 대외경제정책연구원(KIEP) 중국경제실 부연구위원

세종대학교에서 경제무역학을 전공하고, 일본 도시샤(同志社)대학에서 미디어학 석사학위를, 그리고 중국 런민(人民)대학에서 정치학 박사학위를 받았다.

주요 논저로『중국의 일국양제 20년 평가와 전망』(2020, 공저),『현대 중국외교의 네트워킹 전략 연구: 집합, 위치, 설계 권력을 중심으로』(2019, 공저), "Analysis of Modern China's Summit Network"(2017) 등이 있다.

이승주 중앙대학교 정치국제학과 교수

싱가포르국립대학교(National University of Singapore) 정치학과 교수와 연세대학교 국제관계학과 교수를 역임했다. 미국 캘리포니아 버클리대학교(University of California at Berkeley)에서 정치학 박사학위를 취득했으며, 같은 대학의 Berkeley APEC Study Center에서 post-doctoral fellow를 역임했다. 현재 한국국제정치학회 부회장, 한국정치학회 이사, 외교부 정책자문위원으로 활동하고 있다.

주요 논저로 Korea's Middle Power Diplomacy: Between Power and Network(2021, 편저),『미중 경쟁과 글로벌 디지털 거버넌스』(2020, 편저),『사이버 공간의 국제정치경제』(2018, 편저), "Evolution of Korea's Disaster-Management Diplomacy"(2021), "중국 '우주 굴기'의 정치경제"(2021), "디지털 무역 질서의 국제정치경제"(2020), "트럼프 행정부의 등장과 미중 무역 전쟁"(2019) 등이 있다.

박경렬 한국과학기술원(KAIST) 과학기술정책대학원 조교수 및 경영공학부 겸임교수

서울대학교 화학생물공학부(외교학 복수전공)를 졸업하고, 하버드대학교 케네디스쿨(Kennedy School of Government)에서 정책학 석사학위를, 런던정치경제대학(LSE)에서 정보시스템학으로 박사학위를 받았다.

주요 논저로 "Closing the Feedback Loop: Can Technology Bridge the Accountability Gap"(2014, 공저), "개발협력관점에서 본 데이터혁명: 비판적 소고"(2020) 등이 있다.

김진아 한국외국어대학교 LD학부 부교수

미국 터프츠대학교 플레처스쿨(Fletcher School of Law and Diplomacy)에서 국제관계학 박사학위를 받았다.

주요 논저로『협력적 위협감소와 한반도』(2020), "Limiting North Korea's Coercive Nuclear Leverage"(2020), "The Dilemma of Nuclear Disarmament"(2020) 등이 있다.